Jérôme Spycket

Clara Haskil

Eine Biographie

Mit einem Vorwort von Herbert von Karajan

Hallwag Verlag Bern und Stuttgart

Übersetzung aus dem Französischen:
Erika und Gerald Tunner, Paris

Druck: Hallwag AG Bern
ISBN 3 444 10209 7

Inhaltsverzeichnis

Vorwort

In einer Zeit, da es an großen Pianisten nicht mangelt, versuche ich mir klarzuwerden, worin das Unverwechselbare in Clara Haskils Spiel und Interpretation bestand. Hörte man sie ein Konzert von Mozart oder Beethoven spielen, fühlte man, daß alles restlos «stimmte» – Tempi, Nuancen, Phrasierung –, und zwischen Dirigent und Solistin ergab sich wie von selbst ein Dialog, der jegliche vorherige Absprache oder Klarstellung erübrigte. Die Orchestermusiker, die dafür ein feines Empfinden haben, gingen von der ersten Probe an begeistert mit und schätzten sich glücklich, Clara Haskil begleiten zu dürfen.

Ob das ganz im Banne der Kunst Clara Haskils stehende Publikum sich bewußt war, welch weiten Weg die Künstlerin hatte zurücklegen müssen, um einen solchen Grad der Vollkommenheit zu erreichen? Und sie selbst, die aus dem Zauberreich der Töne nur schwer wieder in die Wirklichkeit zurückfand und für das applaudierende Publikum kaum mehr als einen erstaunten Blick übrig hatte – kannte sie den Preis des Wunders, das sie soeben vollbracht hatte? Wir werden es nie wissen – der Künstler ist stets allein.

Möge diese Biographie, die mit soviel Einfühlungsvermögen und Verständnis Clara Haskils langen und beschwerlichen Weg zum Ruhm nachzeichnet, auch Zeugnis ablegen von der Bewunderung und Zuneigung, die die Musikwelt der unersetzlichen Pianistin stets bewahren wird.

Herbert von Karajan

Ich widme dieses Buch über Clara Haskil ihren Schwestern Lili und Jeanne. Ohne die Hingabe, mit der sie ihr Andenken hochhalten – nachdem sie sich schon zu Clara Haskils Lebzeiten so selbstlos ihrer annahmen –, und ohne das spontane Vertrauen, das sie mir so warmherzig bekundet haben, wäre dieses Werk nicht zustande gekommen. Möge es dazu beitragen, die Erinnerung an diese außergewöhnliche Künstlerin lebendig zu erhalten, und mögen all jene, die im Dunkel für ihre Kunst kämpfen, daraus neue Kraft schöpfen und den Mut, nicht zu verzweifeln.

J. S.

Zum Geleit

Clara Haskil hat von klein auf alle Anzeichen eines großen musikalischen, insbesondere pianistischen Talents erkennen lassen. Eine Begabung, die von vielen Musikern stets anerkannt, vom breiten Publikum aber lange Jahre aus unbegreiflichen Gründen nicht gewürdigt wurde.
Die Lebensgeschichte dieser Künstlerin, so fesselnd sie an sich schon ist, weist in seltsamer Weise über ihre Person hinaus: Sie wirft das Problem jener verkannten Genies auf, die mitten unter uns leben, ohne daß wir etwas davon ahnen, weil sie sich uns nicht verständlich machen können. Sie rührt an das Problem jeder Künstlerkarriere, die sich aus Gründen unabhängig von Kunst und Talent nicht erfüllt.
Fasziniert von ihrem Spiel, begann ich mich zu fragen, weshalb sie nicht früher bekannt geworden sei. Denn daß sie erst im Alter von über fünfundfünfzig Jahren eine solche Vollendung erreicht hätte, war mehr als unwahrscheinlich.
Manche behaupten, das wirkliche Talent setze sich früher oder später immer durch. Ich habe diese Ansicht nie geteilt. Nur ist es schwierig, den Gegenbeweis zu erbringen, weil es ja im Wesen des verkannten Genies liegt, daß man von seiner Existenz nichts weiß ...
Und nun liefert mir Clara Haskil diesen Beweis, vielmehr: sie *ist* dieser Beweis, und zwar in einer geradezu eklatanten und bestürzenden Weise. Gewiß wurde ihr schließlich später Ruhm zuteil, der in weniger als einem Jahrzehnt zum Weltruhm führen sollte. Doch was ist schon dieser Ruhm, gemessen an dem, was einer Clara Haskil gebührt hätte?
Wenn es auch zutrifft, daß der Funke ihres Genies bis zu ihrem Tod nicht erlosch – und, bei aller Tragik, welch ein ungewöhnlicher Tod: auf dem Gipfel des Erfolges, wie sie es sich immer gewünscht hatte –, so war sie doch zu jenem Zeit-

punkt körperlich schon sehr geschwächt. Als Clara Haskil 1950, im Alter von fünfundfünfzig Jahren, endlich ihren Siegeszug antrat, war sie, die von harten Prüfungen, schwerer Krankheit und bitteren Erfahrungen Gezeichnete, nicht mehr imstande, die Strapazen eines Lebens auf sich zu nehmen, an dem selbst Jüngere oft scheitern.
Vor allem aber gilt es zu bedenken, daß Clara Haskil sehr wohl auch für immer hätte unerkannt bleiben können, ohne je den späten Ruhm zu kennen und im Alter noch einige jener Höhepunkte zu erleben, an die sie schon nicht mehr geglaubt hatte. 1942 war sie innerhalb weniger Monate zweimal nur knapp dem Tode entronnen. Wäre sie damals von uns gegangen, wer würde sich heute noch an ihren Namen erinnern?
Folgt man den Spuren dieses Lebens, lernt man in Clara Haskil einen außergewöhnlichen Menschen kennen, eine reiche und komplexe Persönlichkeit, deren Schicksal uns zutiefst bewegt.
Soll ich eingestehen, daß ich, nachdem ich schon einen Großteil meiner Nachforschungen beendet hatte, nahe daran war, mein Vorhaben aufzugeben? Nicht etwa aus Mangel an Interesse, vielmehr aus Angst, dieser ungewöhnlichen Frau nicht gerecht werden zu können. Angesichts der hohen Forderungen, die sie zeitlebens an sich selbst gestellt hat, wäre mir jede Ungenauigkeit oder Halbwahrheit wie Verrat erschienen. Wie sollte ich für das, was sich mir Schritt für Schritt offenbart hatte, die richtigen Worte finden?
Dann aber überwand ich meine Skrupel und bemühte mich, nur das aufzuzeichnen, dessen ich ganz sicher sein kann. Vor allem lasse ich soviel wie möglich Clara Haskil selbst zu Wort kommen. Sie hat viel und gern geschrieben, und obgleich der Hauptteil ihrer Korrespondenz (auf ihren Wunsch) nach ihrem Tode vernichtet wurde, sind noch einige hundert Briefe vorhanden, die uns unmittelbaren Einblick geben in die verschiedenen Stadien ihres Lebens.
Aber wie auch immer: Ich habe dieses Buch mit dem Herzen geschrieben und kann nur hoffen, daß das Bild, das ich von Clara Haskil gezeichnet habe, ihre Zustimmung gefunden hätte.

I Das Wunderkind

Kindheit

(1895–1905)

Bukarest, 7. Januar 1895. Die Stadt war tief verschneit. Im Obergeschoß des bescheidenen Backsteinhauses Nr. 7 in der Strada Bravilor, einer schmalen Seitengasse der breiten Calea Calarasilor im Stadtzentrum, saß schmollend die kleine Lili Haskil. Geboren am 27. Januar 1891, dem Jahrestag von Mozarts Geburtstag, war sie bald vierjährig. Sie befand sich ganz allein in dem geräumigen, sonst von Leben erfüllten Zimmer und war gar nicht zum Spielen aufgelegt, nicht einmal auf dem großen Bösendorfer-Flügel – sonst ihr liebster Spielgefährte. Man hatte ihr auch eingeschärft, keinen Lärm zu machen. Ein Schwesterchen war soeben angekommen, und dieses Ereignis hatte Lilis kleine Welt arg durcheinandergebracht. Zum erstenmal, seit Lili sich entsinnen konnte, würde die Mutter sie an diesem Abend nicht zu Bett bringen und ihr keinen Gutenachtkuß geben. Lili grollte der kleinen Schwester deswegen ...

Doch schon bald war alles wieder in Ordnung, und das Leben mit Vater und Mutter ging seinen gewohnten Gang, während das Neuangekommene, das den Namen Clara erhielt, seinen Platz in der Familie einnahm. Eine glückliche, einträchtige Familie ohne besondere Probleme ...

Man weiß wenig über die Haskils (der Name scheint sich vom hebräischen Wort für «weise» herzuleiten), außer daß es sich um eine jüdische Familie aus dem damals unter russischer Oberhoheit stehenden Bessarabien handelte, und zwar um eine Art Aristokratie innerhalb der jüdischen Gemeinde. Dies mag mit ein Grund für das fast gänzliche Fehlen von Informationsmaterial sein. Isaac Haskil, Lilis, Claras und später Jeannes Vater, betrieb ein Haushaltwarengeschäft, das unter der Wohnung in der Bravilor-Straße lag, und der Beruf eines Händlers genoß bei den Seinen kein großes Ansehen.

Isaacs Eltern waren bereits gestorben, als die erste Tochter Lili zur Welt kam und der Sitte entsprechend den Namen ihrer Großmutter väterlicherseits erhielt. Mit seinem Bruder und seiner Schwester pflegte die junge Familie offenbar keinen Kontakt.

Vielleicht hatte Isaacs Familie aber auch die Vermählung des Zweiunddreißigjährigen mit Berthe Moscona nicht gern gesehen. Die damals 24jährige Berthe war das dritte von sechs Kindern, deren Vater eines Tages auf und davon gegangen war und die Familie in der alleinigen Obhut der Mutter zurückgelassen hatte. Die aus Spanien gebürtigen Moscona – ihr Name wurde später «rumänisiert», d. h. in Moscuna umgewandelt – waren zur Zeit der Inquisition in die Türkei geflüchtet und hernach in dem damals türkischen Bulgarien ansässig gewesen, bevor Berthes Vater nach Bukarest zog.

Als Berthe 1889 Isaac Haskil heiratete, war sie noch eine Moscona: weder sie noch ihr junger Gatte hatten eine eigentliche religiöse Erziehung genossen, und wenn ihnen auch eine gewisse Gläubigkeit erhalten geblieben war, so nahmen sie doch nie aktiv am religiösen Leben teil. Dasselbe galt für ihre Töchter, mit denen Berthe lediglich ein kurzes Abendgebet sprach. Solange sie das einzige Kind war, sagte Lili dieses Gebet auf deutsch, das sie als erste Sprache gelernt hatte: die Mutter wollte ihr die Anstrengung ersparen, die es sie selbst gekostet hatte, als Erwachsene mit dieser schwierigen Sprache vertraut zu werden. Vor Claras Geburt hatte die Kleine deshalb Mühe, ihren eigenen Vater zu verstehen, der wiederum nur Rumänisch konnte. Erst zusammen mit Clara lernte auch Lili endlich Rumänisch.

Doch Berthe Haskil – eine sehr gebildete junge Frau – gab sich nicht damit zufrieden, Lili in den Fremdsprachen zu unterrichten; sie lenkte schon sehr früh deren Interesse auf die Musik, und da das Kind ausgesprochene Freude daran bekundete, lehrte Berthe sie Klavier spielen. Bei Claras Geburt hatte Lili darin schon eine gewisse Fertigkeit erlangt, und so wurde Clara von den Klängen eines Instrumentes eingewiegt, auf dem Mutter und Schwester abwechselnd spielten.

Die ersten Lebensjahre Claras vergingen völlig problemlos: Sie war ein fügsames, sanftes, ein wenig verträumtes Kind, mit dem Lili oft spielte – und das sie heiß liebte.

Mit etwa drei Jahren begann Clara ihre Schwester nachzuahmen. Sie legte ihre Hände auf die Tasten, und ohne je auch nur eine einzige Note gelernt zu haben, versuchte sie, rein instinktiv die Melodien wiederzugeben, die sie gehört hatte. Unter der Anleitung ihrer Mutter offenbarte sie dann sehr bald eine erstaunliche Musikalität.

Kurz nach der Geburt eines dritten Töchterchens namens Jeanne am 17. Oktober 1898 brach ein schweres Unheil über die Familie herein. In einer Dezembernacht wurde die Wohnung der Haskils durch eine Feuersbrunst vollständig zerstört, während Eltern und Kinder in die eiskalte Nacht hinaus flüchten mußten.

Dieser erste Schicksalsschlag sollte für die Zukunft aller Familienangehörigen, insbesondere aber Claras, nachhaltige Auswirkungen zeitigen.

Bei dem Brand hatte sich Isaac Haskil, der zunächst seine Kinder gerettet und dann etliche Sachen vor den Flammen zu bergen versucht hatte, eine schwere Lungenentzündung zugezogen. Ungenügend behandelt, erholte er sich nicht mehr und starb einige Monate später, am 2. Juli 1899.

Clara war von diesem Tod, den sie nicht verstehen konnte, zutiefst erschüttert. Als sie nur kurze Zeit darauf selbst an einer Lungenentzündung erkrankte, stellte sie sofort die Frage: «Werde ich nun auch sterben müssen?»

So stand die erst vierunddreißigjährige Berthe mit ihren drei Töchtern allein da: die achtjährige Lili galt schon als die «Große», Clara war erst vier und Jeanne kaum zehn Monate alt. Mit einem Abstand von ungefähr zwanzig Jahren kannte nun Berthe dieselben Probleme wie einst ihre Mutter, und auch sie versuchte, diese Probleme mit Würde und dem den Moscunas eigenen Mut zu meistern. Dabei war die materielle Lage der Familie keineswegs glänzend: Bei der Feuersbrunst waren die wenigen Schmuckstücke abhanden gekommen, die sich im Familienbesitz befunden hatten. Lediglich der gut versicherte Bösendorfer hatte ersetzt werden können und thronte nun in der neuen, in demselben Stadtviertel gemieteten Wohnung.

Zum Glück stand Berthes jüngster Bruder Isaac, der als Versicherungsstatistiker und später als Direktor einer der größten Versicherungsgesellschaften tätig war und auch seine Mutter tatkräftig unterstützte, seiner Schwester moralisch und materiell bis zu seinem Lebensende hilfreich zur Seite. Er wurde für Berthe und ihre Familie gleichsam der ruhende Pol, der ausgleichende Mittelpunkt.

Doch Berthe Haskil ließ es nicht bei der unzureichenden Unterstützung ihres Bruders bewenden: sie fing an, Klavierunterricht sowie Französisch-, Deutsch-, Italienisch- und selbst Griechischstunden zu geben, denn diese erstaunliche Frau zeigte für alles Interesse und hatte nie aufgehört, sich selbst weiterzubilden.

Später richtete sie sich zu Hause eine kleine Schneiderwerkstatt ein: So konnte sie sich an Ort und Stelle um die Kinder kümmern und weiterhin mit Lili und Clara am Flügel arbeiten. Clara zeigte immer verblüffendere Fähigkeiten: Alles, was Lili spielte, konnte sie nach dem Gehör sofort nachspielen.

Gegen Ende des Jahres 1899 traf es sich, daß Herr Chiriac, Chorleiter in Bukarest und ein ehemaliger Schulkamerad von Berthes zweitjüngstem Bruder Avram, Clara am Flügel hörte. Überrascht von ihrer Frühreife, nahm er sie zu einem seiner Freunde, dem Gesanglehrer Georg Stefanesco vom Bukarester Konservatorium, mit, den Clara später wiederholt aufsuchte. Als dieser dem kleinen Mädchen einmal eine Sonatine von Mozart vorspielte, die es noch nie vorher gehört hatte, setzte sich Clara, kaum hatte Herr Stefanesco geendet, ans Klavier und wiederholte das Stück völlig fehlerfrei und ohne je zu stocken. Gleich darauf spielte sie es noch einmal – in einer andern Tonart.

Von diesem Moment an war Claras Laufbahn entschieden. Sie arbeitete noch ein Jahr mit ihrer Mutter; 1901 trat sie in die Klasse von Frau Zenide am Konservatorium ein. Doch diese ältliche und prinzipienstrenge Lehrerin glaubte nicht an Wunderkinder: Ihr Unterricht war phantasielos, und Clara langweilte sich. Sie mußte unaufhörlich Tonleitern und Etüden wiederholen, und als man ihr schließlich gestattete, ein richtiges Stück zu spielen, sollte sie es mit jeder Hand einzeln üben. «Warum denn», fragte sie verwundert, «wenn ich doch mit beiden Händen zugleich spielen kann?»

Zum Jahresende kam Onkel Avram aus Wien und war sogleich hingerissen von seiner kleinen Nichte, für die er eine Art Liebe auf den ersten Blick empfand.

Von nun an dachte er nur noch an Claras Karriere, der er sich ganz widmen wollte: «In Bukarest», sagte er zu seiner Schwester, «kann aus Clara nichts werden. Vertrau sie mir an, ich nehme sie mit nach Wien, wo sie ordentlich Musik studieren soll.»

Nun stand es zwar sowieso nicht mehr zur Debatte, daß Clara noch länger mit Frau Zenide arbeiten sollte, doch ging Berthe Haskil auf den Vorschlag ihres Bruders zunächst nicht ein. Obschon einige seiner Argumente ihr durchaus einleuchteten (Clara war zart und anfällig, und mit den sanitären Einrichtungen stand es in Bukarest nicht zum besten), wollte sie sich nicht von ihrer Tochter trennen und das erst sechsjährige Kind nicht aus dem Familienkreis herausreißen, um es ins Ausland ziehen zu lassen.

Anfang 1902 war ihr Bruder Avram 35 Jahre alt. Intelligent, überdurchschnittlich gebildet, hochsensibel, war er ein differenzierter, aber auch ein etwas seltsamer Charakter. Er erinnerte mit seinem breiten schwarzen Schnurrbart, seinen dichten Augenbrauen über den scharfblickenden Augen, seinem kahlen Schädel, seiner rauhen Stimme ein wenig an einen «Räuber aus den Karpaten». Nur mittelgroß, wirkte er doch stattlich. Nach seinem Medizinstudium hatte er sich in Wien niedergelassen, wo er ein Junggesellendasein führte. Wegen seiner Hypersensibilität war ihm die Hospitantenzeit in den Spitälern geradezu unerträglich gewesen, und als er sein Abschlußdiplom erlangt hatte, fühlte er sich außerstande, seinen Beruf auszuüben. Er gab vor, nicht über genügend Mittel zu verfügen, um sich eine eigene Praxis einzurichten, doch schien ein besonderer Umstand ihn geprägt zu haben und die eigentliche Ursache seiner Weigerung zu sein: Kurz nach seinem Abgang von der medizinischen Fakultät sollte er die Verwandte eines seiner Freunde behandeln. Er stellte eine falsche Diagnose, und obwohl die Folgen keineswegs schwerwiegend waren, konnte er diesen Irrtum nicht verwinden: Von diesem Tage an zweifelte er an sich selbst. Wahrscheinlich war er auch in seinem Stolz verletzt. Die Moscunas hatten eine Art Kastenbewußtsein, sie wußten um ihren Wert und konnten Mißerfolge nicht ertragen.

Zweifellos wurzelte darin auch jene Verbitterung Avrams, die mit dem Alter zunahm und aus ihm einen richtigen Menschenfeind machte. Und daher rührte wohl auch sein Gefühl, in seinen künstlerischen Bestrebungen nie etwas Rechtes erreichen zu können. Musikbegeistert und sehr musikalisch, mit einer schönen Baßstimme begabt, widmete er sich dem Gesang und spielte Bratsche – hinreichend gut, um eine Zeitlang in einem Wiener Orchester mitwirken zu können. Doch weiter hatte er es nie gebracht.

Die außergewöhnlichen Anlagen, deren Anzeichen er in Clara entdeckt hatte, durfte man seiner Meinung nach nicht brachliegen lassen. Dunkel mochte er auch fühlen, daß er sich durch seine Nichte vielleicht selbst verwirklichen konnte. Sie sollte erreichen, was ihm zu erreichen versagt war. Er steigerte sich immer mehr in die Idee dieser «Aufgabe» hinein.

Unaufhörlich lag er seiner Schwester in den Ohren. Brav, zurückhaltend, gern zu Scherzen aufgelegt und von einer charmanten Naivität, führte Clara derweilen das Leben eines kleinen Mädchens, mit dem einzigen Unterschied, daß ihr Lieblingsspielzeug keine Puppe, sondern ein Konzertflügel war.

Am Klavier versetzte sie nach wie vor alle in größtes Erstaunen. Der Dirigent Dinicu stellte sie der rumänischen Königin Elisabeth vor (die unter dem Namen Carmen Sylva schriftstellerte). Sie interessierte sich sofort für das Kind und bat es mehrmals zum Vorspielen zu sich. Sie bewilligte für Clara ein Stipendium, welches ihr das Studium in Wien ermöglichen sollte, denn inzwischen hatte Avram, nach langen Diskussionen mit Berthe (und mit der Zustimmung Isaacs), seinen Willen endlich durchgesetzt.

Clara fiel es schwer, von zu Hause, besonders von den Schwestern (Jeanne war gerade drei Jahre alt) fortzugehen, aber sie mochte ihren Onkel, der seinerseits mit leidenschaftlicher Zuneigung an ihr hing.

Sie hatte Vertrauen zu ihm gefaßt, und wenn ihr auch vor der Abreise etwas bange war, so waren doch die Aussicht auf ein neues Leben, die Entdeckung einer unbekannten Stadt, die Verheißung einer langen Eisenbahnfahrt – und auch der Gedanke an den Abschied von Frau Zenide – reizvoll genug, um ihr jede Furcht zu nehmen, und sie weinte nicht, als sich der Zug in Bewegung setzte.

Für Frau Haskil handelte es sich nur um eine vorübergehende Trennung: sie hegte insgeheim die Hoffnung, Bukarest, wo der Antisemitismus immer mehr um sich griff, bald den Rücken kehren und mit ihren beiden andern Töchtern ebenfalls zu Avram nach Wien übersiedeln zu können. Aber dieser Wunsch sollte ihr nicht in Erfüllung gehen, und wahrscheinlich hat sie es oft genug bedauert, Avrams Drängen nachgegeben zu haben.

So kam also Anfang April 1902 Avram, Clara bei der Hand haltend, nach Wien zurück. Die Ankunft in der österreichischen Hauptstadt scheint Clara nicht sonderlich beeindruckt zu haben. Sie sprach und verstand bereits hinreichend Deutsch, um sich nicht fremd zu fühlen, und machte überdies schnelle Fortschritte, obschon sie einen rauhen Akzent in dieser Sprache nie ganz verlieren und immer einige sehr persönliche Wendungen beibehalten sollte.

Avram richtete sich zusammen mit seiner Nichte in einer bescheidenen Pension ein und machte sich gleich daran, für Claras Studium zu sorgen. Er führte sie zu den Musikkapazitäten Wiens, den Professoren Leschetizky und Anton Door, die seine Erwartungen nicht enttäuschten. Door, ein berühmter Pianist, war von Clara so beeindruckt, daß er an die *Neue Freie Presse* (eine große Wiener Tageszeitung) folgende Notiz schickte, welche in der Rubrik «Mitteilungen aus dem Musikleben» veröffentlicht wurde:

Herr Professor Anton Door macht uns auf ein kleines Mädchen aufmerksam, das ein außergewöhnliches musikalisches Talent besitzt. Er schreibt uns: «Dieser Tage kam ein Arzt aus Rumänien zu mir, der an der Hand ein kleines, kaum siebenjähriges Mädchen führte. Das Kind, Tochter einer Witwe, ist einzigartig. Dasselbe hat nie Musikunterricht genossen; alles, was man ihm gezeigt hat, war die Benennung der Noten. Mehr schien auch kaum nötig, denn jedes Stück, das man der Kleinen vorspielt und das sie mit ihren kleinen Händchen bewältigen kann, spielt sie dem Gehör nach fehlerfrei nach. Ja, noch mehr: Sie spielt es in jeder beliebigen Tonart, die man ihr anschlägt. Einen leichten Beethovenschen Sonatensatz, den ich ihr vorlegte, spielte sie anstandslos vom Blatt. Man steht wie vor einem Rätsel, denn diese Frühreife des menschlichen Gehirns ist geradezu unheimlich.»

Clara war sich dieser Frühreife, die ihr ganz natürlich schien, überhaupt nicht bewußt. Trotz der großen Bewunderung, die sie überall hervorrief, blieb sie nach wie vor das schüchterne, zurückhaltende und folgsame kleine Mädchen, das sie schon in Bukarest gewesen war.

Schließlich vertraute Avram das Kind dem Musiklehrer Professor Richard Robert an. Er hätte keine bessere Wahl treffen können: Professor Robert war nicht nur ein vorzüglicher Pädagoge (später unterrichtete er unter anderen auch Rudolf Serkin), sondern auch ein Mann von hervorragendem Charakter. Seine langjährige Assistentin Anka Bernstein schilderte später einmal den ersten Besuch Claras wie folgt:

Ich sehe Clara noch vor mir, wie sie mit ihrem Onkel ins Zimmer trat. Scheu und ängstlich musterte sie uns verstohlen, als fürchte sie sich vor dem Kommenden, während ihr Onkel mit Professor Robert sprach. Doch als sich kurz darauf Professor Robert und seine Frau – die liebenswürdigsten Menschen, denen ich je begegnet bin – Clara voller Freundlichkeit zuwandten, war das Eis bald gebrochen.

Jeder im Hause schloß das Kind sehr bald ins Herz, das in dieser warmherzigen Umgebung völlig auftaute und sich schnell wie zu Hause fühlte.

Die Roberts, die selbst keine Kinder hatten, behandelten Clara wie ihre eigene Tochter. Sie hatten ihr in ihrem Wohnzimmer eine Ecke für die Spielsachen eingeräumt, und nicht selten sah man dort Lehrer und Schülerin zusammen spielen. Avram hätte sich ohnehin nicht immer um seine Nichte kümmern können, da er wieder begonnen hatte, Sprachunterricht zu erteilen. Das jährliche Stipendium von 1800 Franken, das Clara von der rumänischen Königin zuerst für drei, dann für weitere zwei Jahre zugesprochen worden war, reichte nicht aus für den Lebensunterhalt von zwei Personen. Clara traf Avram jeweils nur zu den Mahlzeiten, die sie zusammen in einem kleinen Restaurant einnahmen. Dies war für ein Kind in Claras Alter wohl nicht gerade die richtige Ernährungsweise, insbesondere da Clara nie über besonders großen Appetit verfügte. Schon in Bukarest hatte sie oft genug von ihrem Fleisch verstohlen der Katze unter dem Tisch etwas zugesteckt, bis ihr die Mutter schließlich auf die Schliche kam …

Professor Robert war von Claras musikalischer Begabung, ihrer außerordentlich leichten Auffassungsgabe fasziniert: In wenigen Monaten machte sie ganz erstaunliche Fortschritte.

Er widmete ihr einen Großteil seiner Zeit, und Clara war stets überglücklich, wenn sie ihm vorspielen durfte oder wenn sie zusammen auf zwei Klavieren musizierten.

Anka Bernstein, die ebenfalls mit Clara arbeitete, berichtete darüber:

Ob sie Bach, Schumann oder Chopin spielte, alles lebte, war voller Sensibilität, Anmut, Temperament. Alles war von Grund auf erfaßt, empfunden und vollendet bis ins kleinste technische Detail.

Bei Professor Robert eignete sich Clara jene Technik an, die ihr, in Verbindung mit ihren wunderbaren natürlichen Gaben, zeit ihres Lebens die zahllosen Schwierigkeiten meistern half, mit denen sie immer wieder zu kämpfen hatte, so beispielsweise auch, wenn sie manchmal monate-, ja sogar jahrelang nicht auf dem Klavier üben konnte. Sie hatte später noch andere Lehrer, aber in jenen drei Jahren bei Professor Robert in Wien erwarb sie sich das grundlegende Rüstzeug für ihre außergewöhnliche technische Meisterschaft.

Doch so sehr Clara auch das Klavierspiel liebte – sie konnte stundenlang spielen, ohne je zu ermüden und ohne daß man sie speziell dazu auffordern mußte –, eines Tages entdeckte sie die Geige, von deren Wohlklang sie überwältigt war. Kurz nach ihrer Ankunft in Wien hatte sie in einem Brahmskonzert den Geiger Joachim spielen gehört und war davon so hingerissen, daß sie ihren Onkel anflehte, sie Geigenunterricht nehmen zu lassen.

So begann Clara, während sie laut Aussage ihrer Mitschülerinnen auf dem Klavier geradezu «unheimliche» Fortschritte machte, Geige zu spielen. Auch hier bewies sie eine unglaubliche Leichtigkeit der Auffassung und Intuition für das Instrument sowie der Bogenführung. Sie lernte sehr rasch, obwohl sie behauptete, außerhalb des Unterrichts nie zu üben. Professor Robert war jedoch der Ansicht, daß das Klavier ihr Hauptinstrument bleiben müsse, weil dort ihre ganz außergewöhnliche Begabung liege.

Neben dem Musikunterricht besuchte Clara, streng überwacht von ihrem Onkel, wie alle Kinder ihres Alters die Schule.

Alles in allem hatte Clara in Wien die für ihre Entwicklung günstigen Bedingungen gefunden. Sie liebte ihren Onkel und hatte bei den Roberts ein echtes Zuhause. Anka Bernstein war für sie mehr eine große Schwester als eine Lehrerin. In der Schule kam sie mit Kindern ihres Alters zusammen, die zu der Welt der Erwachsenen, in der sie sonst lebte, ein glückliches Gegengewicht bildeten.

Bei den Roberts traf sie auch andere Schüler, darunter zum Teil auch Altersgenossen, wie zum Beispiel den kleinen George Szell, ein Wunderkind wie Clara. George war sehr lebhaft veranlagt und fand Clara zu brav. Als sie sich nach Jahren wieder einmal begegneten, begrüßten sie sich herzlich: «Nun, Clara, immer noch so dämlich?» – «Und du, George, immer noch so frech?»

Im Grunde weiß man nur wenig von Claras Kindheit, denn sie selbst sprach nie darüber und erinnerte sich offensichtlich auch nur undeutlich daran. Doch scheint diese Zeit in Wien eine der sorglosesten und glücklichsten Perioden ihres Lebens gewesen zu sein, trotz ihres Heimwehs nach Bukarest, wohin sie unbedingt zurückkehren wollte. Clara brauchte in erster Linie Zuneigung und konnte sich wie andere Kinder auch nur in einem Milieu voll entfalten, wo man ihr Sympathie und Liebe entgegenbrachte. Anka Bernstein betonte in ihren Erinnerungen, wie dankbar Clara für solche Zeichen der Anerkennung war.

Im November 1902 trat Clara erstmals öffentlich auf und erntete ihre erste Kritik in der Presse. Eine berühmte Sängerin, Julie Mancio, hatte zu Wohltätigkeitszwecken eine Matinee organisiert, bei der vorwiegend junge Musiker spielten.

Clara erregte Aufsehen, als sie zuerst zusammen mit einem jungen Geiger eine Sonatine von Schubert vortrug und danach eine Fughetta von Händel, «Albumblatt» von Grieg und die Variationen in G-Dur von Beethoven spielte. In der «Neuen Freien Presse» war zu lesen:

Die siebenjährige Rumänin Clara Haskil bewies mit ihrem Spiel, was ein großes Talent binnen kürzester Zeit zu erreichen vermag.

Noch spektakulärer waren die Fortschritte, die sie ein Jahr später unter Beweis stellte, als sie am 15. November 1903 erneut öffentlich spielte, und zwar den Klavierpart im Haydn-Trio in G-Dur und das Klavierkonzert in A-Dur (KV 488) von Mozart. Die «Neue Freie Presse» schrieb:

Clara Haskil, eine Schülerin von Richard Robert, deren Spiel wir schon letztes Jahr gebührend gewürdigt haben, ist seit damals musikalisch herangereift, körperlich hingegen nur wenig gewachsen. Die ernste Kleine muß noch immer auf der Stuhlkante sitzen, um das Pedal zu erreichen. Doch ihre Hände sind kräftiger, ihr Anschlag kühner, ihr Ton bestimmter und voller geworden. Ihre musikalische Auffassung und Phrasierung sind hervorragend, insbesondere bei Mozart.

Clara wurde die Zeit fern von Bukarest allmählich lang, doch sie mußte sich noch mehrere Monate gedulden, bevor sie im Sommer 1904 mit ihrem Onkel nach Rumänien zurückkehren konnte. In einem von Isaac für die ganze Familie gemieteten Haus in Brasov, einer freundlichen Stadt in Siebenbürgen (etwa 200 Kilometer nördlich von Bukarest, nicht weit von Sinaia, der Residenz der königlichen Familie), feierte Clara mit ihrer Großmutter, ihrer Mutter und ihren beiden Schwestern Wiedersehen. Trotz des Altersunterschiedes (Lili war 13, Jeanne erst 6) verstanden sich die drei Mädchen ausgezeichnet: mit Lili musizierte Clara auf dem Klavier oder der Geige, mit Jeanne (die ebenfalls Klavier spielen lernte) tummelte sie sich in dem großen Garten. Diese fröhlichen und sorglosen Ferien blieben Clara in heiterster Erinnerung.

Doch dann kam erneut die Trennung. Im Herbst kehrte Clara wieder nach Wien zurück. Frau Haskil hatte zwar ihren Bruder Avram gebeten, Clara zu Hause zu lassen, doch er hatte darauf bestanden, die so vielversprechend begonnenen Studien in Wien fortzusetzen.

Von da an scheint Avram gewisse Besitzansprüche auf Clara geltend gemacht zu haben, und dies mag wohl auch der Grund gewesen sein, daß er den Plan faßte, Clara nach Paris zu bringen. Er betonte, Clara habe nun alles gelernt, was ihr Professor Roberts Unterricht habe vermitteln können, es wäre deshalb unumgänglich, daß sie in andere Hände käme. Mochte er damit an sich vielleicht recht haben, so war der Zeitpunkt für einen Lehrerwechsel sicherlich verfrüht. Im Grunde war ihm wohl eher die enge Freundschaft zwischen Clara, den Roberts und Anka Bernstein ein Dorn im Auge.

Von nun an tat er jedenfalls – bewußt oder unbewußt – alles, um jede Bindung zu hintertreiben, die dieses Kind, das mittlerweile zu seinem einzigen Lebensinhalt geworden war, ihm auch nur im geringsten zu entfremden drohte. Diese besitzergreifende Haltung ihres Onkels wirkte sich im Laufe der Zeit sehr belastend, ja geradezu tragisch auf Claras Leben aus. Hellsichtig wie sie war, muß sie bestimmt sehr bald den lähmenden Einfluß dieser Bindung gespürt haben. Doch sie war ihrem Onkel in Dankbarkeit und aus tiefstem Herzen zugetan und versuchte nie, sich aus dieser Umklammerung zu lösen. Sie ließ von diesen Problemen auch nie jemand anderem gegenüber ein Wort verlauten.

Nach Wien zurückgekehrt, spielte sie am 16. und 19. November nebst andern Künstlern bei einem Liszt-Festival im Bösendorfer-Saal. In der Kritik stand zu lesen:

Von diesem Kind läßt sich Großes erwarten, wenn es sich natürlich entfalten darf. Doch ist es eine zarte Pflanze, die der Schonung bedarf. Wenn man nicht gut aufpaßt, könnten die Anstrengungen der Konzerte Gift sein für die Kleine. Wir haben hier eines jener Wunderkinder vor uns, die fast ein wenig Mitleid erregen, denn bei aller Bewunderung muß man doch befürchten, daß diese auserwählten Geschöpfe den Neid der Götter erwecken könnten.

Geradezu prophetisch anmutende Zeilen ...

Bald darauf eröffnete Avram Professor Robert seinen Plan, mit Clara nach Paris zu übersiedeln. Dieser war sehr bestürzt. Abgesehen von der großen Zuneigung, die er und seine Frau für Clara empfanden, war er davon überzeugt, Clara noch viel geben zu können. Vor allem aber wußte er, daß Clara ein warmherziges und liebevolles Milieu brauchte, um sich zu entfalten. Er fürchtete die Folgen eines im Vergleich zu Wien weit schwerwiegenderen Exils für das hypersensible Kind. Vielleicht ahnte er auch, daß Clara bei ihrem Onkel, der mit den Jahren immer melancholischer und düsterer wurde, nicht jenes Maß an Zärtlichkeit finden würde, dessen sie so sehr bedurfte.

Doch Professor Robert war ein grundehrlicher Mensch. Seiner pädagogischen Fähigkeiten durchaus bewußt, übersah er dennoch nicht, was Paris für Clara bedeuten würde – war doch zu jener Zeit das Pariser Konservatorium unbestreitbar die beste Musikschule der Welt. Er maßte sich nicht das Recht an, sich Avrams Plänen zu widersetzen. Vielleicht auch hatte er nicht nur die geheimen Motive Avrams durchschaut, sondern deutlich gespürt, daß jeder Einwand zwecklos wäre.

Die wenigen Monate, die ihm noch verblieben, arbeitete Professor Robert mit Clara intensiver denn je, und darüber hinaus verhalf er ihr zu einem glanzvollen Abschluß ihres Wiener Aufenthaltes.

Auch begann sich die Persönlichkeit des Kindes immer mehr zu festigen. Bei ihrem Lehrer, zu dem Clara vollstes Vertrauen hatte, gab sie sich stets ganz spontan. So rief sie eines Tages, als er Wagner spielte, plötzlich aus: «Hören Sie doch bitte auf, das ist ja eine entsetzliche Musik!»

Von klein auf war Clara bestrebt, alles Lautstarke zu meiden, und mit zunehmendem Alter wurde sie gegen Lärm geradezu allergisch: Alles, was eine Stille oder ein Tongleichgewicht abrupt unterbrach, verursachte ihr beinahe physischen Schmerz. Alles Heftige, und sei es auch nur eine hämische Bemerkung, tat ihr weh. Übertreibungen und Vulgarität waren ihr zutiefst verhaßt: Claras Wesen war auf feine Nuancen abgestimmt, die sie ja auch in ihrem Spiel so unvergleichlich zum Ausdruck zu bringen verstand.

Professor Robert bereitete sie also auf ein Konzert vor, das am 15. April 1905 im Bösendorfer-Saal stattfand. Das Programm war, dem damaligen Geschmack entsprechend, sehr vielfältig und reichhaltig:

Beethoven: Trio Nr. 3 (mit Arthur und Ernst Specht)
J. S. Bach: Präludium und Fuge
Ph. E. Bach: Rondo
Händel: Variationen
Weber: Rondo brillant
Schumann: Der Vogel als Prophet
J. Brüll: Frühlingslied
Chopin: Polonaise

Das geschickt angekündigte Konzert war ausverkauft. Trotz des schwierigen Programms – Clara spielte alles auswendig, sogar das Beethoven-Trio – gab es in ihrem Vortrag nicht die geringste Unsicherheit. Das Ganze wurde zu einem wahren Triumph. Man drängte sich um Clara, die, wenn auch etwas verschüchtert, vor Glück strahlte und sich nicht nur über den Erfolg, sondern auch über die vielen Geschenke freute, für deren Heimtransport man einen zweiten Wagen mieten mußte.

Die Kritik war sich einig:

Clara Haskil wird von sich reden machen. Ein neunjähriges Kind, kein Wunderkind, sondern ein wunderbares Kind, eine gottbegnadete musikalische Natur und ein seltenes Talent.

Oder:

Das kaum zehnjährige Mädchen übertrifft alle bisherigen Wunderkinder durch seine Natürlichkeit und sein musikalisches Empfinden.

Der berühmte Kritiker Korngold begnügte sich nicht damit, Clara zu beglückwünschen, er wollte sich auch persönlich für sie einsetzen. Nach dem Konzert und dann nochmals kurz vor ihrer Abreise nach Rumänien suchte er sie auf. Er stellte für sie ein Konzertprogramm zusammen und ersuchte sie, es vorzubereiten und ihm vor ihrer Abreise nach Paris vorzuspielen.

Professor Robert konnte stolz sein auf seine Schülerin – und auf sich selbst. Er ließ Clara nur schweren Herzens ziehen, und sie hat ihm zeitlebens eine freundschaftliche Zuneigung bewahrt.

So betrübt Clara auch war, ihre «Adoptivfamilie» zu verlassen, so sehr freute sie sich auf das Wiedersehen mit Mutter und Schwestern. Am Tage ihrer Abreise nach Rumänien kaufte sie noch die von Korngold vorgeschlagenen Klavierwerke: Stücke von Bach und Liszt und die Sonate in h-Moll von Chopin.

Sie studierte die Partituren im Zug, und nach ihrer Ankunft in Bukarest – nachdem der Begrüßungstrubel vorbei war – setzte sie sich gleich ans Klavier. Unter Lilis überraschtem Blick spielte sie mühelos die ihr bis dahin unbekannten Werke. Eine brillante Leistung, die ihr ganz natürlich schien, jedoch keine Fortsetzung fand, da Korngold einige Wochen später, als die Familie Haskil-Moscuna in ihrem Haus in Brasov weilte, bei einem Unfall ums Leben kam.

Diese Ferien waren für Clara trotz allem besonders glücklich. Voll Lebensfreude und Elan komponierte sie kleine Musikstücke und organisierte Familienkonzerte, deren Programme sie selbst zusammenstellte. Nach den musikalischen Darbietungen wurde getanzt. Auch Onkel Isaac beteiligte sich daran – unter Avrams gestrengem Blick. Es war eigenartig zu sehen, wie verschieden diese sich äußerlich völlig ähnlich sehenden Brüder reagierten.

Die Wochen vergingen. Frau Haskil hat zweifellos versucht, Clara bei sich zu behalten (sie träumte davon, daß ihre drei Töchter ein Trio bilden könnten, Lili würde Klavier, Clara Geige und Jeanne Cello spielen) oder wenigstens ihre Abreise nach Paris hinauszuschieben. Doch Avram war unnachgiebig, um so mehr, als Königin Elisabeth nach den glanzvollen Resultaten in Wien das Stipendium für Clara um zwei Jahre verlängert hatte. Auch die Großmutter und vor allem Onkel Isaac schienen für Claras Karriere in Paris die große Chance zu sehen, die sie auf keinen Fall verpassen durfte.

Alles war somit zur Abreise nach Paris bereit. Professor Robert empfahl Clara an Gabriel Fauré, der damals das Pariser Konservatorium leitete.

Der Abschied war traurig, und es gab viele Tränen. In Bukarest, das sie erst drei Jahre später wiedersehen sollte, ließ Clara alles zurück, was ihre Kindheit geprägt hatte.

Im Exil

(1905–1913)

Im Herbst 1905 trafen Avram und Clara in Paris ein, wo sie sich vollkommen fremd fühlten. Ihre Ankunft in der Seinestadt glich in nichts derjenigen in Wien vor drei Jahren. Dort hatte Avram Freunde gehabt und Musiker und Künstler gekannt. Für Paris besaß er nur einige Empfehlungen. Dazu kam das Handikap der Sprache. Avram selbst sprach zwar fließend Französisch, doch Clara fand sich in dieser Sprache noch nicht zurecht, trotz des Sprachunterrichts, den ihr Onkel ihr in Wien erteilt hatte. Doch das kleine Mädchen machte unter der Anleitung ihres Onkels rasche Fortschritte, und bald waren die Sprachschwierigkeiten weitgehend behoben. Clara behielt zwar immer einen ausgeprägten Akzent, den ihre außergewöhnlich dunkle Stimme noch unterstrich, doch ist es erstaunlich, wie perfekt sie später die französische Sprache in Wort und Schrift beherrschte. Es gilt zu bedenken, daß sie sich ihre Sprachkenntnisse mit Hilfe Avrams, eines Ausländers, erworben hatte, der nie zuvor im französischen Sprachraum gelebt hatte und sich mit Clara außerhalb der Unterrichtsstunden auf rumänisch unterhielt.

Avram mietete für sich und seine Nichte eine kleine Wohnung in der Cité de Trévisé, nur ein paar Schritte vom Konservatorium entfernt, wo er Clara schon bald Gabriel Fauré vorstellte. Die erste Fühlungnahme verlief ausgezeichnet. Clara faßte gleich Vertrauen zu diesem gütigen und einfachen fünfzigjährigen Mann mit seinem schlohweißen Haar, für den sie immer eine Art von Verehrung empfinden wird.

Fauré seinerseits war von der phänomenalen Begabung des Kindes sehr beeindruckt und sofort damit einverstanden, daß Clara sich um einen Platz als ausländische Schülerin der Klavierklasse bewarb. Er anvertraute sie einem seiner Lieblingsschüler, Joseph Morpain.

Joseph Morpain war damals zweiunddreißig Jahre alt. Seit seinem siebten Jahr lebte er nur für die Musik, obschon er keiner speziell musikalischen Familie entstammte. Als Zwölfjähriger war er ins Konservatorium eingetreten und dort 16 Jahre lang in den diversen Disziplinen (Klavier, Musiktheorie, Harmonie- und Fugenlehre usw.) ausgebildet worden, bevor er selbst begonnen hatte, Unterricht zu erteilen. In Bordeaux geboren, von robuster Gesundheit und heiterer Gemütsart, war er ein äußerst gütiger Mensch, und Clara hätte sich keinen besseren Lehrer wünschen können. Er zeigte vom ersten Moment an großes Verständnis für das Kind, mit welchem er sich bald besonders verbunden fühlte. Clara bewahrte ihm zeitlebens eine große Zuneigung und Dankbarkeit. Nach Professor Robert hatte sie nun in Morpain ihren wahren Lehrer gefunden. Es war, ganz abgesehen vom musikalischen Aspekt, zweifellos sein Verdienst, daß Clara die Schwierigkeiten ihres ersten Pariser Aufenthaltes überwand.

Denn das kleine Mädchen fühlte sich in dieser fremden Umgebung wirklich verloren, inmitten dieser riesigen, geräuschvollen Stadt, ganz ohne Familie, nur in Gesellschaft ihres Onkels. Die Junggesellenwohnung in der Cité de Trévisé war alles andere als gemütlich, und Clara saß wieder Tag für Tag mit ihrem Onkel im Restaurant, wo sie ihre Mahlzeiten einzunehmen pflegten. Sie müssen ein merkwürdiges Paar gewesen sein, der eher etwas düstere Vierziger und das kleine Mädchen mit dem langen blonden Haar und den traurigen Augen.

Für Clara ging es nun in erster Linie darum, sich auf die Aufnahmeprüfung am Konservatorium vorzubereiten. Montag, den 13. November 1905, trat sie um 9 Uhr morgens zusammen mit 212 andern Kandidaten zur Prüfung an. Der von Gabriel Fauré präsidierten Jury gehörten unter anderen auch Albeniz, Cortot, Ricardo Vines an. Clara kam als 47. Prüfling an die Reihe und spielte eine Fuge von Bach.

Sie wurde einstimmig zugelassen und trat mit 80 andern erfolgreichen Kandidaten am 17. November zur zweiten Prüfung an, und zwar mit der Polonaise in cis-Moll von Chopin. Von acht Stimmen erhielt sie nur eine für den Eintritt in die Klavierklasse, wurde aber mit sieben von acht Stimmen in die Vorbereitungsklasse aufgenommen. Genau dasselbe Resultat erzielte Rose-Georgette Guller, genannt Youra, ein gleichaltriges Mädchen russischer Nationalität, mit dem Clara bald Freundschaft schloß. Youra Guller sollte viel später einmal, in einem kritischen Moment, in Claras Leben eine entscheidende Rolle spielen.

Clara und Youra gehörten nun zunächst zur Klasse von Mme. Chéné, einer sehr gewissenhaften und liebenswürdigen Frau, die aber keine besonderen pädagogischen Fähigkeiten besaß. Clara arbeitete bei Frau Chéné sehr pflichtbewußt, aber ohne jede Begeisterung. Dennoch notierte Frau Chéné im Januar 1906 in ihrer altmodischen und zierlichen Handschrift: «Sehr intelligent, gute Arbeit», und im Juni vor den Wettbewerben: «Sehr begabte Schülerin, hervorragende Arbeit.» Am 10. Juli erhielt Clara eine 2. Medaille, was für sie eine große Enttäuschung bedeutete, da ihre Freundin Youra eine 1. Medaille bekam. Von da an hatte man den Eindruck, daß in Clara etwas zerbrochen war, keine Rede mehr von verblüffenden Fortschritten wie damals in Wien. Zweifellos hatten sich die ungünstigen Lebensbedingungen in Paris, die Einsamkeit, das Fehlen eines Zuhauses folgenschwer auf das elfjährige Kind auszuwirken begonnen.

Im Gegensatz zu Wien besuchte Clara in Paris keine Schule. Avram unterrichtete sie zu Hause, und zwar in Literatur, Geschichte, Geographie, Naturkunde und Französisch. Claras vollbeschriebene Notizbücher zeugen von dieser Arbeit, die sie dank ihres phänomenalen Gedächtnisses leicht bewältigen konnte. Man kann sich eine gewisse Bewunderung für die umfassende Bildung Avrams, die ihm die Schulung seiner Nichte erlaubte, nicht versagen.

Aber dadurch war das ohnehin verschlossene und schüchterne, ja beinahe menschenscheue Kind dazu verurteilt, ausschließlich in einer Welt der Erwachsenen zu leben. Mit Youra verstand sie sich zwar gut – die beiden Mädchen waren in ihrer Klasse am Konservatorium die jüngsten ausländischen Schüler –, doch außerhalb des Unterrichts trafen sie sich nur selten. Außer ihren Klassenkameraden und Lehrern kannte Clara praktisch niemanden. Avram verkehrte lediglich mit einem jungen Ehepaar, dessen Tochter Claras Alter hatte. Doch obschon die beiden Mädchen zusammen spielten, bahnte sich keine richtige Freundschaft zwischen ihnen an.

Was Clara aber nebst dem Umgang mit Gleichaltrigen am meisten fehlte, war die Geborgenheit eines Heims, eine häusliche Atmosphäre, die Wärme ausstrahlte und wo sie sich geliebt und umsorgt fühlte. So hypersensible Menschen wie Clara bedürfen dieser Nestwärme in ganz besonders hohem Maße, um sich richtig entfalten zu können. Ohne Avram der Gefühlskälte bezichtigen zu wollen, weiß man doch, daß er eher wortkarg war, und wenn Clara seiner Zuneigung auch gewiß sein konnte, so wird er dies äußerlich doch nur selten bekundet haben. Zudem trug sein angeborener Pessimismus wohl kaum zur Aufheiterung der Atmosphäre in der Cité de Trévisé bei.

Wen wundert es da, daß Clara Joseph Morpain, der so reiche menschliche Qualitäten in sich vereinigte, besonders zugetan war? Er verstand es, ihr zu zeigen, wie sehr er sie schätzte und Vertrauen in sie setzte. So entspann sich zwischen den beiden eine aufrichtige Freundschaft, die auf Clara befreiend wirkte. Doch handelte es sich auch dabei wieder um die Beziehung zu einem Erwachsenen, und dabei war Clara doch erst zwölf Jahre alt.

Das ist im Grunde das Los der meisten Wunderkinder, bei denen das Ungleichgewicht zwischen ihrer außergewöhnlichen Reife auf einem Spezialgebiet und ihrem physiologischen Alter fast unlösbare Erziehungsprobleme mit sich bringt. So frühreif und besonnen Clara auch gewesen sein mag, im Grunde ihres Herzens war sie noch ein Kind, das spielen, mit seinen Altersgenossen herumtollen und fröhlich lachen – mit einem Wort, ein Kind sein wollte.

Zu Beginn des Schuljahres, am 14. November 1906, traten Clara und Youra erneut zur Prüfung für die Aufnahme in die Klavierklasse an. Doch sie scheiterten und mußten ein weiteres Semester in der Vorbereitungsklasse von Frau Chéné bleiben. Dasselbe wiederholte sich für Clara im folgenden Sommer, als sie am 19. Juli 1907 mit der Sonate in D-Dur von Mozart am Klavierwettbewerb teilnahm und durchfiel.

Diese Mißerfolge waren sowohl für Clara als auch für Avram ein harter Schlag, wenn sie vielleicht auch voraussehbar gewesen waren. Clara hatte seit ihrer Ankunft in Paris ihr inneres Gleichgewicht nicht mehr wiederfinden können, um so mehr als sie inzwischen auch im Pubertätsalter war. Zu ihrer seelischen Belastung gesellten sich nun noch äußere körperliche Veränderungen: Ihre klaren, von langem aschblondem Haar umrahmten Gesichtszüge, die durch die großen melancholischen Augen und die fast sinnlich wirkenden Lippen noch betont wurden, begannen sich zu verfeinern. Vor allem aber schoß das junge Mädchen in die Höhe, und man mußte den Beginn einer Skoliose (Wirbelsäulenverkrümmung) feststellen, was sie aber nicht daran hinderte, mit ihrem Geigenspiel fortzufahren.

All dies machte Clara zu schaffen, und dazu war das Leben für Onkel und Nichte ohnehin nicht gerade leicht. Trotz Claras Stipendium reichte das Geld nicht aus, und Avram sah sich gezwungen, die finanzielle Lage durch Übersetzungsarbeiten und Stundengeben zu verbessern, doch Paris war nicht mit Wien zu vergleichen, und er hatte Mühe, Schüler zu finden.

So endeten die ersten beiden Pariser Jahre mit einem bedauernswerten Fiasko. Doch Avram war nicht gewillt aufzugeben, und vermutlich rieten auch Joseph Morpain und Fauré zum Ausharren.

Das Stipendium der Königin von Rumänien wurde nicht erneuert, doch verzichtete gerade damals George Enesco zugunsten dreier Landsleute, die in Paris Musik studierten – darunter auch Clara –, auf ein Stipendium, das er vom rumänischen Unterrichtsministerium bezogen hatte.

Nach einem wohl eher in gespannter Atmosphäre verlaufenen Sommer, in dem sich Clara von neuem auf die Prüfung am Konservatorium vorbereiten mußte, trat sie im Herbst – am 14. Oktober 1907 – aus der Vorbereitungsklasse von Frau Chéné aus. Joseph Morpain tat sein Bestes, um Claras Selbstvertrauen zu stärken. Auf seinen Wunsch spielte sie auch Cortot vor, dessen Schüler er einst gewesen war.

Und im November war es dann endlich so weit: Clara und Youra waren beide in die Klavierklasse aufgenommen worden. Sie waren am 12. und 15. November mit der Fantasie und Fuge in g-Moll von Bach/Liszt beziehungsweise mit der Sonate in h-Moll von Chopin zur Prüfung angetreten.

Die Freude der beiden Mädchen war groß, wurde aber schon bald wieder etwas getrübt. Die Zahl der ausländischen Schüler pro Klasse war begrenzt, und so kam Youra Guller in die Klasse Isidore Philipps und Clara in diejenige Cortots, der eine Woche zuvor, am 8. November, zum Professor am Konservatorium ernannt worden war. Man kann also zu Recht sagen, daß Lehrer und Schülerin zusammen in die Klavierklasse eintraten.

Leider erwies sich die vielversprechende Verbindung dieser beiden außergewöhnlichen musikalischen Temperamente als Enttäuschung. Für Cortot bedeutete die Berufung ans Konservatorium weit mehr eine Ehre als eine Aufgabe. Im Jahre 1907 stand der Dreißigjährige im Zenit seiner steilen Karriere. Man vergötterte ihn, er eilte von Erfolg zu Erfolg. Bernhard Gavoty schrieb über ihn:

Mit seinen Samtaugen, seinem langen Haar und der in die Stirn fallenden Locke wirkte Cortot geheimnisvoll und verführerisch. Wenn er mit seiner Gelehrtenstimme, die das Timbre eines Cellos hatte, zu einem sprach, wußte er seinen meist etwas salbungsvollen Formulierungen durch die Dehnung gewisser Silben besonderen Nachdruck zu verleihen. Schon damals glich er dem Daguerreotyp Chopins, und in den Augen seiner Schüler war er der Prototyp des romantischen Künstlers.

Wenn Cortot auch später gewisse pädagogische Fähigkeiten bewies, so war davon jedenfalls in seinem ersten Jahr der Unterrichtstätigkeit noch nichts zu spüren. Dazu kam, daß er sehr oft abwesend war und sich von Mme. Giraud-Letarse oder von Lazare Lévy vertreten ließ. Er hatte deshalb zu seinen Schülern keinen engen Kontakt und machte auch kein Hehl daraus, daß ihm weit mehr an deren äußerer Erscheinung als an deren Talent gelegen war. Dies erwies sich für die dreizehnjährige Clara nicht gerade als vorteilhaft, und es konnte durchaus vorkommen, daß er sie in der Klasse (der «salle classe», wie er zu sagen pflegte) ganz einfach übersah. Clara machte sich dann oft brüsk bemerkbar, doch nahm Cortot sich selten Zeit, ihr zuzuhören. War dies dann doch einmal der Fall, mußte er konstatieren, daß Claras Spiel seiner eigenen musikalischen Auffassung gänzlich entgegengesetzt war: Cortot war der typisch romantische, überschwengliche Interpret seiner Epoche, während diese in gewisser Beziehung «äußerliche» musikalische Darbietungsform Claras Natur zutiefst widersprach.

So waren die Beziehungen zwischen Lehrer und Schülerin anfänglich ausgesprochen schlecht, und wenn Cortot später seine Ansichten auch vollkommen geändert hat, so verzieh ihm Clara niemals. Im Januar 1908 notierte er in seiner ausladenden, abgerundeten, fast sinnlich wirkenden Schrift mit grüner Tinte im Schülerregister über Clara: «Hat noch viel zu lernen.» Und wie jeder Lehrer, der nur seine eigene Technik anerkennt, fügte er bei: «Fehlerhafte Technik, falsche musikalische Erziehung.» Immerhin ergänzte er noch: «Im übrigen ein Charakter.»

Er sah sie in den ersten beiden Trimestern 1908 nur selten. Sie arbeitete hauptsächlich mit Joseph Morpain und Lazare Lévy, der sowohl für seinen kritischen Geist wie für seine pädagogische Begabung bekannt war. Er hatte Claras musikalisches Talent sofort richtig eingeschätzt, und wenn er Cortot vertrat, beschäftigte er sich fast ausschließlich mit ihr. Er ließ ihr sehr viel musikalische und technische Freiheit, denn er spürte, daß sie weit mehr der Ermunterung und des Zuspruchs bedurfte als der Führung. Er wußte ihr Vertrauen zu gewinnen und stand ihr stets freundschaftlich und hilfreich zur Seite, wofür sie ihm immer eine große Dankbarkeit bewahrte. In der Zeit zwischen den beiden Weltkriegen konnte es oft vorkommen, daß sie ihm ein Werk vorspielte, um seinen Rat einzuholen.

Diese Unterrichtsweise blieb nicht ohne Erfolg, denn im Juni notierte Cortot: «Hat große Fortschritte gemacht. Es fehlt ihr weder an Leichtigkeit noch an Musikalität. Die Möglichkeit, am Wettbewerb teilzunehmen, wird sie bestimmt anspornen.»

Am 6. Juli trat sie denn auch zum Wettbewerb in der «Opéra Comique» an, wo sie als Pflichtstück das 2. Konzert von Saint-Saëns spielte und einen 2. Accessit (eine Art 2. Trostpreis) erhielt. Wieder einmal war sie sehr enttäuscht, dies um so mehr, als Youra, die in Philipp einen hervorragenden Lehrer gefunden hatte, mit einem 2. Preis ausgezeichnet wurde. Noch immer hatte bei Clara der Funke nicht wieder gezündet...

Nach einem weiteren, fern von den Ihren verbrachten Sommer übersiedelten Clara und Avram zu Beginn des neuen Schuljahres in eine andere Wohnung, in der Rue de Jussieu Nr. 27. Es schien eine Veränderung in Clara vorzugehen. War es die Aussicht auf eine baldige Reise nach Rumänien, wo sie die Neujahrsferien verbringen und in Bukarest zwei Konzerte geben sollte? Oder war sie im Begriff, den Kinderschuhen zu entwachsen, und wollte nun vor Cortot bestehen, der sie offenbar zu entdecken begann?

Jedenfalls arbeitete sie trotz ihrer sehr schmerzhaften Skoliose mit vermehrtem Eifer und legte für ein Mädchen ihres Alters eine erstaunliche Energie an den Tag. Hier stellt sie tatsächlich erstmals ihren unbeugsamen Willen unter Beweis, der ihr später immer wieder half, Unannehmlichkeiten und scheinbar ausweglose Situationen zu meistern, als gelte es, eine unumgängliche Pflicht zu erfüllen. Am Ende des ersten Trimesters vermerkte Cortot: «Musikalisch und technisch sehr im Fortschritt begriffen. Leistet seit drei Monaten ausgezeichnete Arbeit. Wird sich, glaube ich, bemerkenswert entwickeln.»

Ende des Jahres kam sie endlich mit Avram wieder in das tiefverschneite Bukarest zu ihrer Familie zurück. Es war ein hochaufgeschossenes junges Mädchen, das ihre Schwestern und ihre Mutter nach so langer Zeit wiederfanden.

Lili hatte vor einem Jahr – mit 16 Jahren – den 1. Preis am Konservatorium Bukarest erhalten, und ihre Lehrer hatten ihr eine aussichtsreiche Karriere als Pianistin prophezeit. Ihr ungewöhnlich feiner Anschlag erinnerte sehr an denjenigen Claras. Doch die Familie verfügte nicht über die nötigen Mittel, um beiden Töchtern eine Ausbildung als Konzertpianistin zu ermöglichen. Claras Begabung war in den Augen der Ihren so außergewöhnlich, daß es hinsichtlich ihrer Laufbahn kein Zögern gegeben hatte. Bescheiden wandte sich Lili der Lehrtätigkeit zu. Sie hatte seit ihrem fünfzehnten Lebensjahr, noch während ihres Studiums am Konservatorium, Unterricht erteilt, zuerst, um ihre Ausbildung zu bezahlen, und dann, um ihren Lebensunterhalt zu bestreiten. Sie entwickelte sich mit der Zeit zu einer hervorragenden Pädagogin, die in den musikalischen Kreisen Bukarests hochgeschätzt war. Jeanne, die erst zehn Jahre alt war, nahm Geigenunterricht.

Glücklich wieder mit der Familie vereint, feierte Clara im Kreise ihrer Angehörigen ihren 14. Geburtstag. Dies hinderte sie aber nicht daran, sich sorgfältig auf die beiden bevorstehenden Konzerte vorzubereiten. Am 16. Januar 1909 betrat sie erstmals seit dem denkwürdigen Konzert in Wien vor vier Jahren wieder das Konzertpodium. Sie wartete mit einem reichhaltigen Programm auf: Bach, Beethoven, Schumann, Chopin, Saint-Saëns und Liszt. Dann, zwei Tage später, spielte sie mit dem Philharmonischen Orchester von Bukarest, unter der Leitung von Dinicu, das Klavierkonzert Nr. 3 in c-Moll von Beethoven.

Dies war das erstemal, daß sie mit Orchester auftrat, und sie entdeckte voller Begeisterung das Hochgefühl einer solchen Zwiesprache. Beide Konzerte ernteten enthusiastische Kritiken. Clara wurde wiederum von der Königin empfangen, und diese lud das junge Mädchen ein, ihr während seines kurzen Aufenthaltes in Bukarest privat vorzuspielen.

Avram hatte sich indessen eine Lungenentzündung zugezogen, die ihn für längere Zeit reiseunfähig machte. Doch Clara mußte nach Paris zurück, wo der Unterricht am Konservatorium wieder begann und wo sie in einigen Monaten einen Ersten Preis zu erhalten hoffte.

Frau Haskil überlegte nicht lange – vielleicht betrachtete sie es auch als Wink des Schicksals – und begleitete Clara nach Paris, wo sich die beiden in der Wohnung der Rue Jussieu einquartierten. Dank dieser günstigen Umstände war es Clara endlich vergönnt, in Paris ein normales Leben zu führen.

Frau Haskils Traum wäre es gewesen, mit allen drei Töchtern nach Paris zu übersiedeln, aber leider reichte dazu das Geld nicht aus. Nach seiner Genesung nahm Avram, der Not gehorchend, in der von seinem Bruder Isaac geleiteten Versicherungsgesellschaft eine Stelle an, die er bis 1911 innehatte.

Clara mußte wohl nach den großen Erfolgen in Bukarest der etwas eintönige Alltag im Konservatorium eher etwas fad erscheinen. Was Cortot betraf, so scheint er seine junge Schülerin wirklich nicht verstanden zu haben. Obschon Clara, wie aus seinen Notizen in diesem Jahr hervorgeht, «musikalische Fortschritte» gemacht und «gute Arbeit» geleistet hatte, qualifizierte er sie im Juni 1909 als «recht begabt, wenn auch von kühler und etwas kindlicher Natur».

Das hinderte Clara aber nicht daran, gleichsam so nebenbei am 13. Juni beim Wettbewerb der «Union française de Jeunesse» unter dem Vorsitz von Jacques Thibaud einen Ersten Preis für Violine zu erringen. Inzwischen hatte sich aber leider ihre Skoliose derart verschlimmert, daß sie nach diesem Wettbewerb das Geigenspiel für immer aufgeben mußte. Doch konnte sie ihre Vorliebe für dieses Instrument nie ganz vergessen. Als sie vierzig Jahre später einmal anläßlich einer Probe mit dem Geiger Peter Rybar in einem unbewachten Augenblick zu dessen Geige griff, spielte sie, ohne zu stocken, auswendig den ersten Satz des Violinkonzerts von Mendelssohn. Es war phänomenal, wie die Vierundfünfzigjährige nach so langer Unterbrechung spontan ein Können unter Beweis stellte, das sie mit 14 Jahren erworben hatte. Auf einem Foto wurde dieser denkwürdige Moment für immer festgehalten. Später kam es dann oft vor, daß Clara und Arthur Grumiaux, der nebenbei ein ausgezeichneter Pianist war und auch als solcher auftrat, die Instrumente wechselten. Sie kamen sogar einmal auf die Idee, sich dem Publikum anläßlich einer Zugabe bei einem Konzert mit solch vertauschten Rollen zu präsentieren. Doch Claras Respekt vor dem Publikum und ihr Perfektionismus hielten sie dann schließlich doch davon ab.

Am Ende des Schuljahres vertrat Cortot – ganz entgegen Claras Meinung – die Ansicht, daß es ihrer Vervollkommnung hinderlich wäre, wenn sie jetzt schon einen Ersten Preis erhielte, und er wiederholte dies auch der Jury gegenüber, die am 9. Juli 1909 erneut in der «Opéra Comique» zusammentrat, um die Mädchen der Klavierklasse zu prüfen.

Nachdem Clara dann wirklich nur einen Zweiten Preis erhalten hatte, machte sie Cortot für das verlorene Jahr verantwortlich. Sie betonte in ihrer großen Enttäuschung immer wieder, daß sie am Konservatorium «nichts gelernt» habe, und so übertrieben diese Beurteilung auch scheinen mag, ihre ehemalige Mitschülerin am Konservatorium, Youra Guller, pflichtete ihr bei.

Zum Glück war Joseph Morpain da, um Clara zu trösten und aufzurichten. Auch ihre Mutter, die ebenso wie Avram unbeschränktes Vertrauen in Clara hatte, versuchte ihr über das Gefühl erlittenen Unrechts hinwegzuhelfen.

Cortots Verhalten war vom psychologischen Standpunkt aus auf jeden Fall grundfalsch gewesen. Er weckte damit in dem sonst schon nicht allzu selbstbewußten Mädchen nur unnötige Zweifel.

Nach dem Schulbeginn im Oktober begann sich dann Cortot intensiv mit Clara in der Klasse zu beschäftigen. Er schien endlich den entscheidenden Unterschied zwischen Clara und den andern – auch den talentiertesten – Schülern seiner Klasse begriffen zu haben. Wenn er nun seine Klasse zu sieben bis acht Stunden täglicher Übung anspornte, fügte er stets hinzu: «Mit Ausnahme von Fräulein Haskil – für sie genügen drei bis vier Stunden.» Später vermerkte er einmal: «Sie besitzt die geniale Begabung, instinktiv den richtigen Fingersatz zu finden.» So kam es im übrigen oft vor, daß er sie bei schwierigen Fingersatzproblemen zu Rate zog.

Es konnte aber auch geschehen, daß er sie hin und wieder vor der ganzen Klasse abkanzelte. So schrie er sie eines Tages an: «Wiederholen Sie diese Stelle – Sie spielen ja wie eine Putzfrau.» Clara war tief gekränkt. Diese Bemerkung, der Cortot sicherlich keine besondere Bedeutung beigemessen hatte, traf sie sehr hart. Noch Jahre nachher tauchte in ihren Briefen immer wieder die Befürchtung auf, nicht Klavier spielen zu können, ja nicht einmal über die Fähigkeiten einer Putzfrau zu verfügen. Als ihr einmal vierzig Jahre später nach einem Konzert Cortot mit ausgestreckten Armen entgegenkam und begeistert ausrief: «Einfach wunderbar!» gab sie ihm vor allen Anwesenden zur Antwort: «Aha, ich spiele also nicht mehr wie eine Putzfrau!»

Beim Wettbewerb vom 8. Juli 1910 erhielt Clara zugleich mit vier anderen Mädchen endlich ihren Ersten Preis, und zwar mit 11 von 13 Stimmen der Jury. Zudem war für diese Prüfung eine anonyme Spende von 2000 Franken für den Ersten Preis eingegangen, und da sich der Betrag auf fünf Preisgewinnerinnen verteilte, erhielt Clara die Summe von 400 Franken, die heute ungefähr 6000 Franken entsprechen würde. Dazu bekam sie auch einen Pleyel-Flügel – ihr erstes Klavier, das sie aber leider nicht lange behalten konnte.

Bald danach reiste Clara mit ihrer Mutter nach Bukarest zurück. Auf dem Wege dorthin machte sie in Wien halt, um dort am 17. August ein Konzert zu geben. Bei diesem Anlaß lernte sie einen Schweizer Konzertagenten namens Waldvogel kennen, der ihr für 1911 eine Tournee durch Norditalien und die Schweiz vorschlug.

Zunächst gab sie noch drei Konzerte in Bukarest: Am 1. und 5. Februar spielte sie mit Orchester das 5. Klavierkonzert von Saint-Saëns, und am 19. Februar gab sie einen Klavierabend mit einem reichhaltigen Programm.

Dann begab sie sich im März und April auf die Tournee nach Italien und der Schweiz. In Mailand erregte sie mit zwei Klavierabenden großes Aufsehen. «Wir konnten ein außergewöhnliches künstlerisches Temperament bewundern», schrieb ein Kritiker, während ein anderer meinte: «Fräulein Haskil verfügt über hervorragende musikalische Qualitäten», und ein dritter: «Es ist nicht übertrieben, zu behaupten, daß Clara Haskil zu den größten lebenden Konzertpianisten zählt.»

Ihre Mutter, die sie begleitete, hatte Mühe, sie vor den vielen Verehren zu schützen, vor allem auch vor einem älteren italienischen Geschäftsmann, der Clara mit Geschenken überhäufte (die Frau Haskil regelmäßig zurücksandte) und ihr einen Heiratsantrag machte.

Ein Foto aus dieser Epoche zeigt Clara als großgewachsenes, schlankes junges Mädchen mit «Schwanenhals» und feinen Gesichtszügen, umrahmt von prächtigem blondem Haar. Mit ihren überlangen, zartgliedrigen Händen griff sie auf dem Klavier mühelos eine Dezime, was selbst für eine Männerhand ungewöhnlich ist.

Überall überschüttete man sie in den Kritiken mit Lob, so auch in der Schweiz. In Zürich, wo das Publikum nicht den Ruf hat, Nachsicht zu üben, vermochte Clara an ihrem Klavierabend vom 17. Juli Zuhörer und Kritiker aus ihrer üblichen Reserve herauszulocken. Abgesehen von Claras Technik, ihrem sensiblen und «genialen Spiel», war man allgemein von der Poesie und Reife ihres Vortrags überrascht.

Nach dem Konzert suchte Clara – auf den Rat Cortots hin – Feruccio Busoni auf. Der Meister, dessen damalige überragende Bedeutung in der Musikwelt man heute gerne vergißt, begeisterte sich auf den ersten Blick für das junge Mädchen und machte ihr ein ungewöhnliches Angebot. Er wollte sie in seine Obhut, d. h. nach Berlin mitnehmen, wo er lebte, um dort mit ihr zu arbeiten. Clara, die sofort für diesen Künstler eingenommen war, hätte schrecklich gerne zugesagt, aber sie war erst sechzehn, und Frau Haskil lehnte ab ...

Ihr ganzes Leben lang bedauerte Clara, diese in ihren Augen einmalige Gelegenheit verpaßt zu haben. Anläßlich des Interpretationskurses, den Busoni gerade in Zürich gab, konnte sie sich ein Bild machen, welchen Gewinn sie aus dem Unterricht dieses genialen Künstlers gezogen hätte.

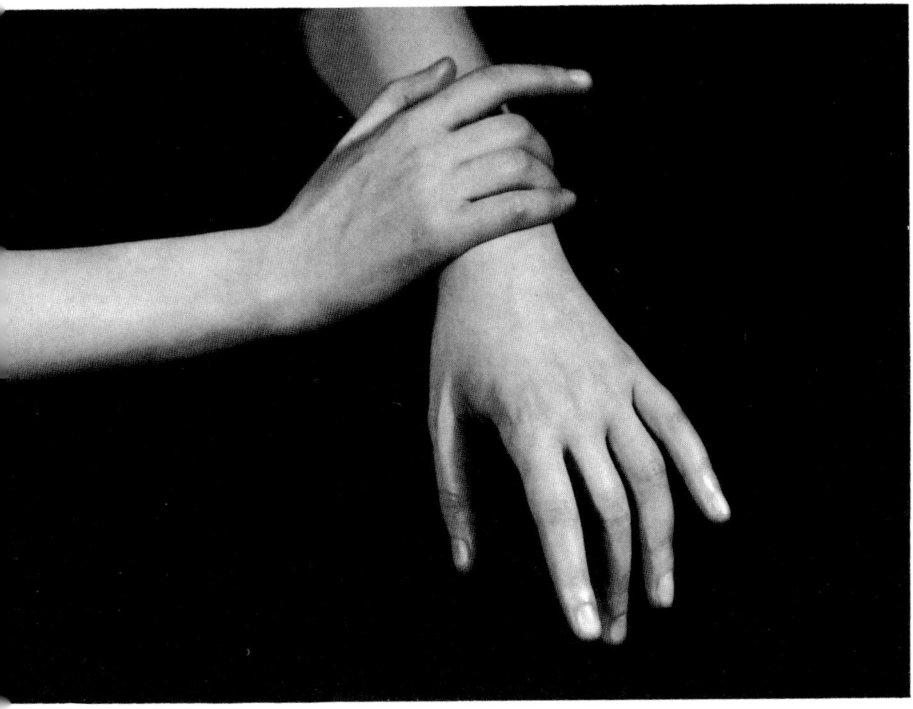

Ihre wunderbaren Hände . . .

Claras Mutter Berthe Haskil, 1917.

Isaac Moscuna, Claras jüngster Onkel.

«Onkel» Avram Moscuna.

Richard Robert.
Die Fotografie trägt auf der Rückseite die Widmung: «Meiner lieben, lieben Clara, in herzlicher Erinnerung von ihrem alten Lehrer und Freund – Wien, 30/1/1911.»

Die siebenjährige Clara in Wien.

Clara, gezeichnet von Avram, Paris, um 1908.

Avram und Clara in Paris, 1906.

Auf dieser Reise lernte Clara auch den Schweizer Komponisten Blanchet, einen Schüler und Freund Busonis, kennen. Dies war der Beginn einer langjährigen Freundschaft zwischen den beiden. Blanchet, der später Clara ebenso gut kannte wie Busoni, hatte seine Zweifel hinsichtlich des Erfolgs einer Zusammenarbeit der beiden Künstler. Bei Busoni, mit seiner ausgesprochen intellektuellen Auffassung der Musik, war alles bedacht, berechnet und gewollt, für Inspiration blieb kein Platz. Blanchet fragte sich, ob eine so peinlich exakte Ausarbeitung nicht die Spontaneität und Sensibilität Claras beeinträchtigt hätte, deren intuitives Temperament demjenigen Busonis diametral entgegengesetzt war.

Doch es ist müßig, sich heute den Kopf darüber zu zerbrechen, was aus Claras Leben und Karriere unter dem Einfluß Busonis geworden wäre. Tatsache ist, daß auch er ihre ständig fortschreitende Skoliose nicht hätte aufhalten können.

Nun, da Clara nicht zu Busoni nach Berlin gehen durfte, stellte sich für sie die Frage, wo und bei wem sie weiterstudieren sollte. Einen Moment lang spielte sie mit dem Gedanken, nach Stuttgart ans Konservatorium zu gehen, das einen guten Ruf genoß. Auf ihre Anfrage erhielt sie am 9. November 1911 den wohl erstaunlichsten Brief, der jemals von einem Konservatoriumsdirektor an eine zukünftige Schülerin geschrieben worden ist. Nach einer lyrischen Einleitungstirade über die Berühmtheit Claras und die Ehre, die sie dem Stuttgarter Institut durch ihre Anwesenheit erweisen würde, versprach ihr der Direktor, für einen Unterricht zu sorgen, der demjenigen Cortots ebenbürtig wäre. Schließlich bot er ihr an, für sie in Stuttgart ein Konzert zu organisieren – zu ihrem Empfang. Clara fand das wohl des Guten zuviel und gab das Projekt auf. Sie entschloß sich, allein weiterzuarbeiten.

Inzwischen war Avram, der sich nicht an das Leben in Bukarest gewöhnen konnte, nach Paris zurückgekehrt, um Clara wieder unter seine Fittiche zu nehmen. Erstaunlicherweise zog sich Frau Haskil ohne weiteres zurück und ließ ihren Bruder mit Clara nach Lausanne reisen, wo sich die beiden Anfang 1912 eine Wohnung mieteten. Vielleicht war es die jüdische Tradition, dem Manne stets das Vorrecht einzuräumen, das Avram ermöglichte, sich so mühelos bei seiner Schwester durchzusetzen.

In Lausanne lernte Clara 1912 den Pianisten Ernest Schelling kennen, der sofort Bewunderung für die Musikerin und Freundschaft für das junge Mädchen empfand. Ernest Schelling, seiner Herkunft nach ein Schweizer, war mit einer Amerikanerin verheiratet und hatte deren Nationalität angenommen. Als namhafter Pianist, Dirigent, Komponist und Gründer des Kinderchores der New Yorker Philharmoniker lebte er einen Großteil des Jahres in Céligny, in der Nähe von Nyon, dem Geburtsort Alfred Cortots. Er war eng mit Paderewski, der ganz in der Nähe wohnte, befreundet und führte ein ruhiges Leben, von Musikern geschätzt, dem breiten Publikum aber wenig bekannt.

Um Clara in ihrer Karriere zu fördern, stellte er sie seinen Freunden und Bekannten vor, insbesondere auch Paderewski, von dem sie später einige Werke in ihren Konzerten spielte. 1913 machte er sie auch mit Herrn Schirmer, dem Eigentümer des gleichnamigen Musikverlagshauses, bekannt, der sich damals gerade in Europa aufhielt. Schirmer war von Claras Spiel fasziniert und arbeitete in echt amerikanischer Großzügigkeit für sie einen Konzertplan aus. Als Auftakt eine Tournee in Amerika, und dann mehrere Konzerte in den europäischen Hauptstädten, wobei Schelling sie begleiten sollte.

Wenn auch die materielle Situation noch immer recht schwierig war, schien doch die Zukunft eher vielversprechend. Clara und Avram kehrten nach Paris zurück, und Frau Haskil zog in eine andere Wohnung an der Rue des Fossés-Saint-Bernard Nr. 20 um. Noch immer trug Isaac von Bukarest aus seinen Teil zu den Lebensunterhaltskosten von Avram und Clara bei. Frau Haskil verdiente sich – ohne ihrer Würde irgendwie Abbruch zu tun – ihr Geld mit Näharbeiten. Es ist auch denkbar, daß das Ehepaar Schelling von da an Clara finanziell unterstützte.

Ein Klavierabend Claras in Paris am 14. Dezember 1912 war zwar sehr schlecht besucht, erhielt aber eine ausgezeichnete Kritik: «Erstaunlich verinnerlichtes Spiel», «verblüffende Virtuosität und überraschende Klangfülle», lauteten die Kommentare unter anderem. Ein weiteres Konzert im April 1913 wurde allerdings mit einigen Vorbehalten aufgenommen.

Ein Konzert mit Orchester in Monte Carlo und zwei für Dezember in Aussicht stehende Konzerte mit Orchester in

Lausanne waren alles, was ihr 1913 zu bieten hatte. Im April hatte sie sich an einem internationalen Klavierwettbewerb beteiligt, doch waren die Würfel bereits im voraus gefallen, denn sie wurde aus unerfindlichen Gründen ausgeschieden. Zweifellos hatte sie sich darauf empört an Cortot gewandt, der sie vermutlich zur Teilnahme animiert hatte. Er schrieb ihr am 29. April:

Liebe Clara,
ich bin sicher, daß Sie Ihr Bestes getan haben, und kann verstehen, daß Sie über das Resultat dieses ersten Wettbewerbs ein wenig bestürzt sind. Verlieren Sie aber vor allem nicht den Mut, und sorgen Sie dafür, daß die Zukunft sie auf andere Weise belohnt. Glauben Sie ja nicht, daß ich weniger Vertrauen in Sie setze, nur weil Sie diesmal nicht erfolgreich gewesen sind.
Allerherzlichst Ihr *Alfred Cortot*

Indessen war Clara als «Kompensation» (?) für ihre Eliminierung für zwei Jahre ein Stipendium in Höhe von 300 Franken zugesprochen worden. Ein Telegramm vom 8. Juli, unterzeichnet Claravram, übermittelte Onkel Isaac in Bukarest die freudige Nachricht.

All dies war aber recht wenig, und Clara setzte ihre ganze Hoffnung auf die Verwirklichung von Schirmers Projekt, welches – so hoffte sie – ihre Karriere erst so richtig voranbringen sollte. Aber ihre Skoliose hatte sich inzwischen derart verschlimmert, daß die Verkrümmung der Wirbelsäule schon äußerlich zu sehen war. Avram und auch Frau Schelling waren wegen der Anstrengungen, die eine Europatournee für Clara mit sich gebracht hätten, sehr besorgt. War diese Besorgnis aber wirklich so selbstlos? Clara hegte immer Zweifel darüber, weniger in bezug auf Avram als auf Lucie Schelling, die sich über die wachsende Zuneigung ihres Mannes zu Clara sicher ihre Gedanken machte.

Clara sah allerdings nicht gerade glänzend aus, als sie im Oktober nach Lausanne kam, um dort die «Fantaisie polonaise» für Klavier und Orchester von Paderewski zu spielen. «Leider spielte sie aber vor leeren Bänken statt vor einer Zuhörerschaft», hieß es in einer Kritik, während ein anderer Kritiker ihr «ergreifendes Spiel» hervorhob, «ihre Anmut, ihren ausgefeilten Stil – alles, was man von einer reifen Künstlerin erwarten könnte, was einen aber unter den unerhört fähigen Händen eines so jungen Mädchens geradezu verwirrt. O Geheimnis des Genies!»

Lucie Schelling bestand darauf, daß sich Clara zuerst behandeln ließ, bevor sie irgend etwas Neues unternahm. Sie war auch bereit, Clara nach Amerika zu schicken, wo man damals eine neue Methode der Skoliosebehandlung anwandte. Im Dezember kam Clara mit Avram wieder nach Lausanne, wo sie den bekannten Lausanner Arzt Dr. César Roux konsultierten, dessen Tochter später Claras Freundin wurde.

Dr. Roux, der Clara mehrmals untersuchte, schlug eine Kur von vorläufig sechs Monaten in Berck-sur-Mer vor – falls sie bereit wäre, diese Zeit zu opfern –, um zunächst festzustellen, ob die Verkrümmung des Rückens begradigt oder zumindest ihr Fortschreiten aufgehalten werden könne. Es wurde aber nicht sofort ein Entschluß gefaßt. Clara spielte am 23. Dezember 1913 im «Maison du Peuple» in Lausanne mit dem Orchester von Lausanne, unter der Leitung von Carl Ehrenburg, das Klavierkonzert in c-Moll von Saint-Saëns sowie nochmals die «Fantaisie polonaise» von Paderewski.

Ein Zwischenfall beweist, welch vollendete Künstlerin Clara mit achtzehn Jahren bereits war. Durch falsche Dispositionen ergab sich keine Möglichkeit für Clara, das Klavierkonzert mit dem Orchester zu proben; es machte ihr nichts aus, sie spielte es auf Anhieb am Abend im Konzert. Alles war musikalisch so einwandfrei, daß es zwischen dem Dirigenten und der Solistin keinerlei Probleme gab. Die Aufführung war blendend, der Erfolg großartig und die Kritiken begeistert. Eine davon, signiert Ed. C., scheint besonders aufschlußreich:

Ich kann mich nicht erinnern, dieses Klavierkonzert von Saint-Saëns je so lebendig, kraftvoll und differenziert spielen gehört zu haben. Die Pianistin war bewundernswert; sie spielte technisch vollendet und musikalisch über jedes Lob erhaben. Wenn man hört, wie dieses nicht besonders attraktive junge Mädchen ein solches Meisterwerk vorträgt und versteht, läuft es einem kalt über den Rücken – als wäre es Hexerei. Sollte es Clara Haskil, die leider nicht über eine sehr solide Gesundheit zu verfügen scheint, gelingen, Karriere zu machen, wird Sie sicherlich die Welt in Staunen versetzen.

Dieser Text beweist, daß auch dem Publikum ihre zarte Konstitution nicht entgangen war und daß die Freunde, die sich um Claras Gesundheit Sorgen machten, dies zu Recht taten.

Nachdem an jenem Abend des 23. Dezember 1913 der Applaus verstummt war, träumte Clara, in der ein wenig melancholischen Erschlaffung, die auf die Spannung und die Ovationen des Konzerts folgte, sicher davon, daß ihr nun die Tore in die Zukunft offenstünden. Sie ahnte noch nicht, daß mit dem Verlöschen der Lichter – nach einer Art von Apotheose – soeben der Vorhang über einen Abschnitt ihres Lebens gefallen war.

Sie wußte noch nicht, daß sie erst nach sechs Jahren als junge Frau das Konzertpodium wieder betreten würde – und daß diese junge Frau in mancher Hinsicht eine ganz andere Clara sein wird.

Berck-sur-Mer

(1914–1918)

Am 7. Januar 1914 feierte Clara in Paris im Kreise ihrer Familie ihren 19. Geburtstag. Außer ihrer Mutter und Onkel Avram war auch ihre Schwester Jeanne zugegen, die im Dezember aus Bukarest nach Paris gekommen war, um hier ihr Musikstudium fortzusetzen. Frau Haskil war sehr viel daran gelegen, daß auch ihre jüngste Tochter in Paris lebte und am Pariser Konservatorium ausgebildet würde, um so mehr, als sich in Rumänien der Antisemitismus immer stärker bemerkbar zu machen begann.

Lili, die bereits selbst für ihren Lebensunterhalt sorgen konnte, war in Bukarest geblieben, trotz der inständigen Bitten ihrer Mutter, die gerne alle drei Töchter bei sich gehabt hätte. Sie wollte den Ihren in Paris nicht zur Last fallen.

Die Familie lebte in Paris allerdings getrennt. Avram teilte seine Wohnung mit Clara, und Frau Haskil wohnte mit Jeanne zusammen. Avram war offensichtlich bestrebt, seinen Besitzanspruch auf die geliebte Nichte zu unterstreichen.

Jeanne begann mit Lucien Capet und Yvonne Astruc zu arbeiten, um ihre Aufnahmeprüfung ins Konservatorium vorzubereiten. Währenddessen entschied sich Claras Schicksal. Schirmer, der infolge der gespannten politischen Lage zögerte, die geplante Konzerttournee durch Europa zu organisieren, dachte nur noch an Amerika. Doch Avram schreckte vor dem Gedanken an eine solch weite Reise zurück, und da Clara zu Beginn des Jahres keinerlei Engagement hatte, beschloß er, die Zeit zu nützen und Clara in ärztliche Behandlung zu geben. Das Ehepaar Schelling, das von einem gewissen Dr. C., einem Spezialisten für Knochenerkrankungen in Berck, gehört hatte, war bereit, die Kosten der Behandlung zu übernehmen.

Frau Schelling drang darauf, daß Clara sich nach Berck begebe, was ihr diese zeitlebens nachtragen sollte. Avram, der zuerst noch zögerte, das Experiment zu wagen, entschloß sich, als der Krieg ausbrach, für einige Monate mit Clara nach Berck zu fahren. In dieser Zeit würde sich erweisen, ob die Behandlung aussichtsreich sei, und zudem wüßte man bis dahin besser über den Gang der Ereignisse Bescheid, von denen ja die geplante Amerika-Tournee abhing.

An einem Septembernachmittag kamen Avram und Clara im Bahnhof von Rang-du-Fliers an, von wo sie mit einem Bummelzug nach Berck weiterreisten, das damals eine berühmte Heilstätte für Knochenerkrankungen, insbesondere Knochentuberkulose war.

Eine ehemalige Mitpatientin Claras nannte die kleine Stadt den «Inbegriff der Häßlichkeit». Seit jener Zeit hat man wohl die Strandpromenade etwas modernisiert, aber die Innenstadt hat sich kaum verändert: Zum Meer hin öffnet sich ein breiter, dreieckiger Platz, der sogenannte «Trichter». An windigen Tagen wirbelt dort der Sand herein. Wohin man blickt, sieht man nur Holzhäuser, Sand- und Backsteinbauten, häßlich und deprimierend, unter einem meist grauen, tief herunterhängenden Himmel.

Die Schriftstellerin Jeanne Galzy vermittelt dem Leser in ihrem Buch «Les Allongés» (Die Liegenden) ein anschauliches Bild dieser tristen Umgebung:

Ganz Berck breitet sich aus zwischen seinen zwei größten Leidenskasernen: die beiden riesigen Krankenhäuser bilden den Abschluß der unregelmäßigen Häuserreihen am Meer. So weit das Auge reicht, sieht man Spitäler, die durch ihre Terrassen wie vergittert wirken. Dazwischen liegen ein paar mondäne Sommervillen, die jetzt geschlossen sind.

Landeinwärts dehnt sich ein Netz gradlinig ausgerichteter Straßen, längs deren sich ganze Reihen völlig gleich aussehender Holzhäuser ziehen, die offenbar in aller Eile errichtet und möglichst hoch gebaut wurden, um das günstig gelegene Terrain optimal zu nützen. So treibt man mit der Krankheit seine Geschäfte!

O diese armseligen Gebäude, an die man keinen freundlichen Gedanken verschwendet hat. Sie sehen uns mit ihren seelenlosen, unbeteiligten Augen an. Keines davon hat eine Geschichte, keines hat je einen Menschen von der Wiege bis zum Grabe beherbergt. Alle drei oder vier Jahre öffnen sie ihre Türen wieder einem neuen Bewohner, nachdem der vorherige sie geheilt oder eingesargt verlassen hat. Man stirbt hier ganz diskret, denn das Prestige dieser Stadt ohne Friedhof muß gewahrt bleiben. Durch die Straßen sieht man Menschen dahinziehen, die sich, vom Leid gezeichnet, alle gleichen, ihr Schicksal macht sie zu Brüdern.

Als Avram und Clara nach Berck kamen, war die kleine Stadt noch zusätzlich von Militär bevölkert. Beim Vormarsch der Deutschen hatten die Kämpfe nur etwa 50 Kilometer von Berck entfernt stattgefunden. Jetzt lag die Front zwar etwa 100 Kilometer weiter weg, aber die ganze Gegend war mit Truppen und Verwundeten überfüllt. Auf den Straßen begegnete man den Soldaten und den kleinen Wagen, in denen die zahllosen Gehbehinderten, die unbeweglich in ihren «Schienen» lagen, spazierengeführt wurden. Manchmal legten die Soldaten mit Hand an, um die Wagen zu stoßen, manchmal wurden die Gefährte auch von kleinen Eseln gezogen.

Man kann sich unschwer Claras Entsetzen beim Anblick so vieler Kranker und solch schrecklicher Leiden vorstellen. Der Gedanke, vielleicht selbst einmal zu diesen Unglücklichen zu gehören, die unbeweglich auf dem Rücken liegen mußten und nur den Himmel ohne Zuhilfenahme eines Spiegels sehen konnten, muß sie mit Grauen erfüllt haben.

Gewiß hatte sich ihr Leiden verschlimmert, war die Verkrümmung ihrer Wirbelsäule sichtbar, doch noch konnte sie gehen, gehorchten ihr alle Glieder. Noch war sie unabhängig und frei – noch lebte sie.

Avram und Clara zogen in die kleine Pension «Les Petits Lutins» (Die kleinen Kobolde), die von dem autoritären und ziemlich barschen Fräulein Forest geleitet wurde, an welches Clara eine denkbar schlechte Erinnerung bewahrte. Dann brachte Avram seine Nichte zu Doktor C.

Man kann sich mit Recht fragen, wie Herr und Frau Schelling dazu kamen, diesen Arzt zu empfehlen: Er hatte zwar in Berck eine angesehene Stellung, aber er war für die «Härte» seiner Behandlungsmethoden, die an Unmenschlichkeit grenzten, berüchtigt. Manche seiner Patienten wußten auch von Fehldiagnosen zu berichten. Für Clara war und blieb er ein Scheusal, wenn später gelegentlich von ihrem Aufenthalt in Berck die Rede war.

Dieser gräßliche Doktor C. beschloß, Claras Körper in einen Gipspanzer zu stecken, der ihr lediglich den freien

Gebrauch der Beine und Hände erlaubte; Rumpf und Schultern waren bis zum Halsansatz hinauf völlig eingeschlossen. Dieser Gips wurde ihr zudem in einem ungeheizten Raum angelegt, und Clara konnte sich tagelang nicht rühren.

Als sie wieder aufstehen konnte, brach sie unter der schweren Last des Gipspanzers fast zusammen. Ihre Brust war wie eingeschnürt, sie konnte kaum atmen. Zwar gehörte sie noch nicht zur Kategorie der «Liegenden», doch war sie nicht viel besser dran. Sie konnte sich nur mit Mühe fortbewegen, und an Schlafen war nicht zu denken. Vor allem nahmen die Schmerzen ständig zu.

Avram machte sich große Sorgen um seine Nichte. Entgegen den Versicherungen des Arztes konnte Clara sich nicht an den Gips gewöhnen, sie empfand ihn als regelrechte Tortur. Sie, die sich sonst nie beklagt hatte, bat inständig, man möchte sie von dem Gips befreien. Avram gewann immer mehr den Eindruck, daß diese Behandlungsmethode für Clara völlig ungeeignet sei, und ersuchte Dr. C., den Gipspanzer abzunehmen. Doch dieser lehnte entschieden ab. Avram fügte sich, wenn auch nur widerwillig.

Doch Clara litt immer stärkere Schmerzen, und eines Tages bekam sie hohes Fieber. Nun handelte Avram plötzlich mit erstaunlicher Entschlossenheit. Er befahl seinem Kollegen energisch, Clara auf der Stelle von dem Gips zu befreien – sie hatte bereits vierzig Grad Fieber. Nun nahm man das junge Mädchen endlich aus dem Gips – und fand Claras ganzen Körper bereits mit mehr oder weniger infizierten Abschürfungen bedeckt.

Avram sagte Dr. C. gehörig seine Meinung und vertraute Clara Dr. Calvé an, über den er sich erkundigt und günstige Auskunft erhalten hatte. Dieser Arzt war im Gegensatz zu seinem berühmten Kollegen ein Mensch voller Güte und Verständnis, ein Mann mit hervorragenden beruflichen und menschlichen Qualitäten. Er war selbst in jungen Jahren an Hüftgelenktuberkulose erkrankt und zur Kur nach Berck gekommen. Dieser Aufenthalt war für seine ganze weitere Zukunft entscheidend gewesen. Er hatte damals beschlossen, Medizin zu studieren und als Arzt wieder nach Berck zurückzukehren, um die Patienten von der Krankheit zu heilen, die er aus eigener Erfahrung kannte.

Dr. Calvés Einfühlungsvermögen und Anteilnahme war es zu verdanken, daß sich Clara wieder einigermaßen zurechtfand. Die Wunden vernarbten, die atrophierten Muskeln kräftigten sich wieder, und nach einiger Zeit konnte mit der eigentlichen Behandlungsmethode begonnen werden. Dr. Calvé war davon überzeugt, daß eine Behandlung notwendig und zudem erfolgversprechend sei. Leider waren aber Monate verlorengegangen, und Claras Zustand hatte sich einstweilen noch verschlimmert. Avram war damit einverstanden, einen neuerlichen Versuch zu wagen. Dr. Calvé legte Clara ebenfalls einen Gipsverband an, der jedoch bedeutend leichter war als der frühere und ihr den freien Gebrauch der Arme ermöglichte, so daß sie gelegentlich sogar ein wenig Klavier spielen konnte. Dieser verdienstvolle Arzt hatte begriffen, daß es für Clara lebensnotwendig war, von ihrem Instrument nicht völlig getrennt zu sein.

Da drohte jedoch ein neuer Schlag. Dr. C. hatte Avram sein Eingreifen nicht verziehen und konnte es nicht verwinden, bei einem offensichtlichen Irrtum ertappt worden zu sein. Er zeigte Avram beim Militärkommando an. Berck lag in der Kampfzone, und Avram war österreichischer Staatsbürger. Es ist eigentlich unverständlich, warum Avram als solcher bis dahin unbehelligt geblieben war. Jetzt mußte er auf Verfügung der Militärbehörden Berck verlassen und wurde in ein Flüchtlingslager in Granville eingewiesen. Die Einrichtungen in jenem Lager waren äußerst primitiv, und der Winter 1915 erwies sich als besonders streng. Dazu bedeutete das enge Zusammenleben mit den andern Internierten für Avram eine Qual. Dennoch verschmähte er die ihm gebotene Gelegenheit, in einem Militärspital als Arzt zu arbeiten. Er versuchte auf andere Weise einen Ausweg zu finden und wenn möglich in die Schweiz zu entkommen. Es gelang ihm aber erst Anfang 1917, infolge seines schlechten Gesundheitszustandes eine Ausreisegenehmigung zu erhalten. Er hatte sich in Granville eine schmerzhafte Gesichtsneuralgie zugezogen, die eine Spezialbehandlung erforderte und von der er nie mehr ganz genesen sollte.

Man kann sich denken, wie verzweifelt das nun allein in Berck zurückgebliebene junge Mädchen war. Sicher war Clara kein Kind mehr – sie war eben zwanzig geworden –, aber zum erstenmal im Leben war sie sich selbst überlassen, und dazu noch in dieser gräßlichen Welt der Krankheit, in der sie sich nur schwer zurechtfinden konnte. Sie wurde den Gedanken nicht los, daß sie ohne den Beistand ihres Onkels immer noch in den Händen dieses Dr. C. wäre – und in welchem Zustand ...

Zum Glück zeigte Dr. Calvé großes Verständnis. Er spürte, wie sehr Clara unter der Trennung von ihrem Onkel litt, und tat sein möglichstes, um ihr darüber hinwegzuhelfen. Er lud sie zu sich nach Hause ein, und obwohl er Musik nicht ausstehen konnte, erlaubte er ihr, auf dem großen Flügel in seinem Wohnzimmer zu spielen. Sorgfältig schloß er zunächst alle drei Türen, die das Wohnzimmer von seinem Konsultationsraum trennten, wenn Clara sich an den Flügel setzte. Mit der Zeit ließ er aber erst eine, dann zwei Türen offenstehen, und eines Tages kam er in das Wohnzimmer und hörte Clara zu. Clara war über diese «Bekehrung» natürlich überglücklich. Bei Dr. Calvé fand sie ein wenig von jener familiären Geborgenheit, die sie stets entbehren mußte.

Aber trotz allem zog sie sich immer mehr in sich selbst zurück. Sie schloß sich niemandem an, mit zwei Ausnahmen.

Kurz vor Avrams Abreise war ein junges Mädchen, Marcelle B. von T., nach Berck gekommen, das Claras Schwester Jeanne in Paris kennengelernt hatte. Marcelle litt an Knochentuberkulose. Die beiden Mädchen freundeten sich an. Verbunden durch gemeinsame künstlerische Interessen, trafen sie sich im Laufe ihres Aufenthaltes in Berck recht oft, doch war Clara viel zu schüchtern und zu zurückhaltend, um Marcelle wirklich näherzukommen. Trotzdem gelang es dieser manchmal, Clara zum Lachen zu bringen, und dann zeigte es sich, wie fröhlich sie sein konnte.

Und wie sehr Clara Kinder liebte! Dr. Calvé war mit einer Amerikanerin verheiratet (die später das Werk ihres Mannes durch eine französisch-amerikanische Stiftung fortsetzte) und hatte eine zehnjährige Tochter, Kate. Mit diesem Kind, das ebenfalls an einer schweren Knochenerkrankung litt, war Clara oft beisammen. Kate war in Berck Claras kleine zweite Freundin.

Diese Fähigkeit, Kinder zu lieben und diese für sich einzunehmen, verrät sehr viel über Claras Charakter, die sich im

Grunde ihres Herzens eine gewisse Unschuld und Naivität – eine kindliche Seele – bewahrt hatte.

Nach Claras Aufenthalt in Berck fiel allen ihren Bekannten auf, daß sie sich, trotz ihrer großen Bescheidenheit, ihrer ungewöhnlichen Begabung durchaus bewußt war. Sie bildete sich darauf aber nichts ein, sondern fühlte sich dadurch viel mehr zu höchsten Anforderungen an sich selbst verpflichtet. Noch auf der Höhe ihres Ruhms hatte sie stets das Gefühl, den in sie gesetzten Erwartungen nicht entsprochen zu haben. «Sie ist von geradezu krankhaften Skrupeln geplagt», betonte einmal ein mit ihr befreundeter Musiker.

Über die endlosen vier Jahre in Berck – die ganze Zeit des Ersten Weltkriegs – hat sie nie mit jemandem gesprochen. Sie schwieg sich aus über den Kampf, den sie dort führte, um wieder in ein normales Leben zurückkehren zu können, an das sie schon bald nicht mehr so recht zu glauben wagte. Auch ihren Schwestern hat sie nichts darüber anvertraut. So tappt man heute im dunkeln über ihre damalige Leidenszeit, ihre Gedanken, Träume und Hoffnungen – man kennt nicht einmal ihren Tagesablauf.

Einmal wöchentlich mußte sie zur Behandlung in die Klinik, wo von Zeit zu Zeit der Gips erneuert wurde. Außerdem scheint sie mehrmals in der Woche bei Dr. Calvé Klavier gespielt zu haben. Hin und wieder traf sie auch eine ihrer Freundinnen. Sie las ein wenig, hauptsächlich Romane – doch was tat sie in der übrigen Zeit?

Für jemanden wie Clara, der nur für seine Musik lebte und sich nur in Musik ausdrücken konnte, müssen diese Jahre in Berck eine wahre Hölle gewesen sein. Und doch hat diese Lebensphase ihre musikalische Auffassung zutiefst geprägt. Gewiß bewies sie schon anläßlich ihrer ersten Konzerte eine Reife und Ausdruckskraft der Interpretation, die ihre Zuhörer überraschte, doch darf man annehmen, daß es der tägliche Kontakt mit menschlichen Dramen, die Erfahrung des eigenen Leidens und die dadurch auferlegte Geduld waren, die Claras Spiel jene ergreifende Menschlichkeit und jenen sich jeder Analyse entziehenden Schwebezustand verliehen haben, die es nachher besaß. War es nicht die Krankheit – ihre eigene und die der andern –, die sie jene Wahrheit gelehrt hatte, die in der Einfachheit begründet liegt? Diese Einfachheit, die in anderer Form auch für Mozart charakteristisch ist – und gerade mit Mozart begann man sie später – fast gegen ihren Willen – zu identifizieren.

Merkwürdigerweise hatte Clara vor ihrem Kuraufenthalt in Berck (außer bei ihrem ersten Konzert in Wien im Jahre 1903) Mozart nie im Programm gehabt. In ihrem relativ begrenzten Repertoire waren vor allem die Romantiker – Liszt an erster Stelle, ferner Chopin und Schumann – vertreten. Von den Klassikern spielte sie im allgemeinen Bach und Scarlatti, von den «Modernen» Saint-Saëns, Albeniz oder Fauré.

Auch nach Berck, ja bis an ihr Lebensende, änderte sie die Gestaltung ihrer Programme nicht in grundlegender Weise: Sie begann fast immer mit Bach, selbst zu einer Zeit, als diese in den Jahren 1939–1945 übliche «Einführung» nicht mehr in Mode war. Dann folgten Werke der Romantiker (Schumann, Brahms, Schubert, Liszt, Chopin) oder vom vorromantischen Beethoven (eine seiner drei letzten Sonaten, op. 109, 110 oder 111, die sie besonders liebte und ganz unnachahmlich spielte). Oft bildete ein Ravel, Fauré, Debussy oder Albeniz den Schluß. Ihre meist sehr reichhaltigen Programme zeichneten sich durch einen besonderen Eklektizismus aus, nicht so sehr in der Wahl der Komponisten als in einer Vorliebe für wenig bekannte Werke. Als sie später ihre Klavierabende auf drei, höchstens vier Werke beschränkte, bildeten immer noch Beethoven, Schumann und Schubert deren Grundlage.

Mozart hingegen spielte sie höchst selten. 1924 nahm sie das Adagio, Menuett und Gigue in h-Moll in ihr Programm auf, und erst dreißig Jahre später spielte sie bei einem Klavierabend erstmals Mozarts Sonate Nr. 10 in C-Dur (KV 330) und auf Anregung von Nikita Magaloff die «Variationen über ein Menuett von Duport» (KV 573). Beide Werke trug sie dann noch öfter vor, und für die Variationen, die sie unvergleichlich interpretierte, erhielt sie den «Grand Prix du Disque».

Gegen Ende ihres Lebens nahm sie dann noch die Sonate in F-Dur (KV 332) und die Sonate in f-Moll (KV 280) in ihr Repertoire auf, konnte aber jedes dieser Werke nur noch zweimal in Konzerten spielen.

Mozarts Klavierkonzerte mit Orchester spielte sie häufiger, aber doch weniger oft, als man im allgemeinen annimmt. 1929 hörte man sie erstmals mit Mozarts Klavierkonzert in C-Dur

(KV 503), und bei diesem einen Mal ist es auch geblieben, während sie doch schon das 3. Klavierkonzert von Beethoven, das 4. und 5. Konzert von Saint-Saëns, «Nächte in spanischen Gärten» von de Falla und vor allem das 2. Klavierkonzert von Rachmaninow – gewissermaßen ihr «Bravourstück» – auf dem Programm hatte.

Ihr Repertoire umfaßte nur zehn von den insgesamt 27 Klavierkonzerten Mozarts, und diese spielte sie vor allem gegen Ende ihres Lebens, als ihre Kräfte zu schwinden begannen und sie sich den körperlichen Anstrengungen, die andere Werke erforderten, nicht mehr gewachsen fühlte. Trotz allem trat sie bis zuletzt immer wieder mit dem 3. und 4. Klavierkonzert von Beethoven, dem Klavierkonzert von Schumann und vor allem mit dem 2. Klavierkonzert in f-Moll von Chopin auf, das sie so verhalten spielte, daß es manche Zuhörer fast «mozartisch» anmutete.

Man kann demnach verstehen, warum sich Clara manchmal gegen die exklusive Etikettierung als Mozart-Interpretin auflehnte. So schmeichelhaft diese Qualifizierung für sie war, wollte sie sich doch nicht als Spezialistin ein für allemal festlegen lassen. Indes bleibt sie unbestritten die genialste Mozart-Interpretin. Sie konnte sich wie kaum ein anderer Musiker in seine Musik einfühlen. Es war in Berck, wo sie begonnen hatte, sich intensiv mit Mozarts Werken zu befassen. Als eines Tages Dr. Calvés Gattin sie fragte, was ihr Freude machen würde, antwortete sie: «Die Partituren von Mozarts Klavierkonzerten – ich könnte sie einstudieren, während ich liegen muß.»

Zweifellos hatte sie von da an den Wunsch, diese Klavierkonzerte zu spielen, doch als sie wieder in den Konzertsaal zurückkehren konnte, mußte sie feststellen, daß Mozart zu jener Zeit nicht besonders «populär» war. Und wenn sie sich später dagegen verwahrte, ausschließlich als Mozart-Interpretin zu gelten, so mußte sie zunächst einmal dafür kämpfen, seine Werke überhaupt spielen zu dürfen.

Aber vorläufig trug Clara immer noch ihren Gips und lebte in der bedrückenden Atmosphäre von Berck. 1916 erhielt Jeanne die Erlaubnis, ihre Schwester zu besuchen. Sie fand Clara abgemagert, blutarm, müde und deprimiert vor. Mit Entsetzen konstatierte sie, daß das autoritäre Fräulein Forest von ihrer Schwester trotz deren sichtbarer Abgespanntheit verlangte, den andern Pensionären und den rekonvaleszenten Soldaten auf dem elenden Klavier der Pension vorzuspielen. Manchmal spielte sie ihren Leidensgenossen gar zum Tanz auf. Auch Jeanne wurde zum Mitmachen aufgefordert, was Clara Gelegenheit gab, sich davon zu überzeugen, daß sie selbst von ihrer früheren Leichtigkeit der musikalischen Auffassung nichts eingebüßt hatte. Es gelang ihr immer noch mühelos, Jeanne, die ihre Geige, aber nicht ihre Noten mitgebracht hatte, nur nach dem Gehör zu begleiten. Clara machte sich sogar einen Spaß daraus, die Noten der Partituren aus dem Gedächtnis aufzuschreiben.

Jeanne hatte in ihrem Geigenspiel enorme Fortschritte gemacht. Ihr Musikstudium lag Frau Haskil trotz großer materieller Schwierigkeiten sehr am Herzen, und Jeannes Unterrichtsstunden bei Yvonne Astruc und Capet wurden durch nichts in Frage gestellt. Claras Pleyel hatte man verkaufen müssen, um die Kosten in Berck zu begleichen, und die Zukunft sah um so düsterer aus, als Frau Haskil nach ihrem ersten und einzigen Besuch in Berck schwer erkrankte.

Im Herbst 1917 trat Jeanne ins Konservatorium, in Capets Klasse, ein. Zur selben Zeit wurde Clara, deren Wirbelsäulenverkrümmung dank Dr. Calvés Behandlung geheilt war, von ihrem Gips befreit und erhielt eine Art Stützkorsett aus Zelluloid, das weit weniger schwer und vor allem weniger störend war. Clara mußte zur «Anprobe» nach Paris fahren und konnte bei dieser Gelegenheit auch ihre Mutter besuchen. Deren Krankheit verschlimmerte sich zusehends. Am 27. Dezember 1917 mußte sie sich einer Krebsoperation unterziehen und starb einige Tage danach, am 31. Dezember, mit den Namen ihrer drei Töchter auf den Lippen.

Beim Begräbnis waren nur Clara, Jeanne und einige treue Freunde der Familie zugegen. Der Tod ihrer Mutter stürzte die beiden jungen Mädchen in tiefste Verzweiflung. Clara kehrte nach Berck zurück und machte dort eine Bronchitis nach der andern durch, was sie noch mehr schwächte. Jeanne, die nun bei rumänischen Freunden, den Kahanes wohnte, erkrankte im Frühjahr 1918 an der «spanischen Grippe» und mußte zum ersten Wettbewerb, bei dem sie den 2. Accessit bekam, mit 40 Grad Fieber antreten.

Wäre Dr. Calvé nicht gewesen, hätte Clara vermutlich nie den Mut gefunden, wieder nach Berck zurückzukehren. Dank ihm und seiner Familie hatte sie in Berck ein wenig Geborgenheit und Wärme gefunden, was sie sonst so bitter entbehren mußte. Zudem hatte sich ihre Skoliose merklich gebessert, was ihr Vertrauen zu Dr. Calvé noch verstärkte und den Leidensweg der vergangenen drei Jahre zu rechtfertigen schien. Tatsächlich ging die Behandlung ihrem Ende entgegen. Dr. Calvé hielt es für ratsam, daß Clara den Sommer im Gebirge verbringen würde, doch all seine Versuche, für Clara einen Sichtvermerk für die Schweiz zu erhalten, wo ihr Onkel und Freunde von ihr lebten, scheiterten. Ein Brief, den Clara am 27. Juni 1918 an Joseph Morpain schrieb, mag Einblick geben in ihre damalige seelische Verfassung:

Berck Plage, «Les Petits Lutins»

Lieber Herr Morpain,

ich weiß keine Entschuldigung für meine verspätete Antwort auf Ihren liebevollen und rührenden Brief, den Sie mir schon vor Monaten zukommen ließen. Ich bedaure unendlich, Sie in Paris nicht wiedergesehen zu haben, als Sie dort auf Urlaub waren. Zwar hätte ich Ihnen mündlich vielleicht nicht sagen können, was mir schon zu schreiben schwerfällt, nämlich, wie herzlich ich Ihrer stets gedenke. Doch hätte sich dies vielleicht auch erübrigt, denn ich hätte ja nur einige Worte zu sagen brauchen, und Sie hätten gewußt, was ich denke und empfinde. Für mich hätte es so viel bedeutet, Sie wiederzusehen und Ihnen meine Freude darüber zu bekunden.

Sie haben mir mitten im Winter geschrieben und erzählten von Ihren im ununterbrochenen Schneetreiben vor Kälte klamm gewordenen und schmerzenden Fingern. Das hat mich tief erschüttert. Wie lebhaft ich mir Ihre körperlichen Schmerzen und ihre seelische Niedergeschlagenheit vorstellen konnte! Und jetzt haben wir schon wieder Sommer, und noch tobt der Krieg.

Wie es Ihnen jetzt wohl gehen mag? Obschon ich Ihnen erst heute antworte, wage ich Sie zu bitten, mir doch bald zu schreiben. Infolge meiner späten Antwort bin ich jetzt von Ihnen ohne jede Nachricht, und ich mache mir große Sorgen.

Der Grund meines langen Schweigens – Sie wissen es – liegt nicht darin, daß ich Sie vergessen oder aus den Augen verloren hätte. Ich habe tagtäglich an Sie gedacht, weil mir, wie allen andern, der Krieg nicht aus dem Sinn geht. Doch Kummer, Sorgen und eine tiefe Niedergeschlagenheit haben mir den Mut genommen, Ihnen zu schreiben. Immer wieder habe ich es – aus guten Gründen, wie ich glaubte – aufgeschoben ... In Ihrem letzten Brief haben Sie erwähnt, daß man Ihnen eine Stelle als Regisseur oder etwas Ähnliches angeboten hat, wo Sie mit Künstlern zusammenarbeiten könnten. Wenn Sie auch offensichtlich nur ungern ein Gesuch einreichen wollten, hoffe ich doch, daß Sie den Posten erhalten haben und sich Ihren Fähigkeiten entsprechend betätigen und nützlich fühlen können. Lassen Sie mich bitte bald wissen, ob die Sache geklappt hat.

Es gab aber noch einen weiteren Grund, warum ich es aufschob, Ihren Brief zu beantworten. Ich hatte nämlich die Absicht, einige Monate in der Schweiz zu verbringen, und wollte Ihnen dann von dort aus Nachricht zukommen lassen. Leider habe ich aber kein Visum mit Rückreiseerlaubnis für Berck oder Paris bekommen können. So wage ich es nicht, Frankreich zu verlassen, da man ja nie weiß, wie sich die Lage entwickeln wird, falls der Krieg noch längere Zeit andauern sollte.

Gewiß habe ich mir gesagt, daß ich eigentlich nicht viel riskieren würde, da die Musiker, die mich kennen und seit kurzem voll Sympathie und Vertrauen von mir sprechen, mir bestimmt zu einigen Engagements in der Schweiz verhelfen würden, oder vielleicht könnte ich auch Privatunterricht erteilen, um mich über Wasser zu halten, bis ich nach Paris zurückkäme. Vor allem Busoni hat sich ganz begeistert über meine Person geäußert, was mich nicht wenig überrascht hat. Ich bin jedoch – leider – nicht mehr das kleine Mädchen von anno dazumal, das er spielen hörte, und kann kaum noch auf das großzügige Wohlwollen eines reichen und berühmten Musikers zählen, der bei den «Großen» dieser Welt ein und aus geht. Ich rechne ja nicht einmal mehr mit meinem ehemaligen Lehrer, Monsieur Cortot.

Andererseits würde es mir auch nicht leichtfallen, mich von meiner Schwester zu trennen, die unter allen Umständen wieder an das Pariser Konservatorium zurückkehren müßte. Sie durfte dieses Jahr am Wettbewerb teilnehmen und hat den zweiten «Accessit» bekommen.

Ich bedaure aber sehr, diesen Sommer nun nicht in die Schweiz reisen zu können, denn ich hatte gehofft, dort meinen

Onkel wiederzusehen, der mir stets eine große seelische Stütze war. Der mich behandelnde Arzt hatte mir geraten, den Sommer in der Schweiz zu verbringen, da er dies für meine Gesundheit als ausschlaggebend betrachtet. Der Verlust meiner Mutter hat mich schwer getroffen und meinem Gesundheitszustand geschadet.

Im Moment geht es mir zwar wieder etwas besser, aber da ich seit Monaten Blinddarmschmerzen habe, hat der Arzt verfügt, daß ich operiert werde. Mein Rücken ist wieder in Ordnung, und das Zelluloidkorsett werde ich nicht mehr lange tragen müssen.

Nun habe ich Ihnen aber genug von mir erzählt, und dabei ist der Zweck dieses Briefes in erster Linie doch der, Sie um Nachricht zu bitten ...

Lieber Herr Morpain, bitte schreiben Sie mir doch umgehend. Ich wünsche von ganzem Herzen, daß Sie recht bald wieder zu den Ihren zurückkehren können, und sage Ihnen auf Wiedersehen.

Allerherzlichst Ihre *Clara Haskil*

Clara blieb also in Berck, wo sie sich in den ersten Septembertagen einer Blinddarmoperation unterzog. Es war eine heikle Operation. Clara litt schon seit ihrem sechsten Lebensjahr periodisch an Blinddarmreizungen. Man hätte sie eigentlich schon viel früher operieren sollen, doch Avram hatte es immer wieder aufgeschoben, vermutlich weil er zu keinem Arzt genügend Vertrauen hatte. So hatten sich bereits zahlreiche Verwachsungen gebildet, die man nicht mehr alle entfernen konnte, worunter Clara in späteren Jahren oft zu leiden hatte.

Sie mußte fünf Wochen lang das Bett hüten, und als sie endlich wieder aufstehen konnte, war sie sehr geschwächt. Zu diesem Zeitpunkt erhielt sie auch die Nachricht vom Tode Mme. Morpains. Tieferschüttert drückte sie Joseph Morpain ihr Mitgefühl und ihre aufrichtige Teilnahme aus.

Endlich war dann der Krieg zu Ende. Clara verließ Berck, ohne jemals wieder dorthin zurückzukehren. Für sie war dieser Kuraufenthalt «ihr» Krieg gewesen. Trotz der Freundschaft der Calvés, trotz der erfolgreichen Behandlung, trotz der Gelegenheit zum Klavierspielen behielt sie Berck zeitlebens in schrecklicher Erinnerung, von der sie nicht sprechen wollte.

Unterdessen war sie zu einer jungen Frau gereift, die versuchen mußte, sich in einer Welt zurechtzufinden, die ihr Angst einflößte. Sie war ziemlich menschenscheu, als sie Berck verließ. Obschon sie sich nach Zuneigung und Zärtlichkeit sehnte, floh sie die Gesellschaft der Menschen. Von Natur aus eher schwermütig, war sie aber stets bereit zu lachen und fröhlich zu sein. Sie besaß viel Sinn für Humor und überraschte ihre Bekannten immer wieder durch witzige Bemerkungen. Sie war meist recht undurchschaubar und tat nichts, um den andern entgegenzukommen. Einerseits fürchtete sie jede Annäherung, andererseits litt sie sehr unter ihrer Einsamkeit.

Doch sie war kaum dreiundzwanzig Jahre alt, und das Leben lag noch vor ihr. Warum sollte ihr nach so vielen Schicksalsschlägen nicht doch noch ein glückliches Los beschieden sein?

II Das verkannte Genie

Schwierigkeiten ohne Ende

(1919–1934)

Ende 1918 kehrte Clara nach Paris zurück. Sie hatte keine Ahnung, wie sich nun ihre Zukunft gestalten sollte. Ihre Schwester Jeanne machte sie mit zwei musikbegeisterten Damen, Mme. Gélis-Didot und deren Tochter Hilda, bekannt. Die beiden veranstalteten in ihrer herrschaftlichen Wohnung in der Avenue d'Iéna Nr. 66 anläßlich ihrer glanzvollen Empfänge oft künstlerisch hochstehende Musikabende. Mme. Gélis und ihre Tochter bekundeten sogleich lebhaftes Interesse für Clara, von deren Spiel sie vom ersten Moment an begeistert waren. Desgleichen nahm Clara auch eine weitere Musikmäzenin, Mme. Paul Desmarais, der sie bei den Gélis begegnet war, für sich ein.

Mme. Desmarais lud sie ein, bei ihr zu wohnen, und schickte Clara später in Begleitung einer Krankenschwester zur Erholung in die Schweiz.

Die Gabe, bei jenen Menschen, die sie verstanden, blitzartig heftige Sympathie zu erwecken, war immer ein auffallender Charakterzug bei Clara. Zweifellos haben von all jenen Menschen, die ihren Weg kreuzten, nur ganz wenige sie wirklich «erkannt», aber im Laufe ihres Lebens hat es immer welche gegeben, und Clara blieb ihnen zeitlebens in tiefster Dankbarkeit verbunden.

Es war in erster Linie Claras Spiel, das solch spontane Gefühle hervorrief, wie sie ihr von den Gélis und Mme. Desmarais entgegengebracht wurden, was um so mehr erstaunt, als Clara in den letzten vier Jahren nicht mehr systematisch hatte Klavier üben können. Wenn ihr Dr. Calvé auch Gelegenheit geboten hatte, auf seinem Flügel zu musizieren, so läßt sich dies in keiner Weise mit der mehrstündigen täglichen Arbeit vergleichen, auf die selbst der begabteste Virtuose – und sei es auch nur um der Fingerfertigkeit willen – niemals verzichten kann. Kaum wieder in Paris zurück, brauchte Clara nur mit ihren Händen die Tasten zu berühren, und schon wiederholte sich das Wunder ihres Spiels, als hätte es nie eine Unterbrechung gegeben. Gewiß hätte sie noch nicht in einem Konzert auftreten können, aber sie vermochte ein Musikstück, das sie vor ihrem Kuraufenthalt in Berck einstudiert hatte, ohne weiteres in vollendeter Weise wiederzugeben. Was bei einem andern Pianisten auf Jahre hinaus, wenn nicht gar für immer seine Karriere in Frage gestellt hätte, war für sie nichts weiter als ein unliebsamer Ausfall, den einige Monate intensiver Arbeit wieder ausgleichen würden. Clara scheint ja ihr Leben lang nie mehr als vier Stunden im Tag am Klavier gearbeitet zu haben – das belegen auch gewisse Äußerungen Cortots während ihrer Konservatoriumszeit.

Dieser Aspekt ihres Talents ist vielleicht nicht der auffälligste, aber wohl der wichtigste. Hatte sie einmal ein Werk «in den Fingern» (ganz zu schweigen von ihrem phänomenalen Gedächtnis), konnte sie es zu jedem beliebigen Zeitpunkt wiedergeben, auch wenn sie es Jahre hindurch nicht mehr gespielt hatte. Im Laufe ihrer Konzerttätigkeit, die wie jede künstlerische Laufbahn von Zufällen und Mißverständnissen nicht verschont blieb, war sie wiederholt gezwungen, andere Werke vorzutragen als die für die betreffende Veranstaltung vorgesehenen. Sie tat dies scheinbar völlig mühelos, und zwar mit einer Vollendung, die die Musiker, die über die Sachlage im Bilde waren, stets in größtes Erstaunen versetzte.

Dieser Fall trat unter anderem auch anläßlich des Konzertes ein, in dem sie in Paris mit dem Orchester der «Société des Conservatoires» unter Leitung von Hermann Scherchen spielen sollte. Auf dem Programm stand das Konzert Nr. 27 in B-Dur von Mozart. Anläßlich der einzigen Probe am Vorabend des Konzertes mußte man konstatieren, daß für das Orchester irrtümlicherweise das Notenmaterial für das Konzert Nr. 20 in d-Moll vorlag. Leider war es nicht möglich, noch rechtzeitig das richtige Notenmaterial aufzutreiben. Clara hatte aber das Konzert Nr. 20 seit zwei Jahren nicht mehr gespielt. Große Aufregung! «Versuchen wir es», schlug Clara vor. «Wir werden ja sehen.» Und ohne Noten spielte sie daraufhin den Klavierpart des betreffenden Konzertes völlig fehlerfrei, ohne die geringste Gedächtnislücke. Die Orchestermusiker brachten ihr stehend, voller Begeisterung, ihre Ovationen dar für diese unnachahmliche Leistung, die sie am folgenden Abend vor dem völlig ahnungslosen Publikum wiederholte. Es war unter anderem diese grandiose Fähigkeit, die sie in den Augen ihres Landsmannes Antoine Goléa zur wahrhaft einmaligen Musikerin stempelte.

Im Frühsommer 1919 – Jeanne hatte damals gerade einen Zweiten Preis für Violine erhalten – fuhr Clara nach Zürich, wo Onkel Avram sie erwartete. Von dort fuhren sie zusammen für drei Monate nach dem kleinen Höhenkurort Amden. Clara kam allmählich wieder zu Kräften, sah bald viel besser aus und konnte ihre Arbeit wieder aufnehmen. Avram, sehr gealtert und ständig von Nervenschmerzen geplagt, war verbittert, in sich gekehrt und pessimistischer denn je. Nach der ersten Wiedersehensfreude zog auch Clara sich mehr und mehr in sich selbst zurück. Nach den vier einsam verlebten Jahren in Berck war Avram kaum der richtige Partner für Clara, um sie dem Leben und der Welt näherzubringen.

Vielleicht mußte Clara damals auch erkennen, daß ihre Beziehung zu Avram, der so viel für sie getan hatte und den sie herzlich liebte, für sie von nun an eher ein Hemmschuh sein würde. Doch für Avram, der sie nun nach so langer Trennung wiedergefunden hatte, kam eine neuerliche Trennung überhaupt nicht in Frage. Das Problem stellte sich für ihn gar nicht, denn er hätte sich nie eingestanden, daß seine nun bald vierundzwanzigjährige Nichte zwar immer noch eines Beraters für ihre Karriere bedurfte, daß sie aber auch Gelegenheit haben sollte, sich frei und unabhängig zu entwickeln und andern Menschen zuzuwenden. Clara war viel zu klug, um diese Gefahr nicht erkannt zu haben. Sie sprach aber nie darüber, denn das bei den Moscuna so ausgeprägte Pflichtgefühl überwog auch bei ihr alles andere. Um nichts in der Welt hätte sie ihrem Onkel wehtun mögen. Wenn er sich besonders despotisch zeigte, hüllte sie sich lieber in tagelanges Schweigen.

Im Spätsommer fuhren die beiden nach Lausanne, wo Clara zu ihrer Freude den Komponisten Blanchet wiedertraf. Wie alljährlich um diese Zeit bereitete er gerade seine Abreise nach Paris vor, wo er jeweils den Winter verbrachte. Vorher aber führte er «Mademoiselle Haskil» noch bei alten Freunden ein, von denen er wußte, daß sie Clara herzlich willkommen heißen würden: Bei den Correvons, deren Tochter Jeanne ungefähr in Claras Alter war und später zu den besten Freunden zählte, wurde sie sofort mit offenen Armen empfangen und gleich in die Familie aufgenommen.

Jeanne Correvon verdanken wir eine Schilderung der ersten Begegnung:

Am 30. Oktober 1919 sah ich Clara Haskil zum erstenmal, und zwar bei den Blanchets in der Pension Rochemont. Clara spielte ein für Klavier umgeschriebenes Orgelpräludium in g-Moll von Bach. Ihr Spiel war von einer fast wilden Kraft.

Am 15. Dezember kam sie dann nach Mimont, wo sie einen Bechsteinflügel ausprobierte, der ihrem Temperament großartig entsprach. Dies war der Beginn eines Lebens voller Überraschungen, aber auch voller Probleme, die von Jahr zu Jahr unlösbarer schienen.

Durch ihre neuen Freunde kam Clara mit einem Kreis von Musikliebhabern in Kontakt und lernte Menschen kennen, die in ihrem Leben in verschiedenster Hinsicht eine bedeutsame Rolle spielen sollten.

Da war zunächst E. W. Rossier aus Vevey, Direktor der Nestlé-Werke und Mitglied des Komitees des «Orchestre de la Suisse romande». 1922 gründete er in Vevey die Gesellschaft «Arts et Lettres», die seitdem künstlerische, vor allem musikalische Veranstaltungen organisiert. Dank Rossier öffneten sich Clara viele Türen, und an erster Stelle fand sie Zugang zum «Orchestre de la Suisse romande». Es kam zwar im Laufe der späteren Jahre zwischen Rossier und Clara – sie waren beide zu verschiedenartige Persönlichkeiten – manchmal zu heftigen Reibereien, aber ohne daß ihre Freundschaft darunter gelitten hätte. In diesen ersten Wochen ihres damaligen Aufenthaltes in Lausanne (sowie erneut im Jahre 1942) bedeutete Rossier für Clara jedenfalls eine unschätzbare Hilfe.

Dann ist auch die Familie Gétaz zu erwähnen, die ebenfalls in Vevey ansässig war: Clara fand bei ihr materielle und warmherzige menschliche Unterstützung, die sich ganz besonders zwanzig Jahre später in einem kritischen Zeitpunkt ihres Lebens bewähren sollte.

Und schließlich machte sie die Bekanntschaft von Werner Reinhart, dem großen Musikfreund und -mäzen, der selbst recht gut Klarinette spielte. Er hatte Clara 1912 in einem Konzert in Winterthur gehört, wo er seinen Wohnsitz hatte, und nie wieder vergessen. Reinhart, ein Gönner vieler Künstler und ein Freund Rilkes, nahm sich Claras an, indem er sie von 1921 an in Winterthur auftreten ließ. Später, während der Kriegsjahre, als sie in die Schweiz flüchten mußte und über keinerlei Geldmittel verfügte, stand er ihr tatkräftig zur Seite. Reinhart war ein sehr vermögender Mann und zeitlebens als Kunstmäzen bekannt. Mehr als dreißig Jahre hindurch zählte er – zurückhaltend und diskret – zu Claras treuesten und verläßlichsten Freunden.

Aber Clara lernte in Lausanne auch junge Künstler kennen, die später sehr bekannt werden sollten, so zum Beispiel den Komponisten und Dirigenten Igor Markevitch und den Tenor Hugues Cuénod, mit dem sie bald eine aufrichtige Freundschaft verband.

Clara wurde von ihren neuen Freunden, die sich über ihre ungewöhnliche Begabung vollkommen klar waren, in jeder Hinsicht gefördert. Sie sollte so bald als möglich wieder auftreten können. Am 20. Februar 1920 stand sie denn auch erstmals seit ihrem triumphalen Abend des 23. Dezember 1913 in Lausanne wieder vor dem Publikum, und zwar in Château-d'Œx. Sie hatte erst seit einigen Monaten wieder intensiv arbeiten können und war vor Lampenfieber wie gelähmt. Dieses Lampenfieber sollte sie von nun an nie mehr loswerden. Das «Test-Konzert» war nichtsdestoweniger befriedigend. Am 24. Mai 1920 sollte Clara im Saal des Konservatoriums in Lausanne spielen, und wiederum war sie ganz krank vor Lampenfieber. Dazu herrschte eine drückende Hitze, und das Klavier war schlecht gestimmt. Doch sie überwand alle Schwierigkeiten. «Das war eine Reihe erstklassiger Darbietungen», schrieb ein Kritiker in der «Gazette de Lausanne».

Clara arbeitete nun regelmäßig im Hause der Correvons, bei denen sie auch wohnte. Avram hatte sich ein Hotelzimmer genommen. Er war jetzt völlig untätig und lebte nur in Erwartung des täglichen Treffens mit seiner Nichte in einem Lausanner Bistro.

Der Konzertabend vom 10. November 1920 im «Maison du Peuple» in Lausanne bewies deutlich, daß Clara wieder in Hochform war. Auf dem Programm standen die Sonate von

Liszt und «Carnaval» op. 9 von Schumann. Der Musikkritiker Charles Koëlla, ein Enkel des Gründers des Lausanner Konservatoriums, war der erste, der Claras geniales Spiel nicht nur erkannte, sondern auch gebührend würdigte. Unverhohlen brachte er seine große Bewunderung zum Ausdruck, bestrebt, auch das Publikum vom Genie Claras zu überzeugen. Am 11. November 1920 schrieb er:

Nichts fällt mir schwerer, als für meine grenzenlose Bewunderung die richtigen Worte zu finden. Sublime Darbietungen und heftige Gemütsbewegungen lassen mich stets verstummen, und wenn sie eine nachhaltige und tiefgreifende Wirkung haben, lähmen sie auch meine Feder.

So werde ich also über die Pianistin und nicht über ihr Konzert sprechen.

Fräulein Haskil ist sehr jung, aber ihre Kunst – Gehalt und Form – ist vollends ausgereift. Ihre Gestalt ist zierlich, ihr Spiel ist kraftvoll und souverän ... Über das Klavier gebeugt, ganz in sich versunken, scheint sie völlig mit dem Instrument zu verschmelzen. Und das Instrument wird zu Musik und Schönheit ...

Von allen Werken (Bach, Liszt, Fauré, Debussy, Schumann und Blanchet), die sie durchwegs meisterhaft interpretierte, möchte ich nur den «Carnaval» von Schumann hervorheben. Während ihrer Darbietung dieser zwanzig «Kleinen Stücke über vier Noten» sah ich plötzlich die großartige Persönlichkeit eines Artur Rubinstein vor mir, wie er in den «Symphonischen Etüden» eine Welt entstehen läßt. ...

Es sind dies die beiden eindrucksvollsten Schumann-Interpretationen, die ich je gehört habe.

Daraufhin wurde Clara für drei Konzerte vom «Orchestre de la Suisse romande» engagiert: am 11., 12. und 23. Januar 1921 spielte sie Schumanns Klavierkonzert, unter der Leitung von Ernest Ansermet, in Neuchâtel, Zürich und Vevey. Jeanne Correvon, die Clara zu diesen Konzerten begleitete, schrieb über den ersten Klavierabend in Neuchâtel:

Bevor Clara das Podium betrat, war sie halbtot vor Angst. Ich befürchtete ein Fiasko. Um ihr Mut zu machen, wies Ansermet darauf hin, daß es ihm noch weit schlimmer gehe: «Bedenken Sie doch, was einem Dirigenten alles passieren kann – die Patzer der Instrumentalisten, die falschen Einsätze ...»

Erst als Clara am Klavier saß, war sie wieder sie selbst. An jenem Abend erntete sie mit dem Schumann-Konzert einen gewaltigen Erfolg. Ansermet betonte, daß er das Finale noch nie mit einem derartigen Rhythmus, mit einem solch fabelhaften Schwung habe spielen hören. Noch am nächsten Morgen, im Zug nach Lausanne, sprach er immer wieder mit Begeisterung davon.

Clara jedoch wiederholte nachts im Bahnhofshotel in Neuchâtel mit Grabesstimme immer dieselbe Litanei: «Herr Ansermet ist wütend, nicht wahr?»

Er war so «wütend», daß er sie im nächsten Jahr bat, fünfmal unter seiner Leitung zu spielen! Clara als Solistin bedeutete für ihn als Dirigent einfach soviel wie «absolute Sicherheit».

Zudem wurde Clara auf Ersuchen von Herrn Denéréaz, Harmonielehrer am Konservatorium, der sie in ihrem Konzert in Lausanne gehört hatte, eingeladen, im Februar 1921 vor den Lehrern und Schülern des Konservatoriums zu spielen. Der Abend wurde ein Triumph, den die Presse in überschwenglichen Kommentaren würdigte. Nach dem Konzert stellte man Clara die siebzehnjährige Hélène Stricker vor, eine Schülerin der Klavierklasse, die später ebenfalls zu den treuesten Anhängern Claras zählte und ihr in schweren Zeiten wiederholt beistand.

Aber auch ihre Pariser Freunde hatten Clara nicht vergessen. Am 22. Februar hatte man in der «Salle des Agriculteurs» einen Klavierabend für sie organisiert. Kurz zuvor hatte sie ihren Landsmann Georges Enesco wieder getroffen. Er lebte nun in Paris, und die Freundschaft, die die beiden Künstler von da an verband, war von gegenseitiger Bewunderung getragen. Clara spielte immer häufiger Enescos Werke, so auch an jenem Pariser Klavierabend.

Die Pariser Kritik scheint jedoch schon damals noch unbekannte Künstler einfach ignoriert zu haben, die Herren bemühten sich nicht einmal in Claras Konzert. Aus jener Zeit ist nur die Kritik eines namhaften Schweizer Musikers erhalten. Gustav Doret schrieb am 15. April 1921 im «Journal de Genève» folgenden Beitrag, mit dem er Clara beim Genfer Publikum, vor dem sie fünf Tage später spielen sollte, einführte:

Clara Haskil.
Eine große Künstlerin, keine Virtuosin, für die das Klavier zum Selbstzweck wird, sondern eines jener außergewöhnlich begabten Geschöpfe, welche die Musik in sich tragen, die jenen wunderbaren Instinkt für den musikalischen Ausdruck besitzen, den man weder durch Arbeit noch durch Willensanstrengung erreichen kann. Sie verfügt über ein phänomenales Gedächtnis und die Fähigkeit zu rascher Konzentration. Clara Haskil verkörpert die absolute musikalische Berufung und die vollkommene Hingabe an die Musik, ohne Voreingenommenheit oder Elitedünkel. In ihrer Ausführung, in der – überflüssig zu sagen – vollendete Technik selbstverständlich ist, scheint sie nur einen Ehrgeiz zu kennen: sich selbst noch zu übertreffen. Ihre Bescheidenheit ist sprichwörtlich, doch ist sie nicht etwa getarnte Eitelkeit. Sie ist bestimmt echt, aufrichtig und ohne jegliche Hintergedanken.

Auf den ersten Blick ahnt man nicht, welche Ausstrahlung von diesem grazilen jungen Mädchen ausgehen kann. Kaum sitzt sie am Klavier, dominiert Clara Haskil ihre Zuhörer mit außerordentlicher Intensität.

Einst war Clara Haskil ein Wunderkind . . .

Heute ist sie eine durch langes Leiden frühzeitig gereifte Künstlerin. Vor einem Monat in Paris noch gänzlich unbekannt, gab sie dort einen Klavierabend, dem keinerlei Propaganda vorausgegangen war. Durch welche schicksalhafte Anziehungskraft trafen sich an jenem Abend die größten Meister des Klaviers in der «Salle des Agriculteurs»? Es bleibt ein Geheimnis! Aber ich kann mir nichts Ergreifenderes vorstellen als diese bewährten Meister ihres Fachs, die, überwältigt vom Talent der jungen Künstlerin, ebenso rückhaltlos im Banne dieser Musik standen wie das Publikum. Es ist so, wie einer von ihnen sagte: «Die Musik selbst war bei uns zu Gast.»

Durch diese ungewöhnliche Würdigung auf Clara aufmerksam gemacht, strömte das Genfer Publikum in ihr Konzert und feierte sie am Schluß mit langanhaltenden, begeisterten Ovationen, entgegen seiner sonst üblichen, eher kühlen Zurückhaltung. Die Kritiker suchten nach Worten, um ihre Bewunderung auszudrücken, und jedes der etwa zwanzig Konzerte, die Clara im Lauf der nächsten zwölf Monate in der Schweiz gab, rief dieselben Beifallsstürme hervor.

Schließlich kehrte Clara über Brüssel, wo sie im Salon der Frau B., einer Freundin der Correvons, ein Hauskonzert gab, wieder nach Paris zurück. Dort lernte sie die Prinzessin de Polignac kennen, in deren Salon sich alles einfand, was zur internationalen Künstlerelite gehörte. Die Prinzessin interessierte sich sofort für Clara und lud sie sogar ein, bei ihr zu wohnen. Dies war der Anfang einer schwer zu definierenden Beziehung, die Clara zweifellos sehr viel bedeutete, unter der sie aber doch im geheimen litt. Die Prinzessin machte sie sozusagen zu ihrer «Hauspianistin», schien aber Claras künstlerische Eigenart nicht voll erkannt zu haben. Sie gewährte ihr hauptsächlich materielle Unterstützung, unterließ es aber, Claras Karriere zu fördern.

Anfang November 1922 reiste Clara in Begleitung Avrams nach Rumänien. Lili, die ihre Schwester nach zwölf Jahren erstmals wiedersah, konstatierte mit Befremden Avrams großen Einfluß auf Clara, die Ansprüche, die er an diese stellte, und die Nachgiebigkeit und Resignation, mit denen Clara darauf reagierte. Avram stellte die Programme zusammen für die beiden Konzerte, die Clara in Bukarest geben sollte. Er beschloß ganz plötzlich, noch drei weitere Stücke hinzuzufügen, die Clara noch nie gespielt hatte. Dies beschwor ein kleines, sehr bezeichnendes Drama herauf: Clara zitterte vor Lampenfieber und wagte es dennoch nicht, sich gegen ihren Onkel durchzusetzen. Man benachrichtigte Onkel Isaac, dem es schließlich gelang, Avram teilweise umzustimmen: Beim ersten der zwei Konzerte im «Athénée» am 21. November sollte sie «Asturias» von Albeniz spielen, das sie vor ihrer Ankunft in Bukarest noch gar nicht studiert hatte. Auf die andern beiden Stücke verzichtete Avram ...

Am 25. November wiederholte Clara den Klavierabend, und am 18. Dezember spielte sie unter der Leitung Georges Georgescus das 3. Klavierkonzert von Beethoven; alle drei Abende waren ein Riesenerfolg.

Weihnachten und Neujahr verbrachte Clara in Bukarest, dann fuhr sie allein nach Paris zurück – über Wien, wo sie ihren alten Lehrer, Professor Robert, besuchte. Nach einer endlosen und ereignisreichen Reise (Richard Strauss befand sich im selben Zug), kam sie gerade noch rechtzeitig zu dem Klavierabend, den sie am 23. Januar 1923 in der «Salle des

Agriculteurs» zu geben hatte. Während der ganzen Zeit ihres Pariser Aufenthaltes wohnte sie wiederum bei der Prinzessin de Polignac. Am 29. Januar trat sie ein zweites Mal auf und spielte das Schumann-Klavierkonzert unter Vladimir Golschmann im Théâtre des Champs-Elysées. Wieder blieben die Kritiken aus ... Nur in der «Gazette de Lausanne» erschien eine sehr lobende Würdigung. Clara an Jeanne Correvon:

Soeben komme ich aus dem Konzert nach Hause, es war ein enormer Erfolg. Ich wurde viermal herausgerufen, und die Musiker waren ebenso freundlich wie die unter Ansermet, was sehr viel heißen will! Golschmann war entzückt, er hat mich übrigens großartig begleitet. Ich kam nicht darum herum, mich in der Loge der Prinzessin de Polignac zu zeigen – unter all den dekolletierten Damen und den Herren im Smoking nahm ich mich eher eigenartig aus! Dazu waren aller Augen auf mich gerichtet. So etwas liebe ich ganz besonders! ... Ein Musikkritiker trat auf mich zu und bat mich um ein Photo, eine Biographie und Rezensionen für eine Zeitschrift. Oh, nein danke! Solche Geschichten mag ich nicht!

Am 7. Februar fuhr Clara zu einem Klavierabend nach Brüssel – sie ging hin, «wie man zur Guillotine geht», und wieder war es ein großer Triumph. Auf dem Programm standen:
Konzert für Klavier in d-Moll von J. S. Bach (Transkription von Stradal)
Zwei Sonaten von Scarlatti
Sonate op. 109 von Beethoven
Carnaval op. 9 von Schumann
«La Maja et le rossignol» von Granados
«Crépuscule au lac Ogwen» von J. Jongen
«Jeux d'eau» von Ravel
«Asturias» von Albeniz

Am folgenden Morgen fuhr Clara, ohne die Zeitungen gelesen zu haben, nach Paris zurück. Am 9. Februar schrieb sie an Jeanne Correvon:

Meine liebe Jeanne,
ich will Ihnen sogleich schreiben und Ihnen ausführlich über mein Konzert in Brüssel berichten.

Ich habe enormen Erfolg gehabt und auch recht gut gespielt – hin und wieder von leisem Husten begleitet. Für das Bach-Kon-

Joseph Morpain.

Nach ihrem Ersten Preis am Pariser Konservatorium.

Berck, 1915.

In Berck-Plage, 1916.

Während ihres Erholungsaufenthaltes in Amden, Sommer 1919.

Mme. Gélis.

Mme. Paul Desmarais.

Winnaretta Singer, Prinzessin Edmond de Polignac.

Karikatur zu einer Konzertkritik, erschienen in «La Patrie», Montreal, 13. Oktober 1924.

Unten: *Am Klavier, Zeichnung von Gea Augsbourg, 1925.*

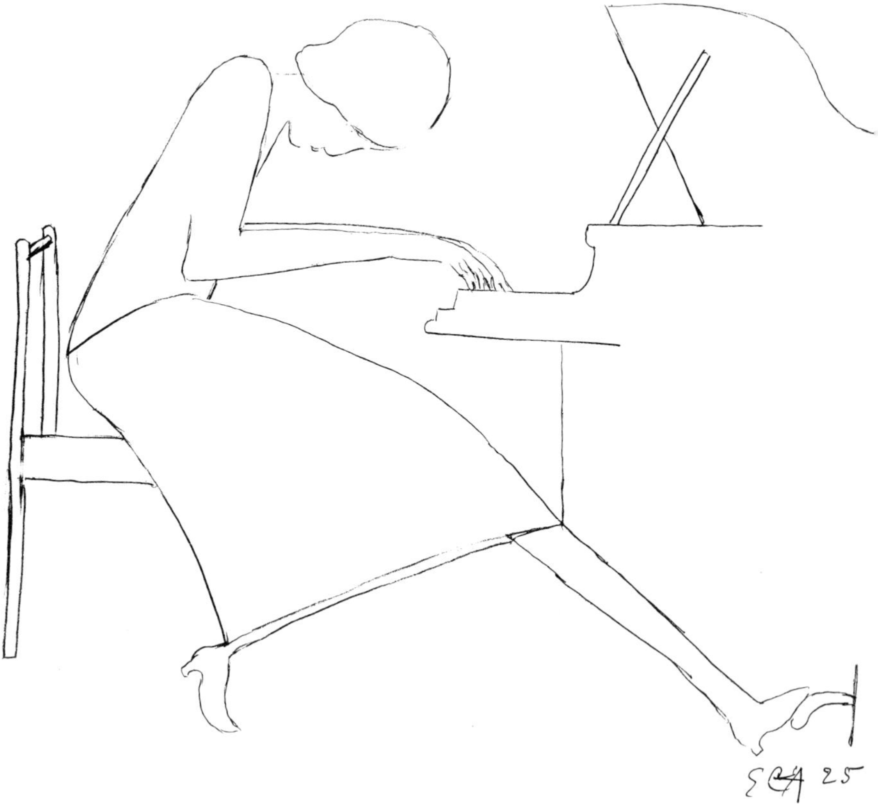

zert und die beiden Scarlatti-Sonaten erntete ich rauschenden Beifall, und beim Carnaval war es geradezu ein Delirium. Herr Rasse und Herr Closson beglückwünschten mich nachher und bezeichneten mein Spiel als eine «Offenbarung». Die 109er Sonate hätte ich besser spielen können. Auch die modernen Stücke sind beim Publikum gut angekommen. Die Bravorufe kamen von allen Seiten, und nachdem ich mich mehrmals bedankt hatte, spielte ich noch ein Impromptu von Fauré. Es waren außerordentlich viele Leute da, der Saal war angenehm und der Pleyel-Flügel gut. Mme. B. schien sehr zufrieden, ich selbst habe aber kein ganz gutes Gewissen. Sie werden natürlich denken, daß ich ein hoffnungsloser Perfektionist sei, denn aus dem, was ich Ihnen eben geschildert habe, müssen Sie ja schließen, daß ich einen wahren Triumph gefeiert habe. Mag sein! Doch rate ich Ihnen, auf jeden Fall die Nachrichten von Mme. B. abzuwarten, bevor Sie sich ein Bild machen. Mme. B. sagte mir, daß ich dem Publikum recht «sauersüß» zugelächelt habe. Und dabei habe ich mir doch solche Mühe gegeben, den Zuhörern zu zeigen, wie sehr mich der frenetische Applaus gefreut hat. Doch dies scheint mir offensichtlich nicht geglückt zu sein.

Mme. B. hatte den Brief der rumänischen an die belgische Königin überreichen lassen. Da diese aber gerade im Begriff war, nach Ägypten abzureisen, konnte ich nicht empfangen werden. Isaye ist nicht erschienen, hat aber an seiner Stelle jemand anderen geschickt. Mme. B. sagte mir, daß ich nach diesem Konzert sicher ein Engagement für die «Concerts Populaires» in der nächsten Saison bekommen würde, doch mache ich mir noch keine übertriebenen Hoffnungen. Wenn Mme. B. mich hören könnte . . . Ich lag ihr schon ausgiebig mit demselben Thema ohne Variationen in den Ohren . . .

Was Mme. B. Jeanne Correvon schließlich mitteilte, ist nicht bekannt. In der Presse aber war unter anderem zu lesen:

«Indépendance belge», 9. Februar 1923:
Wir hätten keinesfalls den Klavierabend der rumänischen Pianistin Clara Haskil versäumen wollen, die letztes Jahr in einem Privathaus in Brüssel gespielt hatte und dabei besondere Beachtung erregte. Das gestrige Konzert war geradezu eine Sensation.

Das ganze Programm wurde in einer Art und Weise dargeboten, die man unweigerlich als «unvergeßlich» bezeichnen muß. Daß diese zarte junge Frau mit ihren dünnen Armen eine solch reiche Tonfülle aus dem Instrument hervorzuzaubern vermag, ist an sich schon ein Phänomen. Dazu kommen aber eine phantastische Virtuosität und eine unerhörte Ausdrucksfähigkeit, die es ihr erlauben, die verschiedensten Werke mit stets gleichbleibender Souveränität zu spielen. So vermochte sie bei Bach die Erhabenheit und bei der 109er Sonate von Beethoven die ganze lyrische Empfindung und Impulsivität wiederzugeben, die diese Werke erfordern. Noch nie haben wir den Carnaval von Schumann, in dem sich all die spekulative Romantik des dichtenden und philosophierenden Musikers offenbart, geistvoller und mit mehr Phantasie und Elan spielen hören, ohne daß die Klarheit einer bis ins kleinste Detail ausgefeilten Darstellung auch nur im geringsten beeinträchtigt wurde. Die beiden Sonaten von Scarlatti sowie «Asturias» von Albeniz – in schwindelerregendem Tempo gespielt – all das war mehr als brillant . . .

Dieser Abend wird einem unvergeßlich im Gedächtnis bleiben. Fräulein Haskils Darbietungen waren von Anfang an ein großer Erfolg, der sich schließlich zu einem wahren Triumph steigerte. Sie hat sich gestern als eine der hervorragendsten Pianistinnen ihrer Zeit erwiesen.

Wir wünschen unsererseits aufrichtig, Clara Haskil in einem unserer großen Konzertsäle bald wieder hören zu dürfen.

E. Closson

Auch im «L'Eventail» und im «Journal du Midi» waren die Kritiken gleichermaßen des Lobes voll für die junge rumänische Künstlerin. Dies hätte eigentlich einen steilen Anstieg von Claras Karriere erwarten lassen, doch davon war keine Rede.

Aus dem Husten, den Clara in ihrem Brief an Jeanne Correvon erwähnte, wurde eine Bronchitis, die eine Lungenentzündung zur Folge hatte. «Es ist halt schon lange her, daß mir etwas fehlte», schrieb Clara traurig vom Bett aus – sie wohnte bei Frau Gélis, die sie während der Abwesenheit der Prinzessin de Polignac bei sich aufgenommen hatte. Avram war immer noch in Bukarest, und so fügte sie hinzu: «Ich habe nicht nach Bukarest geschrieben, daß ich krank bin. Man soll es dort unter keinen Umständen erfahren, das würde meinen Zustand nur verschlimmern ...»

Clara mußte mehrere Konzerte absagen, stand aber am 15. März auf, um einen Klavierabend zu geben, hatte jedoch dann einen Rückfall und erholte sich endlich wieder einigermaßen. Seit dem Aufenthalt in Berck war sie anfällig, litt häufig an Fieberschauern, Verdauungsstörungen und Bronchitis. Dazu kamen Anfang 1923 erneut Schmerzen im Rücken. Fünf Jahre lang hatte sie nun davor Ruhe gehabt, man sah keine Verkrümmung der Wirbelsäule, aber die Angst, es könnte wieder alles von vorne beginnen, saß ihr stets im Nacken und erhöhte ihren Schrecken vor öffentlichem Auftreten.

Zweifellos waren zu jener Zeit ihre Gesundheit und ihr Charakter die schwersten Hindernisse auf ihrem Weg: «Nur wenige verstanden mit Clara so umzugehen, daß sie nicht gleich aufbrauste», notierte einer ihrer Freunde, und ein anderer schrieb: «Komplimente konnte sie nicht ausstehen; man durfte Clara keinesfalls ernst nehmen, und wenn sie sich herabsetzte, mußte man ihr zustimmen, sonst wurde sie immer unerträglicher!» Manchmal kam es jedoch zu Konflikten mit ihrer Umgebung – dann erschien sie plötzlich bei Hélène Strikker in Lausanne und erklärte mit einem Anflug von Zufriedenheit: «Ich bin auf der Flucht.»

Clara war oft sehr unberechenbar, schroff und launenhaft, und wer nicht begriff, daß es sich dabei um eine Art Verteidigung gegen übergroße Empfindsamkeit handelte, fühlte sich brüskiert und wandte sich von ihr ab. Jeanne Correvon erzählte folgendes:

Wenn Clara in Mimont ein Besuch nicht paßte, konnte es geschehen, daß sie bei Tisch ein Gericht zurückgehen ließ und auf unsere fragenden und beunruhigten Blicke hin erklärte: «Ich habe zwar Hunger, aber ich will nicht essen.»

Die wahren Freunde Claras ließen sich von einem solchen Gebaren nicht beeindrucken. Es war ja auch völlig nebensächlich im Vergleich zu dem, was Clara dank ihrer reichen Natur nicht nur auf musikalischer, sondern auch menschlicher Ebene einem andern geben konnte. Allen lag in erster Linie Claras Gesundheit am Herzen. Im Sommer 1923 schickte Mme. Gélis sie für vier Monate nach St. Blasien, einem kleinen Kurort im Schwarzwald (800 m ü. M.). Zur selben Zeit erkrankte Jeanne an Typhus. Es sah sehr ernst aus, und Clara regte sich aus verständlichen Gründen entsetzlich auf, aber glücklicherweise ging die Gefahr schließlich vorüber.

Unter ärztlicher Aufsicht erholte sich Clara allmählich. Man verordnete ihr Heilgymnastik und Massagen. Sie mußte viel liegen, aber auch lange Waldspaziergänge unternehmen. Wieder einmal war sie ohne Klavier. Sie «las» Musik ... und ließ sich kritisch über die Gäste im Kurhaus und über die Ärzte aus. Voller Humor schilderte sie eine Untersuchung bei dem behandelnden Arzt:

Gestern hat mich der Herr Professor in seine Ordination gebeten, wo er mir mit strahlender Miene folgende kleine Rede hielt: «Nun also, mein liebes Fräulein Haskil, wir haben jetzt das ‹Corpus delicti› gefunden, wir wissen nun, ‹wo es hapert›, warum Sie hin und wieder etwas Temperatur haben, was Sie daran hindert, etwas kräftiger zu werden. Selbstverständlich wird man nicht davon gesund, daß man weiß, was einem fehlt, aber es ist doch immerhin etwas, woran man sich halten kann, damit man nicht auf gut Glück herumsuchen muß. Die Röntgenaufnahme hat gezeigt, daß Ihre Lungen vollkommen in Ordnung sind, es besteht nicht der geringste Verdacht auf Tuberkulose, was eigentlich erstaunlich ist bei der Skoliose, die Sie haben.» Wörtlich sagte er: «Was eigentlich erstaunlich ist bei einem Menschen, der so krumm ist wie Sie.» Sehr galant, nicht wahr? Doch ich war keineswegs schockiert. Glücklicherweise sieht man das ja nur auf dem Röntgenbild! Er fuhr fort: «Das Herz ist in Ordnung, Nieren und Leber auch. Das Blutbild weist keine Anomalie auf, nicht einmal eine ausgesprochene Blutarmut. Doch infolge der Blinddarmentzündung, bei der man zu spät operiert hat, ist es zu Verwachsungen gekommen, vielleicht auch wegen des Gipsverbandes, den Sie getragen haben. Hat man Ihnen nicht gesagt, daß es sehr unvernünftig gewesen ist, den Gips so lange zu tragen? Der Dickdarm (Verzeihung!) hat sich ‹kolossal› verschoben, der Blinddarm existiert nicht mehr, und alles liegt wesentlich tiefer, in einem Knäuel, in dem sich die Nahrung von Tagen ansammelt (ja, so ist das), wodurch Giftstoffe entstehen, welche das Fieber verursachen. Was tun? Kein Chirurg wird eine Operation vornehmen wollen, weil man die Gedärme nicht wieder an ihren angestammten Platz zurückbringen kann und weil man nicht weiß, was man an Verwachsungen noch alles finden würde – und was man dann tun könnte.» So ist es also. Jetzt weiß ich wenigstens, woran ich bin, obwohl es mich natürlich auch nicht viel weiter brachte, erfahren zu müssen, daß es sich um ein ebenso scheußliches wie unheilbares Übel handelt (ich gebe mich keinen Illusionen hin). Aber ich mache mir noch keine allzu großen Sorgen, kommt Zeit, kommt Rat.

Jeanne besuchte ihre Schwester während ihrer Rekonvaleszenz in St. Blasien, Avram eilte ebenfalls herbei, bald kam auch Lili aus Bukarest, in Begleitung von Onkel Isaac, der Dr. Roux in Lausanne aufgesucht hatte. Für ein paar Tage waren die drei Schwestern und ihre beiden Onkel beisammen – es sollte das letzte Mal sein.

Die restliche Zeit ihres Erholungsaufenthaltes verbrachte Clara allein in St. Blasien. Als sie den Kurort verließ, war sie «ebenso mager und blaß wie bei ihrer Abreise in Lausanne», schrieb sie am 24. September an Jeanne Correvon, die ganz plötzlich ihren Vater verloren hatte. Diese Nachricht erschütterte Clara zutiefst, und wieder einmal gewann ihr Pessimismus die Oberhand. Professor Robert hatte für sie zwei Konzerte in Wien organisiert (am 22. und am 28. November); Mitte Oktober sollte sie dorthin fahren, um nach der sechsmonatigen Untätigkeit ihr Programm vorzubereiten. Aber sie schrieb:

Es ist gut möglich, daß ich auch diesmal wieder nicht auf meine Rechnung komme, aber ich muß den Versuch wagen, denn ich sehe keine anderen Erfolgsaussichten. Sie wissen doch, daß man mich trotz der Bemühungen von Mme. B. und trotz meines Erfolges in Brüssel nirgends engagiert hat . . . Und die Prinzessin de Polignac hat mir auch nicht mehr geschrieben. Das bedeutet vielleicht noch nicht, daß sie ihr Interesse an mir schon verloren hat, aber ich befürchte es trotzdem . . .

Dieser letzte Satz ist kennzeichnend für Claras ständigen Pessimismus, der ihrer innersten Natur entsprach. Ihr ganzes Leben lang interpretierte sie selbst ein kurzes Schweigen einer ihrer Freunde als Zeichen schwindender Zuneigung. Immer wieder mußte man ihre Zweifel beschwichtigen. Sie bedurfte stets erneuter Beweise der Zuneigung seitens derjenigen, denen sie zugetan war, und wunderte sich immer aufs neue, wie sie denn in einem andern Menschen solche Gefühle der Zuneigung erwecken konnte.

Obwohl Clara diesmal nicht ohne Grund tief enttäuscht war, sah die Wirklichkeit doch nicht ganz zo schwarz aus: Die Prinzessin de Polignac hatte sie keineswegs vergessen, und wenn Clara auch kein Engagement für die «Concerts Populaires» von Brüssel erhielt, auf die sie große Hoffnungen gesetzt hatte (erst 1925 sollte es klappen), so konnte sie doch in Brüssel zwei Klavierabende geben. Sicher kann man nicht von glänzenden Ergebnissen sprechen, doch der Aufenthalt in St. Blasien hatte Clara gutgetan, so daß sie den Winter 1923–1924 wenigstens gesundheitlich ohne nennenswerte Schwierigkeiten überstand.

Es ist nicht möglich – und wäre auch zu langweilig –, alle Kritiken von Claras Konzerten zu zitieren, doch mag eine Rezension über Claras Darbietung des Rachmaninoff-Konzerts nicht uninteressant sein, weil sich dieses Werk so grundlegend von allen Stücken unterscheidet, mit denen Claras Name später verbunden blieb.

Das Talent Fräulein Haskils ist unvergleichlich und unnachahmlich. Man hatte den Eindruck, daß dieses Konzert eigens dafür komponiert worden war, Fräulein Haskil Gelegenheit zu geben, Beifallsstürme für eine der größten pianistischen Begabungen zu entfesseln» (R.-H.R., in: «Feuille d'Avis de Lausanne»).

So vollendet Clara Haskil in ihrem Spiel auch ihre Intelligenz, die souveräne Leichtigkeit ihrer Technik und die harmonische Übereinstimmung ihrer höchsten Fähigkeiten zur Geltung bringt, so wenig vermag dies den Zauber zu erklären, den sie auf ihre Zuhörer ausübt. Ihr Spiel ist zugleich berückend und wohltuend. Das Klavier ist unter Clara Haskils Händen kein Klavier mehr, es ist die zum Erklingen gebrachte Musik selbst, eine Musik, die die Künstlerin transponiert und beseelt.

(Ch. K., in «Gazette de Lausanne»)

Doch trotz der Beifallsstürme, die Clara erntete (in Lausanne hatte man dergleichen noch nie erlebt), blieb sie bescheiden und stets voller Sorgen. Sie war sich ihrer Gaben zwar durchaus bewußt, aber nie ganz mit sich zufrieden. Zu Hélène Stricker, die von ihrem Spiel begeistert war, sagte sie nur: «Ich kann Ihre große Bewunderung nicht billigen. So viel Weihrauch verdiene ich nicht, glauben Sie mir.»

Im Jahre 1924 gab Clara zwölf Konzerte in der Schweiz (drei davon zusammen mit ihrer Schwester Jeanne, die man ebenfalls mit Lob überschüttete) und zwei Klavierabende in Brüssel, bei denen sie sehr gefeiert wurde. Doch sie blieb unverbesserlich: «Weiß man denn in Brüssel überhaupt, was Musik ist?» Schließlich folgten noch zwei Klavierabende in Paris. Alles in allem eine ziemlich magere Bilanz. Aus den durchwegs positiven Kritiken muß eine als besonders bezeichnend hervorgehoben werden. Sie galt einem Klavierabend in Vevey, der am 13. Februar stattgefunden hatte:

Eine Rezension? Es gibt keine Rezension. Clara Haskil weiß, was sie uns gegeben hat. Und diejenigen, die es nicht begriffen haben, mögen diesmal darauf verzichten, daß man es ihnen «erklärt».

Das scheint sehr aufschlußreich. Sicher jubelte man Clara bei jedem Auftreten (das für sie immer eine Folter bedeutete) zu, aber nur wenige erfaßten das Wunder ihres Spiels. Was Clara bot, war ja weit mehr als die Demonstration eines musikalischen Talents, als eine perfekte Technik, als eine ungewöhnliche Musikalität, es war etwas wahrhaft «Unerklärliches», das sich nicht analysieren ließ. Das Publikum muß das irgendwie dunkel gespürt, doch nicht bewußt realisiert haben. Das tat es erst dreißig Jahre später, insbesondere in Frankreich, und dann vielleicht auch nur deshalb, weil es gründlich «vorbereitet» worden war.

Leider schadete sie sich manchmal durch ihre unfreundliche Art. In Basel spielte sie unter der Leitung des damals berühmten Komponisten und Dirigenten H. Suter, dem Rossier sie empfohlen hatte. Vermutlich gelang es Suter nicht, sie zu «zähmen», denn sie war derart mürrisch und benahm sich so «unmöglich», daß Suter darauf verzichtete, sie ein zweites Mal zu engagieren.

Nach ein paar Ferienwochen in Villars, in der Schweiz, wo Clara unter der ständigen Aufsicht ihres Onkels arbeitete und wo sie die Nachricht vom Tode Busonis (am 27. Juli, in Berlin) erhielt, endete das Jahr 1924 mit einem unerwarteten Abenteuer: Frau Gélis hatte beschlossen, für zwei ihrer Schützlinge eine Tournee in Kanada und den USA zu organisieren. Ihre Wahl war auf Clara gefallen sowie auf die junge Sängerin Rose Armandie und deren Begleiterin am Klavier, Simone

Petit, eine Freundin Jeanne Haskils. Die Organisation der Tournee wurde einem kanadischen Impresario namens Laberge anvertraut, der sich aber als der Sache nicht ganz gewachsen erwies und manches unterließ, was bei dieser Konzertreise für Claras zukünftige Karriere von Bedeutung gewesen wäre.

Als die kleine Gruppe – Mme. Gélis, deren Tochter Hilda, Clara, Rose Armandie und Simone Petit – in New York von der «Paris» an Land ging, begannen bereits die ersten Schwierigkeiten, die sich aus der mangelhaften Organisation Laberges ergaben. Mme. Gélis ordnete auf großzügige Weise die finanzielle Seite der Angelegenheit, so daß ein erster «gemischter» Abend am 12. Oktober in Montréal stattfand, der leider nicht sehr gut besucht war, aber einen großen Erfolg erntete. Ähnlich verhielt es sich bei den meisten folgenden Konzerten in Québec, New York und Boston (zweifellos infolge mangelnder Werbung). In den kleinen Provinzstädten hingegen, wo die Konzerte oft von religiösen Gemeinschaften organisiert wurden, erschien das Publikum sehr zahlreich und bereitete Clara einen begeisterten Empfang. Bei solchen Veranstaltungen trat Clara manchmal zusammen mit den beiden andern jungen Künstlerinnen auf, oder sie gab allein einen Klavierabend, dessen Programm sie nach Lust und Laune selbst zusammenstellte.

Beinahe sechs Wochen lang durchzog die oft recht auffallende Gruppe ganz Québec und Neu-England. Im allgemeinen waren die Kritiken ausgezeichnet, besonders in Montréal und in New York, manchmal allerdings auch etwas herablassend oder sogar deutlich ablehnend; man kritisierte Stil und Tempi oder den «Mangel an Ausdruckskraft» bei der Interpretation. Vielleicht findet sich hier ein Anhaltspunkt dafür, weshalb Clara damals eine blendende Karriere versagt blieb. Alle Musiker, die sie gekannt haben, bestätigten immer wieder, daß sich ihr Spiel stets durch jene Schlichtheit und Transparenz auszeichnete, die nur die Musik selbst sprechen lassen. Diese Art der Wiedergabe von Musikwerken, die man nach dem Zweiten Weltkrieg sehr zu schätzen begann, war aber in den Jahren 1918 bis 1939 gar nicht in «Mode». Man höre sich nur einige Schallplatten an, die damals zu den Bestsellern zählten, und wird sehr bald eine Vorliebe für einen etwas schwülstigen

Stil erkennen, dem selbst die größten Künstler manchmal frönten. Man verwechselte damals offenbar «Effekte» mit «innigem Gefühlsausdruck». Clara war unfähig zu solchen Konzessionen an den Zeitgeist. Sie schwamm von Natur aus gegen den Strom.

Trotzdem hat es natürlich immer Musiker gegeben, die Claras musikalische Qualitäten zu würdigen wußten. Man müßte eigentlich die Kritiken, die ihr der Klavierabend am 3. November in der «Aeolian Hall» in New York einbrachte, vollständig wiedergeben. Eine «Offenbarung» hieß es in der einen, «ein verblüffendes Talent» in der andern. Hier seien nur die abschließenden Bemerkungen einer sehr eingehenden Würdigung zitiert, die am 13. November 1924 im «Courrier musical» von New York erschienen war:

Die Formulierung, daß Fräulein Haskil mit «ganzer Seele» spielt, mag lächerlich sentimental klingen, doch gibt es keinen anderen oder besseren sprachlichen Ausdruck dafür. Sie scheint auf der Suche nach der tiefinnern Bedeutung, den ureigensten Gedanken und Gefühlen des Komponisten, die er in seiner Musik zum Ausdruck brachte. Ihr Spiel verrät ein unbegrenztes Nachfühlen aller menschlichen Regungen und Leidenschaften, Wünsche, Freuden und Kümmernisse, Hoffnungen und Enttäuschungen, die einem Werk zugrunde liegen. Wer Clara Haskil Werke von Schumann, Chopin, Ravel interpretieren hört, dringt zugleich in das Wesen dieser Komponisten ein, versteht die Beweggründe, die sie ein Werk auf ihre ganz besondere Art gestalten ließen. Es ist nicht mehr einfach eine musikalische Darbietung, sondern ein Einswerden mit dem Genie.

Während ihre Gefährtinnen Washington besuchten, blieb Clara allein in New York, um ein paar «herrliche Konzerte» zu hören: Rachmaninoff, Medtner, «Parsifal» in der Oper, Koussevitzky, den berühmten Neger Roland Hayes usw. «Man kann sich in so vieles hineinversenken», schrieb sie am 29. November an eine Freundin in der Schweiz.

Aber in New York erfuhr sie auch durch einen Zufall vom Tod Gabriel Faurés. Sie saß gerade in einem Restaurant beim Mittagessen – die Nachricht erschütterte sie dermaßen, daß sie heftig in Tränen ausbrach.

Die Rückreise wurde wiederum auf der «Paris» angetreten. Clara, bis dahin zurückhaltend und schweigsam, begann sich zu entspannen; das Meer war zwar sehr bewegt, aber Clara war seefest. Wie es an Bord Brauch ist (wo man von ihren New Yorker Erfolgen wußte), bat man Clara, zugunsten eines Hilfswerks für Seeleute für die Passagiere zu spielen. Von Simone Petit begleitet, interpretierte sie das 2. Konzert von Rachmaninoff, während die Matrosen Sessel und Klaviere festhalten mußten, so heftig schaukelte das Schiff im Sturm. Clara schien diese akrobatische Vorführung zu gefallen, zudem war es für sie eine willkommene Vorprobe, denn sie sollte dasselbe Konzert einige Tage später, am 13. Dezember, unter der Leitung von Ernest Ansermet in Lausanne spielen.

Trotz der Schwierigkeiten am Anfang der Tournee war die Bilanz der Amerika-Reise so positiv, daß Mme. Gélis eine neue Tournee für den Herbst des folgenden Jahres vorschlug.

Avram, der nach Claras Abreise nach Amerika nach Bukarest gefahren war, brachte bei seiner Rückkehr in die Schweiz schlechte Nachrichten mit: Isaac war an Krebs erkrankt. Er starb am 25. März 1925. Das war erneut ein schwerer Schicksalsschlag für Clara, nicht nur in materieller, sondern vor allem auch in gefühlsmäßiger Hinsicht. Onkel Isaac hatte, wenn auch aus der Ferne, stets die Funktion des Familienoberhauptes ausgeübt – er war der ruhende Pol gewesen. Zu ihm konnte man seine Zuflucht nehmen, wenn man sich in schwierigen Situationen nicht mehr zurechtfand. Nun war dieser sensible, gütige, intelligente und äußerst kultivierte Mann plötzlich so still und unauffällig aus dem Leben geschieden, wie er stets gelebt hatte.

Aber mit ihm war auch eine unentbehrliche materielle Hilfsquelle versiegt: Isaac hatte stets für die beiden gesorgt, da sie von Claras Gagen – wenn sie solche erhielt – nicht leben konnten. Glücklicherweise überwies nun Mme. Gélis (und nach deren Tod ihre Tochter Hilda) Clara mehrere Jahre hindurch eine bescheidene Rente. Dazu wurde Clara auch von Mme. Desmarais und der Prinzessin de Polignac unterstützt.

Damit konnte sich Clara wenigstens über Wasser halten, in der Hoffnung auf neue Engagements – die ausblieben. Clara, der Geldsorgen eine Qual waren, litt sehr unter dieser materiellen Abhängigkeit: Im Jahre 1925 wurde sie dreißig und wäre gern selbständig gewesen, konnte es aber nicht. Sie mußte bei Freunden wohnen – den Correvons in Lausanne, den Gélis oder bei der Prinzessin de Polignac in Paris –, sie hatte kein eigenes Klavier und stand noch immer unter der Aufsicht ihres Onkels, dessen Gemüt sich von Tag zu Tag mehr verdüsterte. Hypersensibel, wie Clara nun einmal war, gelang es ihr nicht, sich den Auswirkungen dieses Klimas zu entziehen, das ihre pessimistische Lebenseinstellung noch verstärkte.

Manchmal versuchten Claras Freunde, mit ihr über diese verzweifelte Situation zu sprechen, selbst auf die Gefahr hin, von ihr schroff abgewiesen zu werden. Im Grunde wußte Clara nur allzu gut, daß dieser Onkel, dem sie so sehr zugetan war und dem sie ihre musikalische Ausbildung verdankte, nun einen eher unheilvollen Einfluß auf ihr Leben und ihre Karriere ausübte. Und die Probleme wurden immer unlösbarer, wie Jeanne Correvon betonte.

Trotz seiner chronischen Nervenschmerzen (die ihm manchmal auch als Vorwand gedient haben mögen) mußte Avram sich nach seines Bruders Tod nach Arbeit umsehen. In der Schweiz fand er nichts Geeignetes und beklagte sich bitter darüber. Als man ihm aber in Bukarest eine Stellung anbot, schlug er sie aus, da er Clara nicht verlassen wollte. Diese mischte sich nicht ein. Man hörte auch nie ein Wort des Bedauerns oder Vorwurfs von ihr. Sie akzeptierte bedingungslos alles, was Avram tat.

Die einzige Möglichkeit, dieser Situation wenigstens für eine Zeitlang zu entrinnen, waren für Clara die Konzerte. In Begleitung Jeanne Correvons traf sie am 13. März 1925 in Brüssel ein, wo die Tochter des Schweizer Botschafters die beiden im kleinen Bahnhof Léopold erwartete.

Da sie nur zwei wenig elegante Reisende aus dem Zug steigen sah, von denen sich noch dazu die eine wie eine schmächtige Pappel unter einem eisigen Windstoß bog, sagte sich Fräulein B. enttäuscht: «Clara Haskil hat den Zug verpaßt» . . . Da traten wir auf sie zu und stellten uns vor. Zu höflich, um ihre Überraschung zu zeigen, brachte das junge Mädchen Clara in das Haus ihrer Eltern, wo sie während ihres Brüsseler Aufenthaltes wohnen sollte. (Jeanne Correvon)

Man überließ Clara die Wahl des Klaviers. Gaveau hatte ihr ein außerordentlich günstiges Angebot gemacht, er hatte ihr sogar vorgeschlagen, ihre Karriere zu lancieren, für sie Konzerte zu organisieren, die nötige Propaganda zu machen, unter der Bedingung, daß sie sich vertraglich verpflichtete, nur auf Gaveau-Klavieren zu spielen, an denen man sogar gewisse Veränderungen vorzunehmen bereit war, wenn Clara es wünschen sollte. Wahrscheinlich war dies eine Chance, die sie hätte ergreifen müssen, aber Clara hatte gegen Gaveau-Flügel immer eine Abneigung gehabt, und deshalb lehnte sie ab, ganz entgegen dem Rat von Marcel Ciampi, der sich über die ausschlaggebende Bedeutung von Gaveaus Unterstützung für Claras Karriere völlig klar war.

So spielte Clara am 14. März in dem überfüllten «Théatre de la Monnaie», in Anwesenheit von Königin Elisabeth, unter Leitung von Franz Ruhlmann das 2. Klavierkonzert von Rachmaninoff auf einem Pleyel. Nach ihrer Darbietung bat die Königin Clara zu sich in die Loge, um sie zu ihrem phantastischen Erfolg zu beglückwünschen. Clara spielte dasselbe Konzert mit demselben Erfolg noch einmal am nächsten Tag sowie am 18. März. Immer wieder wurde sie herausgerufen und mit Beifall überschüttet. «Den Blick auf das Klavier geheftet, scheint sie das Instrument ganz ihrem Willen zu unterwerfen, mit einer außergewöhnlichen, beinahe magischen Kraft», konnte man in einer der zahlreichen Kritiken lesen, in denen es von Superlativen nur so wimmelte.

Doch all diese Triumphe führten zu keinem konkreten Ergebnis: Nach Brüssel wurde Clara unerklärlicherweise erst im Jahre 1930 wieder verpflichtet! Nur in der Schweiz hatte sie ein wirklich treues Publikum: Dort gab sie etwa zwölf Konzerte (vier davon mit ihrer Schwester Jeanne), bevor sie sich Ende September nach Montréal einschiffte, diesmal auf der «Antonia» und wie im vergangenen Jahr begleitet von Mme. Gélis und deren Tochter sowie von Rose Armandie und Simone Petit.

In Montréal, Chicago und New York jagten sich die Erfolge. Aber innerhalb der bislang so freundschaftlich verbundenen Gruppe scheint es zu kleineren Reibereien gekommen zu sein, was die Stimmung ein wenig trübte. Andererseits bahnte sich zwischen Clara und Simone Petit eine enge Freundschaft an, die sich unter anderem in endlos langen Telefongesprächen nach den Konzerten, oft noch nach Mitternacht und gegen den Morgen zu, äußerte. Diese ihr liebgewordene Gewohnheit nächtlicher Unterhaltung am Telefon behielt Clara bis an ihr Lebensende bei.

Auf dieser Amerika-Tournee befreundete sich Clara auch mit einem jungen Musiker, von dem man nichts weiß, außer daß er eine Zeitlang in Claras Herzen einen sehr großen Platz innehatte und noch einen weit größeren hätte einnehmen können. Nach ihrem Abschiedskonzert in New York am 11. November kehrte sie nach Europa zurück.

Sie verbrachte das Jahresende in Amerika und schiffte sich erst im Januar ein, und zwar nicht nach Frankreich, sondern nach England. Nach einem Konzert am 14. Januar 1926 in Manchester, wo sie unter der Leitung von Sir Hamilton Hardy mit dem Hallenser Orchester ein Klavierkonzert von Wilhelm Friedemann Bach und, zum erstenmal, das 2. Klavierkonzert in f-Moll von Chopin spielte, kam sie für drei Wochen nach London, um dort eine Schweizer Freundin zu treffen. Clara war wie verwandelt, fröhlich, aufgeschlossen, voller Energie und Schwungkraft. Sie hatte tausend Pläne im Kopf. Doch wie immer war sie wenig mitteilsam, was persönliche Dinge anbetraf, und so konnte man über den Grund ihrer so offensichtlichen und ganz neuen Lebensfreude nur rätseln.

Von London fuhr sie direkt nach Lausanne, wo sie am 8. Februar einen Klavierabend gab und Avram besuchte. Aber sie wußte, daß sie in einigen Monaten wieder in den Staaten sein würde: Es standen dort vier Konzerte in Aussicht, zwei mit dem Philadelphia-Orchester unter der Leitung von Leopold Stokowski im Dezember und zwei Klavierabende in Chicago und Boston.

In jeder Hinsicht sollten die Jahre 1926/27 einen entscheidenden Abschnitt in Claras Leben bedeuten. E. W. Rossier hatte mit Paul Paray, dem Direktor der «Concerts Lamoureux», über Clara gesprochen, und dieser teilte ihm am 12. April 1926 mit, daß er Fräulein Haskil mitteilen werde, sie stehe für die kommende Saison «auf der Liste». Das Datum und die Wahl der Werke würden demnächst besprochen werden – wahrscheinlich Rachmaninoff. Das Konzert fand tatsächlich am 31. Oktober statt, und zwar mit dem nun schon fast unumgänglichen 2. Konzert von Rachmaninoff.

Andererseits veranstaltete E. W., der mit Pablo Casals befreundet war und Clara bereits einmal mit Cortot und Jacques Thibaud hatte nach Vevey kommen lassen, drei Sonatenabende – am 7., 8. und 9. April – in Lausanne, Genf und Vevey. Casals hatte seine Zustimmung gegeben, daß Clara ihn begleiten sollte.

Ungefähr zur gleichen Zeit spielte Clara auch mit Enesco in der «Salle des Agriculteurs» in Paris: Es war die Erstaufführung der 1. Sonate für Klavier und Violine von Marcel Mihalovici, der bald zu Claras besten Freunden zählen sollte.

Ferner hatte Eugène Ysaye anläßlich des 100. Todestages von Beethoven endlich zugesagt, wieder einmal öffentlich aufzutreten; er kam für einige Konzerte nach Europa, spielte in Paris an drei Abenden (am 25. und 29. März sowie am 1. April 1927) alle Violinsonaten Beethovens und wurde von Clara begleitet, welche E. W., ein Freund der Familie Ysaye, engagiert hatte.

So trat Clara vom März 1926 bis März 1927 in der Schweiz, in den Vereinigten Staaten und in Paris auf. Sie spielte mit den größten Musikern ihrer Zeit und wurde von ihnen als ebenbürtig betrachtet. Nur wenige junge Künstler können sich ähnlicher Erfolge rühmen.

Das Einvernehmen zwischen Casals und Clara auf musikalischer Ebene war vom ersten Moment an vollkommen. Sie probten nur selten zusammen, doch jedesmal verstanden sie sich auf Anhieb, als ob es in ihrem Zusammenspiel nie eine Lücke gegeben hätte. So genügte ihnen beispielsweise im Jahre 1942 – sie hatten über zehn Jahre nicht mehr gemeinsam musiziert – eine einzige Probe vor einem Sonatenabend. Als Antoine Goléa nach dem Konzert seiner Verwunderung über ihre vollendete Übereinstimmung Ausdruck gab, meinte Clara nur: «Wenn zwei echte Künstler zusammen spielen, klappt es sofort.»

Mit dem ihr eigenen instinktiven Einfühlungsvermögen paßte sich Clara ihrem Partner sofort an, ohne dabei ihre eigene Persönlichkeit preiszugeben. Ihr Anschlag war unnachahmlich, ihr Spiel voller Klarheit, und in den Legato-Stellen vermochte sie jeden einzelnen Ton zum Klingen zu bringen. Vor allem aber ging von ihr, sobald sie die Hände auf die Tasten legte, eine seltene Strahlkraft aus.

Doch in der ersten Zeit ihrer Bekanntschaft mit Casals war sie zunächst vor Ehrfurcht jeweils wie gelähmt, wenn sie nicht am Klavier saß. Sie fühlte sich ihres berühmten Partners unwürdig, und ihr Lampenfieber vor den Konzerten war nicht nur für sie, sondern auch für ihre Freunde geradezu beängstigend. Am 7. April 1926 um 21 Uhr sollte sie zum erstenmal mit Casals in Lausanne auftreten. Um 20 Uhr saß Clara in Mimont bei den Correvons auf ihrem Bett: Sie hatte Kopfschmerzen, Fieber und war ganz erschöpft. Trotzdem sie hungrig war, brachte sie keinen Bissen hinunter. Es war höchste Zeit, aufzubrechen. Endlich erhob sie sich, aß ein Stückchen Schinken, öffnete etliche Male ihren Haarknoten und steckte ihn wieder auf. Jeanne Correvon blickte unruhig auf die Uhr, mahnte immer dringender, nun endlich zu gehen. Clara antwortete gereizt, daß das Konzert ja ohnehin nicht ohne sie beginnen könnte. Ein Wagen brachte sie schließlich zum Theater .. sie kamen ein paar Minuten vor Casals an.

Casals hatte schon seit dreizehn Jahren nicht mehr in Lausanne gespielt. Als er mit Clara auf die Bühne treten sollte, kam es zu einem Zwischenfall, den Clara selbst erzählt hat:

Der Abend war für mich ein solches Ereignis, daß ich mich kleiner fühlte als je zuvor und absolut nicht begreifen wollte, daß ich dennoch vor Casals die Bühne zu betreten hatte.

Als man die Tür öffnete, sah man uns vom Saal aus. Casals, dessen Cellobogen man ein wenig hinter der Tür hervorragen sah, wollte mir den Vortritt lassen, während ich wie gebannt an der Schwelle stehenblieb. Ein allgemeines Gelächter verbreitete sich im Saal. «Nun», meinte Casals schüchtern, «wie wär's, wenn wir ein Stückchen vorangingen?» Dann aber verlor er die Geduld und betrat schließlich mit festem Schritt allein das Podium. Ich folgte ihm auf dem Fuße und beeilte mich, zu meinem Klavier zu gelangen. Der Erfolg war, bevor wir überhaupt zu spielen begonnen hatten, einfach phantastisch!

Die Schwierigkeiten wiederholten sich bei jedem neuen Auftritt, bei jedem Abgang und jedesmal, wenn die Künstler herausgerufen wurden und sich für den Applaus bedankten. Doch bei den nächsten beiden Konzerten brachte Clara es über sich, Casals nicht den Vortritt zu lassen.

Im ganzen gaben sie zusammen drei herrliche Konzerte, die von Publikum und Presse begeistert aufgenommen wurden.

Herr Casals hatte eine Partnerin, die seiner würdig ist. Fräulein Haskil ist überaus gewandt, eine vollendete Musikerin.

Ohne sich je eigenmächtig vorzudrängen, aber auch ohne sich unnötig zurückzuhalten, wirkte sie im wahrsten Sinn des Wortes mit Pablo Casals zusammen.

Aus dieser Zusammenarbeit zwischen Clara und Casals war eine gegenseitige Sympathie erwachsen. Clara empfand Bewunderung und Ehrfurcht gegenüber Casals, selbst als später einige Schatten ihre Freundschaft trüben sollten.

Einige Tage später gab Clara in Barcelona einen sehr brillanten Klavierabend, und im folgenden Monat spielte sie mit ihrer Schwester Jeanne in Paris. Nun erst tauchten in Frankreich die ersten Kritiken auf. Im «Figaro» vom 23. Mai 1926 schrieb Stan Goestan:

... Fräulein Haskil ist unter den Pianisten ihrer Generation wahrscheinlich eine der bedeutendsten Persönlichkeiten. Sie verfügt über eine erstaunliche Kraft und über eine höchst seltene Gabe des Ausdrucksvermögens. Die Interpretation der Sonate für Klavier und Violine op. 105 von Schumann (mit Fräulein Jeanne Haskil, einer ausgezeichneten Geigerin) war ergreifend.

Nach einigen Klavierabenden in der Schweiz stand Clara zum erstenmal mit dem «Orchestre de Paris» bei den «Concerts Lamoureux» auf dem Podium: Sie spielte am 31. Oktober unter Paul Paray das Rachmaninoff-Konzert. Der Erfolg war mäßig, das Pariser Publikum zurückhaltend.

Kurz darauf schiffte sich Clara wieder nach Amerika ein, aber diesmal allein ... Über die drei Monate, die sie dort verbrachte und an deren Anfang und Ende je ein Klavierabend stand (am 16. November in Chicago, am 19. Januar in Boston), ist recht wenig bekannt. Am 23. und 24. Dezember spielte Clara das Klavierkonzert von Schumann in Philadelphia. Der Dirigent Leopold Stokowski war an einer Nervenentzündung erkrankt, so daß Artur Rodzinski das erste Konzert und den Beginn des zweiten dirigierte. Dann trat Stokowski, den rechten Arm in einer Schlinge, schließlich doch selbst ans Pult und führte, nur mit dem linken Arm dirigierend, Clara zu einem Triumph. Man brachte ihr begeisterte Ovationen dar, und die Kritiker rühmten ihre Leidenschaft, ihre Kraft und Ausdrucksfähigkeit.

Fräulein Haskil läuft nicht Gefahr, den Vorwurf zu hören, ihr Spiel sei zu «weiblich», was aber nicht heißen soll, daß ihre Kraft nicht wenn nötig durch äußerstes Feingefühl gemildert wird.

Im Dezember traf Clara in New York mehrmals den großen Geiger Joseph Szigeti (mit dem sie in der Schweiz bekannt geworden war). In seinen Tagebüchern finden sich Notizen über mehrere Musikabende mit Clara.

Am 6. Januar 1927 schrieb Stokowski an ihren Impressario Richard Copley in New York:

Meine Krankheit hinderte mich daran, Ihnen schon früher über Fräulein Haskil zu schreiben, welche hier voller Leidenschaft und Kraft gespielt hat. Sie fand beim Publikum ein ungewöhnlich begeistertes Echo – es war wirklich eine Ovation!

Ich habe ihr vorgeschlagen, mit uns in New York ein modernes Werk zu spielen, sei es am Ende dieser oder zu Beginn der kommenden Saison. Sie wird sich selbst nach etwas Originellem umsehen.

Ich bin völlig davon überzeugt, daß ihre Begabung bei weitem diejenige ihrer Zeitgenossen übertrifft und daß sie eine große Karriere vor sich hat, um so mehr als sie sich der Musik mit einem Feuer widmet, das an Fanatismus grenzt. Ich bin froh, daß sie in Ihnen einen Agenten gefunden hat, der ihre Interessen in diesem Lande wahren wird.

Copley wollte in der Tat mit dem neuen Konzert, das mit dem Philadelphia-Orchester geplant war, eine Europa-Tournee veranstalten. Aber er brauchte finanzielle Mittel, vor allem um das unumgängliche Propagandamaterial zu bezahlen, und wo sollte Clara Geld hernehmen? So ließ er das Projekt fallen und sagte zynisch zu Clara: «Es wäre besser, Sie hätten etwas weniger Talent und dafür mehr Geld.»

So brachten Clara ihre Triumphe in Amerika keine Engagements ein. Die Bilanz in ihrem Privatleben sah vermutlich noch trauriger aus: Niemals hat jemand erfahren, was sich in den Staaten wirklich zugetragen hat, jedenfalls kehrte Clara allein nach Europa zurück, aggressiv, verbittert, niedergeschlagen und verschlossener denn je. Zu einer guten Freundin sagte sie lediglich: «Sprechen Sie mir nicht mehr von diesem Land – ich werde nie mehr einen Fuß dahin setzen!»

Hatte Avram beim tragischen Ausgang dieser Geschichte nicht vielleicht doch seine Hände im Spiel? Schließlich hatte er doch vor Jahren alles getan, um Clara davon abzuhalten, einen jungen Schweizer Maler, dem sie in Paris begegnet war und der sie heiraten wollte, weiterhin zu treffen. Vielleicht wußte er diesmal wirklich nichts davon, aber jedenfalls hatte er es immer verstanden, in Clara, die doch so wenig Selbstvertrauen besaß, Zweifel zu nähren:

«Mein armes Kind, du glaubst auch alles, was man dir sagt!»

Und wenn sich auf der Straße jemand, der sie erkannt hatte, nach ihr umsah:

«Ach, das ist doch nur wegen deiner Skoliose!»

Sie war nun zweiunddreißig Jahre alt und davon überzeugt (sicher zu Unrecht), daß ihre äußere Erscheinung und ihr Charakter der Verwirklichung eines erfüllten Daseins als Frau entgegenstünden: All ihre zärtlichen Gefühle würden unerwidert bleiben, und all die Beweise der Zuneigung, deren sie so sehr bedurfte, würde sie für immer schmerzlich entbehren müssen.

Niemals hat sich Clara bei irgend jemand über diese Leere in ihrem Gefühlsleben beklagt, die doch so schwer auf ihr lastete und die sie mehr oder weniger bewußt in ihrer Musik zu sublimieren versuchte. Sie hat sich nie darüber geäußert, wie sie sich ihr Leben gewünscht hätte oder wie es hätte sein können... Nur eines Tages, als ihr besonders elend zumute war, ließ sie sich ein wenig gehen und sagte zu einer Freundin: «Wenn Sie wüßten, wie hart es ist, wenn nie jemand einen liebevoll bei der Hand nimmt...»

Dieses verdrängte Liebesbedürfnis läßt die außerordentliche, ja geradezu leidenschaftliche Begeisterung verstehen, mit der sich Clara in späteren Jahren einigen besonders begabten Menschen zuwandte, denen sie im Laufe ihrer Karriere begegnete und die ihrerseits den verborgenen Reichtum in Claras ungewöhnlicher Persönlichkeit zu erkennen vermochten. Zu diesen Menschen gehörte in erster Linie Dinu Lipatti.

In einer depressiven, verzweifelten und zugleich rebellischen Gemütsverfassung mußte Clara nach Antwerpen fahren, wo sie am 20. März 1927, im Rahmen des Beethoven-Jahres und wieder dank den Bemühungen E. W. Rossiers, unter der Leitung von L. de Vocht zu spielen hatte. Die «endlosen Ovationen waren mehr als berechtigt», denn sie hatte, sofern das überhaupt noch möglich war, «sich selbst übertroffen». Die Musiker und der Dirigent hielten mit ihrer Bewunderung nicht zurück. Unglücklicherweise konnte man nicht ein einziges

Wort aus ihr herausbringen. Sie zeigte sich mürrisch, während sie in Wirklichkeit innerlich ganz zerbrochen war. Aber nur sie selbst wußte darum. Sie entmutigte alle, die sich ihr zu nähern versuchten, und L. de Vocht sagte bedauernd zu E. W.: «Was für eine herrliche Musikerin! Aber wie schade, daß sie so wenig umgänglich ist!»

Bei dieser Gelegenheit lebte auch die «Affaire Gaveau» wieder auf: Gaveau hatte erneut einen seiner Flügel zur Verfügung gestellt (in einem weiß Gott ungünstigen Moment); das Instrument wurde kurzerhand zurückgeschickt und durch einen Pleyel ersetzt. Diesmal schien die Firma Gaveau verstanden zu haben, jedenfalls bekundete sie nie mehr irgendein Interesse für Claras Karriere.

Und doch war es wahrscheinlich gerade ein Gaveau-Flügel, den Clara einige Tage später in der «Salle Gaveau» in Paris vorfand, wo sie mit Ysaye für eine Reihe von Sonatenabenden angekündigt war. Wieder einmal fühlte sie sich halbtot vor Lampenfieber, aber als sie das dem Sohn des großen Geigers (der gleichzeitig sein Impresario war) anvertraute, antwortete dieser nur: «Dabei haben Sie weniger Lampenfieber als mein Vater.»

Eugène Ysaye war beinahe siebzig Jahre alt und hatte schon seit Jahren nicht mehr öffentlich gespielt. Man merkte es an seinem Spiel. Doch das in Scharen herbeigeströmte Publikum konnte an den drei Abenden (am 25., 29. März und am 1. April) trotzdem zuweilen wieder jenen weiten Atem und jene unerhörte Klangfülle spüren, die Ysayes Ruhm bewirkt hatten. Er erntete einen Achtungserfolg und vergaß offenbar seine junge Begleiterin, die ihre Persönlichkeit in den Schatten stellte und sich ganz aufmerksam und in vollendeter Weise seiner Musik anpaßte. Schließlich war man gekommen, um Ysaye zu hören ...

Nach einem Konzert in Barcelona jedoch (wo de Falla ihr ein Widmungsexemplar der «Amour sorcier» überreichte) gab sie am 6. April wieder ein Konzert in Paris mit dem Krettly-Quartett (dem als junger Cellist Pierre Fournier angehörte); am 28. Mai spielte sie unter der Leitung von Albert Doyen mit dessen Orchester das 4. Klavierkonzert von Beethoven, die «Nächte in spanischen Gärten», und das 2. Klavierkonzert von Chopin.

Von diesen Pariser Konzerten sind keine Kritiken erhalten geblieben – sofern überhaupt welche erschienen sind. Diese Gleichgültigkeit mußte Clara entmutigen. Und doch wollte sie gerade Paris erobern: Trotz der guten Aufnahme und trotz der vielen treuen Freunde in der Schweiz war es Frankreich, wo sie sich durchsetzen wollte. Sie trachtete danach, das französische Publikum für sich zu gewinnen. Als 1940 eine Freundin Clara fragte, welches Volk ihr am sympathischsten sei, antwortete sie traurig: «Das Volk eines Landes, in dem man nichts von mir wissen will.»

1927 war Paris noch die Hauptstadt der Künste, alle Wege gingen von dort aus, alle führten dorthin. Die Seinestadt war nach dem Kriege mehr denn je Brennpunkt geistigen Lebens, wo Ideen und Künste sich frei entfalten konnten. Neben diesem brodelnden Hexenkessel geistiger Aktivität nahm sich die besonnene Nüchternheit der Schweiz fast ein wenig glanzlos aus. Paris fern zu sein hieß unter Umständen die große Chance verpassen. Wenn Clara die Karriere, die ihr vorschwebte und zu der sie sich fähig glaubte, verwirklichen wollte, mußte sie ihre Zelte in Paris aufschlagen.

Dies war sicherlich einer der Gründe, warum Clara sich entschlossen hat, die ihr von Mlle. Gélis angebotene Wohnung in Paris zu übernehmen. Vielleicht spielte auch der schlechte Gesundheitszustand Avrams mit eine Rolle, daß Clara sich nach einer etwas komfortableren Unterkunft umsah. Seit kurzem hatten sich bei ihrem Onkel die ersten Symptome der Parkinsonschen Krankheit bemerkbar gemacht. Doch nicht zuletzt mochte sie sich gewünscht haben, endlich ein eigenes Dach über dem Kopf zu haben und nicht dauernd bei andern Leuten wohnen zu müssen. Zudem waren auch Jeanne und Morpain, Lazare-Lévy und die Prinzessin de Polignac in Paris.

Nach einem kurzen Aufenthalt in Cauterets fuhren Clara und ihr Onkel nach Paris und richteten sich in der Rue Oudinot Nr. 10 ein.

Die hübsche kleine Wohnung im dritten Stock lag sehr ruhig zum Garten hin und hatte bislang der Sängerin Jeanne Bathori gehört. Zum erstenmal seit dreizehn Jahren wohnte Clara nicht in einem Hotelzimmer oder bei Freunden. Und wenn sie auch mit Schrecken an ihre Pflichten als Hausfrau dachte, empfand sie doch eine gewisse Befriedigung beim Gedanken, ein Zuhause zu haben. Sie freute sich auch über das gemietete Klavier – an einen Kauf war nicht zu denken gewesen –, das nun immer in ihrem Zimmer stand.

In Wirklichkeit zählten die sieben Jahre, die Clara in der Rue Oudinot verbrachte, in gewisser Hinsicht zu den schwierigsten ihres Lebens. Vielleicht hätte sie freundschaftlichen Anschluß finden können bei einem jungen Amerikaner, der in demselben Haus wohnte und Clara gern zuhörte. Als er eines Tages Gäste hatte, lud er auch Clara ein. Sie nahm mit Freuden an. Als sie Avram davon erzählte, sagte er lediglich: «Schon recht, wir gehen hin.» Clara wagte nichts zu entgegnen, verbarg ihre Enttäuschung und ging natürlich nicht zu den jungen Leuten, die ihre Altersgenossen waren und deren Gesellschaft ihr so gut getan hätte. Natürlich erhielt sie auch keine weiteren Einladungen mehr.

Ende des Jahres 1927 gab sie eine Reihe von Konzerten in Spanien (Madrid, Sevilla, Malaga usw.), mit denen sie großen Erfolg hatte; anschließend spielte sie in Lausanne und Vevey mit dem Calvet-Quartett und dann, in denselben Städten, zweimal mit Casals (in der Schweiz betrachtete man sie als «die gleichwertige Partnerin des größten Interpreten seiner Zeit», schrieb sie und fügte hinzu: «und das will schon etwas heißen, wenn es sich um Casals handelt»). Doch die Zukunftsaussichten waren trotzdem nicht eben rosig, und die Gagen blieben gering.

Nach so vielen Triumphen und Hoffnungen sollte sich das Jahr 1928 als eines der schlimmsten und enttäuschendsten erweisen: Clara gab alles in allem nur drei Konzerte, am 19. April in Winterthur, am 25. April in Lausanne und am 23. November in Barcelona (was ihr ganze 650 Peseten einbrachte).

Dieses magere Ergebnis ist wirklich unglaublich und läßt sich nur schwer erklären. Gewiß besaß Clara außer ihrem einzigartigen Talent nichts, dessen ein Virtuose in dieser Welt, wie sie nun einmal ist, bedarf: Sie hatte kein Geld, kein Selbstbewußtsein und kein Selbstvertrauen; es fehlte ihr jeglicher Sinn für Propaganda und damit auch das Bestreben, sich in den Vordergrund zu schieben, von sich reden zu machen. Sie war die Bescheidenheit in Person und kannte nur Zweifel und Unzufriedenheit mit sich selbst, aus denen sie auch kein Hehl machte. Fast nach jedem Konzert behauptete sie, ganz abscheulich gespielt zu haben. Sie betonte immer nur das Negative und machte in gewisser Weise unentwegt gegen sich selbst Reklame. Alles Mondäne war ihr zuwider, sie floh Empfänge, mißtraute einflußreichen Leuten und brachte nie ein unaufrichtiges Kompliment über die Lippen, ja sie verfügte vielmehr über ein unwahrscheinliches Talent, sich zu blamieren, worüber sie sich dann nachher amüsierte.

Trotz ihrer zahlreichen Gönner hatte Clara im Grunde niemanden, der sich ihrer wirklich angenommen, der ihre Karriere in die Hand genommen hätte, der sie beriet, ihr die materiellen Schwierigkeiten, mit denen sie selbst nie fertig wurde, aus dem Wege räumte, der für sie die Werbetrommel rührte, die notwendigen Kontakte mit Dirigenten, Managern, Konzertagenturen in die Wege leitete. Sie hätte einen Menschen gebraucht, der ihr ein bißchen Lebensart beibrachte und ihr half, über ihre Panikstimmungen hinwegzukommen, derentwegen sie manchmal ein Konzert im letzten Moment absagte oder ein Engagement ablehnte.

Wäre Avram anders geartet gewesen, hätte er in Claras Leben jene führende Rolle übernehmen können, die er sicherlich einmal angestrebt hatte. Doch statt seiner Nichte weiterzuhelfen, statt gegen die negativen Seiten ihres Charakters anzukämpfen, trug er – direkt oder indirekt – noch dazu bei, diese unerfreulichen Tendenzen zu verstärken. Andererseits hätte es Avram nie zugelassen, daß jemand anders Claras Geschicke in die Hand nahm. Das hätte zu schweren Konflikten geführt, und Clara hätte in diesem Fall zweifellos zu ihrem Onkel gehalten. So blieb Clara auf sich allein angewiesen.

Eine Anekdote mag Claras Verhaltensweise illustrieren: Seit 1920 kannte sie M. Arsène Henry, den ehemaligen französischen Botschafter in Bukarest. Henry war ein feiner, sensibler, hochmusikalischer Mensch, in dessen Wohnung in der Rue de l'Université regelmäßig Kammermusikabende stattfanden, vor allem Quartette, bei denen übrigens Jeanne Haskil lange Zeit mitwirkte. Für Clara hegte Arsène Henry eine väterliche Zuneigung. Clara ihrerseits fühlte sich wohl in seiner Gesellschaft, sie führten Gespräche oder musizierten zusammen. Über seine Schwester, Frau de Marcilly, deren Gatte damals Botschafter in Den Haag war, hatte Henry Clara ein Engagement in Amsterdam verschafft, wo sie am 26. Oktober 1930 mit dem Concertgebouw-Orchester unter der Leitung von Pierre Monteux das 2. Klavierkonzert von Chopin spielen sollte. Bei der Probe verlief alles prächtig, und Pierre Monteux, der Clara noch nicht kannte, war von ihr begeistert. Am Vormittag des Tages, an dem das Konzert stattfinden sollte, litt Clara unter ihrem üblichen Lampenfieber und erklärte, daß sie nicht spielen werde. Man nahm sie zunächst nicht ernst, aber sie gab nicht nach. Die Gründe? «Ich habe keine Lust...» oder «Es geht sowieso nicht!» Allgemeine Bestürzung. Monteux, der wütend war, dachte daran, das Programm im letzten Moment zu ändern. Schließlich gelang es Frau de Marcilly, teils mit guten, teils mit strengen Worten, Clara im allerletzten Moment dazu zu bringen, am Abend zu spielen. Und sie spielte «genial», wie Pierre Monteux selbst sagte: aber «gebrannte Kinder scheuen das Feuer», und Monteux brauchte lange, bis er sich wieder bereitfand, Clara zu engagieren.

Solche Mätzchen sowie ihre unberechenbare, meist unfreundliche Art haben viele vor den Kopf gestoßen. Man könnte einwenden, daß andere, weit weniger begabte Künstler gerade durch solche exzentrische Schrullen bekannt geworden sind. Sie haben es aber offensichtlich verstanden, dieselben zu Reklamezwecken auszunützen. Was jedoch bei Clara wie «Schrullen» aussah, war in Wirklichkeit ihre große Scheu, im Rampenlicht zu stehen, ihre Angst, den Erwartungen nicht zu genügen...

Da sie in Paris jenen «Ratgeber« nicht fand, den sie so sehr gebraucht hätte, mußte sie sich nach einem Impresario umsehen. Alfred Cortot empfahl sie Charles Kiesgen, der Cortot betreut hatte und später sein Freund geworden war. Wie die meisten seiner Kollegen (besonders in Frankreich) hatte Kiesgen jedoch nichts von jenem Impresario an sich, der einen Künstler wirklich «übernimmt» und dessen Karriere aufbaut. Kiesgen, das war in Wirklichkeit ein gut organisiertes, leistungsfähiges Büro, das keinerlei Risiko einging und keinerlei Initiativen ergriff, wenn man von ein paar Briefen absieht, in welchen die «Ware» angeboten wurde. Bezeichnend für Kiesgens Denkweise sind die Worte, die er einmal zu einer jungen Künstlerin sagte, die am Anfang ihrer Karriere stand:

«Machen Sie sich zuerst einen Namen, dann werden wir weitersehen.» Ein Circulus vitiosus! Bei Clara lag die Sache etwas anders; immerhin hatte sie schon eine jahrelange Konzerttätigkeit hinter sich, sie konnte zahlreiche vorzügliche Kritiken vorweisen, sie hatte mit den bekanntesten Künstlern zusammengearbeitet, einflußreiche Musikliebhaber unterstützten sie. Trotz all dem schaute aber bei Kiesgen für sie nichts heraus. Später, auf der Höhe ihres Ruhms, blieb sie ihm dennoch treu, aber niemals kam es zu einem herzlichen Kontakt zwischen ihnen. Obschon Charles Kiesgen kein Hehl machte aus seiner Bewunderung für Clara, hat er sie doch nie verstanden und ihr auch nie wirklich geholfen. «Man wußte nie, was sie im Schilde führt», pflegte er später zu sagen, wie um sich zu rechtfertigen. War sie mürrisch, mißgestimmt oder niedergeschlagen und meinte zu seinem Vorschlag gleich: «Ach, das ist ganz unnütz», dann insistierte er nicht, und wenn sie nach einem Konzert jammerte: «Ich hätte lieber doch nicht spielen sollen», dann blieb er ganz ungerührt, um so mehr als er immer wieder feststellen mußte, daß «ihr Talent in Frankreich nicht anerkannt wurde».

Wie bereits erwähnt, entsprach die Nüchternheit ihres Spiels nicht dem Geschmack ihrer Zeit, und da ihr jeder Snobismus fremd war, fand sie in so manchen Salons keinen Zutritt, ohne die damals ein Erfolg in Paris undenkbar war. Natürlich gehörte sie zum «Hof» der Prinzessin de Polignac, aber sie hielt sich im Hintergrund und fühlte sich auch in diesem mondänen Milieu so fehl am Platz, daß sie keinen rechten Nutzen daraus zog. Mußte sie zu einem Empfang gehen, dann versteckte sie sich am liebsten hinter einer Tür, und Juliette Achard sagte noch fünfzehn Jahre später von ihr: «Am liebsten wäre sie in die Wand hineingekrochen!»

Leider gibt es keine Schilderungen jenes Zentrums des geistigen Lebens, das in den Jahren nach dem Ersten Weltkrieg das Palais der Prinzessin de Polignac in Paris darstellte. Es liegt noch an der Ecke der Avenue Henri-Martin und der Rue Cortambert und beherbergt heute eine Stiftung gleichen Namens.

«Die Prinzessin», wie sie in Freundeskreisen genannt wurde, gehörte zu den letzten großen Mäzenen in Frankreich. In den Vereinigten Staaten zur Welt gekommen, war sie in ihrer Art echt amerikanisch, obwohl sie nur kurze Zeit in den Staaten gelebt hatte und auch nicht mehr dorthin zurückkehren wollte. Als eine geborene Singer (Singer-Nähmaschinen) besaß sie ein beträchtliches Vermögen.

Im Jahre 1927 verkehrte Clara häufig im Palais in der Rue Cortambert. Die Prinzessin war damals etwa fünfundfünfzig Jahre alt, groß, schlank, vornehm, fast ein wenig maskulin, mit einem Dante-Profil und sehr langsamen Bewegungen. Sie hatte in den Hochadel geheiratet, aber diese erste Ehe war unglücklich verlaufen. Ihr zweiter Gatte, Prinz Edmond de Polignac, war wesentlich älter als sie und kurz nach der Hochzeit gestorben. Beide hatte die Liebe zur Kunst verbunden: der Prinz war mit Gounod und Fauré befreundet gewesen, und die Musik bedeutete ihm sehr viel. Die Prinzessin selbst spielte gut Klavier, besaß einen guten künstlerischen Geschmack und ein sicheres Urteil. Sie pflegte auch zu malen und hatte eine Zeitlang bei Manet Stunden genommen.

Diese imponierende Persönlichkeit verbarg hinter ihrer etwas arroganten Art eine angeborene Schüchternheit. Im Grunde war sie sehr großzügig und besaß ein reiches Maß an Herzenswärme und Intelligenz. Aufgeschlossen für alles Neue, ging sie durchaus ihre eigenen Wege (ihre diversen Liebschaften und Abenteuer waren berühmt). Sie umgab sich gern mit einem Kreis berühmter Künstler. Arthur Rubinstein, Horowitz, Strawinsky (dessen «Noces», ein Auftragswerk der Prinzessin, im Palais de Polignac uraufgeführt wurde), de Falla, Ravel, oder auch Professor Picard, Léon-Paul Fargue (der immer zu spät zum Essen kam und dem man immer verzieh), Jean Guéhenno, Denise Bourdet – um nur einige zu nennen – gingen bei ihr ein und aus.

Doch scharte sie auch eine Reihe von jungen Künstlern um sich, die nicht nur an den glanzvollen Musikabenden, Festen und Soupers teilnahmen, sondern sich auch jeden Donnerstag in ihrem Salon trafen und dort zusammen musizierten. Zu diesen jungen Talenten zählten Francis Poulenc, Jacques Février, Henri Sauguet, Jean Françaix, Magda Tagliafero, Jeanne-Marie Darré, Clara und viele andere. Manchmal spielte man stundenlang vom Blatt, auf zwei oder drei Klavieren. Da war Clara in ihrem Element, man sah sie fröhlich und zu Späßen aufgelegt.

Claras erstaunliche Leichtigkeit, ihre perfekte Technik (die einige ihrer Kameraden damals noch über die von Horowitz stellten) trugen ihr allseitige Bewunderung ein. Zu ihren Verehrern gehörte vor allem Jacques Février (der im Jahre 1926 seinen ersten öffentlichen Klavierabend gegeben hatte und zum engern Kreis der Prinzessin gehörte), mit dem Clara oft gemeinsam musizierte. Davon war ihm – wie er später betonte – vor allem ein Musikabend in lebhafter Erinnerung geblieben, an welchem Clara in einer – seiner Ansicht nach – unvergleichlichen Weise das Andante des 2. Klavierkonzertes von Brahms vom Blatt gespielt hatte. Ihre Ausgeglichenheit, ihr Gefühl für den Rhythmus und für das Instrument, ihre Beherrschung des Klaviers, ihre eigenwillige Interpretation und die natürliche Eleganz ihres Spiels, all das lag offen zutage und stempelte sie zu einer der größten Pianistinnen, die je gelebt haben. Lazare-Lévy, den sie hin und wieder aufsuchte, um ihm neue Werke vorzuspielen, nannte sie «eine Aristokratin des Klavierspiels».

Doch es konnte vorkommen, daß diese «Aristokratin», die bei der Prinzessin wohnte und die an den Gala-Abenden oder an den ihr noch mehr verhaßten «kleinen intimen Essen» nicht teilnehmen wollte, plötzlich verschwand und zum großen Ärger der Prinzessin ihre Mahlzeit mit dem Personal einnahm. Clara war in der Avenue Henri-Martin sehr beliebt, und wenn sie übte, so geschah es nicht selten, daß ein Diener oder ein Kammermädchen auftauchte und mit Besen und Staubtuch in der Hand Clara andächtig zuhörte. Eines Tages trat die Prinzessin überraschend herein. Gereizt herrschte sie Clara an: «Aha! Sie halten also mein Personal von der Arbeit ab!»

Bei der Prinzessin machte Clara auch die Bekanntschaft von Nadia Boulanger, die in diesem Künstlerkreis ein wenig später auftauchte, aber bald zu einer Art «Chorleiter» bei der Prinzessin avancierte. Doch Nadia Boulangers und Clars Charaktere waren so verschieden und die beiden hatten eine so gänzlich andere Auffassung von der Musik, daß es zwischen den beiden Frauen zu keiner freundschaftlichen Beziehung kam, sondern bestenfalls zu gegenseitiger Achtung.

Im Jahre 1928, als Clara ganz verzweifelt vergeblich auf ein Engagement wartete, nahm die Prinzessin sie nach Venedig in ihren Palazzo mit: Clara fand die Stadt bezaubernd, dennoch wurde ihr dieser Aufenthalt (und alle folgenden) zur Qual. Die Empfänge und Festlichkeiten jagten einander, was für Clara an sich schon unerträglich war, aber da sie außerdem niemanden kannte, langweilte sie sich zu Tode. Ähnlich erging es ihr, wenn die Prinzessin sie, was oft genug geschah, mit auf ihr Landgut in Jouy-en-Josas nahm. Man blieb dort manchmal verhältnismäßig lang: es gab zwar keine mondänen Veranstaltungen, aber das Landleben sagte Clara ebensowenig zu. Sobald die Prinzessin für einen Tag nach Paris fuhr, richtete es Clara so ein, daß sie fertig angezogen an der Tür stand, in der Hoffnung, die Prinzessin würde sie bitten, mitzukommen. Aber diese tat so, als bemerke sie nichts, und sagte nur in einem etwas barschen Ton: «Bis heute abend!»

Trotz allem war die Prinzessin für Clara eine wertvolle Hilfe: Beruflich schlug sich Clara damals ja nur kümmerlich durch, und die Prinzessin bot ihr immerhin die Möglichkeit, in einem musikalischen Kreis zu verkehren. Natürlich hatte ihr Avram eine gewisse Arbeitsdisziplin eingedrillt, und sie selbst war von Natur aus fleißig. Sie arbeitete auch, wenn kein Engagement in Aussicht stand. Dennoch haben die Musiknachmittage und -abende bei der Prinzessin sicher dazu beigetragen, Claras Interesse am Klavierspiel immer wachzuhalten. Auch waren sie sicherlich eine willkommene Abwechslung im Vergleich zu der trostlosen und gespannten Stimmung in ihrer Wohnung in der Rue Oudinot, die Avram allmählich kaum mehr verließ.

Dank ihren Schweizer Freunden brachte ihr das Jahr 1929 zum Glück einige Konzertengagements und Gagen ein. Für zwei Konzerte mit dem Orchester der «Suisse romande» unter der Leitung von Robert Dentzler, eines am 13. Januar in Vevey (mit dem Konzert in f-Moll von J.-S. Bach) und ein weiteres tags darauf in Lausanne (ebenfalls mit dem Bachkonzert und den «Nächten in spanischen Gärten» von de Falla) erhielt sie 1300 Schweizer Franken.

Am 2. März spielte sie in Winterthur das Mozartkonzert in C-Dur (KV 503) unter der Leitung von Hermann Scherchen; mit Casals gab sie am 6. März in Lüttich und am 3. April in Zürich zwei Sonatenabende; am 3. Mai spielte sie in Monte Carlo das 2. Klavierkonzert von Chopin unter der Leitung von

Paul Paray. Im November gab sie schließlich einen Klavierabend in Amsterdam und einen anderen in Berlin; am 11. Dezember war sie in Lausanne zu einem Sonatenabend mit dem Violonisten André de Ribaupierre. Das war allerdings auch alles. In Frankreich trat sie kein einziges Mal auf.

Jeanne Haskil hatte inzwischen ein eigenes Streichquartett gegründet. Sie war in ihrer eigenen Laufbahn als Solistin auf zahlreiche Schwierigkeiten gestoßen, und das wenig ermutigende Beispiel ihrer Schwester bewog sie, alle Hoffnung auf eine Solistenkarriere aufzugeben. Von 1930 an widmete sie sich ausschließlich der Orchestermusik. Sie spielte schon seit geraumer Zeit im Pariser Radio-Orchester, aus dem später das «Orchestre National» hervorging. Da Jeanne aber noch immer rumänische Staatsbürgerin war, konnte sie nicht fest engagiert werden. Sie bewarb sich daher damals um die französische Staatsbürgerschaft und erhielt sie auch. Sie riet Clara, es ihr gleichzutun. Eine Zeitlang erwog Clara ernsthaft, Französin zu werden, doch gab sie schon bald den Gedanken daran wieder auf – die vielen Formalitäten, die damit verbunden waren, mochten sie abgeschreckt haben. Vielleicht hatte ihr auch Avram, eingedenk seiner eigenen unglücklichen Erfahrung auf diesem Gebiet, davon abgeraten. Später veranlaßte sie der Umstand, daß sie Ausländerin war, während der Kriegsjahre 1939–1945 Frankreich zu verlassen, was ihr sicher das Leben gerettet hat, auf jeden Fall bedeutete es den Beginn von Claras großer Karriere.

Frankreich nahm von Clara weiterhin keine Notiz. «In Paris mag man mich nicht», sagte sie tief enttäuscht zu Henri Sauguet, dem sie bei der Prinzessin begegnete. Dank ihrer Schwester Jeanne spielte sie im Jahre 1930 immerhin zweimal im Radio, doch folgte kein weiteres Engagement. Dann trat sie mit dem 1. Klavierkonzert von Beethoven bei den «Concerts Poulet» unter der Leitung von Gaston Poulet auf, und endlich erschien im «Figaro» eine mit «Robert Brussel» unterzeichnete vorzügliche Kritik: «. . . . Eine große Künstlerin, die uns nicht nur durch ihr virtuoses Spiel zu entzücken versteht, sondern die sehr viel seltenere Gabe besitzt, in uns Gefühle zu wecken.» Diese Kritik wurde durch Rezensionen in der Schweiz, in Belgien und Holland bestätigt (wo sie das berühmte Klavierkonzert von Chopin unter Monteux spielte):

man qualifizierte ihre Begabung als «außergewöhnlich», «glänzend», «ans Wunder grenzend» usw.

Doch wenn die Kritiker die Begeisterung des Publikums unterstrichen (Clara wurde durchschnittlich bis zu zehnmal herausgerufen), so beklagten sie andererseits den Umstand, daß vor allem die Klavierabende oft nur schwach besucht waren. Auch waren im Laufe dieser Jahre bei einigen dieser Kritiker immer wieder gewisse Vorbehalte aufgetaucht: Clara spiele zu kühl, es mangle ihr an Ausdruckskraft und Tiefe. Dies alles zeugt davon, daß Claras ungewohnt nüchterner, nicht auf «Effekte» abzielender Stil bei den Kritikern und auch beim Publikum zum Teil auf Unverständnis stieß. Andererseits bewunderte man rückhaltlos ihre Technik und ihr kraftvolles Spiel. In den dreißiger Jahren war die damals noch junge Pianistin im Vollbesitz ihrer physischen Kräfte. Seit ihrem Aufenthalt in Villars waren ihre Bronchien weniger empfindlich, sie war viel seltener krank und hatte im allgemeinen auch keine Schmerzen im Rücken. Sie konnte jetzt stundenlang am Klavier arbeiten, ohne zu ermüden, und das einzige sichtbare Anzeichen ihrer Skoliose war ihre leicht seitlich geneigte Kopfhaltung und eine etwas weiter hochgezogene Schulter. Dies verlieh ihrer großgewachsenen, schlanken Gestalt einen Anschein von Zerbrechlichkeit und Melancholie, der in merkwürdigem Kontrast stand zu der Kraft und Autorität, die von ihr ausgingen, sobald sie sich ans Klavier setzte und ihre Hände auf die Tasten legte – ihre wunderschönen Hände mit den langen, regelmäßigen und äußerst feingliedrigen Fingern, die an den Spitzen harmonisch abgerundet waren. Hände mit einer so weißen und feinen Haut, daß schon eine Kleinigkeit sie verletzen konnte – einmal ritzte sie sich mit einer Brotkruste. Am Klavier waren es ungewöhnlich bewegliche und wundervoll genaue Hände («magische» Hände, sagte Inghelbrecht), aber im täglichen Leben waren sie ungeschickt: Clara ließ oft fallen, was sie gerade in der Hand hielt, und lebte stets in Angst, sich an den Händen zu verletzen, was ihre Unsicherheit nur noch steigerte. Bis zu ihrem Lebensende bewahrten ihre Hände eine seltsame Jugendlichkeit, niemals sahen sie «verwittert» aus, wie ein Kritiker, wohl auf der Suche nach einem originellen Ausdruck, einmal glaubte schreiben zu müssen. Mit eifersüchtiger Sorgfalt wachte Clara über ihre Hände, zu jeder Jahreszeit trug sie Handschuhe und fürchtete sich stets vor einem Unfall.

Tatsächlich ereignete sich ein solcher Unfall am 1. Juli 1930 in Zürich. Es handelte sich um einen Autounfall, bei dem Clara zwar verletzt wurde, aber auf fast wunderbare Weise vor größerem Schaden bewahrt blieb. Am 18. Juli schrieb sie darüber an Mme. Correvon:

Ich möchte Ihnen nur ganz schnell sagen, daß es mir gut geht und daß ich von der Sache in Zürich nur eine unangenehme Erinnerung und ein paar kleine Narben behalten werde.

Da ich keinen besonders gutmütigen Charakter habe, stelle ich fest, daß ich zwar noch einmal davongekommen bin, und gratuliere mir, noch am Leben zu sein (obwohl eine verstümmelte Hand oder ein verstümmelter Finger für mich ja noch viel schlimmer wären als der Tod), aber ich sage mir natürlich auch, es wäre besser gewesen, wenn überhaupt nichts passiert wäre! Das Auto, in dem ich mit einer Dame aus Zürich saß (die zum Glück mit heiler Haut davongekommen ist), stieß an einer Straßenkreuzung mit einem anderen Wagen zusammen, der mit großer Geschwindigkeit daherraste. In dem Augenblick, wo ich mit Schrecken den anderen Wagen auf uns zukommen sah, habe ich mich instinktiv zusammengeduckt, und so bin ich aus dem Auto, das sich überschlagen hat («umgeworfen» steht in der Zeitung), auf die Fahrbahn hinausgeschleudert worden.

Unser Autodach war offen, deshalb wurden wir hinausgeschleudert, sonst wären wir wahrscheinlich gegen das Dach gedrückt worden, und das ganze Gewicht des Wagens hätte auf uns gelastet. Ich habe erst nach einigen Sekunden aufstehen können, nachdem man meine Beine unter den Autotrümmern hervorgezogen hatte. Weil es rückblickend ganz amüsant ist, erzähle ich Ihnen, daß ich, kaum daß ich wieder auf den Beinen stand, sofort meine Handtasche verlangte, in der sich alle meine Papiere befanden. Ich kramte aber zuallererst meinen Taschenspiegel hervor (obwohl ich doch wirklich nicht kokett bin), vermutlich um mich zu vergewissern, daß mein Kopf noch an der rechten Stelle saß, denn ich war ein wenig betäubt. Nachdem ich gesehen hatte, daß alles in Ordnung war und daß ich nur eine kleine Schramme am Handgelenk abbekommen hatte, die mir übrigens immer noch weh tut, bemerkte ich plötzlich, daß ich am Knie stark blutete ...

Man hat mich dann in eine Klinik gebracht, wo ein Chirurg die Wunde gereinigt und das Blut mit einem mit Jod getränkten Wattebausch gestillt hat. Dann bekam ich drei Spritzen, die das Knie unempfindlich machten, dann eine Tetanusspritze, und schließlich nähte der Arzt die Wunde zu und verband das Knie. Er war ein wenig besorgt wegen möglicher Folgeerscheinungen und sagte mir, daß eine Knieverletzung immer eine gewisse Gefahr bedeute. Zum Glück hat sich keine der Komplikationen eingestellt, die man hätte gewärtigen können.

Zwei Stunden nach dieser Operation nahm ich den Zug nach Paris (an einem Dienstag), wo ich mich einen Tag ausruhen wollte, bevor ich nach Ostende weiterreiste. Ich vergaß Ihnen zu sagen, daß sich der Unfall auf dem Weg zum Bahnhof ereignet hatte! Übrigens, noch etwas ist urkomisch an der ganzen Geschichte: Ich ließ mich nämlich von einer Freundin, die mit mir aus Zürich gekommen war, nach Ostende bringen und war unverfroren genug, hinkend und mit meinem steifen Bein große Kreise beschreibend vor dem Publikum zu erscheinen, um das Klavierkonzert von Chopin zu spielen. Der Dirigent war einverstanden gewesen: «Da Sie ja mit den Händen spielen und nicht mit den Füßen, wollen wir's wagen!» Mit dem rechten Fuß habe ich das Pedal bedienen können, der linke war eben diesmal arbeitslos. Meine Freundin, die mich begleitet hatte, hat mir hinterher ziemlich dumm und schonungslos berichtet, daß man im Saal einige unfreundliche Bemerkungen über mein Aussehen und über meine Art zu gehen gemacht hatte. Macht nichts! Das Orchester hat heftig applaudiert, und das Publikum stand ihm darin nicht nach!

Clara war weiterhin sehr erfolgreich, doch trat sie unglaublich selten auf: Im Laufe der Jahre 1931, 1932 und 1933 gab sie nur vierundzwanzig Konzerte, das heißt durchschnittlich acht pro Jahr, beinahe alle in der Schweiz. Das 4. Klavierkonzert von Beethoven und ein Klavierabend in Berlin im März 1931 lösten einen Begeisterungssturm aus – aber wieder kam es zu keinen weiteren Engagements. Im März 1931 spielte Clara, unter der Leitung von Pierre Monteux, das Klavierkonzert in Es-Dur, KV 271, von Mozart, und im November dasselbe Konzert unter Gaston Poulet. Der Applaus war mäßig, desgleichen auch für ihre Wiedergabe des 2. Klavierkonzertes von Chopin im Februar 1932 unter Eugène Bigot.

Neben diesen öffentlichen Konzerten wirkte Clara bei einer Reihe von Privatveranstaltungen mit (1932 begannen die Musikabende bei Frau Desmarais), besonders häufig bei der Prinzessin de Polignac. Bei dieser Gelegenheit machte Clara die Bekanntschaft der begabten und berühmten Pianistin Renata Borgatti, die sich ihrer jungen «Kollegin» freundschaftlich annahm und ihr oft gute Ratschläge gab. Durch sie lernte Clara auch die Schweizer Pianistin und bedeutende Klavierpädagogin Anna Langenhan kennen. Wenn sich später die Gelegenheit bot, besuchte Clara Frau Langenhan in ihrer Schweizer Musikschule. Clara spielte ihr neue Werke vor, bat sie um ihre Meinung und ließ sich von ihr ermutigen. Anna Langenhan, die Clara sehr bewunderte, verstand deren Zweifel und Ängste und vermochte dieselben bisweilen zu beschwichtigen. Frau Langenhan hatte ihre Karriere als Solistin aufgeben müssen, weil sie unter einem geradezu lähmenden Lampenfieber litt. Bei dieser erstaunlichen Frau schöpfte Clara immer wieder neuen Mut. Bis zu ihrem Tode, im Dezember 1951, kümmerte sich Anna Langenhan um Clara, und wenn es auch manchmal nur ein paar liebevolle, auf ein Stück Papier gekritzelte aufmunternde Worte freundschaftlicher Anteilnahme waren.

Hinter Claras Pessimismus verbargen sich im Grunde eine ungeheure Energie und eine außerordentliche Charakterstärke. Beides tat ihr dringend not, um den Glauben an ihre Karriere nicht zu verlieren, vor allem in den Jahren 1932 und 1933, die ihr einen Vorgeschmack auf böse Zeiten vermittelten. Avrams Krankheit hatte sich durch eine Arterienverkalkung noch verschlimmert. Er mußte sehr viel leiden und wurde immer unerträglicher. Er tyrannisierte Clara, die ihn mit bewundernswerter Geduld und Hingabe pflegte, ohne je zu klagen oder ihm Vorwürfe zu machen.

Schließlich wurde das Leben in der Rue Oudinot so anstrengend, daß Clara physisch, seelisch und geistig völlig am Ende ihrer Kräfte war. Es genügte nicht, daß Jeanne ihr hier und da aushelfen konnte, wenn sie nicht gerade im Orchester zu tun hatte. Clara brauchte dringend weitere Unterstützung. Lili kam im April 1933 aus Bukarest nach Paris, um ihren beiden Schwestern beizustehen und Clara zu vertreten, wenn sie gelegentlich ein Konzert im Ausland zu geben hatte.

Wenn auch die Engagements noch immer wenig zahlreich waren, entfesselte Claras Abreise doch jedesmal eine Tragödie: Avram wollte sie nicht gehen lassen. Im Jahre 1932 mußte sie mehrere Konzerte absagen, weil sie Paris nicht verlassen konnte. Lili mußte stets ihre ganze Überredungskunst aufbieten, damit Clara sich nicht von den Klagen und bitteren Vorwürfen ihres Onkels beeinflussen ließ. Schließlich richtete es Clara so ein, daß sie erst im letzten Moment abfuhr und gleich nach dem Konzert, womöglich noch nachts, wieder zurückkehrte. Einmal kam sie erst kurz vor ihrem Konzert in der Schweiz an und hatte nicht einmal mehr Zeit zu proben. Das Erlebnis amüsierte sie, denn alles ging sehr glatt vonstatten, und das stärkte ihr Selbstvertrauen, was ihr sehr guttat, denn ähnliche Mißgeschicke sollte sie im Laufe ihrer Karriere noch öfter erleben.

Mußte sie länger ausbleiben, rief sie täglich an, um sich nach Avrams Befinden zu erkundigen und um ihn ein wenig aufzuheitern. Im allgemeinen mußte sie eine unfreundliche Abfuhr von Avram einstecken. Kaum in Paris zurück, tauchte sie auch schon in der stickigen Atmosphäre der kleinen Wohnung unter und pflegte ihren Onkel, unter dessen Schmerzen sie selber litt. Seine oft brutalen Reaktionen verletzten sie, niemals aber verteidigte sie sich, niemals protestierte sie. Als sie einmal nach einem besonders erfolgreichen Konzert nach Hause kam und glaubte, ihm eine Freude zu machen, wenn sie ihm von den Ovationen erzählte, die man ihr dargebracht hatte, hörte sie als einzigen Kommentar nur: «Bist du sicher, daß man sich nicht ganz einfach über dich lustig gemacht hat?»

Monatelang ging das so weiter, und obwohl Lili da war und nun auch ein Krankenpfleger kam, verlangte Avram, daß Clara sich um ihn kümmerte, ihn pflegte, ihm half, sich im Bett aufzurichten, und ihn überhaupt nicht mehr verließ.

Am 5. Januar 1934 kehrte Lili nach zehnmonatigem Alptraum nach Bukarest zurück. Sie hatte sich in Paris vollkommen überflüssig gefühlt, denn Avram hatte sich geweigert, irgend etwas von ihr anzunehmen; aber die Sorge um Clara, falls es noch lange so weiterging, lastete schwer auf ihr ... Mehrere Wochen hindurch ließ Clara ihren Onkel tatsächlich keinen Augenblick allein, sie schlief angekleidet in seinem

Zimmer, obwohl der Krankenpfleger und oft Jeanne da waren. Mit der ihr eigenen Zurückhaltung schrieb Clara am 9. Januar an Jeanne Correvon:

Ich mache eine böse Zeit durch und bin völlig erledigt, meine Finger sind geschwollen, ich spiele schlecht, habe Rheuma und Kopfschmerzen. An die Konzerte in der Schweiz darf ich gar nicht denken! Übermorgen werde ich mit dem Geiger (immer noch mit demselben!) bei der Prinzessin de Polignac spielen: Er gibt mir bei jedem Takt Ratschläge! Enesco kommt nächsten Montag.

Am 14. Februar starb Avram. Sein Tod war für Clara einer der schwersten Schicksalsschläge ihres Lebens. «Ich konnte nicht ahnen, welch großen Kummer das für sie bedeutete», schrieb ihr Freund Blanchet, der sich aber nicht enthalten konnte, auszusprechen, was jeder dachte: «Doch wird ihr Leben ohne diese ständige Sorge viel normaler verlaufen.»

Clara war völlig erschöpft und muß wohl trotz allem eine gewisse Erleichterung empfunden haben. Dieser von der Krankheit entstellte Mensch, der soeben gestorben war, hatte nichts mehr mit demjenigen gemein, der ihre Begabung erkannt und gefördert hatte, dem in seinem Leben nichts wichtiger gewesen war als ihre Karriere, der bei ihr Vater- und Mutterstelle vertreten, in dem sie einen Lehrer und Freund gefunden hatte. Jahrelang war er für sie das einzige Zuhause und der einzige Schutz gewesen. Doch selbst als er nicht mehr in der Lage war, sie mit jener Fröhlichkeit und jenem Vertrauen zu umgeben, ohne die sie nicht leben konnte, selbst als er seine Pflichten als Vormund übertrieb oder ihnen nicht nachkam, selbst als er schließlich ihrer Karriere, die am Anfang sein einziges Ziel gewesen war, eigentlich nur noch Steine in den Weg gelegt hatte, als er anderen längst widerwärtig erschien, war sie ihm immer noch in jener Liebe, Dankbarkeit und Verehrung verbunden gewesen, die sie als kleines Mädchen für ihn empfunden hatte. Merkwürdigerweise war sie ihm vielleicht in den letzten beiden Jahren, besonders in den letzten beiden unerträglichen Monaten, sogar noch nähergekommen, denn sie hatte mit ihm gelitten und gespürt, wie verzweifelt er sie gebraucht hatte ...

Fluchtartig verließ Clara die Rue Oudinot und zog sich mit ihrer Schwester Jeanne für ein paar Tage in das Hotel «Lutétia» zurück. Dann löste sie die kleine Wohnung auf, in der sie nicht mehr bleiben wollte.

Ein Kapitel ihres Lebens war mit Avrams Tod abgeschlossen. Sie sprach sozusagen nie von ihrem Onkel, teilte niemandem ihre Erinnerungen mit. Ihre Gedanken und Gefühle gingen niemanden etwas an.

Übergangszeit

(1934–1942)

Ungeachtet der traurigen Ereignisse ging das Leben weiter. Am 22. März gab Clara bei Mme. Desmarais einen Klavierabend. Noch vorher aber, am 9. Februar, hatte sie mit der Firma Polydor einen Vertrag für ihre ersten Schallplattenaufnahmen unterzeichnet, und zwar mit Exklusivität für ein Jahr, in dem sechs Plattenseiten bespielt werden sollten. Dieser Vertrag war nach längeren Verhandlungen dank den Bemühungen von Herrn Foetisch aus Lausanne zustande gekommen, der im Namen zahlreicher Freunde Claras, vor allem Jeanne Correvons, gehandelt hatte. Anfangs hatte die Firma Polydor abgelehnt, da ihr Claras Laufbahn nicht brillant genug erschienen war.

In Wirklichkeit wurden insgesamt nur vier Seiten auf zwei Platten (78 Touren – 25 cm) aufgenommen, und zwar eine Sonate in D-Dur von Padre Antonio Soler, eine Sonate in c-Moll von G. B. Pescetti und die Variationen in f-Moll von Haydn, eine «ganz außergewöhnliche Interpretation», wie es in der Schallplattenkritik von Jean Richard Bloch hieß. Trotz technischer Mängel lassen sich diese beiden Aufnahmen gut anhören, und es ist bedauerlich – insbesondere im Hinblick auf die sehr begrenzte Diskographie Claras –, daß sie nicht auf 33 Touren geprägt worden sind.

Diese Schallplatten blieben dem Publikum, vor allem in Frankreich, vollkommen unbekannt. In Lausanne gab eine Gruppe, die sich «Freunde Clara Haskils» nannte und unter dem Patronat des Konservatoriumdirektors stand, ein Rundschreiben heraus, welches das bevorstehende Erscheinen der beiden Platten ankündigte und zur Subskription einlud, «um diese große Künstlerin zu unterstützen.»

Ihre ersten Aufnahmen haben allerdings kein Echo gefunden, und es folgten keine weiteren Aufträge. Das Leben gestaltete sich für Clara in diesem Frühjahr sehr schwierig: Zu ihrer seelischen Bedrängnis kam noch die prekäre finanzielle Lage hinzu. Avrams Krankheit hatte all ihre Ersparnisse aufgezehrt, und vor Ende Mai war kein Engagement vorgesehen. Die Honorare des Jahres 1934 betrugen insgesamt 2175 französische Francs, das heißt ungefähr 600 Schweizer Franken! Glücklicherweise ließen sie ihre Freunde nicht im Stich. Clara erhielt finanzielle Unterstützung von Mme. Desmarais, Mlle. Glis und der Prinzessin de Polignac. Diese überwies ihr ab Juli 1934 eine monatliche Rente von 500 Francs, die ab Juni 1937 auf 800 Francs erhöht wurde.

Am 2. Mai schrieb Clara an Jeanne Correvon:

Ich habe mich bereit erklärt, am 25. dieses Monats in Lausanne (Radio) und am 30. in Paris (Radio Paris) mit Orchester zu spielen. Ich fürchte aber, einen Fehler begangen zu haben, da ich mich außerordentlich müde fühle und wahrscheinlich ein schwieriges Programm nicht werde durchhalten können . . . Ich leide an heftigen Kopfschmerzen, die mich hindern, konzentriert zu arbeiten.

Doch nach und nach kam sie wieder zu Kräften. In Winterthur machte sie die Bekanntschaft des Geigers Joachim Röntgen, mit dem sie bald Freundschaft schloß. Im September reiste sie mit der Prinzessin de Polignac nach Venedig, und nach ihrer Rückkehr installierte sie sich in einer Wohnung in der Rue Saint-Didier Nr. 9, unweit des Appartements von Mme. Desmarais in der Avenue Raymond Poincaré (damals Av. Malakoff), wo sie eine freundschaftliche Atmosphäre fand und sich wohl fühlte.

In jene Epoche fällt die Gründung des «Orchestre National de la Radio» durch den bedeutenden französischen Dirigenten Désiré-Emile Inghelbrecht. Jeanne Haskil, die von Anfang an Mitglied des Orchesters war, konnte durch Vermittlung von Freunden ihre Schwester bei den verschiedenen Radiosendern – «Radio Paris», «Paris PTT», «Paris-Tour Eiffel» – einführen.

Im Jahre 1935 erhielt Clara von Radio Paris neun Engagements, davon eines mit dem Orchestre National. Dies war ihr erster musikalischer Kontakt mit «Inghel» (mit dem 4. Klavierkonzert von Beethoven), der von ihrem Spiel begeistert war. Doch spielte sie in diesem Jahr insgesamt nur in dreizehn öffentlichen Konzerten, von denen einige jedoch sehr bedeutend waren. Zunächst trat Clara an drei Abenden in der Schweiz auf, unter anderem am 11. Februar in Genf mit Georges Enesco, der seine Zuhörer in «unbeschreibliche Erregung» zu bringen vermochte. Darauf folgten drei Konzerte mit Orchester, die von der Kritik lobend erwähnt wurden. Am 24. November spielte sie in Paris mit dem Orchester Lamoureux das 2. Konzert von Chopin, unter der Leitung von Eugène Bigot, am 29. November in Bordeaux das Konzert Nr. 9 von Mozart, unter Gaston Poulet, und am 1. Dezember wieder in Paris mit dem «Orchestre du Conservatoire», unter Philippe Gaubert, das 4. Klavierkonzert von Beethoven.

Kam nun endlich Claras Karriere in Schwung? Mitnichten! Kaum war der Applaus verstummt, hatte man die vierzigjährige Frau, das einstige Wunderkind, nun eine reife Künstlerin, die man einhellig «genial» fand, auch schon wieder vergessen. Paris fuhr fort, sie geringzuachten ...

Dennoch ging es ihr besser. Blanchet, den sie in Lausanne aufsuchte, schrieb an eine Freundin: «Habe Clara gesehen – wunderbar ... Sieht ganz gut aus ... Wir haben zusammen einen unterhaltsamen Nachmittag verbracht.» Doch ohne das treue Schweizer Publikum wäre das Jahr 1936 eine Katastrophe gewesen: insgesamt sieben Konzerte, davon zwei ohne Honorar.

Die Untätigkeit wirkte auf Clara bedrückend. Am 8. August schrieb sie aus Paris an Jeanne Correvon:

Ich bin seit Wochen so müde, daß ich alles vernachlässige. Ich finde nicht einmal den Mut, meine Freunde anzurufen. Hinsichtlich meiner Engagements kann ich Ihnen nur versichern, daß sie sich brillant ankündigen: ganze zwei Konzerte – eines in Zürich mit einem Quartett (ohne Honorar) und eines in Glarus mit demselben Quartett (von Winterthur), aber diesmal gegen Bezahlung. Das ist alles! Ich werde mich also in dieser Saison nicht überanstrengen.

Jeanne versuchte mit allen Mitteln, ihrer Schwester, die wieder einmal völlig niedergeschlagen war, beizustehen. Gesundheitlich ging es Clara andererseits (außer einer schweren Bronchitis im März und April 1936, bei der sie vier Kilo abgenommen hatte) leidlich gut. Sie hätte Lust gehabt, sich zu betätigen, zu spielen, zu reisen. Aber trotz der glänzenden Kritiken, die sie vorlegen konnte, zeichnete sich nichts am Horizont ab. Selbst beim Radio erreichte Jeanne für sie nur zwei Engagements für das ganze Jahr 1936! Also versuchte Clara es bei Charles Kiesgen, der ihre musikalischen Qualitäten hätte bestens kennen müssen. Doch getreu seinen engstirnigen Prinzipien antwortete er ihr: «Fräulein Haskil, ich habe noch bei keinem Künstler je einen Centime riskiert»!

Es blieben ihr wieder einmal nur die wahren Freunde, vor allem Mme. Desmarais sowie deren Sohn und bald auch die Schwiegertochter. Clara wirkte an vier Musikabenden mit, an denen sich auch andere Künstler – ihre Schwester Jeanne, Yvonne Astruc, Marcel Ciampi, Hugues Cuénod usw. – beteiligten. Am ersten dieser Abende, der am 16. Januar 1936 stattfand, begleitete sie Pierre Bernac, der Lieder von Brahms und Schubert sang, auf dem Klavier. Dies war übrigens das einzige Mal, daß sie zusammen auftraten, doch noch 37 Jahre später erinnerte sich der Sänger an diesen denkwürdigen Abend und betonte, daß ihn niemand je so gut zu Schubertliedern begleitet hätte wie Clara.

Sie gab auch zusammen mit dem Geiger Röntgen Sonatenabende oder mit dem von diesem in Winterthur gegründeten Quartett Kammermusikabende. Das Ehepaar Röntgen lud Clara zu sich ein, und in ihrem Brief vom 7. Januar 1936 bedankte sich Clara herzlich für die ihr gewährte Gastfreundschaft:

Die schönen, frohen Tage, die ich bei Ihnen verbringen durfte, erscheinen mir wie ein Traum. Ich kann mir nur schwer erklären, warum Sie mich so warm und freundschaftlich empfangen haben – ich kann es kaum fassen. Ich kenne an mir keine Eigenschaften, die Sympathie erwecken könnten, ich glaube im Gegenteil, daß mein schwieriger Charakter und meine Lebensart auch den allerbesten Menschen vor den Kopf stößt – das bekümmert mich sehr. Könnte ich besser ausdrücken, was ich fühle und empfinde, würde ich wohl weniger sonderbar, weniger verschroben wirken. Ich kann Ihnen nur sagen, daß ich mich während meines Aufenthalts bei Ihnen sehr glücklich fühlte. Ich war gelegentlich sogar so fröhlich, daß ich mich über mich selbst gewundert habe.

Wenn Clara einmal Vertrauen gefaßt hatte, verriet sie auch eine andere, mehr ironische Seite ihres Wesens. Am 8. April schrieb sie an Röntgen:

Um 1930.

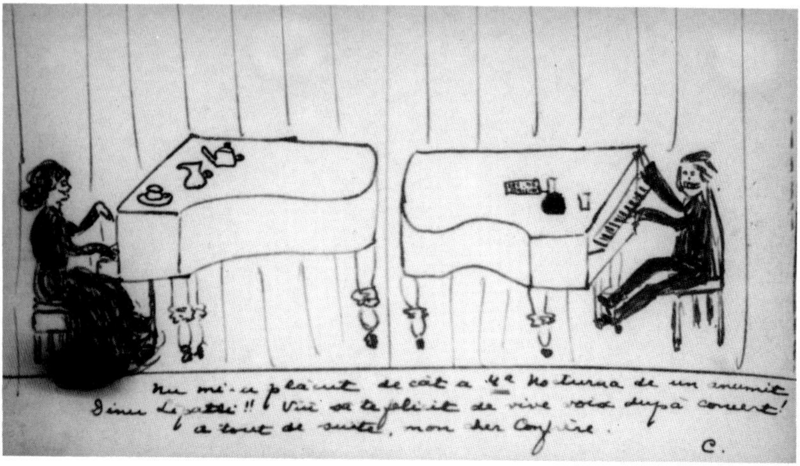

Zeichnung von Clara für Dinu Lipatti, Anfang 1939. Der Text lautet: «Am besten gefiel mir das 4. Nocturne eines gewissen Dinu Lipatti. Ich werde nach dem Konzert kommen, um Sie persönlich zu beglückwünschen. Auf gleich, mein lieber Kollege.»

Selbstbildnis auf einem Brief in rumänischer Sprache an Lipatti, vom 24. Juli 1939.

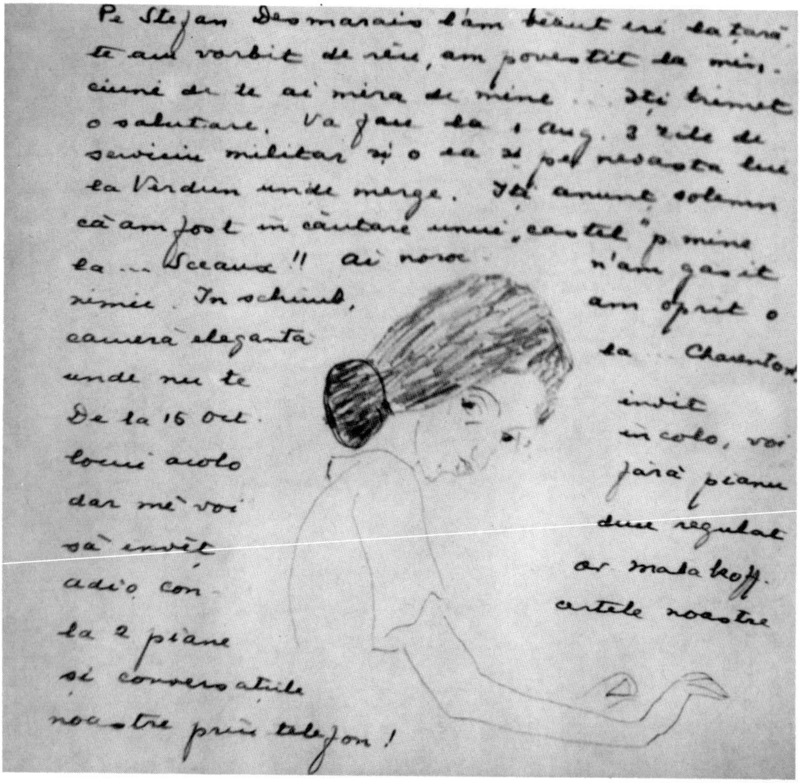

Mein lieber Partner!

Das Rätsel meiner Adresse wird wohl nie gelöst werden! Ich kann nichts dafür, aber ich wohne jedenfalls noch in der Rue Saint D(i)dier, i – der neunte Buchstabe des Alphabets, und nicht Dedier, wie Sie immer zu schreiben belieben. Ich habe mir so viel Mühe gegeben, es Ihnen beizubringen, und bin dabei fast um den Verstand gekommen – man stößt selten auf so völliges Unverständnis . . .

Ich hoffe aber, daß wir uns in der Sprache der Musik besser verstehen werden! Was meinen Sie dazu? Amen.

Die Verständigung zwischen Clara und Röntgen schien ausgezeichnet zu klappen, und das Konzert in Zürich im September wurde sehr gut aufgenommen. Doch Clara war auf sich selbst wütend, verzweifelt, wie so oft nach einem Konzert. Im Zug, der sie zur Prinzessin de Polignac nach Venedig brachte, schrieb sie am 26. September an Röntgen:

Obschon die heftige Krise von gestern vorüber ist, bin ich sehr betrübt, denn ich habe eingesehen, daß ich nicht schön genug spiele und Sie deshalb mit mir nicht mit Freude und Erfolg musizieren können.

Bei jeder anderen hätte man dies für eine Pose halten müssen, aber so erstaunlich es auch scheinen mag, Clara glaubte wirklich, was sie schrieb. Sie war einmal mehr davon überzeugt, dem Partner nicht ebenbürtig zu sein, und nahm mit Sicherheit an, daß dieser nichts mehr von ihr wissen wolle. Trotzdem schrieb sie ihm einige Monate später:

Stellen Sie sich vor, ich war so neugierig, mich selbst zu hören, daß ich für vierzehn Franken zwei Schallplatten von mir aufnehmen ließ.[1] *Wenn ich nicht von einer meinem Talent angemessenen Bescheidenheit wäre (was nicht wenig heißen will), müßte ich zugeben, daß mir die Aufnahmen (besonders die eine und die Hälfte der zweiten) enormes Vergnügen bereiteten . . .*

Das hinderte sie aber nicht, ihm ein wenig später nochmals zu schreiben:

[1] Es handelt sich um das vierte der sieben Charakterstücke, op. 7, von Mendelssohn; Capriccio von Liszt; Presto in B-Dur von Poulenc. Diese Platten (von denen nur zwei Exemplare existieren) sind vom pianistischen Standpunkt aus hervorragend . . . soweit die starken Nebengeräusche ein Urteil zulassen.

Letzte Nachrichten aus Bern! Ich habe noch nie so schlecht gespielt, so stümperhaft, in einem verrückten Tempo, schändlich, grauenhaft. Jetzt bin ich überzeugt, daß ich nicht mehr Ihrer Gruppe angehören kann, und das macht mich unendlich traurig – Sie können doch einfach nicht mehr mit mir vor das Publikum treten nach all dem ...

Zu ihren wahren Freunden, die ihr stets zugetan und immer für sie da waren, wenn sie ihrer bedurfte, zählte auch Emile Blanchet, der gerade eine Ballade für zwei Klaviere und Orchester komponiert hatte, die er ihr widmete. Clara liebte dieses Werk und spielte es mehrmals «mit den Fingern einer Fee», wie er sagte und ergänzend hinzufügte: «Diese übersetzen einfach die außergewöhnlichen Eigenschaften einer Seele voller Poesie, Empfindsamkeit, Phantasie und Großmut.»

Dann gab es noch den Kreis der Prinzessin de Polignac, wo Clara weiterhin in der Pariser Künstlerwelt verkehrte. Henri Sauguet bat sie, sein Konzert für Klavier zu spielen, das er zur Einweihung des «Palais de la Radio» in Brüssel geschrieben hatte, wo es vom Pianisten Paul Collard uraufgeführt worden war, bevor es von Jeanne Marie Darré bei der Prinzessin gespielt und von Jean Doyen zum erstenmal in Paris mit dem Orchester Lamoureux dargeboten wurde. Clara spielte vom Blatt, Sauguet übernahm den Orchesterpart am zweiten Klavier. Die Interpretation («blendend», sagte Sauguet) war sehr persönlich und verinnerlicht, vollkommen anders als die vorangegangenen.

Wie immer «optimistisch», schrieb Clara: «Ich glaube, daß weder Blanchet noch Sauguet ihre Werke plus meine pianistischen Fähigkeiten irgendwo unterbringen könnten.» Sie spielte jedoch beide Werke: das Konzert von Sauguet am 19. März 1937 im Radio, mit dem Orchestre National unter Albert Wolff, und danach am 6. und 8. Dezember des gleichen Jahres als Schweizer Erstaufführung mit dem «Orchestre de la Suisse romande» unter Ansermet in Lausanne und in Genf. Die Ballade von Blanchet brachte sie unter Leitung des Komponisten am 6. März 1937 in der «Société Nationale» zur Uraufführung. Nach dem Konzert schrieb ihr Blanchet:

Liebe Clara,

ich möchte nicht bis morgen warten, um Ihnen mitzuteilen, wie bewegt ich bin. Ihr Spiel hat mich fasziniert. Das war «teuflisch» schön. Warum hat Sie unser unvergeßlicher Busoni nicht gehört! Wie glücklich wäre er gewesen, wenn er seine Voraussagen über Ihr Spiel verwirklicht gesehen hätte. Ihre Intuition hat Sie ihm wie niemand zuvor nähergebracht.

Und im Feuilleton von «Le Temps» schrieb am 10. April 1937 der zu Recht so gefürchtete Florent Schmitt (Kritiker und Komponist):

Bei der seltsamen Ballade für zwei Klaviere, welche den ersten Teil des Konzerts ein wenig langatmig abschloß, frage ich mich immer noch, ob sie nicht statt von Herrn Blanchet – der, die Noten vor den Augen, vom Blatt zu lesen schien – eigentlich von Fräulein Haskil war, die unbeirrbar auswendig spielte. Doch wissen wir natürlich seit langem, was für unerhörte Leistungen diese hervorragende Virtuosin zu vollbringen vermag; man kann nur bedauern, daß man diese außerordentlich begabte Musikerin so selten zu hören bekommt.

Außer dem Doppelkonzert für Klavier von Claude Arrieu, das Clara am 22. Februar 1938 mit dem Orchestre National uraufführen sollte, und einigen Stücken von Hindemith und Bartók, die sie nach dem Krieg spielte, waren dies praktisch fast die einzigen Experimente Claras mit zeitgenössischer Musik. Sie fand sich in der «modernen Musik» nicht zurecht und interessierte sich auch nicht wirklich dafür. Ihr Landsmann und Freund Mihalovici bestätigte dies: «Sie kannte sich in der zeitgenössischen Musik wenig aus.»

Es gab allerdings eine Ausnahme, die aber eher mit der Persönlichkeit des Komponisten zusammenhing.

Anfang 1936 kam auf einer der Soireen bei der Prinzessin de Polignac ein schüchterner junger Mann auf Clara zu. «Ich habe sie in Bukarest gehört», sagte er, «mein Name ist Dinu Lipatti!»

Dieser Name war Clara nicht ganz unbekannt, denn obwohl Lipatti erst 19 Jahre alt war (er war am 19. März 1917 in Bukarest geboren), hatte er bereits von sich reden gemacht. Im Jahre 1932 erhielt er für eine Klaviersonatine den Georges-Enesco-Preis und 1933 beim internationalen Klavierwettbewerb in Wien einen 2. Preis. Seit Herbst 1933 lebte er mit seiner Mutter und seinem um fünf Jahre jüngeren Bruder in Paris, war Schüler von Cortot und dessen Assistentin Yvonne Lefebure, studierte Kompositionslehre bei Paul Dukas und nach dessen Tod bei Nadia Boulanger, welche ihn bald darauf der Prinzessin de Polignac vorstellte.

Clara und Dinu empfanden sofort Sympathie füreinander, und es entwickelte sich zwischen den beiden eine enge Freundschaft – bei Clara gepaart mit einer tiefen Zuneigung für diesen außergewöhnlichen jungen Mann, in dem sie manche ihrer eigenen Wünsche und Erwartungen wiederfand. Die beiden schüchternen jungen Menschen faßten sofort Vertrauen zueinander. Sie sahen sich sehr oft, telefonierten mehrmals täglich miteinander – sogar nachts – und trafen sich beim Klavierspiel, beim Studium einer Partitur oder bei einer Tasse Tee. Ihre musikalischen Auffassungen waren zweifellos verschieden: Bei Lipatti verband sich ein scharfer Verstand mit einer tiefen Sensibilität. Clara dagegen empfand und spielte rein instinktiv. Aber sie verfolgten dieselben Ziele, hatten dieselben Ideale. Sie wollten der Musik dienen und sich selbst dabei in den Hintergrund stellen – sie bewunderten sich gegenseitig, und jeder war vom Genie des andern überzeugt ... ohne allzu sehr an sein eigenes zu glauben.

Der Altersunterschied spielte keine Rolle in dieser Freundschaft, die sich zu einer wahren Komplizenschaft auswuchs. Sie hatten beide etwas Kindliches an sich, das sie nie ganz verloren. Noch Jahre später machte es ihnen Vergnügen, sich gegenseitig «Lausbubenstreiche» zu spielen. Dies war offenbar ihre Art, sich von der ungeheuren Spannung zu erholen, die sie beherrschte, sobald sie sich ans Klavier setzten. Wenn sie spielten, waren sie von einem reifen Ernst beseelt, der ihnen auch dann eigen war, wenn er nicht unmittelbar zum Ausdruck kam.

Dank Dinus Gegenwart, seiner Freundschaft und ihres Vertrauens zu ihm bescherte das Jahr 1937 Clara viel Freude, obschon die Angebote immer noch sehr spärlich und manchmal sogar etwas grotesk waren: «Man lädt mich unter anderem ein, in Czernowitz zu spielen gegen Bezahlung von 2500 Franken – man muß mich mit jemand anderem verwechselt haben.»

Doch beim Rundfunk begann man, wenn auch zögernd, ihr wieder die Türen zu öffnen und forderte von ihr dabei oftmals wahre Kraftakte. So verlangte Inghelbrecht von ihr, das 2. Konzert in B-Dur von Brahms zu spielen, das sie nie zuvor einstudiert hatte. Für die Vorbereitung standen ihr insgesamt nur acht Tage zur Verfügung. Ihre erste Reaktion war natürlich, abzulehnen, aber ihre Schwester Jeanne und einige Freunde konnten sie schließlich doch zur Annahme des Angebotes überreden. Schlimmstenfalls könnte sie ja immer noch im letzten Moment absagen, falls sich das als notwendig erweisen würde (da sie gerade an einer Bronchitis litt).

Sie machte sich also an die Arbeit und schrieb Röntgen darüber:

Bitte nicht falsch verstehen! Das Konzert von Brahms geht ausgezeichnet, ich konnte es bereits am nächsten Tag auswendig (110 Seiten) – und werde es ganz bestimmt spielen. Ich bin schon jetzt ganz stolz darauf.

Tatsächlich spielte sie es am 10. April und, wie es scheint, auf bemerkenswerte Weise, da die Prinzessin ihr für diese Leistung ein Geschenk überreichte und Anna Langenhan, die von Clara verständigt worden war, ihr am nächsten Tag schrieb:

Meine liebe Clara,
das Brahmskonzert war großartig! Herzlichen Glückwunsch zu Ihrer Kraft: die Bässe waren mächtig, von den Terzen an konnte ich sehr klar den Sopran hören, die Oktaven waren virtuos gespielt. Wir haben Sie auch husten hören!

Im letzten Teil hätten einige Passagen vielleicht etwas ruhiger sein können. Der zweite Teil war einfach einmalig, wie auch der erste, der vielleicht etwas zu schnell war.

Sie müssen jetzt den Mut haben, bei Brahms zu bleiben. Ihre Schwester würde sich darüber freuen, ebenso die Unterzeichnete, welche sie zärtlich umarmt.

Im November des folgenden Jahres spielte Clara dasselbe Konzert nochmals bei Radio Luxemburg, dann, zu ihrem eigenen und des Publikums Bedauern, nie mehr ein Klavierkonzert von Brahms. Ungefähr zur gleichen Zeit hatte sie ein anderes Werk von Brahms auf dem Programm, und zwar die Sonate für Klavier und Violine in d-Moll, die sie meisterhaft interpretierte. Die Kritik würdigte ihr Spiel als «erfüllt von unwiderstehlicher Leidenschaft, männlicher Energie, gepaart mit weiblicher Zärtlichkeit, voll Leben und Schönheit». Leider sind von diesen Interpretationen keine Schallplattenaufnahmen vorhanden.

Trotz der Publizität, die solche Radioübertragungen für sie bedeuteten, vermochte Clara sich immer noch nicht durchzusetzen. «Ich bemühe mich, mein eigener Impresario zu sein, leider ohne Erfolg.» Am 31. Mai 1937 schrieb sie aus Vevey: «Ich werde morgen nach Paris zurückkehren und dort den ganzen Monat nichts zu tun haben. Diese mißliche Situation wird sich noch bis in den Herbst hineinziehen.»

Wenn sie auch hin und wieder öffentlich auftrat, so waren die Honorare einfach lächerlich, und ohne finanzielle Unterstützung wäre sie der Armut ausgeliefert gewesen. Diese ständige Abhängigkeit und Unsicherheit lasteten schwer auf ihr. Man hätte zu Recht befürchten können, daß auch ihr Spiel unter diesen ungünstigen Umständen gelitten hätte, doch zum Glück war dies nicht der Fall. Sobald sie sich ans Klavier setzte, vergaß sie alles, was nicht Musik war. Ihre Unnachsichtigkeit mit sich selbst hatte sie noch nicht verlernt, noch immer wurde sie von Zweifeln geplagt: «Heute abend ging es sehr schlecht. Ich bin sehr niedergeschlagen und habe auch allen Grund dazu . . .»

Glücklicherweise hatte sie aber ihren Humor, ihre Energie und ihre Spottlust nicht eingebüßt. «Am 8. Februar», schrieb sie an Röntgen, «werde ich mit einem Cellisten spielen, den ich herzlich verabscheue. Unsere musikalischen ‹Anschauungen› sind denkbar verschieden, und ich fürchte, daß sich daraus schwere Meinungsverschiedenheiten ergeben werden. Ich werde jedenfalls nicht nachgeben! Denn das Sprichwort ‹Der Klügere gibt nach› läßt sich auf mich nicht anwenden!» Und ein andermal:

Vergangenen Donnerstag ging ich ins philharmonische Konzert, das von dem Multimillionär Sidney Beer, der auch das Orchester finanziert hat, dirigiert wurde. Dieses Detail ist sehr wichtig, denn eigentlich müßte man ihn umbringen. Der Dirigent O. ist ein Toscanini im Vergleich zu diesem Stümper. Beer hat den armen Casals im Konzert von Haydn derart schlecht begleitet, daß sich dieser mehrmals zum Orchester umwandte und auch in Worten seinem Unwillen Luft machte.

Danach spielte Casals eine Solo-Suite von Bach. Anschließend suchte ich ihn im Künstlerzimmer auf. Er sagte zu mir: «Ich würde Sie gerne öfter sehen und mit Ihnen musizieren.» Er hat recht, denn ich spiele bestimmt besser als dieser M. S., und dennoch bin ich sicher, daß ich mit Casals nie mehr öffentlich vortragen werde, da ich es fertigbrachte, auch beim Auftreten mit Casals auf dem Podium Dummheiten zu begehen, und das wird ihm bestimmt nicht gefallen haben (wie es auch andern mißfiel). Schade, daß das Talent einem Gehirn wie dem meinen innewohnt!

Da sie so selten öffentlich auftrat, steigerte sich ihr Lampenfieber noch mehr und nahm manchmal geradezu beängstigende Formen an. So sollte sie mit dem Orchestre National unter Albert Wolff, den sie sehr schätzte, den «Danse Macabre» von Liszt spielen: Den ganzen Tag lag sie mit hohem Fieber zu Bett und wollte schon absagen. Der eiligst herbeigerufene Arzt konnte nichts Anormales feststellen, und ihre Schwester Jeanne konnte sie schließlich davon abbringen, sich wieder in letzter Minute zu drücken. Vor innerer Erregung zitternd setzte sie sich ans Klavier ... vergaß, daß sie krank war, und spielte meisterhaft. Nach dem Konzert war sie bester Laune und konstatierte, daß sie sich im Grunde nie wohler gefühlt habe. Alles war nur ein heftiger Anfall von Lampenfieber gewesen, das manchen Künstler befällt und schon öfter eine brillant begonnene Karriere zerstört hat.

Ende 1937 trauerte die musikalische Welt um Maurice Ravel, der am 19. Dezember von Professor Clovis Vincent an einem Gehirntumor operiert worden und am 28. Dezember gestorben war. Clara war von dieser Nachricht sehr erschüttert, ohne zu ahnen, in welch schrecklicher Weise sie einige Jahre später wieder daran erinnert werden sollte. Außer einigen zufälligen Begegnungen im Hause der Prinzessin de Polignac, wo Ravel manchmal kurz auftauchte, hatte sie mit ihm keinen näheren Kontakt gehabt. Doch hatte sie zwei Jahre zuvor eines seiner Werke – vermutlich die Sonatine – einstudiert und ganz spontan beschlossen, ihm das Stück vorzuspielen und ihn um seine Meinung über ihre Interpretation zu befragen. Sie machte sich daher eines schönen Morgens zusammen mit ihrer Schwester auf den Weg nach Montfort-l'Amaury, um Ravel aufzusuchen. Zu Fuß legten die beiden den langen, von Platanen gesäumten Weg bis zur Ortschaft zurück und läuteten an der Tür des merkwürdigen, von einem häßlichen kleinen Glockenturm und einem Schieferdach überragten «Pavillons», wo Ravel wohnte. Doch der Komponist war krank. So wanderten sie unverrichteter Dinge den weiten Weg zum Bahnhof wieder zurück, wo sie den nächsten Zug nach Paris abwarteten. In diesem mißglückten Unternehmen kommt sehr deutlich Claras Spontaneität, aber auch ihre Weltfremdheit, ihr mangelnder praktischer Sinn zum Ausdruck.

Das Jahr 1938 begann so recht und schlecht. Eine Aufführung der Ballade von Fauré mit dem Orchester Lamoureux am 12. Februar unter Eugène Bigot brachte Clara einen großartigen Erfolg. «Sie wurde bejubelt», schrieb Henri Sauguet in «Le Jour». «Was für eine wunderbare Künstlerin! Ihr Anschlag ist von einer unglaublichen Sensibilität, ihre Virtuosität atemberaubend, ihre Technik blendend.»

Danach fuhr Clara nach Holland, wo eine Reihe von Konzerten vorgesehen waren, die ihre Schweizer Freunde organisiert hatten. Sie blieb zehn Tage in Amsterdam, schrieb an Jeanne, daß alles gut ginge, mußte ihr aber nach ihrer Rückkehr eingestehen, daß sie kurz nach ihrer Ankunft von einer starken Bronchitis befallen worden war und alle Konzerte hatte absagen müssen!

Am 22. Februar war sie wieder so weit hergestellt, daß sie das Doppelkonzert von Claude Arrieu (mit Emile Pasani am zweiten Klavier) spielen konnte, und nach drei Aufführungen in der Schweiz (darunter am 2. März in Winterthur das 4. Konzert von Beethoven unter Hermann Scherchen) fuhr sie mit Ansermet, der sie ausdrücklich darum gebeten hatte, nach Warschau. Mit dem Philharmonischen Orchester von Warschau spielte sie am 25. März das Konzertstück von Blanchet und das 9. Klavierkonzert von Mozart. Ansermet war dort bereits bekannt, und Clara wurde als Neuentdeckung gefeiert.

Nach ihrer Rückkehr spielte sie in drei Konzerten mit dem Trio von Winterthur in der Schweiz (fast ohne Honorar), dann zweimal mit dem Orchestre National und einmal im Radio ... das war alles in jener Saison.

Sicherlich hoffte sie mit ihren dreiundvierzig Jahren nicht mehr auf die einstmals erträumte Karriere – nach dem Tode ihres Onkels vor vier Jahren hatte sie eines Tages resigniert konstatiert: «Wäre ich zehn Jahre jünger, könnte ich vielleicht noch eine Karriere machen» –, doch könnte sie nicht wenigstens so viel arbeiten, um für ihre bescheidene Lebenshaltung aufzukommen?

Doch die Engagements wurden noch seltener, sogar die treue Schweiz schien sie zu vergessen, seitdem sie von dort weggegangen war. Was nützten ihr gelegentliche triumphale Erfolge, wenn sie sie nicht weiterbrachten? Sie sah mit Schrecken, wie sich ihr Tätigkeitsfeld immer mehr einengte, und zweifelte mehr denn je zwar nicht so sehr an ihrem Talent, dessen sie sich stets deutlich bewußt war, als an ihrer Fähigkeit, es zum Ausdruck zu bringen. «Niemand läßt mich spielen», stellte sie voller Bitterkeit fest und fügte mit einem Anflug von Trauer und ehrlichem Erstaunen hinzu: «In Paris liebt man mich nicht.»

Sie hatte aber auch wenig Glück. Horowitz sollte unter der Leitung von Hermann Scherchen in Winterthur das 1. Konzert von Liszt spielen. Er telefonierte im letzten Moment, daß er direkt zum Konzert kommen und an keiner vorherigen Probe teilnehmen werde. Scherchen war wütend und bestand darauf, mit dem Orchester zu proben ... aber wer konnte den Klavierpart übernehmen? Clara hielt sich zu diesem Zeitpunkt zufällig in Winterthur auf, und Scherchen ersuchte sie, ihm aus der Verlegenheit zu helfen. Sie hatte aber das betreffende Konzert noch nie gespielt und lehnte zunächst ab. Doch Scherchen und auch Werner Reinhart, bei dem sie zu Gast war und der darin für sie eine Chance sah, insistierten ... Endlich stimmte sie zu. Sie arbeitete die halbe Nacht, konnte das Werk beinahe auswendig und meldete sich am folgenden Tag zur Probe. Sie wartete drei Stunden, um schließlich von Scherchen zu erfahren, daß er das Konzert nun doch nicht proben wollte – das Konzert, das Horowitz, endlich eingetroffen, am nächsten Tag spielte.

Ohne Lipattis aufrichtige Freundschaft wäre Clara bestimmt verzweifelt. Lipatti wußte mit ihr umzugehen, sprach ihr immer wieder Mut zu, tröstete und bewunderte sie. Sie verstanden sich von Grund auf. Als Musikkorrespondent der rumänischen Zeitung «La Liberté» schrieb er über eines ihrer Konzerte:

Neulich konnten wir die bekannte Pianistin Clara Haskil in ihrer hervorragenden Interpretation des Klavierkonzerts in Es-Dur von Mozart bewundern. Ich war überwältigt von diesem Meisterwerk, bei dessen Interpretation sich Clara Haskil selbst zu übertreffen schien.

Die Prinzessin de Polignac kam auf die glückliche Idee, am 19. Oktober anläßlich einer ihrer Soireen Clara und Dinu zusammen Mozarts Konzert in Es-Dur für zwei Klaviere spielen zu lassen. Aus diesem Anlaß komponierte Lipatti Kadenzen zu diesem Werk, die er seiner Partnerin mit den Worten widmete: «Clara Haskil zur Erinnerung an unser erstes gemeinsames Konzert auf zwei Klavieren.»

Dies war das erste der wenigen Konzerte, die sie zusammen gaben, und alle sind zu beneiden, die bei einer solchen Gelegenheit die beiden genialen Künstler hören durften, deren Spiel so wundervoll aufeinander abgestimmt war. Doch trotz dieser vollendeten Übereinstimmung beurteilte Clara ihre eigene Leistung stets mit übertriebener Strenge. Nach einem Konzert in der Salle Pleyel, wo die beiden zusammen die «Symphonie concertante» für zwei Klaviere von Lipatti interpretiert hatten, war sie mit sich selbst so unzufrieden, daß sie, kaum war das Werk zu Ende gespielt, nach Hause entfloh, ohne den Schluß der Veranstaltung abzuwarten – wie ein krankes Tier, das sich verkriecht.

Daheim angekommen, versuchte sie dann völlig verzweifelt – bis drei Uhr morgens – Dinu anzurufen, teils um sich zu entschuldigen, teils um sich trösten zu lassen. Doch es war umsonst, niemand antwortete. Dinu war zwar zu Hause, und er wußte nur zu gut, daß es «Clarinette» war, die anrief. Aber er wollte ihr eine Lektion erteilen und widerstand dem Wunsch, den Hörer abzunehmen. Er informierte sie am nächsten Tag darüber. Sie war ihm deshalb nicht böse – sie hatte es ja so gewollt –, und konnte sie ihm denn überhaupt zürnen?

Am 6. März 1939 fanden sie sich im Studio «Paris-Tour Eiffel» ein, um das Allegro in a-Moll für zwei Klaviere von Schubert und eine Version für zwei Klaviere von Brahms' Variationen in B-Dur über ein Thema von Haydn zu spielen.

Aber ihre beiden bemerkenswertesten gemeinsamen Konzerte waren diejenigen mit Charles Münch im Radio und im Konservatorium. Auf dem Programm standen:

Mozart: Konzert in Es-Dur für zwei Klaviere.

Busoni: «Duettino concertant» nach Mozart für zwei Klaviere.

Lipatti: Suite classique für Klavier und Orchester (gespielt vom Komponisten).

Diese Konzerte bedeuteten in jeder Hinsicht eine Quelle der Freude für Clara, die sonst in jenem ersten Semester 1939 praktisch fast nie auftrat, wie aus dem nachfolgenden Zeitplan hervorgeht:

Am 12. Januar ein Konzert mit Orchester in Luzern, unter der Leitung von Walter Ducloux: «Suite classique» für Klavier und Orchester von Lipatti; 2. Konzert von Chopin: Honorar 200 Schweizer Franken.

Am 8. März ein Klavierabend in Lausanne. Honorar: 350 Franken.

Am 9. März ein Klavierabend in Montreux. Honorar: 50 Franken.

Am 10. und 11. März 3 Auftritte für die Kranken des Sanatoriums in Leysin: Honorar 155 Franken.

Inmitten dieser Öde zeichnete sich aber doch ein Hoffnungsschimmer ab: Das Radio in Paris schien sich endlich für Clara zu interessieren. Sie wurde ab Herbst 1938 engagiert. Das hinderte sie aber nicht daran, eine kurze Reise nach Bukarest zu unternehmen, um dort am 3. November das Klavierkonzert in Es-Dur von Mozart zu spielen, was ihr einen triumphalen Erfolg einbrachte. Man hörte sie jetzt auch des öfteren im Radio, sei es als Solistin oder mit dem Orchestre National: in insgesamt neun Sendungen zwischen September und Dezember 1938, dann in fünfundzwanzig weiteren im ersten Semester 1939. Das waren vierunddreißig Darbietungen in weniger als zehn Monaten – also ein Aufschwung! Dazu kamen neue Projekte für die kommende Saison. Diese Engagements verdankte sie der Initiative eines Bratschisten des Orchestre National namens Albert Leguillard (der auch der Sendeleiter symphonischer Sendungen von Radio-Paris war), vor allem aber dem Wohlwollen Inghelbrechts, der Clara als Musikerin hochschätzte.

War es endlich, wenn auch noch nicht der Ruhm, so doch die beginnende Anerkennung ihres Talents? Man schien sich wenigstens in Musikerkreisen endlich langsam bewußt zu werden, was sie verkörperte, was sie zu bieten hatte und was sie von allen andern Interpreten unterschied. Doch das Publikum war noch nicht im Bilde, denn wenn es Clara auch die wenigen Male, die es sie hörte, begeistert Beifall spendete, es applaudierte auch andern, weniger begabten Pianisten und war nicht sonderlich darauf aus, Clara wieder zu hören. Vielleicht würde es ihr dank der Radioübertragungen gelingen, beim breiten Publikum besser bekannt zu werden.

Am 3. September brach der Weltkrieg aus und machte alle Hoffnungen zunichte. Clara war Rumänin, und alle Engagements beim Radio wurden annulliert, die Sendungen waren nun in erster Linie für französische Künstler reserviert. Nur ein einziges Mal, am 27. März 1940, durfte sie ein kurzes Programm spielen.

Wieder einmal war alles in Frage gestellt. Dies traf Clara um so härter, als sie nun ganz allein, ohne die tröstliche Gegenwart ihres Freundes Dinu war. Lipatti war nach dem erfolgreichen Konzert mit Münch am 3. Juli 1939 nach Bukarest zurückgekehrt. Er sollte dort mit Enesco spielen, und zudem hatten die zunehmenden internationalen Spannungen Frau Lipatti veranlaßt, ihre Söhne in den Schoß der Familie zurückzubeordern.

Am Tag von Dinus Abreise war Clara im Morgengrauen aufgestanden, um sich von ihm auf der Gare de Lyon zu verabschieden. Dann kehrte sie zu Fuß den langen Weg in die Rue Saint-Didier zurück, ohne Müdigkeit zu verspüren, so sehr war sie von Trauer über diese Trennung erfüllt.

Nun begann ein erstaunlich reger Briefwechsel zwischen den beiden, der sich bis zum militärischen Zusammenbruch im Jahre 1940 fortsetzte. Leider sind die Antwortschreiben Lipattis an Clara fast durchwegs verlorengegangen, aber die meisten Briefe Claras an ihren «cher Dinu» («Grégoire» oder «Docteur») sind uns erhalten geblieben. Es sind insgesamt etwa dreißig (kurze und lange) in den verschiedensten Stimmungen abgefaßte, vom 13. Juli 1939 bis 5. Juni 1940 datierte Briefe, die in besonders prägnanter Weise die komplexe und fesselnde Persönlichkeit dieser Künstlerin widerspiegeln. Gleichzeitig geben sie uns Einblick in Claras Lebenssituation während jener schwierigen Jahre des «Drôle de guerre».

Aus Schloßberg in der Schweiz schrieb sie am 13. Juli 1939 an Dinu:

Lieber Freund,
heute mittag sind Sie in Bukarest angekommen, und ich hoffe sehr, daß die Reise Sie nicht allzusehr ermüdet hat.

Sie können sich vorstellen, wie betrübt ich war, als ich mir darüber klar wurde, daß Sie tatsächlich abgereist waren und daß wir uns monatelang nicht sehen werden. Noch niemals habe ich ein solch schmerzliches Gefühl der Einsamkeit verspürt.

Ich habe Ihnen oft gesagt, wie sehr ich mich von Ihrem Wesen, Ihrem außergewöhnlichen Charakter angezogen fühlte und welche Freude für mich ihre aufrichtige Freundschaft darstellte. Nun, da ich Sie nicht mehr am Telefon belästigen kann, räche ich mich, indem ich Ihnen schreibe. Und Sie wiederum können sich an mir rächen, indem Sie mich bis zum Jüngsten Tag auf Ihre Antwort warten lassen. Sie sehen, ich gebe mir alle Mühe, die Sache mit Humor – mit Galgenhumor, wie die Deutschen sagen würden – zu nehmen.

Ich male mir lebhaft aus, wie Sie in diesem Sommer arbeiten und komponieren werden. Wenn man wie Sie ein so großartiges und seltenes Talent und dazu Intelligenz und einen scharfen Verstand besitzt – welche unerhörte Erfolge darf man da anstreben! Wie beruhigend muß es für Sie sein zu wissen, daß in Ihrem Fall solche Erwartungen nicht pure Luftschlösser sind. Dies erinnert mich daran, mit welcher Bewunderung und Sympathie Enesco von Ihnen sprach.

Ich bitte Sie, schreiben Sie mir, sobald Sie Zeit finden. Erzählen Sie mir, woran Sie arbeiten, was Sie komponieren und wann oder was Sie spielen werden.

Habe ich Ihnen schon gesagt, daß ich beim Rundfunk für den 9. September ein Programm mit Ihrer Nokturne und einem Stück von Poulenc eingereicht habe? Falls Sie mir dieses Werk nicht sehr bald zusenden, sähe ich mich gezwungen, selbst eines zu komponieren! Sie sehen also, was Sie erwartet!

Clarinette

Am 17. Juli schrieb sie ihm aus Lausanne eine Postkarte, auf der vier kleine Esel abgebildet waren.

Lieber Dinu,

Sie haben nie ein Foto von mir verlangt, das ärgert mich sehr – ich kann aber meinem Wunsch, Ihnen dieses hier zu senden, nicht widerstehen! Ich bin so berühmt, daß diese Aufnahme in allen Schaufenstern von Lausanne zu sehen ist. Mein «Konterfei» hat mich einen Franken gekostet und könnte als Reklame für meine nächsten Konzerte dienen . . .

Gewiß machte sie für ihn, für sich selbst und auch für Konzerte für zwei Klaviere alle möglichen Pläne. Aber am 3. August schrieb sie aus Paris:

Keine Nachricht von Enesco, von Sinaia, Pläne ade! Jetzt habe ich keine Hoffnungen mehr, nach Bukarest zu kommen. Es besteht wenig Aussicht, daß man mich auch noch ein drittes Jahr engagiert – ich ziehe das Publikum nicht an –, und ich kann mir diese Reise wegen eines einzigen Sonatenabends nicht leisten. Ich habe die Tante[1] vor ihrer Abreise nach London gesehen. Ihre ersten Worte waren: «Haben Sie Nachricht von Herrn Lipatti? Wissen Sie, daß alle Welt gesagt hat, Mozart sei noch nie so gut gespielt worden wie von Ihnen beiden – es war einfach großartig.»

Darüber habe ich mich sehr gefreut, obwohl ich weiß, daß Ihnen unser gemeinsames Musizieren bei der Prinzessin dank meiner guten Ratschläge nur Unannehmlichkeiten gebracht hat!

Wenn die Prinzessin in London bei der BBC nur etwas Nützliches erreichen könnte! – A propos: Ich glaube, Sie sollten sie über das Konzert vom 5. Oktober, das im Radio übertragen wird, orientieren. Man wird Sie dann in London hören, und dies könnte Ihnen ein Engagement verschaffen, bis Sie dort einen Klavierabend geben können. Sie täten gut daran, ihr zu schreiben.

Weitere Nachrichten: Ich bin wütend über einen Herrn R. in Vevey und war nahe daran, ein Konzert mit Orchester hinzuschmeißen ... Er schreibt mir, daß er unbedingt am Konzert von Schumann, das «das Publikum anzieht», festhalten möchte. Ich habe ihn zum Teufel gewünscht, doch nicht den Mut gehabt, abzusagen – wegen der 51 Franken Honorar, ich habe ja so wenig Geld. Aber ich gestehe, daß ich Schumann fast ebenso wie Lekeu und Franck hasse und zutiefst bedaure, daß ich nicht ablehnen konnte. Welch ein Vergnügen müßte es sein, sagen zu können: «Sie sind mit meinem Vorschlag nicht einverstanden? Gut, dann verzichte ich.» Doch leider bin ich noch nicht so weit ...

Sie hatte César Franck immer abgelehnt, doch ihre Abneigung gegen Schumann (von der sie übrigens zu jener Zeit wiederholt sprach) war wohl eher darauf zurückzuführen, daß

[1] Spitzname, den Clara und Dinu der Prinzessin de Polignac gegeben hatten.

man ihn ihr aufzwang. Denn gerade mit Werken von Schumann («Abegg-Variationen», «Bunte Blätter», «Waldszenen», die glücklicherweise auf Schallplatten erhalten sind) hatte sie größten Erfolg. Lipatti schrieb ihr übrigens zehn Jahre später – nachdem er sie am 19. September 1949 im Konzert gehört hatte:

Ich muß Ihnen mitteilen, daß ich Sie soeben die Abegg-Variationen habe spielen hören – diese Interpretation war die Perfektion selbst! Niemand auf der Welt kann Schumann so spielen wie Sie. Es ist einfach märchenhaft schön. Ich wollte Ihnen wieder einmal meine tiefste Bewunderung ausdrücken und meine Freude darüber, daß ich die Variationen hören durfte.

Nach einer neuerlichen Bronchitis verbrachte Clara den Monat August in den Bergen, in Unterwasser (Schweiz), wo sie im Hotel auf einem Bechsteinflügel arbeiten konnte. Während ihres ganzen Aufenthaltes regnete es ununterbrochen («schicksalhaft», wie sie es nannte). Sie schrieb an Dinu:

Der Bechstein ist sehr gut, steht aber im Speisesaal zwischen zwei Türen; wegen des starken Durchzugs ist es fast unmöglich zu arbeiten; außerdem wird den ganzen Tag gefegt und geputzt, als hätte hier eine Schar Leprakranker gehaust.

Im Hotel sind lauter Holländer, Engländer und Schweizer, aber ich habe niemanden näher kennengelernt. Ich verstecke mich, ich fliehe alle Menschen, und natürlich macht man sich über mich lustig. Wie werde ich nur mein Programm durcharbeiten können? Es wäre schlimm, wenn nichts von dem, was ich Ihnen geschrieben habe – und was schon zu klappen schien –, gelänge!

Gestern habe ich von hier aus Casals in Luzern gehört. Wundervoll! Er gestattete sich bei Haydn viel Freiheit – ich kritisiere ihn nicht –, das fehlte gerade noch!

Bei dem scheußlichen Wetter und der ungesunden Feuchtigkeit erkältete sich Clara, sie bekam Rückenschmerzen und mußte das Bett hüten – sie war sehr bedrückt:

Niemand sprach mit mir, niemand kümmerte sich um mich, auch nicht, als ich krank war. Ich hätte nie gedacht, daß ich so abschreckend wirken könnte ... Endlich habe ich jemanden gefunden, mit dem ich reden kann – eine Katze, die auch ganz allein ist und Sympathie für mich empfindet ...

Und ein wenig später schrieb sie:

Ich beneide Sie sehr um Ihr großes Talent. Warum habe ich so wenig und Sie so viel? Ist dies die Gerechtigkeit auf Erden ... Ich bin sehr niedergeschlagen und kann nicht mehr spielen, nicht einmal mehr so schlecht wie vorher. Ich weiß nicht, wohin ich gehen, was ich arbeiten soll, die Gesundheit ist schlecht, der Kopf leer, die Taschen ebenfalls. Zum Teufel mit meiner ganzen, wertvollen Person – wenn ich nur seine Adresse wüßte ...

Sie war in Vevey, als sie vom Ausbruch des Krieges überrascht wurde. Wenigstens war es nicht mehr die Einsamkeit von Unterwasser, die sie sehr schlecht ertragen hatte: In einer feindseligen oder auch nur gleichgültigen Atmosphäre zog sie sich noch mehr in sich selbst zurück, sie konnte nicht darüber hinwegkommen und war dann wie gelähmt. Außerdem fühlte sie sich gleich völlig verlassen, wenn man sie auch nur kurze Zeit ohne Nachricht ließ, und glaubte, man sei ihr böse. Nachdem sie einige Tage nichts von Dinu gehört hatte, schrieb sie ihm am 14. September:

Warum haben Sie mich so schnell aufgegeben? Gerade in einem Moment, in dem ich mehr denn je einer Botschaft von einem teuren Freund bedürfte, schreiben Sie nicht mehr!

Trotz der kritischen Ereignisse schmiedete sie immer noch Pläne. Die junge Mme. Desmarais (Mme. Paul Desmarais war vor einem Jahr gestorben) telefonierte am 27. August, um Clara zu beschwören, in der Schweiz zu bleiben, aber Clara hatte nur eines im Kopf: so schnell wie möglich nach Paris zurückzukehren, in die Stadt, die sie als die ihre betrachtete, wenn es auch nicht auf Gegenseitigkeit beruhte. «Ich bin hier festgenagelt», schrieb sie am 18. November aus Vevey, «ich habe noch keine Einreiseerlaubnis nach Frankreich – es kann noch Wochen dauern.»

Bei ihren Freunden Gétaz, die sie aufgenommen hatten, wartete sie «nervös und gereizt» auf das Visum; am 27. September schrieb sie:

Mein lieber Dinu,

ich belästige Sie sehr, aber bitte seien Sie mir nicht böse, denn ich bin voll Unruhe und Sorge und habe keinen Menschen, mit dem ich reden kann – das ist eigentlich kein Grund, gerade Sie zu stören! Ich habe mir für den 6. Oktober einen Platz im Schlafwagen reserviert, in der Hoffnung, dann nach Paris reisen zu

Mit Joachim Röntgen in Den Haag, 1940.

31. März 1941: Ankunft am frühen Morgen im unbesetzten Teil Frankreichs (von links nach rechts: Clara Haskil, A. Leguillard, Colette Meyer, ein Bauer, D. E. Inghelbrecht).

Marcel David.

Die Gräfin Pastré.

Anfang 1942, mit Youra Guller und Georges Auric bei Gräfin Pastré in Montredon.

können. Meine Schwester ist mit dem Orchester Inghel in Rennes[1]*, und sie teilte mir mit, man habe beschlossen, beim Radio keine Ausländer mehr zu engagieren, folglich werde ich dort keine Arbeit finden. Was soll man da sagen? Was tun? Womit beginnen? War meine Schwester nicht doch viel klüger? Und ich sehr dumm? Widersprechen Sie mir nicht! Sagen Sie mir nur, wohin ich gehen soll – wo bin ich denn zu Hause? Nirgends – vielleicht in einer anderen Welt. Hier wurden alle meine Konzerte abgesagt – es bleibt nur noch eines in Vevey im Dezember und ein anderes in Lausanne im Januar. Für jedes dieser Konzerte brauche ich aber unter den gegebenen Umständen noch ein besonderes Visum . . .*

Diese Visa gaben Anlaß zu einer Reihe von Unannehmlichkeiten: Clara, die vor allem schauderte, was ihren Händen schaden oder sie auch nur beschmutzen konnte, war gezwungen, sich die Fingerabdrücke nehmen zu lassen. Anfangs sträubte sie sich: «Habe ich denn jemanden umgebracht, ohne es zu wissen? Ich mag zwar ein Schwachkopf sein, aber doch nicht in solchem Maße!» Schließlich erhielt sie ihre Visa und kam am 7. Oktober in Paris an.

Ihre Wohnung war nicht geheizt, und so begab sie sich fast täglich in die Avenue Malakoff, um auf dem Bechstein- oder Steinway-Flügel von Mme. Stephan Desmarais, mit der sich Clara trotz ihrer fast krankhaften Zurückhaltung ausgezeichnet verstand, zu arbeiten. Wie immer, wenn Clara auf sich selbst angewiesen war, vernachlässigte sie ihre Verpflegung, oft brachte ihr Mme. Desmarais etwas Eßbares in ihre Wohnung in der Rue Saint-Didier.

Clara besuchte ihre Schwester Jeanne in Rennes und schrieb von dort an Dinu:

Nichts Neues. Ich spiele nirgends . . Ich hätte Lust gehabt, Münch vorzuschlagen, Ihre Suite am Konservatorium zu spielen, aber dann habe ich es doch unterlassen.

Clara befand sich in denkbar schlechter Verfassung: Sie war nun bald 45 Jahre alt, und noch nie war ihr die Zukunft in jeder Hinsicht dunkler, leerer und ungewisser erschienen. Dazu litt sie, obschon sie nie davon sprach, sehr stark unter

---

[1] Der Rundfunk wurde nach der Kriegserklärung nach Rennes verlegt, und das ganze Orchestre National installierte sich dort am 25. September.

dem bis dahin allerdings noch relativ begrenzten Krieg. Jede Art von Gewalt war ihr zutiefst verhaßt.

Glücklicherweise lenkten sie die beiden Konzerte in Lausanne und Vevey – am 19. und 23. Januar – sowie ein Klavierabend im Sanatorium in Leysin am 24. Januar etwas ab. Anläßlich des Konzertes in Lausanne hatte sie erstmals eine Gedächtnislücke. Sie hörte zu spielen auf und sagte vernehmlich: «Ich kann nicht mehr weiter.» Dann begann sie nochmals von vorne. Ein solcher Zwischenfall wiederholte sich nie wieder, doch fürchtete sie sich trotz ihres phänomenalen Gedächtnisses stets vor solchen «Hängern», dem Schreckgespenst vieler Virtuosen.

Anläßlich dieser Reise lernte sie den Pianisten Nikita Magaloff und dessen Frau, die Tochter von Joseph Szigeti, kennen, die bald zu Claras treuesten Freunden zählten. Magaloff schilderte seine erste Begegnung mit Clara wie folgt:

Jener Nachmittag im Januar 1940 wird mir stets in lebhafter Erinnerung bleiben. Oft treten die bedeutendsten Ereignisse völlig unvermutet ein, und erst viel später wird einem deren ganze Tragweite bewußt.

Ich hatte Clara Haskil einmal in einem Konzert gehört und kannte ihr großes Talent. Meine Frau und ich waren deshalb begeistert, sie bei uns zu empfangen, als eine gemeinsame Freundin aus Vevey vorschlug, sie mitzubringen. Das reizende alte Haus, das wir damals in Clarens bewohnten und in dem später unsere pianistischen «Orgien» stattfanden, war gänzlich eingeschneit, und ich sehe Clara noch vor mir, wie sie mit vorsichtigen, kleinen Schritten den Fußpfad hinan durch den Schnee stapfte und voller Entzücken unsere Katze streichelte. Ich erinnere mich an die Wärme in ihrem Blick, an unsern unmittelbaren gegenseitigen Kontakt, an die Freude, die mich erfüllte, als sie sich ans Klavier setzte, um es auszuprobieren.

Ich glaube, daß mich nie ein Spiel so tief in seinen Bann gezogen hat wie dasjenige Claras. Diese undefinierbare Art, so perlend und beschwingt zu spielen, ist mir noch immer so deutlich gegenwärtig wie der Duft eines besonders eindringlichen Parfums, der einem zu Kopf steigt und den man nie mehr vergißt.

Bestimmte Werke bleiben für mich immer mit Clara verbunden, sogar gewisse Fehler – ein zu rasches Tempo, eine kleine Unsauberkeit – sind mir im Gedächtnis geblieben. Sie hatten einen zusätzlichen Reiz wie kleine Mängel in einem geliebten Gesicht. Unsere Freundschaft begann an jenem Tag unserer ersten Begegnung ... Welch eine Beglückung, welch ein Anreiz war es für mich, mit Clara zusammen zu musizieren oder dieser außergewöhnlichen Künstlerin zuzuhören!

Clara blieb nur einige wenige Tage in der Schweiz und kehrte dann wieder nach Paris zurück, von wo sie nach Holland weiterreiste, um in Den Haag und Amsterdam am 14. und 16. Februar zusammen mit Joachim Röntgen je einen Sonatenabend zu geben. Sie schrieb an Dinu: «Da ich nichts anderes vorhatte, nahm ich an, obwohl mir das Ganze mehr Spesen als Einnahmen bringen wird. Aber ich werde wenigstens arbeiten. Kann ich hier etwas für Sie tun?»

«Bei beiden Konzerten ist alles gutgegangen», gestand sie Dinu in einem späteren Brief, fügte jedoch hinzu: «Aber allein spiele ich einfach nicht mehr so gut, eigentlich sollte ich es aufgeben. Übrigens habe ich im Moment nichts in Aussicht ... Seit letztem Jahr geht es bergab, man muß sich damit abfinden.»

Am 15. März schrieb sie aus Paris:

Mein lieber Dinu,

Nun kann auch ich nicht mehr schreiben. Ich weiß nicht, was mit mir los ist, aber ich vermag kaum mehr die Feder zu halten, sie gleitet mir aus den Fingern, mein Kopf ist leer und ausgetrocknet, um nur wenig zu sagen ... Ihr Brief hat mir sehr große Freude bereitet, ebenso die darin enthaltenen Nachrichten; ich bin glücklich zu erfahren, daß Sie gut in Form sind und schöne Pläne haben. Bravo!

Übrigens war ich sehr böse!

1. *daß Sie mich bereits durch Madeleine Cantacuzène*[1]*, meine gefürchtete Konkurrentin auf allen Gebieten, ersetzten,*
2. *daß Sie unser Pariser Programm kopiert haben,*
3. *daß Sie am 28. und 29. Februar im Radio spielen werden; ausgerechnet in diesem Jahr muß der Februar 29 Tage haben ...*

So also handeln Sie? Nun gut, Herr Dinu, ich nehme es zur Kenntnis, und wenn die Sache so steht, werde ich eben mit J. D. spielen, einem Pianisten (einem zweitklassigen, unter uns

[1] Später wurde sie Lippatis Frau.

gesagt), der ohnehin besser zu mir paßt – wir harmonieren wenigstens. Es tut mir leid, verehrter Kollege, aber ich will, daß Sie es wissen . . .

Ich nehme an, Sie haben meine Karte aus Den Haag bekommen. Ich teilte Ihnen darauf mit, daß ich Ansermet, der das Orchester von Mengelberg dirigierte, Casals (er reiste im selben Zug wie ich), Lilli Kraus, Doda Conrad und noch viele andere getroffen habe. Lilli Kraus hat selbst den Dirigenten gewählt, mit fünfzig bis sechzig Musikern traten sie mehrmals in Holland auf, wo sie immer drei Klavierkonzerte von Mozart spielten (B-Dur, Es-Dur – das meinige – und c-Moll). Lilli Kraus hat in diesem Winter unglaublich viel gespielt, auch Doda Conrad, aber er hatte weniger Erfolg. Jetzt fahren beide für 18 Monate nach Holländisch-Indien – möge es ihnen guttun! Nach ihrer Rückkehr will Lilli Kraus sämtliche Konzerte von Mozart spielen, bis zum achtundzwanzigsten!

Was soll ich noch sagen, als daß ich eifersüchtig feststelle, wie alle beschäftigt sind und ich einfach dahinvegetiere und warte, bis ich zweihundert Jahre alt sein werde. Was kann ich nur machen? Haben Sie eine Idee?

Meine Schwester ist noch immer in Rennes, ich habe sie seit zwei Monaten nicht mehr gesehen. Vielleicht kann ich sie zu Ostern besuchen. Um den 5. April werde ich in die Schweiz fahren, um in Bern und vielleicht auch in Zürich mit dem Geiger Röntgen zu spielen – aber all das ist noch nicht sicher.

Clara verbrachte Ostern bei ihrer Schwester in Rennes, wo sie ausnahmsweise am 1. April eine Radiosendung bei Paris PTT machte. Anschließend, am 9. April, wurde eine Sendung für Radio Bern aufgenommen (Honorar 120 Schweizer Franken). Von dort schrieb sie am 10. April an Dinu:

Ich habe unlängst einigermaßen zufriedenstellend bei den PTT gespielt, aber gestern hier (ebenfalls im Radio) so schrecklich schnell, daß ich, als ich mich selbst hörte, ganz entsetzt war . . .

Dann, am 20. April, nach ihrer Rückkehr nach Paris:

Lieber Dinu,

wie gerührt war ich, als ich Ihre Karte mit den Worten Ihrer Mama las! Es war wirklich eine Überraschung zu erfahren, daß

Sie einen Teil der Sendung vom 9. gehört haben. Was für ein merkwürdiger Zufall! Ich bin über das, was Sie mir sagten, sehr glücklich und froh darüber, daß Sie mein Spiel nicht ganz so schrecklich fanden wie ich selbst. Ich hatte wieder einmal Lust, mich selbst zum Teufel zu wünschen ...

Zweifellos war sie bei ein oder zwei Tönen hängengeblieben – das genügte, um eine Krise heraufzubeschwören und sie erneut davon zu überzeugen, daß sie ihr Instrument nicht beherrsche.

Wie oft war sie schon winziger Patzer wegen – die selbst die gewiegtesten Zuhörer nicht bemerkt hatten – nach dem Konzert in Tränen ausgebrochen. Es dauerte oft Stunden, bis ihre Freunde sie wieder zu beruhigen vermochten.

Am 16. Mai fuhr Clara wieder nach Rennes, wegen der unsicheren politischen Lage bestand Jeanne darauf, daß ihre Schwester vorläufig dort blieb. Jeanne fand ein Zimmer für sie und mietete sogar ein Klavier. Aus Rennes schrieb Clara am 25. Juni zum letzten Mal an Dinu:

Liebster Dinu,

Ihr Brief und Ihr liebevolles Gedenken haben mich tief gerührt. Ich danke Ihnen von ganzem Herzen. Sie wissen doch, welchen Anteil ich an Ihrem Leben nehme.

Sie können sich vorstellen, welch schwierige Momente wir hier durchmachen, in welcher Sorge man lebt, wenn man an all die Menschen denkt, die einem fern sind. Ob wir wirklich eines Tages das Ende dieser entsetzlichen Katastrophe erleben werden? Sie tun gut daran, sich ganz Ihrer Arbeit zu widmen, zu komponieren, zu spielen und die Menschen und alles zu vergessen! Natürlich werden bessere Zeiten kommen – aber wann? Werden wir uns überhaupt noch einmal wiedersehen? Wer kann das wissen ...

Ich bin nun seit acht oder zehn Tagen hier und habe doch gar nicht bleiben wollen ... Ich brauche kein Klavier, ich kann nicht arbeiten, man läßt mich ohnehin nicht auftreten, und die wenigen Konzerte, die ich in der Schweiz geben sollte, mußten alle abgesagt werden, weil ich kein Einreisevisum bekam. Schicken Sie mir Ihre «Fantaisie», ich werde sie üben und mich damit trösten. Vergessen Sie es ja nicht!

Die Prinzessin ist immer noch in England ... Inghel und Tony Aubin haben sich nach Ihnen erkundigt und denken oft an Sie. Sie sind alle hier, Yvonne Astruc (die vor kurzem einen Brief von Enesco erhalten hat), Ciampi usw. ... Vielleicht komme ich dennoch in diesem Herbst nach Bukarest, obwohl ich nicht recht daran glaube. Nun ist es bald anderthalb Jahre her, daß wir uns im Bahnhof voneinander verabschiedet haben – in der Meinung, uns nach zwei Monaten wiederzusehen ... Was ist seither nicht alles geschehen ...

In herzlicher Zuneigung

Clara

Am 17. Juni, als das Orchestre National gerade im Theater probte, wurde Rennes von der deutschen Luftwaffe bombardiert. Viele Stunden folgte eine Explosion auf die andere, selbst dann noch, als bereits kein Flugzeug mehr am Himmel zu erkennen war. Es gab glücklicherweise nur wenige Opfer unter der Zivilbevölkerung, auch Clara und Jeanne blieben unverletzt. Aber ein im Bahnhof stationierter Munitionszug explodierte und richtete verheerenden Schaden an. In den mit Soldaten und Flüchtlingen überfüllten Zügen gab es Hunderte von Toten, und als die Deutschen am nächsten Tag einmarschierten, war keine Fensterscheibe mehr ganz. Clara und Jeanne erinnerten sich plötzlich voller Entsetzen ihrer jüdischen Herkunft ...

Nach dem Waffenstillstand und den langen Wochen des Abwartens hatte Clara nur den einen Wunsch: nach Paris zurückzukehren. Jeanne war dagegen, doch Clara fühlte sich wie in einem Käfig und wollte unbedingt fort. Am 31. Juli verließ sie Rennes. Das Orchestre National blieb noch bis 12. September dort.

Auch in Paris war Clara zur Untätigkeit verurteilt, doch sie konnte wenigstens einige Freunde besuchen, die Desmarais und Monsieur Demiéville, dessen Frau und Kinder bei Kriegsausbruch in die Schweiz geflüchtet waren. Doch hatte Clara kaum Gelegenheit, Klavier zu spielen. Wozu auch? Sie half Mme. Desmarais bei der Wohnungssuche, da dieser das Appartement in der Rue Malakoff zu groß geworden war, oder sie ging mit ihr zusammen einkaufen; darüber gibt es eine kleine amüsante Aufstellung von Claras Hand:

Rechnung

6 Wollknäuel à 18 Fr.	108.—
5 Wollknäuel à 20 Fr.	100.—
Schuhabnützung, um die Einkäufe zu tätigen	3.75
3 Minuten Schlangestehen, gelegentliche Migräne, verursacht durch die Anstrengung, die richtige Farbnuance zu wählen	1.25
Telefongespräch, um bei der schwierigen Wahl ermutigt zu werden	1.—
Die Ehre, daß diese Einkäufe von einer Künstlerin meines Ranges getätigt worden sind	unbezahlbar!

Als Jeanne ebenfalls nach Paris kam, waren sie beide in einer kritischen finanziellen Lage. Die Prinzessin war noch in England, und trotz der Unterstützung, die Clara von den Desmarais erhielt, mußte sie die zu teuer gewordene Wohnung in der Rue Saint-Didier gegen ein kleines Zimmer ohne Heizung und natürlich auch ohne Klavier eintauschen. Jeanne gab ihre Wohnung in der Rue Armand-Moizant ebenfalls auf und nahm ein Mansardenzimmer in der sechsten Etage eines Mietshauses in der Rue Vaugirard.

Es wurde beschlossen, daß sich das Orchestre National samt Instrumenten und Gepäck in die «freie Zone» absetzen solle, um nach Marseille zu gelangen, wohin sich bereits die übrigen Mitarbeiter des Radios zurückgezogen hatten. Der Plan dieses illegalen Überschreitens der «Demarkationslinie» wurde von zwei Musikern des Orchesters, den Herren Amette und Wught, minutiös vorbereitet. Inghel, der das ganze Unternehmen überwachte, war damit einverstanden, daß Clara, die so oft mit dem Orchester gespielt hatte, mitkommen sollte. Doch die Passage war teuer, und das Orchestre National, das für alle Kosten (Transport, «Passeure», usw.) seiner Musiker aufkam, konnte nicht auch noch für Clara bezahlen.

Diese wandte sich an die Sekretärin der Prinzessin de Polignac, Mlle. Galpérine, die in Paris geblieben war, um das Haus in der Avenue Henri-Martin zu überwachen und während der Abwesenheit der Prinzessin deren Besitz zu verwalten. Dank ihrer Hilfe bekam Clara das Geld für die Passage.

Am 2. März 1941 überschritt die erste Gruppe des Orchesters, in der sich Jeanne befand, bei Angoulême die Demarkationslinie und erreichte Marseille über Périgueux und Agen ohne Zwischenfall. Von da an bis zum 31. März gelangten alle Musiker vom National in Vierer- und Fünfergruppen in Abständen von zwei bis drei Tagen wohlbehalten in die freie Zone.

Am 30. März brachen Herr und Frau Inghelbrecht (mit ihrer Katze), Colette Meyer, Albert Leguillard (beide Bratschisten) und Clara von Paris nach Angoulême auf, wo sie in einem in der Nähe des Bahnhofs gelegenen Café Amette und Wught trafen. Nach einer unruhigen Nacht in einem verrufenen Hotel machten sie sich um vier Uhr morgens auf den Weg; eine kurze Strecke mit einem alten Lieferwagen und dann zu Fuß, unter der Führung von Amette, weiter bis zum Treffpunkt mit dem Passeur. Es mußte ein neuer Weg vereinbart werden, da diesem der bisherige bereits «brenzlig» schien. Während dieses langen nächtlichen Marsches – immer einer hinter dem andern auf schmalen Pfaden – blieb Amette plötzlich stehen und flüsterte: «Still, reden Sie kein Wort!» Inghel, der unmittelbar hinter ihm war, gab den Befehl weiter: «Amette sagt, wir sollen schweigen.» Dies löste trotz der allgemeinen Spannung einen kaum unterdrückbaren Lachkrampf aus, denn Amette war ein unverbesserlicher Schwätzer, der während der Proben häufig von Inghel angeschnauzt wurde: «Amette, schweigen Sie!» . . . Doch zurück zum Fluchtweg . . .!

Der Passeur erschien, und Amette konnte den Rückweg antreten, um nach vollbrachter Mission einige Tage später mit Wught nach Marseille zu kommen. Die kleine Gruppe war nun ganz auf den Passeur angewiesen, der «nicht sehr optimistisch war», wie Inghel notierte und ergänzend hinzufügte: «Er hat offensichtlich Angst und erzählt uns, daß die Gefängnisse in der Umgebung mit Menschen überfüllt seien, die das gleiche vorhatten wie wir und geschnappt worden waren.»

Beim Morgengrauen ging es mehrere Kilometer querfeldein, immer im Gänsemarsch. Es herrschte große Spannung, und jeder fürchtete sich vor einem Zwischenfall, allein schon wegen der Katze der Inghelbrechts, die in ihrem Korb ununterbrochen miaute. An der Spitze ging der Passeur, sein Fahrrad neben sich her schiebend, dann folgten Colette Meyer, Inghel, Frau Inghelbrecht, Clara und Leguillard. Inghel schrieb noch in sein Notizbuch:

Eine Wegstrecke war besonders gefährlich: wir mußten uns dukken und konnten unweit den Posten der deutschen Polizei erkennen. Es wehte ein kalter Vorfrühlingswind, im Wald blühten schon die ersten Veilchen, und die Vögel sangen. Doch uns war während unseres morgendlichen Spaziergangs alles andere als froh zumute. Überall gab es Verbotstafeln mit Totenköpfen und der Warnung, sich nicht in die Sperrgebiete zu begeben. Leguillard trug nebst seinem Instrument noch den Koffer von Clara, die von den Anstrengungen und Aufregungen der schlaflosen Nacht völlig erschöpft war. Uns allen klopfte das Herz bis zum Halse . . .»

Doch sie schafften es. Bei Marthon überschritten sie die Grenze und betraten voller Erleichterung den Boden der freien Zone. Auf einem von Inghel aufgenommenen Foto sieht man die ganze Gruppe auf einem Bauernhof, von der aufgehenden Sonne beschienen, glücklich vereint.

Clara hat diese Anstrengungen mit bemerkenswerter Energie überstanden, aber als sie mit ihren Gefährten in Marseille ankam, war sie todmüde. Einige Tage später erschienen die Deutschen in der Rue Armand-Moizant in Paris und wollten Jeanne verhaften.

Gleich nach der Ankunft in Marseille mußten sich die Musiker des Orchestre National einer Jury stellen, die von Alfred Cortot, der damals der große Meister der Musik von Vichy war, präsidiert wurde. Cortot behauptete, erst nach einem Wettbewerb die neuerliche Eingliederung der Musiker in das Orchester bestätigen zu können. Trotz heftigen Protestes von seiten Inghels beharrte Cortot auf seinem Beschluß. Die Musiker mußten sich schließlich der Schikane fügen – alle, bis auf einen, der mit Hut und Geigenkasten auf dem Podium erschien und ruhig, aber entschieden der Jury und vor allem Cortot seine Meinung sagte, um dann in würdevoller Haltung vor den Augen der verblüfften Zuschauer wieder zu verschwinden. Einige Musiker vergaßen diese Demütigung nie und sollten Cortot noch Jahre später einen Denkzettel verpassen. Sie verschränkten alle vor dem Publikum demonstrativ die Arme, als Cortot einmal mit dem Orchestre National ein Klavierkonzert spielen sollte, worauf dieser, mit überraschender Geistesgegenwart, vor den streikenden, still dasitzenden Musikern ein kurzes Soloprogramm improvisierte.

Jeanne bestand den Wettbewerb und wurde wieder in das Orchester aufgenommen, jedoch nicht für sehr lange Zeit. Der Antisemitismus gewann immer mehr an Boden, und die Orchester wurden von Juden «gesäubert». Die Tatsache, daß Jeanne erste Geigerin in Cortots Orchester war, zählte überhaupt nicht mehr. Es gab keinen Aufschub; am 23. Juli 1941 mußte sie dann schließlich endgültig aus dem Orchester ausscheiden.

Clara hatte ebenfalls die größten Schwierigkeiten mit den Behörden. Als Ausländerin wurde ihr der Aufenthalt in Marseille verboten, und nur aufgrund ständiger Gesuche, die von Woche zu Woche erneuert werden mußten, erlaubte man ihr, dort zu bleiben, bis sie endlich die Genehmigung für einen Daueraufenthalt in Cannes bekam, wo sie am 29. Mai 1941 völlig mittellos eintraf.

Zum Glück hatte Clara, während sie sich noch in Marseille aufhielt, zufällig ihre ehemalige Kollegin vom Pariser Konservatorium, Youra Guller, getroffen, die im Laufe ihrer glänzenden Karriere manches Hoch und Tief erlebt hatte. Youra war zu Gast bei der Gräfin Pastré, einer großen Musikfreundin, die auf ihrem prachtvollen Besitz in Montredon, einem Vorort von Marseille, eine ganze Kolonie verschiedenster Künstler beherbergte – geflüchtete, enteignete, sogar verfolgte, darunter auch viele Juden. Georges Auric, Maroussia Le Marc'hadour, Lanza del Vasto hielten sich unter anderen dort auf (auch Edith Piaf verbrachte einige Zeit dort) . . .

Wegen der Notlage, in der sich Clara befand – sie hauste in einem armseligen kleinen Zimmer –, bat Youra die Gräfin Pastré, Clara bei sich aufzunehmen. «Noch eine, und dazu noch eine Pianistin!» seufzte die Gräfin, die Clara weder persönlich kannte noch sie jemals spielen gehört hatte und nur durch die Prinzessin de Polignac einiges über sie wußte. Doch Youra bestürmte sie: «Dieser mußt du einfach helfen.»

Montredon war zum Bersten voll, und trotz ihres großen Einflusses in Marseille konnte die Gräfin für Clara keine Aufenthaltsbewilligung erhalten. Aber man stand ihr jetzt hilfreich zur Seite, und dank der Gräfin konnte sie in das alte Hotel Splendid im Hafen von Cannes übersiedeln. Dort blieb sie drei Monate hindurch, völlig allein, ohne mit jemandem sprechen oder auch nur die Tasten eines Klaviers berühren zu können. Der Krieg, der sich immer mehr ausgebreitet und die ganze Welt erfaßt hatte, verurteilte sie zu völliger Untätigkeit.

Dank der Gräfin Pastré hatte Clara Gelegenheit, im September einige Wochen bei Freunden in der Nähe von Monluçon zu verbringen. In Lissey gab sie am 27. und 28. September einen Kammermusikabend, zusammen mit einem Geiger, der «Zigeunerweisen mit derart schlechtem Geschmack vortrug, daß einem selbst die gute Musik dadurch verleidet werden konnte». Am 17. September schrieb sie an Jeanne:

Erhielt einen äußerst liebenswürdigen Brief von Casals. Er ließ durchblicken, daß er nicht abgeneigt wäre, wieder mit mir zu spielen, aber momentan akzeptiere er kein Engagement, weder in Frankreich noch anderswo.

Die Gräfin Pastré hat mir wieder geschrieben. Sie hat nichts gegen mich, aber sie sieht keine Möglichkeit für mich, nach Marseille zu kommen. Daran läßt sich nichts ändern.

Und am 9. Oktober:

Morgen werde ich mich in Villeneuve-lès-Avignon installieren und endlich meine Sachen auspacken können. Ich weiß noch nicht, in welchem Hotel ich wohnen werde, das entscheide ich morgen. Ich mußte nicht wenige Reisen auf mich nehmen, um endlich etwas zu erreichen. Die Gräfin Pastré hofft immer noch auf eine Chance, mich nach Cannes zurückkommen zu lassen.

In den ersten Dezembertagen kehrte Clara dann schließlich nach Marseille zurück und wohnte diesmal bei Lili Pastré in Montredon. Dort konnte sie ziemlich regelmäßig arbeiten. Sie fuhr hin und wieder nach Marseille, um in der Klavierhandlung in der Rue Saint-Féréol bei Mme. Gebelin zu üben, die ihr, nachdem sie sie spielen gehört hatte, begeistert Tür und Tor ihrer Studios öffnete.

Dort versammelten sich um Clara oft einige Freunde: Simone Gebelin (die Tochter des Geschäftinhabers, später die Gattin von Lanza del Vasto), Armand Lévy, den Clara in Avignon kennengelernt hatte, einige Instrumentalisten des Orchestre National, der Maler Kundera (welcher ein schönes Porträt von Clara anfertigte), Juliette Achard usw.

Am 20. Dezember wirkte Clara in Montredon bei einem von der Gräfin Pastré veranstalteten Konzert mit. Die Geigerin Janine Andrade und die Pianistin Monique Haas (die gerade aus der besetzten Zone angekommen war) spielten eine Sonate von Pergolesi und danach die Kreutzersonate. Clara übernahm den Klavierpart im 5. Brandenburgischen Konzert und spielte das Klavierkonzert in Es-Dur von Mozart mit einem Kammerorchester, das sich größtenteils aus Musikern zusammensetzte, die aus dem Orchestre National ausgeschieden waren. Die Leitung hatte Félix Raugel. Etwas später schrieb Clara darüber an einen Freund:

Mein letztes triumphales Konzert – und dann wieder große Ruhe – fand am 20. Dezember statt . . . Sie können sich gar nicht vorstellen, wie gut ich gespielt habe, ich kam mir vor wie Casals . . . Ich muß gestehen, daß mir die Darbietung vortrefflich geglückt ist.

Während ihres Aufenthaltes in Montredon wurden Claras Kopfschmerzen häufiger und heftiger. Dazu kam, daß alle Juden sich bei der Polizei zu melden hatten. Clara erwog, was wohl gefährlicher sei: sich registrieren zu lassen oder bei einem vorschriftswidrigen Verhalten ertappt zu werden. Auf den Rat einiger ihrer Freunde beschloß sie, sich vorläufig nicht zu melden.

Am 29. Januar 1942 kehrte Clara nach Cannes zurück, nachdem sie sich tags zuvor noch hatte röntgen lassen, um die Ursache ihrer ständigen Kopfschmerzen feststellen zu können. Daraufhin empfahl man ihr, in Nizza noch einen Augenarzt und einen Neurologen zu konsultieren.

Diesmal war sie in Cannes nicht allein. Sie traf Marcel Mihalovici und Monique Haas, die sich dort ein Haus gemietet hatten. Clara suchte die beiden täglich auf, fürchtete aber so sehr, zu stören, daß sie, kaum zur Tür hereingekommen, sagte: «Ich gehe gleich wieder.» Man drängte sie, zu bleiben, und sie ließ sich überreden (diese Szene wiederholte sich fast täglich), und dann musizierten sie zusammen, oft bis in alle Nacht hinein. Mit Mihalovici (Bratsche) spielte sie Sonaten. Manchmal kam auch Jeanne aus Marseille, wo sie sich mit Unterrichtgeben ihren Lebensunterhalt verdiente, und dann spielten sie Trio. Einmal, so gegen zwei Uhr morgens, als Clara schon im Mantel und mit Handschuhen – den berühmten «Baumwollhandschuhen» – zum Gehen bereit war, fragte sie wie ein naschhaftes kleines Mädchen: «Wollen wir nicht noch eine letzte Sonate spielen?» Und ohne abzulegen, begann sie mit einer Beethovensonate!

Aber am 19. Februar schrieb sie:

Heute arbeitete ich zwei Stunden – meine Finger bewegen sich mit der Geschmeidigkeit und Schnelligkeit einer Schildkröte –, eine Abwechslung für mich, da ich üblicherweise viermal so schnell spiele!

Während dieser zweieinhalb Monate, die Clara in Cannes zubrachte, war sie, obschon sie keine spezielle Veranlassung dazu hatte, dank ihrer Freunde recht fröhlich. Doch die Kopfschmerzen wurden immer unerträglicher und waren oft von Sehstörungen begleitet. «Ich sehe nur noch die Hälfte einer Notenseite», sagte sie, wenn sie sich ans Klavier setzte. Und am 5. April schrieb sie an Joseph Morpain:

Ich glaube, ich habe Ihnen schon monatelang nicht mehr geschrieben, was aber nicht besagen will, daß ich nicht an Sie gedacht habe. Nie werde ich die schönen Momente vergessen, die ich bei Ihnen verbracht habe. Ihre wertvollen Ratschläge, unsere Gespräche über Musik und der Gedanke an Ihre aufrichtige Zuneigung geben mir Kraft.

Wenn ich Ihnen nicht mehr geschrieben habe, so darum, weil mir meine Gesundheit, vor allem meine Augen, üble Streiche spielen. Ich lese und schreibe kaum noch, was mich sicher noch intelligenter werden läßt, und das will doch in der Tat nicht wenig heißen ...

Ich bin hierhergekommen, um einen berühmten Augenarzt zu konsultieren, und warte nun schon seit zwei Monaten auf dessen Ratschluß wegen der Behandlung meines Leidens. Man sprach von einer Trepanation oder einer andern «Bagatelle» dieser Art, aber es scheint nicht sehr dringlich zu sein. Mein Fall soll auch nicht besonders schwerwiegend, aber ernst sein – welch subtile Nuancen! Deshalb glaube ich, daß man nun einfach noch abwartet, bis der Fall schwerwiegend sein wird, um dann etwas zu unternehmen. Nun, wie dem auch sei, ich verstehe nichts davon, aber ich sehe auch nichts mehr, und das interessiert mich. Was das arme Klavier anbetrifft ...

Lassen Sie bitte bald von sich hören, ich werde Ihnen bestimmt schreiben. Casals hat hier mit der Pianistin Reine Gianoli gespielt. Er ist ganz verrückt nach ihr ...

Sie hat wirklich Glück ...

Ich umarme Sie alle.

An einen anderen Freund schrieb sie einige Tage später:

Ich kann kaum mehr schreiben, was mir das Leben noch mehr erschwert. Ich sehe sogar mit Brille sehr schlecht. Man hat davon gesprochen, mir die Schädeldecke zu öffnen, was mir besonders gut gefiel. Es steht aber noch nicht eindeutig fest, und ich würde es sicherlich bedauern: man könnte immerhin einen kostbaren Schatz in meinem Kopf entdecken . . .

Inzwischen genieße ich die wunderschöne Gegend, wo ich im Kreise liebenswerter Freunde alles vergesse. Meinem Klavierspiel geht es sehr schlecht. Meine Finger gehorchen mir überhaupt nicht mehr, und ich bin unfähig, eine Etüde von Czerny einigermaßen anständig zu spielen. Ob es mit mir wohl jemals wieder werden wird?

Am 17. April fuhr sie erneut nach Marseille, um am 19. auf einer Soiree bei der Gräfin Pastré, die sie auch beherbergte, mitzuwirken. Da die Spezialisten in Nizza zu keinem Entschluß gekommen waren, suchte sie nun Dr. Jean Hamburger, einen ihr von Colette Meyer (Bratschistin beim Orchestre National) empfohlenen jungen Arzt auf. Er war ebenfalls nach Marseille geflüchtet.

Die beiden waren sich von der ersten Unterredung an sympathisch. Aber die Diagnose war sehr beunruhigend. Nach Ansicht Dr. Hamburgers handelte es sich um einen Tumor an der Hypophyse, der auf den Sehnerv drückte. Man mußte so schnell wie möglich operieren, da für Clara Gefahr bestand, zu erblinden.

Clara sah dieser Situation gefaßt und mutig ins Auge. Dies war auch nötig, denn ihr Zustand beschwor fast unlösbare Probleme herauf. Zunächst einmal verfügte sie nicht über die erforderlichen Geldmittel, um eine solche Operation finanzieren zu können, die, wie ihr Dr. Hamburger nicht verschwieg, sehr schwierig und mit großen Risiken verbunden war.

Zu jener Zeit steckte die Gehirnchirurgie in Frankreich noch in den Anfängen. Sie war fünfzehn Jahre zuvor von Thierry de Martel aus den Vereinigten Staaten «importiert» worden und bei seinem Kollegen und Freund Clovis Vincent auf großes Interesse gestoßen. Die beiden Spezialisten hatten auf ihrem Gebiet bedeutende Erfolge erzielt und junge Schüler herangebildet. Aber bisher waren nur die in Paris vorgenommenen Eingriffe erfolgreich verlaufen. In der Provinz war die neue Operationsmethode noch recht wenig bekannt, und die

Spaltung Frankreichs in zwei Teile isolierte die medizinischen Zentren der freien Zone. Derartige Operationen endeten in der Provinz oft mit Katastrophen, die schlimmer sein konnten als der Tod. Auch in Marseille waren die Überlebenschancen in einem solchen Fall gleich Null.

Dr. Hamburger war sich der Schwierigkeiten voll bewußt, und er dachte daran, einen Chirurgen aus Paris kommen zu lassen. Aber als 1940 die Deutschen in Paris einmarschiert waren, hatte sich Thierry de Martel das Leben genommen, während Clovis Vincent (er hatte fünf Jahre vorher Maurice Ravel operiert), jetzt zweiundsechzigjährig, auf dem Höhepunkt seiner Karriere stand. Ihn zuzuziehen, davon konnte nicht die Rede sein. Doch Hamburger dachte an einen von Vincents Schülern, Marcel David, der mit vierundvierzig Jahren in der medizinischen Welt bereits einen beachtlichen Ruf genoß. Lili Pastré, die bereit war, die Spitalkosten zu übernehmen, hielt es allerdings aus mehreren Gründen für unmöglich, einen Arzt aus Paris kommen zu lassen; würde er überhaupt kommen und Clara operieren – und wenn ja, zu welchem Preis?

Jeanne klammerte sich jedoch an diese Hoffnung. Eine Freundin vom «National» bot ihr in einem spontanen Anflug von Solidarität die wenigen Goldstücke an, die sie besaß. Jeanne kam auf die Idee, sich an Claras Schweizer Freunde zu wenden. Sie schrieb auf eigene Faust an E. W. Rossier in Vevey, schilderte ihm die Lage und bat um Hilfe. Dr. Hamburger seinerseits veranlaßte den Direktor der Firma «Rivoire et Carret», einen Freund der Familie Gebelin, sich mit Dr. David in Paris in Verbindung zu setzen.

Clara arbeitete weiter, obwohl sie immer heftiger litt. Sie bereitete sich auf den Sonatenabend mit Casals in Montredon vor. Eines Tages, als sie in einem Café auf Jeanne wartete, geriet sie in eine «Razzia», der sie dank der Freundlichkeit eines französischen Polizisten unbehindert entkam. Der Schrecken war groß – Clara zitterte noch im nachhinein!

Dann kam die Antwort aus Paris: Doktor David, ein leidenschaftlicher Musikfreund, der Clara zwar nicht persönlich kannte, sie aber vor dem Krieg hatte spielen hören, erklärte sich damit einverstanden, nach Marseille zu kommen. Er erbat sich lediglich die Reise- und Aufenthaltskosten. Das hatte man nie zu hoffen gewagt...

Einige Tage später kam Jeannes Hauswirtin frühmorgens zu ihr, um sie zu warnen – zwei Herren wünschten sie zu sprechen. Jeannes erster Gedanke war zu flüchten ... doch dann entschloß sie sich klopfenden Herzens und in Erwartung des Schlimmsten, doch hinunterzugehen. Sie sah sich zwei Vertretern der Firma Nestlé gegenüber, die ihr im Auftrag von E. W. 30 000 Francs überreichten, die von Claras Schweizer Freunden für sie gesammelt worden waren!

Alle Vorbereitungen wurden getroffen für die Operation im Hôtel-Dieu, dem einzigen Krankenhaus von Marseille, in dem – trotz der dürftigen Einrichtungen – eine derartige Operation überhaupt durchführbar war. Der Direktor von «Rivoire et Carret» kümmerte sich um die nötigen Formalitäten für den «Ausweis», den Dr. David für das Überschreiten der Demarkationslinie brauchte. Am 4. Mai schrieb Clara aus Montredon an Simone Petit:

Schreiben ist mir zur Qual geworden, mir, die ich doch sonst so gern alles erzählte, was mir durch den Kopf ging oder mich bedrückte.

Ich fürchte sehr, daß es nun bald mit meinem armen Klavierspiel endgültig aus ist. Ich habe keine Technik mehr und besitze überhaupt nichts mehr von meiner schönen Begabung. Letzten Dezember spielte ich das Konzert in Es-Dur von Mozart noch «unvergleichlich» (Sie lesen richtig: unvergleichlich!) Aber seither habe ich nichts mehr gearbeitet, weil ich mich einerseits gehenließ und andererseits hauptsächlich mit meiner Gesundheit beschäftigt war. Am 15. und 16. dieses Monats soll ich bei Mme. Pastré spielen ... mit Casals! ... Stellen Sie sich vor, jetzt, wo ich nichts mehr kann! Ich arbeite ein wenig im Hinblick auf diesen großen Tag.

Tags darauf oder einen Tag später werde ich mich ins Krankenhaus begeben, um mich der besagten Kopfoperation zu unterziehen. Man behauptet, sie sei zur Erhaltung meines Augenlichts unbedingt notwendig. Wird das Konzert mit Casals mein «Schwanengesang» sein?

Am 16. Mai gab sie mit Casals tatsächlich jenen denkwürdigen Abend, an dem sie die Sonate in e-Moll von Beethoven sowie die Sonate in e-Moll von Brahms spielten. An diesem strahlenden Spätnachmittag im Frühling bildete der Park von Montredon den schönsten Rahmen für dieses einzigartige und

Clara spielt auf der Geige von Peter Rybar . . .

Werner Reinhart.

Der Komponist Emile Blanchet.

Sam Gétaz.

Mit Anna Langenhan, 1943.

Mit Dinu Lipatti
und Wilhelm Backhaus.

unbeschreibliche Erlebnis, wobei nach Meinung einer Zuhörerin Clara in ihrem Spiel «Casals beinahe überlegen» war.

Der Zeitpunkt der Operation rückte näher, doch Jeanne, voller Angst, und auch Clara zauderten noch vor dem großen Risiko ... Dr. David kam am 27. Mai an, untersuchte die Patientin und bestätigte die Diagnose seines jungen Kollegen sowie die Notwendigkeit der Operation; er verschwieg aber auch nicht, was bei einem solchen Eingriff auf dem Spiel stand. Clara faßte gleich Vertrauen zu diesem großgewachsenen, imposanten Mann mit dem intelligenten, gütigen und offenen Blick, der so bedächtig sprach. Sie, der ihre Hände mehr bedeuteten als ihr Leben, war nun bereit, sich den kräftigen, eindrucksvollen, aber beruhigenden Händen des Chirurgen zu überlassen. Am nächsten Tag trat sie ins Hôtel-Dieu ein, wo man gleich damit begann, ihr die Haare zu scheren – was sie besonders traurig machte: «Das einzig Schöne, das ich habe», seufzte sie.

Am 29. Mai, um acht Uhr morgens, während eine zunehmende sommerliche Hitze herrschte, fuhr man sie in den Operationssaal. Dr. David ließ sich von einem jungen Arzt von Marseille assistieren, der später selbst ein ausgezeichneter Neurochirurg wurde.

Man begann die Kopfhaut mit Kokain-Injektionen zu betäuben (während der ganzen Operation brauchte sie insgesamt dreißig solcher Spritzen), denn zu jener Zeit konnte man solche Eingriffe nur mit Lokalanästhesie vornehmen. Clara konnte daher bei vollem Bewußtsein die ganze Operation verfolgen, die über vier Stunden dauerte. Tatsächlich sind nur die Kopfhaut und die Gehirnhülle (harte Hirnhaut) schmerzempfindlich, sowohl der Knochen wie auch das Gehirn selbst sind unempfindlich. Das Zersägen des Knochens erzeugt allerdings eine sehr unangenehme und geräuschvolle Erschütterung, die zur Pein und für viele Patienten unerträglich werden kann ... Was den Sehnerv anbetrifft, so ist dieser ebenfalls unempfindlich.

Um ganz sicher zu sein, daß während des Eingriffs weder ihre Denkfähigkeit noch ihre Hände Schaden litten, bewegte Clara fast ununterbrochen ihre Finger und klopfte damit ganz leise Mozarts Klavierkonzert in Es-Dur, «ihr Konzert», auf dem Operationstisch.

Mme. Inghelbrecht verfaßte ein für die Schweizer Freunde Claras bestimmtes Rundschreiben, in dem sie über die Operation berichtete:

Marseille, den 1. Juni 1942.

Clara wurde am Freitagmorgen von 8 Uhr 30 bis 1 Uhr im Hôtel-Dieu von Marseille operiert. Die Kliniken, die Mme. Pastré in Betracht gezogen hatte, sind leider nicht mit den für eine derartige Operation erforderlichen Einrichtungen versehen. Clara war unter dem Einfluß von Betäubungsspritzen ganz ruhig und nur halb bei Bewußtsein.

In den Tagen vor der Operation war sie teils mutig, teils angsterfüllt. Ihre Schwester Jeanne ließ sie nie allein.

Während der schweren Stunden der Operation warteten Jeanne und einige Freunde in den trostlosen Gängen des alten Krankenhauses. Ab und zu kam ein überaus freundlicher Arzt, der junge Dr. Hamburger, herunter, um uns zu beruhigen; alles gehe gut, man habe den Tumor gefunden, der nicht bösartig sei; es handle sich um eine besonders unglücklich gelegene kleine Geschwulst an der Hypophyse, die auf den Sehnerv drückte. Verästelungen seien keine vorhanden, die Ärzte zeigten sich glücklich überrascht.

Alles ging gut; um 1 Uhr fuhr man die Kranke, die während der ganzen Operation bei Bewußtsein und sehr mutig gewesen war, aus dem Operationssaal.

Man mußte die ersten drei kritischen Tage abwarten, die heute abend zu Ende gehen. Gestern war Claras Zustand äußerst zufriedenstellend, kein Fieber, keine beunruhigenden Symptome. Sie ist nur sehr müde und klagt über Rückenschmerzen – infolge des Liegens – und über leichte Kopfschmerzen; auch quält sie noch die Erinnerung an die Operation, die sie Minute um Minute vier Stunden hindurch wie einen Alptraum miterlebt hat.

Leider ist die Kranke sehr unkomfortabel untergebracht, in einem zu kleinen Zimmer, zusammen mit einer Leidensgenossin, die morgen dieselbe Operation über sich ergehen lassen muß. Trotz der Bemühungen von Mme. Pastré war diese Unannehmlichkeit nicht zu vermeiden gewesen – in dem alten Krankenhaus herrscht stets Platzmangel. In dem winzigen und sehr warmen Zimmer schläft auch noch Jeanne auf einem Liegestuhl, Clara wird hier noch einundzwanzig Tage flach liegen müssen! Nun, wir wollen einzig daran denken, daß Clara endgültig gerettet zu sein scheint, ohne daß irgendeine Invalidität zurückbleiben wird, was bei solchen Operationen durchaus nicht selbverständlich ist.

Jeanne Haskil und alle hiesigen Freunde Claras sprechen den Schweizer Freunden ihren innigsten Dank für die außerordentliche Großzügigkeit aus, mit der sie Clara ihre herzliche Zuneigung bewiesen haben.

Dr. David, zu dem Clara, als man sie aus dem Operationssaal hinausbrachte, gesagt hatte: «Sicher habe ich Sie ermüdet!» – blieb noch einige Tage in Marseille, um gewiß zu sein, daß sich keine Komplikationen ergaben. Clara erholte sich unwahrscheinlich schnell. Der Tumor an der Hypophyse war zweifellos auch die Ursache der Skoliose gewesen, deren erste Symptome bereits dreißig Jahre früher aufgetreten waren. Vermutlich war das Adenom damals bereits im embryonalen Zustand vorhanden gewesen.

Am 9. Juni wurde Clara aus dem Krankenhaus entlassen, um sich in einer Privatklinik (Klinik Bouchard, Rue du Docteur-Escot) einer Radiotherapie als Nachbehandlung zu unterziehen. Die Gräfin Pastré hatte ihr dort ein Einzelzimmer reservieren lassen (endlich allein!). Jeanne blieb die ganze Zeit bei ihr.

Am 4. Juli verließ Clara die Klinik und war glücklich, wieder in Montredon zu sein.

Sie erhielt Briefe von Freunden, unter anderem einige Zeilen von Casals, der am 1. Juli aus Prades schrieb:

Liebe Clara,
ein Brief von Ihnen, Gott sei gelobt, und vielen herzlichen Dank. Sie müssen mir auf diese Zeilen nicht antworten ... Ich hoffe, daß Sie jetzt die so dringend benötigte Erholung finden. Welch herrliche Arbeit steht uns noch bevor! Sagen Sie sich immer wieder das Wort von Brahms vor: «Langsam.»
Ihr Freund *Pau Casals*

Nach ihrer Rückkehr nach Montredon widmete sich Clara wieder vorsichtig dem Klavierspiel. Voller Dankbarkeit gedachte sie Marcel Davids, der nun zu ihren Freunden gehörte und später einmal sagte: «Sie waren die größte Freude in meiner ganzen beruflichen Karriere.» Clara war gleich wieder zuversichtlich: Das Klavier sang unter ihren «magischen» Händen, als hätte sie niemals aufgehört zu arbeiten, als hätte die schwere Operation niemals stattgefunden – und sie konnte wieder normal sehen.

Sie erholte sich unwahrscheinlich schnell. Um Claras Genesung zu feiern, beschloß Lili Pastré, einen Mozartabend zu veranstalten, bei dem Clara als Krönung ein Klavierkonzert spielen sollte. Diese wählte das Konzert in d-Moll, KV 466, das sie vorher noch nie gespielt hatte. Vermutlich hatte sie es, wie so viele andere Mozartkonzerte, vor nun beinahe dreißig Jahren während ihres Aufenthaltes in Berck rein theoretisch auswendig gelernt. Sie brauchte einen Monat, um es einzustudieren – eine wahre Meisterleistung, wenn man in Betracht zieht, daß sie zwei Monate im Krankenbett verbracht und seit drei Jahren überhaupt nur noch ganz selten gearbeitet hatte, ja manchmal mehrere Monate hintereinander überhaupt hatte aussetzen müssen.

Am 25. August, in einer wunderbaren Sommernacht, im Scheine der Kerzen, die die Notenpulte beleuchteten, und begleitet vom Zirpen der Grillen, geschah ein Wunder – alle Mitwirkenden und alle Zuhörer sollten jenen Abend im Park in unauslöschlicher Erinnerung behalten. Überall in der Welt wütete der Krieg, Verhaftungen und Verfolgungen waren an der Tagesordnung, Haß und Fanatismus machten auch in Frankreich das Leben zur Hölle. Und hier, in dieser Oase, die nicht mehr Teil dieser gepeinigten Welt zu sein schien, saß eine zierliche Frau ohne Alter, mit verbundenem, von einem Turban umhüllten Kopf am Klavier und übertrug mittels ihres Spiels eine aus den unergründlichen Tiefen der Seele aufsteigende Emotion auf ihre gebannt lauschenden Zuhörer. Antoine Goléa versuchte in der Ausgabe vom 2. September der Zeitung «Le mot d'ordre» diese Gefühle und Empfindungen in Worte zu fassen:

Mozart in einem verzauberten Park.

An einem Augustabend bei Vollmond wurden wir zu einem Mozartfestspiel im Garten von Montredon eingeladen. Allen düsteren Ereignissen dieses Jahrhunderts schien der Zutritt am Eingangstor verwehrt worden zu sein – das Weinen der von ihren Müttern getrennten Kinder, das Stöhnen der Verwundeten, das dumpfe Klagen der jüngsten und ältesten Märtyrer dieses Krie-

ges, ja aller Kriege, schien aufgehoben in diesem Frieden und der heiteren Gelassenheit dieser Nacht. In einem von beleuchteten Baumgruppen und Statuen gebildeten magischen Kreis erblickte man vor einem leeren Raum, der sozusagen die von draußen gekommenen Uneingeweihten von dem Wunder trennte, das hier geschehen sollte, ein Orchester, das ebensogut am Hofe eines Erzherzogs aus dem 18. Jahrhundert hätte spielen können, und ein Podium, auf dem ein leichtes, spinettartiges, fast geisterhaft wirkendes Klavier stand. Über allem das Licht der Sterne am nächtlichen Firmament und der halbverdeckte Mond. Raugel hob seinen Stab. Die ersten Akkorde erklangen, begleitet vom Gezirp der Grillen. Mozart ... Das Adagio maestoso der ersten Serenade glitt gefährlichen Abgründen entlang. Der übrige Teil der Serenade und das von Courtinat so fein ziselierte Hornkonzert in Es-Dur sowie die Symphonie in B-Dur waren von engelhafter Reinheit.

Bei den ersten Tönen des Klavierkonzerts in d-Moll jedoch fühlte man sich in eine andere Welt versetzt, eine unermeßliche, dunkle, tragische Welt. Plötzlich wurden uns wieder die Geschicke einer leidenden Menschheit bewußt. In diesen Klängen kündigten sich schon Beethoven, Schubert, Schumann an. Im Schweigen des Orchesters schwang sich vom Klavier die melodische Linie empor, perlende Töne klangen durch die Nacht.

Schon lange sind wir Ihnen diese Laudatio schuldig, Clara Haskil. Schon seit jenem Tag, wo uns die zarte Anmut und die düstere Schwermut Ihres Spiels im Schatten des großen Casals zutiefst erschüttert hat. Mit welcher Kraft ist es Ihnen gelungen, die schreckliche Krankheit zu überwinden? Zweifellos dank der Liebe, die Sie umgab. Aber auch mit Hilfe jener geheimnisvollen Kraft, mit der Sie uns heute, nach Ihrer wunderbaren Heilung, Ihre Angst und Ihre Freude mitteilen. Und noch etwas anderes liegt in Ihrem Spiel: Heute abend haben Sie in diesem verwunschenen Garten unter dem Sternenhimmel auszusprechen gewagt, was jeder von uns für unmöglich gehalten hätte – die große Klage einer todwunden Welt. Sie vereinigen in sich die Seele der Musik und die der leidenden Menschheit. Wenn wir diesen magischen Kreis verlassen, werden wir uns gestärkt fühlen und weniger allein. Dank Ihnen werden wir uns sanft, doch unverbrüchlich mit jenen verbunden fühlen, die irgendwo in der Nacht Qualen und Schmerzen erleiden.

Das Konzert wurde für Clara zu einem einzigen Triumph, und das war für sie der Beweis ihrer Auferstehung. Allerdings bedeutete das nicht das Ende ihres Kreuzwegs. Immer noch fehlten ihr die nötigen Papiere für ihre Ausreise in die Schweiz. Blanchet, der sich darum bemühte, schrieb ihr:

Angeblich steht Ihre Nationalität der Einreiseerlaubnis im Wege: man behauptet, Rumänien wolle «Ausbürgerungen»[1] *vornehmen. Ich kann es nicht glauben.*

In den ersten Tagen des Monats September traf Clara Armand Lévy, und sie gingen zusammen in ein Café auf der Place de Castellane. Der Spätnachmittag war strahlend. Clara fühlte sich entspannt und in gehobener Stimmung – der Erfolg in Montredon hatte ihr wieder etwas Selbstvertrauen verliehen. Plötzlich sprangen zwei Männer in Zivil aus einem Wagen, traten auf sie zu und verlangten ihre Ausweispapiere. Da ihre Identitätskarten den anklagenden Stempel «Jude» trugen, wurden sie aufgefordert, mitzukommen. Zusammen mit etwa fünfzehn weiteren Personen wurden sie ins bischöfliche Palais, den Sitz der Polizeiwache, gebracht. Dort warteten bereits Hunderte von Menschen. Es war gegen sechs Uhr abends, und von Stunde zu Stunde wurde die Zahl größer.

Clara war außer sich vor Angst, und ihr Begleiter, der sie zu beruhigen versuchte, war nicht minder besorgt. Man kannte die möglichen Folgen solcher Verhaftungen nur zu gut ... Die Stunden vergingen, immer neue Gruppen von Männern, Frauen und Kindern wurden hereingeschoben. Das Warten wurde zur Qual.

Ein junger Mann in Begleitung eines ordengeschmückten Greises unterhandelte mit einem Aufseher. Es gelang ihm schließlich, beim Polizeikommissar vorgelassen zu werden. Armand Lévy folgte dem Beispiel, und auch ihm gestand man eine Unterredung zu. Er sprach von Claras internationalem Ruf, von ihrer Operation, von Dr. David, von dem Konzert in Montredon ... Vor allem bat er wiederholt darum, unverzüglich die Gräfin Pastré zu benachrichtigen. Nach einer Weile versprach der Kommissar, sein möglichstes zu tun.

Wieder begann endloses Warten. Aber der Kommissar hatte Wort gehalten. Die Gräfin Pastré war unterrichtet worden und hatte sofort eingreifen können. Kurz nach Mitternacht wurden

[1] Für die Juden.

Clara und Armand Lévy freigelassen. Sie fuhren nach Montredon. Clara war völlig erschöpft.

Schließlich wurden auch alle andern, die bei derselben Razzia, welche die Regierung von Vichy unter dem Druck der Deutschen angeordnet hatte, verhaftet worden waren, nach achtundvierzig Stunden wieder entlassen, doch Clara kam von diesem Erlebnis nicht los, sie verbrachte schlaflose Nächte, und ihre Umgebung machte sich Sorgen um ihre immer noch sehr angegriffene Gesundheit.

Wieder einmal nahm Jeanne nun die Dinge energisch in die Hand. Dr. Hamburger (der offiziell nicht praktizieren durfte) hatte ihr über einen «arischen» Kollegen ein ärztliches Attest verschafft. Jeanne sandte es als SOS an Mme. Demiéville in die Schweiz. Mit Hilfe ihrer Freunde unternahm diese nun alle nur erdenklichen Schritte, um von den eidgenössischen Behörden so schnell wie möglich die Einreiseerlaubnis für Clara zu erhalten.

Es war ein regelrechtes Wettrennen. Es grassierten zahlreiche Gerüchte über ein Vordringen der deutschen Besatzungstruppen in die freie Zone. Das Leben der Flüchtlinge war dort nicht mehr in Sicherheit. Clara mußte immer wieder an ihre Verhaftung denken. Sowohl sie wie Jeanne machten sich keine Illusionen über das Schicksal, das sie erwartete, wenn sie in die Hände der Deutschen fielen.

Dieses neuerliche Warten, die Angst und die Ungewißheit wurden unerträglich. In den letzten Oktobertagen erhielt Clara endlich von der Schweizer Gesandtschaft in Marseille die Einreiseerlaubnis. Auch hier muß man von einem Wunder sprechen, das dank der vereinten Anstrengungen von Mme. Demiéville und dem Kreis der treuen Schweizer Freunde zustande gekommen war: Herr Gétaz hatte direkt bei der Regierung in Bern vorgesprochen, Blanchet, E. W. Rossier und Werner Reinhart hatten die moralische und die finanzielle Bürgschaft für Clara übernommen.

Dennoch zögerte Clara jetzt, Frankreich zu verlassen; sie wollte nicht ohne Jeanne wegfahren, deren Lage trotz ihrer französischen Staatsbürgerschaft keineswegs rosig war. Leider gab es keine Möglichkeit, auch für Jeanne dieselben Begünstigungen zu erhalten wie für Clara, und deren Visum war zeitlich begrenzt; sie mußte ihre Abreise auf den 6. November festsetzen. Ihre Freunde und Jeanne beschworen sie, endlich zu fahren, aber Clara konnte sich nicht entschließen; am Morgen des 6. November flehte sie Jeanne an, von Dr. Hamburger ein neues Attest zu erbitten, damit sie ihr Visum um einige Tage verlängern lassen könne. Schweren Herzens gab Jeanne nach. Zu ihrer Erleichterung jedoch weigerte sich Dr. Hamburger kategorisch, ihr das erbetene Papier auszustellen; Clara durfte ihre Abreise um keinen einzigen Tag mehr verschieben.

Noch am selben Abend, um 23 Uhr 50, fuhr Clara nach Genf. Am Bahnhof Saint-Charles in Marseille blieben etwa zwanzig treue Freunde zurück, die traurig von ihr Abschied genommen hatten. «Vielleicht ist es ein Lebewohl für immer», hatte jeder im stillen gedacht.

Am nächsten Tag kam Clara nach einer endlosen zwanzigstündigen Reise auf dem kleinen Bahnhof Eaux-Vives in Genf an. Als der Schweizer Zollbeamte ihren Paß gesehen hatte, sagte er; «Sie sind also Fräulein Haskil, der wir so viel schöne Musik verdanken?»

Clara rief sogleich ihre Freunde in Genf, Lausanne und Vevey an. Die erste Nacht hatte sie im Hotel verbracht. Als man sie gebeten hatte, ihren Ausweis bei der Anmeldung abzugeben, da die Polizei eine täglich Kontrolle durchführte, zog sie es vor, ungeachtet ihrer entsetzlichen Müdigkeit in der Hotelhalle auf die Polizei zu warten, um ihre Papiere persönlich vorzuzeigen. Es hatte sie soviel Mühe gekostet, sie zu erhalten, daß sie sie keinen Augenblick aus der Hand geben wollte.

Endlich konnte sie sich niederlegen, schlafen, die Angst vergessen. Wieder einmal war sie im Exil, sie besaß gar nichts mehr, aber sie war frei, zum zweiten Mal innerhalb weniger Monate gerettet.

Und wiederum verdankte sie ihre Rettung – wenigstens zum Teil – Jeanne und Dr. Hamburger. Als er sich geweigert hatte, ihr ein neues Attest auszustellen, konnte er allerdings noch nicht wissen, daß ein deutscher Panzerzug am 1. November die Demarkationslinie bei Moulin in Richtung Vichy überrollen würde. Ein weiterer Panzerzug traf über Langon ein. Die Generaldirektion der französischen Eisenbahnen hatte zwar die Weisung gegeben, nur der Gewalt zu weichen, Vichy aber gab die Verlautbarung heraus, daß dem Vormarsch nichts entgegenstünde. Daraufhin setzten sich zwei andere deutsche Züge von Dijon nach Marseille in Bewegung. Dies war der Anfang des zunächst noch geheimgehaltenen Einzugs der Okkupanten in der «freien Zone».

Clara war noch nicht einmal vierundzwanzig Stunden in der Schweiz, als die Alliierten in Nordafrika landeten. An jenem denkwürdigen 8. November fuhr Clara nach Vevey, wo die Familie Gétaz sie herzlich aufnahm. Zutiefst gerührt, betrat sie wiederum das prächtige Waadtländer Haus. Solide und behäbig stand es da mit seinem alten Ziegeldach. Dahinter dehnte sich ein Garten, den eine Mauer umschloß und in dem ein Springbrunnen plätscherte, überragt von den mächtigen Wipfeln einer Zeder. Und von da schweifte der Blick zur «Grand Place» von Vevey und über den Genfer See zu den Savoyischen Alpen, zum verlorenen Frankreich hin ...

Vier Tage später, am 12. November, besetzten die Deutschen Marseille. Seit 48 Stunden war jede Verbindung zur Schweiz unterbrochen. 1942 war für Clara das Jahr der Wunder gewesen.

Der Durchbruch

(1942–1949)

Vevey, 1, rue de Lausanne

An die Freunde Clara Haskils

Wir freuen uns, Ihnen mitteilen zu können, daß Clara Haskil dank eidgenössischer und kantonaler Unterstützung eine Aufenthaltsgenehmigung für die Schweiz erhalten hat und Samstag, den 7. November, hier eingetroffen ist. Sie hält sich zurzeit in Vevey auf. Obwohl sie von der schweren Operation, der sie sich unterziehen mußte, noch sehr angegriffen ist, kann man ihren Gesundheitszustand als zufriedenstellend bezeichnen.

Mit großer Erleichterung stellen wir fest, daß nun alle Gefahren abgewandt sind, denen Clara bislang ausgesetzt war. Jetzt geht es darum, ihr für die Zeit ihres Schweizer Aufenthaltes, dessen Dauer wir nicht voraussehen können, die nötigen Existenzmittel zu verschaffen.

Wir wenden uns an alle ihre Freunde mit der Bitte, einen ihren Möglichkeiten entsprechenden Beitrag zu leisten und uns wissen zu lassen, mit welcher Summe wir dank Ihrer großzügigen Unterstützung in den nächsten sechs Monaten, d. h. bis Ende April 1943, rechnen können. Der Betrag kann entweder auf einmal oder in Monatsraten, per Scheck oder Postanweisung an Herrn Sam Gétaz, 1, rue de Lausanne, Vevey, überwiesen werden.

Clara Haskil darf im Augenblick in der Schweiz keine bezahlte Tätigkeit ausüben und auch keinerlei Engagements annehmen. Sie ist ihren Freunden für jede Art von Hilfe unendlich dankbar und möchte als Zeichen ihrer Dankbarkeit gern einige Hauskonzerte geben oder vielleicht als Begleiterin, etwa bei Kammermusikabenden, mitwirken. Doch braucht sie zunächst dringend etwas Ruhe und muß jede Anstrengung vermeiden. Sie alle kennen sie gut genug, um zu wissen, daß sie wieder spielen wird, sobald sie dazu in der Lage ist, und deshalb bitten wir Sie, uns jetzt schon Ihre Wünsche mitzuteilen – Clara Haskil wird sie erfüllen, sobald die Umstände es erlauben.

Wir danken Ihnen im voraus für das Verständnis, das Sie unserer Bitte entgegenbringen.

Mit freundlichen Grüßen

Andrée Denham
Madeleine Gonser
Sam Gétaz
Henri Détraz
E. W. Rossier

Dieser sogleich nach Claras Ankunft abgesandte Brief zeugt bereits von der Hilfsbereitschaft und Solidarität, die man Clara in der Schweiz entgegenbrachte. Aus allen Kantonen kamen Spenden. Einige Freunde Claras scheuten sich nicht, von Tür zu Tür zu gehen und Eintrittskarten für Konzerte zu verkaufen, deren Erlös Clara zugute kommen sollte.

Im Hause der Gétaz fühlte sich Clara geborgen, sie erholte sich allmählich von den Mühen und Aufregungen. Doch dann erkrankte sie plötzlich an Rotlauf, und da sie fürchtete, sie könnte ihre Gastgeber anstecken, bestand sie auf Einweisung in ein Krankenhaus. Sie wurde im «Hôpital de la Providence» aufgenommen.

Glücklicherweise war sie bald genesen, aber die Hochstimmung der ersten Tage nach ihrer Ankunft war verflogen, und sie mußte sich wohl oder übel eingestehen, daß die Zukunft nicht eben rosig aussah. Sie durfte noch immer keine berufliche Tätigkeit ausüben, durfte den Kanton Waadt nicht ohne ausdrückliche Erlaubnis der Behörden verlassen, ja sie getraute sich nicht einmal, regelmäßig Klavier zu spielen, weil sie die Gastfreundschaft der Gétaz nicht über Gebühr strapazieren wollte. Oft war sie traurig und mutlos, dann machte sie lange Spaziergänge in der Umgebung.

Eine Zeitlang wohnte sie in einem kleinen Zimmer in der Rue d'Italie, im Hause eines Konditors, der ihr ein Klavier zur Verfügung gestellt hatte. Später zog sie in die Pension Poschung in der Rue du Simplon, wo sie sich, wie sie einmal sagte, sehr unglücklich fühlte. Schließlich mietete sie ein bescheidenes Zimmer im Hotel «Touring» unweit des Bahnhofs. So wechselte sie mehrere Jahre zwischen möblierten Zimmern und Hotelzimmern, immer begleitet von ihren zwei Koffern, die sie niemals gänzlich auspackte. Nach und nach schaffte sie sich auch wieder Noten an – alles, was sie besessen hatte, war ja in Kisten verpackt in Paris zurückgeblieben – und übergab sie der ihr treu ergebenen und stets hilfsbereiten Hélène Stricker in Lausanne zur Aufbewahrung.

Das Nichtstun bedrückte Clara, sie hatte zuviel Zeit, über sich selbst nachzudenken, und sie fand die Bilanz der letzten zwanzig Jahre niederschmetternd. Sie wurde nun bald achtundvierzig; zwar hatten einige wenige ihre ungewöhnliche Begabung, deren sie sich sehr wohl bewußt war, erkannt, aber die große Karriere war ihr versagt geblieben.

Und an eine Fortsetzung ihrer beruflichen Tätigkeit war, wenigstens in allernächster Zukunft, nicht im entferntesten zu denken.

Dennoch blieb Clara nicht ganz müßig: Ende Dezember veranstalteten die Gétaz ein Hauskonzert in dem riesigen Musikzimmer ihrer Villa. Etwa hundert Gäste waren gekommen, unter ihnen Igor Markevitsch, Hugues Cuénod und Nikita Magaloff. Und wieder waren alle begeistert von den unvergleichlichen, unerklärlichen, nicht in Worte zu fassenden musikalischen Qualitäten Claras, die ihr Spiel zu einem Genuß ohnegleichen werden ließen. Magaloff notiert:

«Ich habe bei keinem meiner Kollegen – auch bei den berühmtesten nicht – jemals diese unglaubliche, verwirrende Leichtigkeit gespürt, diese ungezwungene pianistische Sicherheit, aus der die Musik spontan, natürlich und unbekümmert hervorbricht. Was andere nur durch mühevolles Arbeiten und langes Überlegen erlernten, schien ihr sozusagen in den Schoß zu fallen. Sie war eine gottbegnadete Künstlerin, ich glaube, das fühlte selbst der ungeschulteste Zuhörer, und das verlieh ihrem Spiel seine so einzigartige Schönheit.»

In demselben Saal der Gétaz, in dem Clara später noch so häufig Klavierabende geben sollte, spielte im Dezember des folgenden Jahres auch das Ensemble Ars Rediviva unter Leitung von Claude Crussard, für den Clara die größte Bewunderung empfand. Die Violonistin des Ensembles, Dominique Blot, gehörte, leider nur für kurze Zeit, zu den vertrautesten Freunden Claras.

Um ungestört arbeiten zu können, richtete sich Clara nun für einige Wochen in Lausanne ein. Von dort aus schrieb sie am 9. Januar 1943 an Jeanne in Marseille die folgenden Zeilen:

Seit Neujahr arbeite ich täglich zwei bis drei Stunden bei Foetisch in einem geheizten Musikstudio, das meiner Wohnung direkt gegenüberliegt.

Sie bereitete einen Klavierabend vor, den sie Ende Januar auf Schloß Glérolles (zwischen Lausanne und Vevey) geben sollte. Dank den Bemühungen ihrer Freunde erhielt sie jetzt schon ohne allzu große Schwierigkeiten die behördliche Erlaubnis zu öffentlichem Auftreten. In diesem Zusammenhang ist vor allem der Chef der Eidgenössischen Fremdenpolizei, Herr Bächtold, zu nennen: Er hatte sich bereits, als es um Claras Einreise in die Schweiz ging, für sie eingesetzt und brachte ihr stets Sympathie und Wohlwollen entgegen, die sich wiederholt in tatkräftiger und für sie überaus wertvoller Hilfeleistung bekundeten.

Doch während Clara in Lausanne war, wurde die Lage in Marseille immer bedrohlicher. Von einem ihrer Freunde vom Orchester, der mit der Widerstandsbewegung in Verbindung stand, erfuhr Jeanne, daß dreitausend Polizisten nach Marseille beordert worden waren, um dort eine gründliche «Säuberung» durchzuführen. Armand Lévy hatte die Nachricht erhalten, daß eine erste nächtliche Großrazzia geplant war. Jeder suchte sich für diese Nacht ein Versteck, doch Armand Lévy wurde aufgespürt, in das überfüllte Gefängnis «Baumettes» gebracht und vierundzwanzig Stunden später zusammen mit anderen Unglücklichen den Deutschen ausgeliefert. Im Morgengrauen wurden etwa zehntausend Juden, Männer, Frauen und Kinder, auf dem Bahnhof von Arenc mit Gewehrkolbenstößen in Viehwaggons getrieben, die man hinter ihnen verriegelte und die sich bald darauf in Richtung Deutschland in Bewegung setzten.

In der Nacht gelang es Armand Lévy und einigen anderen, die Verriegelung ihres Waggons aufzubrechen. Ohne abzuwarten, bis der Zug etwas langsamer fuhr, sprang ein junger Mann hinaus, wurde von den Rädern erfaßt und zermalmt. Trotz dieses entsetzlichen Vorfalls beschloß Armand Lévy, alles auf eine Karte zu setzen, und als der Zug etwas langsamer wurde, sprang auch er hinaus. Er erlitt schwere Verletzungen, aber einer seiner Kameraden, der kurz nach ihm abgesprungen war, kam ihm zu Hilfe, und sie schleppten sich bis Rompont-sur-Ardèche, wo sie im Morgengrauen, völlig erschöpft, bei Bauern anklopften, die sie zwar nur ungern einließen, ihnen aber doch erlaubten, neue Kräfte zu sammeln, bevor sie weiterzogen. Armand Lévy fand schließlich einen Unterschlupf, wo er seine Wunden ausheilen und sich bis zur *Libération* versteckt halten konnte.

Jeanne war der ersten Großrazzia entgangen. Am 25. Januar war sie mit einer Freundin von Marseille nach Agen gefahren. Von dort war sie mühelos in das Dörfchen Saint-Sixte im Departement Lot-et-Garonne gelangt, wo sie sich bei einer braven Bäuerin bis zum Abzug der Deutschen im Jahre 1944 verbergen konnte.

Die letzten Tage der Besetzung allerdings verliefen recht dramatisch: Die SS-Truppen, berüchtigt durch ihre Greueltaten in Tulle und Oradour, hielten auf dem Rückzug ein wahres Strafgericht unter der Bevölkerung ab. Jeanne mußte querfeldein in einen Wald flüchten und kam erst zurück, als wieder Ruhe eingekehrt war.

Armand Lévys Zug hatte inzwischen Compiègne erreicht und war von dort in Richtung der deutschen Konzentrationslager weitergeleitet worden. Was weiter geschah, ist nicht schwer zu erraten ...

Clara sollte alle diese Einzelheiten erst nach dem Krieg erfahren, aber sie wußte natürlich nur allzu gut, unter welcher Bedrohung ihre Schwester und ihre Freunde ständig lebten. Auch war sie seit acht Monaten ohne jede Nachricht aus Bukarest und machte sich Sorgen um Lili. Sie versuchte, nicht ständig daran zu denken, aber sensibel, wie sie war, nahm sie alles doppelt schwer. Wenn die Rede auf den furchtbaren Krieg kam, vor dessen Schrecken sie nun auf so wunderbare Weise geschützt war, verstummte sie, ja nicht einmal in ihren Briefen sprach sie darüber. Sie spielte Klavier, soweit es ihr die Umstände erlaubten, sie spielte stundenlang zäh und beharrlich.

E. W. Rossier war es gelungen, in Vevey, wo Clara jetzt wieder wohnte, einen Klavierabend im Rahmen der «Arts et Lettres» zu veranstalten. Wenig später, am 27. März, schrieb Clara an Hélène Stricker, wie sehr sie sich «um den lieben, großen Freund Blanchet» sorge – der denn auch kurz darauf verschied. Damit ging eine dreißigjährige ungetrübte Freundschaft zu Ende, in der sich Blanchet als selbstloser Helfer bei Claras Flucht bewährt hatte, was sie ihm nie vergaß. Sein Tod traf sie zutiefst, und ihr Schmerz ließ die Innigkeit ahnen, mit der sie an den Menschen hing, denen sie von Herzen zugetan war, auch wenn sie ihre Gefühle nicht immer zu zeigen vermochte (was im Fall Blanchet keineswegs zutraf). Hélène Stricker versuchte Clara zu trösten; am 2. April erhielt sie folgende Antwort:

Liebe Hélène,

für Ihre freundliche Anteilnahme bin ich Ihnen sehr dankbar. Sie können meine unendliche Trauer verstehen, zu der noch das Gefühl hinzukommt, daß ich einen Menschen, der mir lieb war, sterben ließ, ohne ihm meine Zuneigung auch nur im geringsten gezeigt zu haben ... Ein solcher Gedanke ist schlimmer als der Tod und wird mich mein ganzes Leben lang verfolgen.

Jetzt, wo ich den Freund verliere, verstehe ich ihn vielleicht sogar noch besser als früher, ich verstehe auch das Gefühl der Leere, das er bei allen denen zurückläßt, die ihn gekannt und geliebt haben. Ich habe für Blanchet tiefe Zuneigung und unendliche Bewunderung empfunden – ob er das aber überhaupt je bemerkt hat?

Seit dem Tod meines Onkels, der mich aufgezogen hat und der für mich wie ein Vater war, habe ich noch nie mit solcher Intensität gefühlt, was es heißt, wenn ein Freund wie Blanchet nicht mehr ist.

Sie tun gewiß gut daran, zu arbeiten. Ich sollte mich, wenigstens aus Pflichtgefühl, auch an die Arbeit machen. Aber ein Konzert wäre mir jetzt nur eine Last. Ob es mir wohl gelingen wird, die Freunde, die mich darum gebeten haben, auf einen späteren Zeitpunkt zu vertrösten?

Tatsächlich war Clara eine Zeitlang so niedergeschlagen, daß an Klavierspielen nicht zu denken war. Als sie schließlich doch wieder damit begann, half ihr gerade die Arbeit, das innere Gleichgewicht allmählich wiederzuerlangen. Im Mai gab sie einen privaten Klavierabend in Bern, dann spielte sie in der Universität Lausanne, und am 30. Juni wirkte sie an

Sonatenabend mit Peter Rybar.
Kein Geringerer als Edwin Fischer blättert die Seiten um (1945).

Hilda Gélis.

Am Beginn ihrer Karriere

einer «Hommage für Blanchet» mit, die von Radio Bern gesendet wurde.

Ende Juli fuhr Clara nach Berg, wo Frau Langenhan eine Musikschule für Pianisten eröffnet hatte. Clara blieb den ganzen August über dort, doch es war so heiß, daß sie nicht arbeiten konnte.

Eines Tages kam ein Brief von Lipatti, der ihr mitteilte, daß er mit Madeleine von Bukarest aus eine Konzerttournee nach Dänemark, Schweden und Finnland antrete, deren Endpunkt, wenn möglich, die Schweiz sein sollte. Natürlich freute sich Clara darüber, doch überrascht der Ton ihres Antwortbriefes ein wenig – er läßt die Wärme von einst vermissen:

Mein lieber Dinu,

Ihre aufschlußreichen Briefe habe ich mit großer Aufmerksamkeit gelesen, und ich danke Ihnen sehr, daß Sie mir so ausführlich von sich selbst und Ihrer Laufbahn berichtet haben. Sie wissen ja, wie sehr mich das alles interessiert und wie froh mich Ihre Erfolge stimmen, die mich zugleich in keiner Weise überraschen. Ich habe immer gewußt, daß Sie sehr schnell eine große Karriere machen werden – bei Ihrem Talent und Ihrer Persönlichkeit war das leicht vorauszusehen.

Sollte Sie Ihre Tournee, was ich sehr hoffe, wirklich hierherführen, so brauche ich Ihnen nicht zu sagen, wie glücklich ich mich schätzen würde, Sie wiederzusehen. Ich habe unsere schöne gemeinsame Zeit keineswegs vergessen, auch nicht unsere langen Telefongespräche, und nicht die Pläne, die wir zusammen schmiedeten und die sich allesamt zerschlugen. Aber das gehört der Vergangenheit an ... Was mich betrifft, so mache ich keine Zukunftspläne mehr. Ansermet kennt Sie schon und schätzt Sie sehr. Zurzeit ist er allerdings verreist, ebenso Kantor. Kantor werde ich vielleicht Ihren letzten Brief nachschicken, denn wenn er zurückkehrt, bin ich selbst schon wieder in Vevey, also weit weg von Zürich. Ich wünsche von ganzem Herzen, daß Sie kommen mögen, aber ich will mich noch nicht zu sehr darauf freuen, um nicht vielleicht bitter enttäuscht zu werden.

Tausend Grüße an Ihre Familie und Ihnen, lieber Dinu, meine allherzlichsten Gedanken.

Clara

Dinu und Madeleine kamen zu Beginn des Winters 1943 in die Schweiz und ließen sich in Genf nieder. Die erste Begegnung zwischen ihnen und Clara verlief ein wenig gespannt: Clara fürchtete Madeleine und ihr Urteil, vielleicht hegte sie auch unbewußt einen kleinen Groll gegen sie... Doch die Schranken fielen bald: Dinu hatte Madeleine seit vier Jahren so viel von Clara erzählt, daß es für Madeleine leicht war, Claras Vertrauen zu gewinnen. Madeleine verstand vor allem, was Dinu und Clara verband, und sie war nicht eifersüchtig, ja sie zog sich sogar oft zurück, um diese beiden «Wesen des Lichts», wie sie sie gern nannte, allein zu lassen. Dinu und Clara konnten sich dann in ausgelassene Kinder verwandeln, am stärksten aber fanden sie natürlich am Klavier zueinander: Sobald er oder sie die Hände auf die Tasten legten, veränderten sie sich vollkommen, ihre Gesichter nahmen einen ernsten Ausdruck an – «wie bei einem Priester, der zuerst mit seinen Pfarrkindern scherzt und dann zum Altar geht, um die Messe zu lesen». Für Madeleine Lipatti waren Clara und Dinu zwei Idealgestalten, die sich ganz der Musik verschrieben hatten. Doch könnten, fügte sie hinzu, selbst so außergewöhnliche Wesen nicht immer auf den Höhen des Geistes wandeln, sie müßten vielmehr von Zeit zu Zeit durch Ausgelassenheit einen Ausgleich schaffen für ihre Überempfindlichkeit – die Clara eigentlich nur in Dinus Gegenwart wirklich merken ließ.

Wenn Dinu für Clara die Vollkommenheit in Person war, so stand er immer im Bann ihrer Ausstrahlung, und beiden war, trotz ihrer großen Bescheidenheit, voll bewußt, wie sehr sie sich von den andern unterschieden. Die Bewunderung, die sie füreinander hegten, ging so weit, daß sie manchmal in letzter Minute ein Stück, das auf ihrem Programm stand, durch ein anderes ersetzten, wenn sie erfuhren, daß «der andere» ins Konzert kommen wollte. Sie waren eben überzeugt, daß «der andere» gewisse Stücke weit besser interpretierte.

Obwohl sie nicht in derselben Stadt wohnten, sahen sie sich von Ende 1943 an recht häufig. Wenn Clara in Genf ankam, war sie oft traurig und niedergedrückt, aber sie entspannte sich rasch, und ihre Stimmung schlug um. Wenn sie einen besonders schlechten Tag hatte, mußten Madeleine und Dinu sie regelrecht aufpulvern; aber es gelang ihnen fast immer, sie froher zu stimmen. Das beste Mittel war und blieb das Klavier, wenn sie miteinander oder nacheinander Stück um Stück spielten. Dinu «dachte» mehr, Clara überließ sich mehr ihrem Gefühl, beide aber hatten im Grunde die gleiche Auffassung von Musik, die gleiche Achtung vor dem Werk des Komponisten. Clara stellte beglückt fest, daß der Gleichklang zwischen ihnen mit den Jahren nur noch stärker, noch vollkommener wurde.

Obgleich sie selbst praktisch keine Engagements hatte, tat sie alles, um Lipatti ein Engagement zu verschaffen und seinen Namen bekannt zu machen. Magaloff notierte damals:

Clara opferte sich auf für ihre Freunde. Ich erinnere mich, wie sie für Lipatti freundlich, aber energisch die Werbetrommel rührte, um ihn bei seiner Ankunft in der Schweiz im Jahre 1943 zu «lancieren». Clara schreckte instinktiv davor zurück, in eigener Sache die für eine Karriere notwendigen Schritte zu unternehmen. Die tiefe Freundschaft und Bewunderung, die sie für Lipatti empfand, bewogen sie jedoch, für ihn zu tun, was sie für sich selbst niemals hätte tun können. Ihre Warmherzigkeit und Überzeugungskraft öffneten ihm so manche Tür.

Als Clara Anfang 1944 von Luc Balmer, dem Leiter des Berner Orchesters, engagiert wurde, machte sie sich sofort zur Fürsprecherin Lipattis, ja sie schlug sogar vor, Lipatti an ihrer Stelle spielen zu lassen. Luc Balmer lehnte ab, aber Claras Handlungsweise war bezeichnend für ihre Selbstlosigkeit und die Vorstellungen, die sie von Freundschaft hatte.

Lipatti wurde auch so sehr rasch bekannt. Die rumänische Botschaft, die, vermutlich aus rassistischen Gründen, für Clara keinen Finger gerührt hatte, veranstaltete für Lipatti einen Klavierabend in Genf, wo ein erlesenes Publikum sein unvergleichliches Talent entdeckte. Von diesem Augenblick an stand zur großen Freude Claras seinem Aufstieg nichts mehr im Weg; 1944 wurde er, mit siebenundzwanzig Jahren, zum Professor am Genfer Konservatorium ernannt. Als Dinu im Laufe seiner brillanten Karriere Clara zu fördern versuchte, gab man ihm oft zur Antwort: «Ja, ja, sie ist eine gute Pianistin, aber . . .»

Clara empfand keinerlei Bitterkeit über Dinus steilen Aufstieg, der in so krassem Gegensatz zu dem stand, was sie selbst hatte erleben müssen. Sie fand ihn vielmehr so verdient, daß sie empört reagiert hätte, wenn es anders gekommen wäre.

Man kann sich natürlich fragen, warum man ihr, die doch in der Schweiz sehr bekannt war, nicht in ähnlicher Weise alle Wege ebnete. Vielleicht war doch ein gewisser, sehr versteckter Antisemitismus schuld daran ...

Natürlich hätte man Clara eine Stellung als Klavierpädagogin anbieten können, aber vermutlich hätte sie eine Unterrichtstätigkeit abgelehnt – sie fühlte sich außerstande, irgend etwas von ihrem pianistischen Genie an andere weiterzugeben, und dies erklärt wohl auch, weshalb sie sich selbst in den schwierigsten Momenten ihres Lebens nie dazu entschließen konnte, Stunden zu geben. In ihrer übergroßen Gewissenhaftigkeit hätte sie den Eindruck gehabt, sich das Geld der Schüler, die bei ihr lernen sollten, auf unrechte Weise anzueignen. Im Gegensatz zu ihrer Schwester Lili, die in Bukarest eine glänzende Klavierlehrerin gewesen war (wenn sie es auch aus angeborener Bescheidenheit niemandem sagte), fehlte Clara jeder Sinn für Pädagogik. Sie war mit der Musik so tief verwachsen, und alles, was mit Musik zusammenhing, schien ihr so natürlich, daß sie unmöglich erklären konnte, warum man etwas so oder anders machen sollte und warum sie es gerade so machte. Kurz vor ihrem Tode sagte sie einmal zu einer Freundin: «Wie willst du jemandem Klavierspielen beibringen? Man kann es, oder man kann es nicht!» Wenn junge Künstler sie aufsuchten, um sie um Rat zu fragen, so empfing sie sie bereitwillig und freundlich, denn sie war der Jugend sehr zugetan, aber nicht ohne Scheu, denn sie wußte, daß sie auch nicht den geringsten praktischen Fingerzeig geben konnte. Im besten Falle – doch das geschah selten, denn es entsprach nicht ihrer natürlichen Bescheidenheit – setzte sie sich ans Klavier und sagte: «Sehen Sie, ich mache es so ...» Viele aber, allen voran Nikita Magaloff, behaupteten, Clara beim Klavierspielen zusehen zu dürfen sei der beste Unterricht, den man sich nur wünschen könne. Seit der – nun schon weit zurückliegenden – Zeit am Konservatorium fand sie instinktsicher den richtigen Fingersatz, den sie theoretisch kaum jemals hätte begründen können – sie mußte ihn auf dem Klavier erfühlen. Er schien oft in keiner Weise gerechtfertigt und war eigentlich nur für ihre Hände wirklich geeignet.

Mit der Interpretation ging es ihr ähnlich. Alle, die gesehen haben, wie sie übte, wie sie an ein Werk heranging, das sie nicht kannte, haben den gleichen Eindruck behalten: Schon beim ersten Vom-Blatt-Spielen war alles fast vollkommen, sowohl in der Technik wie in der Auffassung. Es war, als hätte es sich um eine Lebensfunktion gehandelt, wie etwa um das Atmen. Clara schuf das Werk von neuem, während sie es zum erstenmal spielte. Und dieses erste Spiel hatte schon den Charakter des Endgültigen, was kleine Nuancen, durch die sich der wahre Künstler vom virtuosen Roboter unterscheidet, keineswegs ausschloß.

Dies galt vor allem für ein Riesenwerk wie die große B-Dur-Sonate op. posth. von Schubert, die Clara als erste aus der Versenkung holte und vor einem Publikum zu spielen wagte, das sie seit mehr als zehn Jahren nicht mehr gehört hatte. Clara spielte diese Sonate auf Anhieb so, wie wir sie heute, wenn auch in sehr unvollkommener Weise, auf einer ihrer Schallplatten hören können. Doch obwohl Clara immer ihrer ursprünglichen Auffassung von einem Musikstück treu blieb, veränderte sie in öffentlichen Konzerten unter der Eingebung des Augenblicks eine Nuance, erfand eine andere, überließ sich stets ein wenig ihrer persönlichen Phantasie.

Im übrigen ist es ebenso lehrreich wie verblüffend, einmal einen Blick auf Claras Noten zu werfen. Jedes Werk, das sie gearbeitet hat, trägt nur höchst sparsame Zeichen und Anmerkungen. So findet man zum Beispiel bei den Sonaten für Violine und Klavier von Beethoven, die sie mit Arthur Grumiaux zusammen aufgenommen hat, auf den einundzwanzig Seiten der Ersten Sonate etwa fünfzehn Anmerkungen, etwa zehn zur Zweiten Sonate (darunter ein einziger Fingersatz in der dritten Zeile der ersten Seite), nur zwei zur Vierten Sonate (darunter die Bemerkung: «nicht einschlafen!»), eine, auf rumänisch, in der Siebten Sonate, und zwar dort, wo die Violine einsetzt: «să fac semm cu măna» (zu deutsch: «mit der Hand Zeichen geben»). Das ist alles. Dabei handelt es sich hier um eine Partitur für Kammermusik. Die Partituren für ihre Soloabende, ja selbst die für ihre Klavierkonzerte, sind fast völlig unbeschrieben.

Dies scheint zwar außergewöhnlich, ist im Falle Claras aber nur natürlich: Kaum hatte sie ein Werk einmal durchgespielt, kannte sie es auch schon auswendig. Sie arbeitete es dann immer nur nach dem Gedächtnis, ohne noch viel in die Noten zu schauen, und zu den Proben, selbst zu den Orchesterproben, nahm sie nie ihre Partituren mit. Meistens übte sie mit geschlossenen Augen, «mezza voce». Dieses stark ausgeprägte visuelle Gedächtnis machte natürlich alle Anmerkungen überflüssig, die man sonst so zahlreich in den Partituren großer Künstler findet. Wahrscheinlich handelte es sich bei Clara weniger um ein ganz ungewöhnliches Gedächtnis als um eine ebenso seltene wie seltsame Fähigkeit des Gehirns, ein Werk so wiederzugeben, als hätte man es selbst geschaffen. Zwei Anekdoten sind in dieser Hinsicht sehr aufschlußreich:

Während des Zweiten Weltkriegs traf Clara mit dem Pianisten Vlado Perlemuter zusammen, der ihr die «Feux follets» von Liszt vorspielte. Kurz darauf spielte sie selbst bei Freunden dieses komplexe und pianistisch sehr schwierige Werk. Man bat sie um die Noten. Sie antwortete gelassen, sie habe die Noten niemals zu Gesicht bekommen ...

Jahre später machte sie in England die Bekanntschaft eines aus Deutschland stammenden jungen Pianisten und Komponisten namens Peter Feuchtwanger. Als Clara ihn aufsuchte, hörte sie an der Wohnungstür, daß er gerade an den Schlußpassagen eines Klavierwerkes arbeitete. Um ihn nicht zu stören, wartete sie, bis er abbrach, dann erst läutete sie. Sie hatte eine ganze Notenseite dieses sehr modernen Œuvre gehört. Zwei Jahre danach sahen sich die beiden wieder, und Clara fragte Feuchtwanger, wie weit er mit seiner Komposition sei. «Mit welcher?» fragte er. Da setzte sie sich ans Klavier und spielte ihm, der aus dem Staunen nicht herauskam, seine komplizierte, rhythmisch sehr eigenwillige Musik vor, die sich grundlegend von ihrem eigenen Repertoire unterschied und die sie vor zwei Jahren lediglich durch die Tür gehört hatte ...

Dabei war Clara diese unerhörte Fähigkeit so selbstverständlich, daß sie kaum je darüber sprach.

Ende 1943 allerdings schrieb sie an Hélène Stricker:

Hätte ich von Jugend an gearbeitet wie andere auch, ich hätte viel mehr leisten können. Es mag schon sein, daß ich etwas Talent hatte, aber das Sprichwort sagt: «Kein Meister fällt vom Himmel!»[1] Das ist traurig, und meine Enttäuschung darüber, nicht erreicht zu haben, was ich hätte erreichen können, ist gerechtfertigt, aber das ändert auch nichts an den Dingen.

[1] So auf deutsch im französischen Text.

Und einige Tage später:

Es ist mir klargeworden, daß ich Bach nicht spielen kann, und ich wage nicht mehr, ihn ins Programm zu nehmen. Wäre nur Blanchet da, er könnte mich so vieles lehren!

Da sie selbst keine Konzerte geben konnte, ging sie in die ihrer Kollegen:

Ich habe mir Kletzki in Lausanne angehört und dann fast die ganze Nacht nicht geschlafen. Fischer habe ich mir versagt, gestern abend aber habe ich Kletzki noch einmal gehört, und wieder hat er mich zutiefst erschüttert. In der nächsten Konzertsaison wird man überall zwei Namen lesen, und die Leute werden in Scharen herbeiströmen: Kletzki und Lipatti. Vielleicht wird man auch noch von der jungen Violonistin Aida Stucki sprechen, die mir gestern abend im Radio aufgefallen ist und bei deren Spiel ich, wie bei Kletzki, heiße Tränen vergossen habe! Ob ich nun ganz kindisch werde?

Claras Lage blieb weiterhin unsicher, doch ihre Freunde standen ihr bei, selbst aus der Ferne: Die Desmarais schickten Geld aus Paris, Werner Reinhart, der sie ebenfalls finanziell unterstützte, lud sie immer wieder zu längeren Aufenthalten nach Winterthur ein. Am 4. Januar schrieb er an Clara:

Ich bin sehr glücklich, daß Sie meine Einladung angenommen haben und für zwei Monate nach Winterthur kommen wollen. Das Zimmer, das Ihnen zur Verfügung steht, ist groß genug, daß Sie darin arbeiten können, und gut zu beheizen. Ein Ihnen passendes Klavier wollen Sie sich bitte nach Ihrer Ankunft auswählen.

1944, während eines dieser Aufenthalte in Winterthur, machte Werner Reinhart Clara mit Herrn Schultheß bekannt, einem Impresario aus Zürich, der sich in der Folgezeit sehr für sie einsetzen sollte, von 1948 an tatkräftig von Georges Payot assistiert.

Aus London sandte die Prinzessin Polignac freundschaftliche und ermutigende Briefe. Leider starb sie nur wenige Monate später.

Doch mehr noch als aller Worte der Ermutigung, mehr noch als jeglicher materiellen Unterstützung bedurfte Clara des Wiedererscheinens in der Öffentlichkeit. Zu dieser Zeit fand sie in Pierre Colombo, dem sie gleich nach ihrer Ankunft in der Schweiz bei den Gétaz begegnet war, einen aufrichtigen

Freund, ja fast einen Vertrauten. In Vevey besuchte sie Pierre Colombo und seine Frau fast täglich, und er ließ keine Gelegenheit verstreichen, um von Clara zu sprechen, von allem, was er ihr auf dem Gebiet der Musik verdankte, insbesondere was das Verständnis für Mozart anging. Er und seine Frau waren voll Bewunderung für Claras Spiel und ihre so anziehende und liebreiche, wenn auch manchmal recht schwierige Persönlichkeit. Allmählich reifte der Gedanke, in Vevey ein Konzert mit einem Amateurorchester zu veranstalten, in dessen Rahmen Clara als Solistin auftreten sollte. Colombo hatte Clara nur schüchtern von diesem Plan gesprochen, sie aber ging sofort freudig darauf ein. Am 22. Februar 1944 spielte Clara wieder mit einem Orchester – zum erstenmal seit achtzehn Monaten, seit dem Konzert in Montredon. Ihr Honorar: ein Abendkleid!

Dieses Konzert, das nichts weiter hätte sein können als ein gelungener Abend, sollte für Clara von entscheidender Bedeutung werden: Einmal lernte sie bei den häufigen Proben für Beethovens 3. Klavierkonzert Michel Rossier näher kennen, und von dieser Zeit her datierte ihre Freundschaft, die für Claras späte, aber glänzende Karriere mitbestimmend sein sollte. Zugleich aber übertraf der Erfolg dieses Konzerts die kühnsten Erwartungen und zog neue Engagements nach sich. Die «Gazette de Lausanne» sprach von «unvergeßlichen Augenblicken».

Clara Haskil hat eine Atmosphäre geschaffen, wie man sie hier in all den Kriegsjahren nicht mehr erlebt hat. Es ist fast unbegreiflich, daß diesem zarten Körper ein göttlicher Funke entspringt, der uns alle erfaßt ... Dank der wundervollen Linienführung, der Reinheit des Tons, dem Zauber des Anschlags und einer vollkommenen Technik kam die vollendetste Darbietung eines Werkes zustande, wie man sie immer wieder hören möchte. Der Beifall hat wohl die Ergriffenheit und Begeisterung des Publikums zum Ausdruck gebracht – wie aber können wir Clara Haskil gegenüber unsere Dankesschuld für solche Augenblicke abtragen?

Clara fand diese Kritiken und die zahlreichen Briefe, die sie erhielt, «etwas zu überschwenglich, aber sie beweisen ja auch, daß es nicht allzu schlecht war, von Anfang bis zum Ende ... Jedenfalls werde ich nie vergessen, daß Herr Colombo zu den ganz wenigen zählte, die in ihrem Vertrauen zu mir nicht wankend geworden waren, und daß es ihm ebensoviel Freude machte, mit mir zu musizieren, wie mir mit ihm. Für mich war das eines der schönsten Konzerte, seit ich hier bin.»

Aber Clara ging es nicht gut. Sie litt wieder unter «täglichen» Kopfschmerzen, und ihre Augen machten ihr Sorge.

In einem Brief aus Winterthur schrieb sie:

Trotz meiner Kopfschmerzen gelingt es mir, etwa vier bis fünf Stunden täglich zu arbeiten. Ich wünschte, ich könnte mehr leisten, aber daraus wird nichts, ich bin zu nichts mehr gut. Selbst das Lesen macht mir schon Mühe. Wie, wenn ich auch noch einen Haushalt führen müßte, kochen, einkaufen, Schlange stehen, wie einst in Paris!

In Montana hörte sie Lipatti:

Alle waren stumm vor Staunen und Bewunderung. Selbst Horowitz hat in seiner Jugend keinen so tiefen Eindruck hinterlassen. Lipatti bedeutet für die Musikwelt eine wahre Revolution, und man braucht schon rechten Mut, um nach ihm – oder auch vor ihm – öffentlich zu spielen.

Ein wenig später, nachdem sie ihn ein zweites Mal gehört hatte, schrieb sie an Hélène Stricker:

Wenn Sie irgendeine Idee für meine Programme haben, lassen Sie es mich wissen. Alles, was ich bisher spielte und noch spielen möchte, bringt bereits Lipatti. Soll ich deshalb Putzfrau werden?

Lipatti war da natürlich ganz anderer Meinung: Er schrieb Clara Kadenzen für ihre Mozartkonzerte und für das Konzert in D-Dur von Haydn. Die mit «Ihr Bipatte» unterzeichneten Widmungen sahen etwa so aus: «Schwänze für die Kadenzen in Mozarts B-Dur-Klavierkonzert, geschrieben auf Ersuchen unserer lieben Clara Haskil, mit den besten Wünschen zur Taufe dieses Konzerts am 15. Februar 1944.»

Doch als sie bei einem Konzertabend das Podium betrat und sah, daß Lipatti im Saal war, beschloß sie sofort: «Nun, dann spiele ich eben keinen Mozart», und flugs änderte sie das Programm.

Im Februar spielte sie mit dem Quartett von Winterthur, im März mit dem Berner Orchester (Klavierkonzert in Es-Dur von Mozart), im Mai mit dem Orchester von Winterthur in Genf und Lausanne (3. Klavierkonzert von Beethoven unter der Leitung von Colombo). Die letzten beiden Konzerte lösten beim Publikum wahre Beifallsstürme und bei der Kritik Lobeshymnen aus.

Welch glasklarer Anschlag! Wie innig und wie sanft! Was für ein musikalisches Temperament! Clara Haskil kann leidenschaftlich und verhalten sein, in jedem Augenblick ist ihr Spiel von höchster Ausdruckskraft. Selbst den Fortissimo-Stellen, in deren jagender Klangfülle sie fast schon zu vergehen scheint, verleihen die Anstrengung und die Grenzen, die sie sich selber setzt, etwas Pathetisches, und man ist auf unsagbare Weise zu Tränen gerührt.

Clara war nach der letzten Probe «verzweifelt» nach Hause gegangen. «Am liebsten hätte ich mich in den See gestürzt.» Kurz vor dem Konzert schrieb sie an Hélène:

Ich bin müde und über alle Maßen nervös. Ich flehe Sie an, erst ganz am Ende des Konzerts zu kommen. Nach einem Konzert bin ich nicht mehr ich selbst, und ich möchte dann niemanden mehr sehen. Bitte nicht böse sein!

Kaum war der letzte Ton verklungen, da verschwand Clara auch schon hinter den Kulissen. Der Dirigent, der das Podium nicht verlassen hatte, wartete darauf, daß sie wieder herauskommen würde. Das Publikum applaudierte wie rasend. Clara erschien noch immer nicht ... Beunruhigt ging ihr Colombo nach, suchte sie überall, fand sie schließlich im Treppenhaus, den Mantel umgehängt, bereit, sich davonzuschleichen. «Ich habe scheußlich gespielt – Sie werden mich nie mehr engagieren!» Als es ihm endlich gelang, ihr den Mantel abzunehmen und sie aufs Podium zurückzuschleppen, war der Saal schon ganz außer sich.

Nach einem neuerlichen Aufenthalt bei Frau Langenhan in Berg drohte wieder ein Herbst ohne Arbeit. «Ein Engagement mit dem Berner Quartett ist in die Binsen gegangen und ein anderes bei Radio Zürich ebenfalls!» Wäre nicht am 5. Dezember ein Konzert mit Colombo und seinem Orchester zustande gekommen, das Jahr 1944 wäre sang- und klanglos zu Ende gegangen. Clara war tief bedrückt. Über das Konzert für zwei Klaviere von Mozart, das sie mit Nikita Magaloff spielte, berichtet dieser folgendes:

Clara bekam immer weniger Konzerte, die Antworten lauteten ungünstig, Claras finanzielle Lage war kritisch, ihre Schwestern weit fort ... Unsere eigene Begeisterung siegte schließlich über die Laxheit der Konzertveranstalter. Zum großen Erstaunen aller übertraf der Erfolg die kühnsten Erwartungen: Der Saal war ausverkauft, die Ovationen nahmen kein Ende. Dieser – wenngleich örtlich begrenzte – Triumph trug doch dazu bei, daß Clara wieder ein wenig Vertrauen zu sich selber faßte und den Glauben an ihren guten Stern nicht ganz verlor, und ich bin froh und stolz, daß ich dabei mithelfen konnte. Vermutlich gab es nur wenige Konzerte, denen so viele Proben vorangingen. Zwei Wochen lang waren wir beinahe täglich zusammengekommen, und ich bewahre eine unauslöschliche Erinnerung an diese gemeinsame Arbeit, die meist mit einer Tasse Tee endete, welche uns Clara auf dem kleinen Spirituskocher in ihrem bescheidenen Hotelzimmer bereitete. Wie könnte ich auch je das Entzücken vergessen, mit dem ich dieses Mozartkonzert für mich entdeckte, wie jene unnachahmlich leichte Art, mit der Clara gewisse Passagen spielte, wie unser beider Freude, als wir das «Duettino Concertante» von Busoni vorbereiteten.

Der Erfolg dieses Konzerts blieb übrigens nicht ohne Widerhall. Man engagierte uns beide erneut für ein Konzert für zwei Klaviere, und die gemeinsame Arbeit brachte uns zahlreiche beglückende Stunden. Wir spielten die Sonate für zwei Klaviere von Mozart und Brahms' «Variationen über ein Thema von Haydn». Darüber hinaus aber beschlossen wir, auch die Sonate für zwei Klaviere und Schlagzeug von Bartók zu spielen, die damals als hypermodern galt und in Vevey erstmals aufgeführt wurde. Alle, die meinten, Clara Haskil sei dazu bestimmt, nur klassische Werke zu spielen, waren überrascht, mit wieviel Interesse und Hingabe sie gerade dieses Stück einstudierte.

Der gute Dinu Lipatti, der für Clara eine so große Bewunderung und Zuneigung hegte, bestand darauf, bei den letzten Proben dabei zu sein, und aus seinen Zügen sprach Besorgnis und Verwunderung zugleich, Clara mit diesem außerordentlichen Werk konfrontiert zu sehen.

Clara ihrerseits notierte zu jener Zeit:

Ich arbeite ununterbrochen. Je tiefer man in Bartóks Musik eindringt, desto deutlicher merkt man, daß man bisher nichts von ihm gewußt hat.

Colombo war bestürzt über Claras Arbeitswut. Ähnlich reagierte auch Wilhelm Backhaus, der Clara sehr bewunderte,

Bartók aber nicht allzuhoch schätzte: «Ich glaube, an Bartók haben die auf dem Podium mehr Freude als die im Saal!»

Das Konzert fand am 11. November 1945 statt. Inzwischen war Clara fünfzig Jahre alt geworden, der Krieg war endlich aus. Die Freundschaft zwischen Clara und Michel Rossier wurde immer enger, und Clara, die mit dieser Freundschaft eine Art Kult trieb, schien schon damals zu ahnen, welche bedeutende Rolle dieser junge Mann in ihrem Leben spielen sollte. Michel Rossier blickte voller Bewunderung und Respekt zu Clara auf, und tatkräftig und energisch, wie er war, kümmerte er sich um Konzertveranstaltungen in Vevey und erreichte, daß Clara mit dem Orchester von Winterthur unter Pierre Colombo spielen durfte. Allmählich machte er sich mit Dingen vertraut, die ihm an sich fremd waren, und fand Zutritt zu Kreisen, in denen er früher nicht verkehrt hatte. Außerdem hatte er die Gabe, Clara Mut zuzusprechen, sie ein wenig zu necken, wenn es nötig war, ihr Ratschläge zu erteilen, ihr Vertrauen einzuflößen, ihr Lampenfieber zu bekämpfen. Am 14. Dezember 1944 schrieb sie ihm:

Ich wäre jetzt ganz unfähig, auch nur einen einzigen Klavierabend zu geben, aber wenn es darum ginge, zehn Konzerte mit Orchester zu spielen, wo würde ich es sofort tun. Ich denke an zwei Beethoven-, fünf oder sechs Mozartkonzerte, dann Schumann, Bach, Chopin, Ravel. Wäre ich zehn oder fünfzehn Jahre jünger, wäre das alles ja noch möglich ... Aber als ich jünger war, haben wir uns eben noch nicht gekannt ...

Und am 20. Dezember 1944:

Lieber Freund,
die Freundschaft gehört zu den schönsten Dingen des Lebens, und nichts geht mir über die Freundschaft. Aber ich fürchte so sehr, daß die Menschen, die ich liebe, eines Tages von mir genug haben und daß ich ihre Freundschaft dann verliere ...

Von ständiger Unsicherheit gequält, schrieb sie ein wenig später an eine Freundin:

Michel Rossier ist ein ganz außergewöhnlicher Mensch. Es gibt keinen zweiten seiner Art, und ich habe das große Glück, ihn meinen Freund nennen zu dürfen. Wenn ich ihn bloß nicht enttäusche oder ihm sonst irgendwie auf die Nerven gehe, trotz sei-

ner Güte, trotz seines Verständnisses für mich . . . Ich meine immer, manche Menschen zögen sich schließlich langsam von uns zurück . . .

Und doch hatte Michel Rossier noch nicht genügend Einfluß auf Clara, um verhindern zu können, daß sie Engagements ausschlug oder, von Depressionen oder Lampenfieber geplagt, im letzten Moment einfach absagte. Dabei waren die Möglichkeiten, öffentlich zu spielen, immer noch recht spärlich: Im Jahr 1944 gab Clara elf Konzerte, 1945 waren es siebzehn. Wann immer sich ein Vorwand fand, sagte sie ab oder ließ sich ersetzen. Am 15. Februar 1945 schrieb sie an eine Freundin:

Die Klavierabende am 2. März in Vevey und am 14. März in Bern gebe ich nicht. Lipatti spielt an meiner Stelle, gehen Sie hin und hören Sie sich ihn an . . .

Manchmal freilich konnte sie nichts dafür, wenn es mit einem Konzert nicht klappte:

Colombo hatte mit Magaloff und mir drei Konzerte geplant, dann aber hat er anders disponiert. So hat das Jahr 1945 auf künstlerischer Ebene nicht gerade brillant begonnen . . .

Dabei fehlte es keineswegs an Zeichen der Bewunderung und Ermutigung. Am 17. Januar 1945 spielte sie in Genf mit dem Orchester der Suisse romande unter Luc Balmer das 4. Klavierkonzert von Beethoven. Wilhelm Backhaus schrieb ihr:

Gestern haben Sie vom ersten Takt an jenen zarten Hauch von Schönheit und Gnade hervorgezaubert, der dieses unvergleichliche Werk auszeichnet. Ihre Ausdruckskraft ist in der Tat ungewöhnlich. Ein besonderes Lob verdient die Kadenz am Ende.

Später sollte Backhaus einmal sagen, daß ein Konzert mit Clara immer ein «Fest für Herz und Geist» bedeute. «Ihr Klavierspiel war das schönste, das ich je im Leben gehört habe.»

Auch Casals schrieb ihr, nachdem sie in Zürich mit viel Erfolg konzertiert hatte:

Nichts ist natürlicher als dieser Erfolg, und so wird es nun immer sein. Ich möchte nur wissen, ob Sie sich allen kommenden Konzerten gewachsen fühlen, denn ich weiß ja nur zu gut, welche Belastung es für einen Künstler bedeutet, öffentlich aufzutreten. Dabei sollten wir uns unseres Wertes ebenso bewußt sein wie unserer Schwächen. Aber wir denken immer nur an die Schwächen, und das ist nicht gut, vor allem nicht für Sie, denn Sie sind bescheidener als ein Veilchen . . .

Ganz plötzlich tat Clara ein Finger weh, er war halb gelähmt, und sie konnte nicht spielen. Die Ärzte waren sich über die Behandlungsweise nicht einig. Man versuchte es mit Kurzwellenbestrahlungen, die aber keine besondere Wirkung taten. Am 3. März 1945 schrieb Clara an Michel Rossier:

Die Schmerzen im Finger sind wieder da. Wenn es nach zweiundzwanzig Kurzwellenbestrahlungen und einer Pause von fünf oder sechs Wochen nur einer kleinen Anstrengung bedarf, damit alles wieder von vorn anfängt, bedeutet das nicht, daß ich überhaupt nicht mehr ganz gesund werden kann?

Schließlich trat eine leichte Besserung ein, und Clara schrieb sofort an Rossier:

Es kommt gelegentlich vor, daß ich das, was ich mache, ganz gut finde. Ist das nicht beunruhigend?

Und nach dem 4. Klavierkonzert von Beethoven in Winterthur:

Das Konzert gestern abend war gut. Ich habe eine Freude verspürt wie kaum je zuvor. Ich glaube, ich habe selten so gut gespielt, ganz «ohne Nerven», und so, wie ich es wirklich wollte. Das Orchester war schon bei den drei Proben ganz großartig, und dies hat mir besonders viel bedeutet.

Einige Augenblicke lang war ich glücklich und zufrieden mit meinem Spiel. Aber je mehr Zeit vergeht, desto mehr denke ich auch, man soll nichts übertreiben, und ich darf mir nun nicht einbilden, ich könne mehr, als ich kann. Natürlich hat es mich gefreut, daß nicht alle derselben Meinung waren wie M. R., der behauptet, meine Kraft und meine Persönlichkeit reichten nicht aus, um mit Orchester zu spielen, höchstens einen kleinen Mozart könnte man mir zubilligen. Doch der beachtliche Erfolg beim Orchester und beim Publikum rührt nicht von meinem «Charme» her und nicht von meiner «Jugend», er hat einzig und allein etwas mit meinem Spiel zu tun. Dies ist immerhin eine Befriedigung, wenn ich bedenke, daß ich ja nun auch bald aufhören muß . . . Der Finger hat sich ordentlich verhalten!

Aber gerade wegen dieses Fingers mußte Clara zu einer Kur nach Baden fahren. Von dort schrieb sie am 25. Juni an Hélène:

Die Kur ist anstrengend – die Hitze auch. Ich rühre kein Klavier an, tue überhaupt nichts. Ich lese den sehr packenden Briefwechsel zwischen Brahms und Clara Schumann. Beide waren zwei ganz außergewöhnliche Menschen, aber Brahms' Selbstvertrauen war erschüttert, und das stimmt nachdenklich. Dabei war er sich seines Genies durchaus bewußt.

Zur gleichen Zeit schrieb Clara an Michel, nachdem sie gerade ihr Photo in einer Zeitung gesehen hatte:

Wenn ich mir mein Photo betrachte, das Sie vielleicht auch gesehen haben, dann sage ich mir: Sollte mein Talent, das doch recht ungewöhnlich war, sich so verändert haben wie mein Aussehen, dann ist davon nicht viel übriggeblieben.

P. S.: Noch eine wichtige Mitteilung: Der Arzt meint, daß der Finger vollkommen ausheilen wird. Ich kann nur hoffen, daß er recht behält.

Nach beendeter Kur fuhr Clara nach Berg, wo sie mit Frau Langenhan «wenigstens auf dem Papier» ein Konzertprogramm zusammenstellen wollte. Frau Langenhan riet ihr auf das nachdrücklichste zum 5. Klavierkonzert von Beethoven.

Ich werde es wohl niemals öffentlich spielen, aber ich werde es üben (wenn E. W. das wüßte, bekäme er einen Schlaganfall, und das will ich dem Armen ersparen!).

Im August war Clara in Zürich:

Ich sehe Casals täglich, verbringe meine Abende oft mit ihm, aber wir haben noch niemals zusammen musiziert. Wir spielen hier am 1. September in privatem Kreis eine Sonate von Brahms. Casals ist gewiß der genialste Künstler, den es je gab, wenn ich ihn höre, bin ich immer von neuem hingerissen.

Aber auch Casals schätzte Clara ungemein, wenn man ihren eigenen Worten glauben darf – und Clara gehörte ja nicht gerade zu den Menschen, die in Selbstgefälligkeit schwelgen. Eines Tages spielte sie Casals eine Suite von Bach vor. Er dankte ihr mit den einfachen Worten: «Wie gut mir das getan hat!» Und Clara, welche diese Episode gern erzählte, fügte erklärend hinzu: «Wenn ein Casals so etwas sagt – das will schon etwas heißen.»

Im Oktober gab sie, von Lampenfieber und tausend Zweifeln gequält, fünf Konzerte hintereinander:

Der Klavierabend gestern in La Chaux-de-Fonds war nichts Rechtes, die beiden Impromptus von Schubert ausgenommen.

Ich war sehr nervös und hatte die fixe Idee, daß ich eine Stelle bei Bach nicht würde auswendig spielen können. Technisch war ich nicht auf der Höhe, die Linien kamen nicht klar heraus. All die verlorenen Jahre machen sich bemerkbar, deshalb fürchte ich ja auch die Klavierabende so sehr ... Bei Orchesterkonzerten fällt das alles zum Glück nicht so ins Gewicht. Kann man das noch irgendwie gutmachen?

Am 10. Oktober, nach der Aufführung des 9. Klavierkonzerts von Mozart in Zürich, schrieb Clara:

Gestern war ich gar nicht zufrieden, und dabei war es das wichtigste Konzert des Jahres. Ich habe keine Technik mehr! Sagen Sie Lipatti bloß nicht, daß ich in Nyon spiele, sollte er es aber schon wissen, so sagen Sie ihm bitte, daß das Konzert verschoben worden sei.

Michel mußte seine ganze Energie aufbieten, damit Clara sich nicht völlig ihrem «Komplex» überließ. Trotzdem:

Lipatti spielt am 11. mit dem Orchestre de la Suisse romande in Lausanne – wie soll ich am 9. einen Klavierabend geben, neben einem solchen Pianisten! Wäre es nicht überhaupt besser, endgültig abzusagen?

Dabei kannte sie doch Lipattis aufrichtige Bewunderung und Zuneigung für sie, die er ihr übrigens bei jeder Gelegenheit bescheinigte. Am 10. Oktober 1945 schrieb er ihr aus Genf:

Meine liebe Clara,

mir fehlen die Worte, um Ihnen unsere Begeisterung und Erschütterung über Ihren Mozart gestern abend auszudrücken. Es war für mich ein noch viel stärkeres Erlebnis als damals in der Rue Saint-Didier, als Sie mir dasselbe Andante vorspielten, das mich so tief ergriff. Mit Freude habe ich gesehen, in welch ganz außergewöhnlicher Form Sie gegenwärtig sind.

Ihre Worte – denn es war, als hätten Sie auf jede Note ein Wort gesetzt – klangen sicher und waren von geradezu königlicher Hoheit, Ihre Stimme vibrierte, wurde niemals gleichgültig.

Sie wissen, daß es nicht meine Art ist, Komplimente zu machen (wozu auch?), am wenigsten Freunden gegenüber. Gerade deshalb darf ich Ihnen sagen, daß Sie eine sehr große Künstlerin sind, und ich möchte Ihnen danken für das, was Sie uns gestern abend gegeben haben.

Sie sollten diesen Mozart für eine große Schallplattenfirma spielen. Wenn Sie nichts dagegen haben, könnte ich mit Herrn Schultheß darüber sprechen. Was meinen Sie dazu?

Nochmals: bravo! Nochmals: herzliche Glückwünsche von mir und Madeleine, die gestern ganz außer sich war vor Freude. Schreiben Sie uns doch eine Karte, und lassen Sie uns wissen, wann Sie wieder da sind. *Dinu*

Von nun an wurde jedes Konzert zu einem großen Erfolg, ja zu einem Triumph, doch Claras Zweifel schienen nur noch zuzunehmen:

Würde ich das ganze Jahr über viel arbeiten, so wie hier in Winterthur bei W. Reinhart, dann fände ich vermutlich wieder Geschmack an einem Klavierabend und brächte mir selbst vielleicht sogar wieder etwas Vertrauen entgegen, inzwischen aber würde ich ja mehr als achtzig werden (nein, mein Gott, das lieber doch nicht).

Nach einem Konzert in Lausanne mit dem dortigen Kammerorchester notierte Clara am 29. Oktober 1945: «Habe gespielt wie ein Sch ...» Dennoch galt ihre Sehnsucht wieder Paris, und als die Gräfin Pastré im August in die Schweiz kam, hoffte Clara, erneut Kontakt mit Paris aufnehmen zu können. Doch die Chancen waren gering, Clara fühlte sich enttäuscht und schrieb an Michel:

Gestern habe ich Mme. Pastré gesehen, die gerade aus Paris gekommen war. Nichts Erfreuliches, vielleicht ein Konzert im Radio, im Laufe des Winters ...

Dennoch ging das Jahr 1945 in jeder Hinsicht besser zu Ende, als es angefangen hatte. Jeanne war wieder ins Pariser Orchestre National aufgenommen worden und kündigte ihren Besuch für Januar an. Von Lili kamen nach langer Zeit wieder Nachrichten aus Bukarest. Dank den Bemühungen von Schultheß, Werner Reinhart und Michel Rossier, der Clara immer unentbehrlicher wurde, waren 1946 zahlreiche Konzerte vorgesehen. Wären nicht plötzlich rein verwaltungstechnische Schwierigkeiten aufgetaucht, so hätte Clara zum ersten Male beruhigt in die Zukunft blicken können. Aber merkwürdigerweise hatte Clara gerade jetzt, nach Kriegsende, Unannehmlichkeiten mit den Schweizer Behörden, die ihr nicht erlauben wollten, von einem Kanton in den andern zu fahren, ihr außerhalb des Kantons Waadt nur zeitlich begrenzte Aufenthaltsgenehmigung erteilten oder ganz verweigerten. Ihre Freunde, die sich wieder einmal sehr aktiv für sie einsetzten, stießen in den Ämtern auf taube Ohren. Auch rumänischerseits begann man ihr Schwierigkeiten zu machen, und sie fürchtete eine Zeitlang, daß man sie zwingen könnte, nach Rumänien zurückzukehren. Lipatti, der «glücklicherweise noch Freunde bei der Botschaft hat», machte sich zum Fürsprecher Claras, und schließlich wurden die Dinge in einer für Clara zufriedenstellenden Weise geregelt.

Am 7. Januar 1946, dem Tage ihres einundfünfzigsten Geburtstags, gab Clara einen Sonatenabend mit dem Violonisten Schwalbé in Genf und am 20. Januar einen zweiten mit Röntgen in Winterthur. Danach kehrte sie nach Vevey zurück, wo sie bereits von ihrer Schwester Jeanne aus Paris erwartet wurde. Nach dreijähriger Trennung feierten die beiden am 21. Januar bei den Gétaz beglückt ihr Wiedersehen.

Doch sehr bald kam die Musik wieder zu ihrem Recht. Am 22. bereits spielte Clara in Vevey das Klavierkonzert in A-Dur Nr. 23 (KV 488) von Mozart, mit dem Orchester unter Pierre Colombo.

Ganze zehn Tage lang waren Jeanne und Clara fast ständig zusammen. Am 27. Januar nahmen beide an einem Musikabend teil, der zur Feier des achtzigsten Geburtstags von Herrn Gétaz veranstaltet wurde und bei dem Clara mit Dominique Blot musizierte. Dann fuhr Jeanne nach Paris zurück. Clara bereitete eine Reihe von Konzerten vor, die sie im März in Genf und Zürich geben sollte; für den 24. März war ein Abend mit Casals in Vevey vorgesehen.

Der Klavierabend in Zürich war ein Riesenerfolg und die Kritiken ausnahmslos des Lobes voll, zu voll, ohne jede Einschränkung. Den Tag vorher war ich krank und wollte schon absagen! Am 24. in Vevey war ich, Brahms ausgenommen, gar nicht zufrieden mit mir: Der Bösendorfer blieb geschlossen (eine Idee von E. W. Rossier), das Dirigentenpult stand meilenweit entfernt von mir, ich selber war nervös. Es ist ein rechter Jammer, denn in zwanzig Jahren werde ich nicht mehr mit dem genialen und ganz einzigartigen Casals auftreten können, dann werde ich nämlich eine Ruine sein, besser gesagt, ich hoffe, daß ich dann überhaupt nicht mehr sein werde.

Im Mai 1946 durfte Clara zum erstenmal seit ihrer Ankunft in der Schweiz im Jahre 1942 das Land verlassen und gab – am 3. und am 7. – zwei Klavierabende in Italien. Am 15. Mai schrieb sie an Hélène:

Ich komme soeben von Mailand, Lugano, Neuchâtel und Winterthur zurück und bin verzweifelter als je zuvor. Das Konzert, das am 22. Mai in Lausanne vorgesehen war, ist verschoben worden, in Vevey habe ich kein Zimmer mehr, auch nicht in Winterthur. Ich lebe wie die Zigeuner.

Und kurz darauf:

Der gute Lipatti hat gestern wieder einmal mit seinem Mozart allen Pianisten den Garaus gemacht. Er ist von Gott begnadet, aber ich danke Gott doch, daß er auch mich ein ganz klein wenig bedacht hat.

Doch schon am 16. Mai, als sie mit dem Orchestre de la Suisse romande unter Pierre Colombo Mozarts Klavierkonzert in Es-Dur für Radio Genf einspielte, schrieb sie wieder in ihr Notizbuch: «Scheußlich, ganz einfach scheußlich.»

Im Juni fuhr sie erneut zu einer Kur nach Baden, am 8. Juli gab sie dort ein Konzert und fand auch Zeit, Werner Reinhart in Winterthur zu besuchen. Anschließend verbrachte sie ein paar Tage in Sils im Engadin, wo sie mit Backhaus zusammentraf. Dann kehrte sie über Crans, wo sie Reinhart wiedersah, nach Zürich zurück und besuchte ein Konzert mit Furtwängler.

Nach dem Konzert saß ich lange mit Schnabel, Strauss, Furtwängler, Pierre Fournier und Herrn Schultheß zusammen. Schnabel brilliert als Gesellschafter genauso wie am Klavier. Er hat uns den ganzen Abend über in sehr geistreicher Weise unterhalten.

Diese Zeilen richtete Clara an Anne Grandjean, die sie während ihres Aufenthaltes in Lausanne nach dem Ersten Weltkrieg kennengelernt hatte. Bei dem letzten Konzert in Neuchâtel wollte Anne Clara in der Pause beglückwünschen, suchte und fand sie schließlich allein im Treppenhaus sitzen ... Von dem Augenblick an waren Anne Grandjean und ihr Mann Clara in inniger Freundschaft zugetan.

Am 23. August war Clara wieder in Vevey. Im Oktober sollte sie – endlich! – zwei Klavierkonzerte in Paris geben. Außerdem hatte Renata Borgatti durch Vermittlung englischer

Freunde bei der BBC angeregt, für Clara eine Sendereihe mit Scarlatti-Sonaten in Aussicht zu nehmen.

Am 27. August schrieb Clara an Hélène:

Für den 6. und 28. Oktober sind zwei Konzerte mit Orchester in Paris vorgesehen. Zwischendurch muß ich nach Neuchâtel und nach Baden, wo ich am 24. und 25. Oktober mit Ansermet spiele. Am 2., 5., 9. und 10. Dezember bin ich in London. Augenblicklich arbeite ich bei Michel Rossier, dem besten aller Freunde. Ein Klavier habe ich auch gefunden. Es taugt nicht viel, aber welch ein Glück, daß ich überhaupt eins habe!

Am 2. Oktober stieg Clara in den Zug nach Paris. Frau Magaloff begleitete sie. An der Grenze kam es zu einem kleinen Zwischenfall: Clara weigerte sich, dem Zollbeamten ihre Handtasche zu geben. Daraufhin mußte sie mit ihrem gesamten Gepäck den Zug verlassen. Alles wurde aufs gründlichste durchsucht, worüber Clara natürlich sehr aufgebracht war. Endlich durfte sie wieder einsteigen. Mit erheblicher Verspätung fuhr der Zug weiter.

Um zehn Uhr abends betrat sie endlich wieder den Boden von Paris, das sie vor nun beinahe sechs Jahren in aller Heimlichkeit verlassen hatte. Sie war glücklich, wieder in dieser Stadt zu sein, die sich ihr gegenüber eigentlich stets recht abweisend gezeigt hatte. Claras Ankunft wurde von Jeanne und ihren Freunden groß gefeiert. Dabei erwartete Clara bald eine erste Enttäuschung: Das zweite der beiden Konzerte, das am 28. Oktober stattfinden sollte, war verschoben worden. Über das Konzert am 2. November mit dem Orchester Lamoureux im Pleyel-Saal berichtete sie an Michel Rossier:

Es hat ganz gut geklappt, Bigot und das Orchester haben mich sehr gut begleitet, aber ein übermäßiger Erfolg war es nicht. Das Konzert war schwach besucht, und nur wenige Kollegen und Musiker haben mir den Freundschaftsdienst erwiesen, mich im Künstlerzimmer aufzusuchen: ein Pianist, ein Cellist und Claude Crussard. Ich habe ganz ordentlich gespielt, aber der Pleyel war schlecht, er klang kurzatmig und trocken, so daß das Ganze eher etwas mager ausfiel. Für den Steinway, auf dem Lipatti und Magaloff gespielt haben, hätte ich 4000 Francs Miete und dazu noch den Transport zahlen müssen – es sei denn, die Firma Steinway hätte ihn mir, wie Lipatti, unentgeltlich zur Verfügung gestellt . . .

Am nächsten Tag erschien im «Figaro» eine etwas vage gehaltene Kritik von Clarendon (i. e. Bernard Gavoty):

Clara Haskil trat gestern zum erstenmal wieder in Paris mit dem Klavierkonzert in Es-Dur von Mozart auf, dessen Andante ein wahres Wunderwerk ist. Der Anschlag dieser großen Pianistin ist von jener Einfachheit, die das Ergebnis langer Arbeit ist, und es gehört viel Kunst und Können dazu, dies nicht merken zu lassen. In innigem und zugleich nüchternem Spiel läßt Clara Haskil Mozarts Wesen Note für Note aufklingen und seine göttliche Musik zum zweitenmal erstehen. Man folgte gern den Bewegungen ihrer zögernden, fiebrigen Hände, in denen dennoch die Furcht zu stecken schien, nicht alles zum Ausdruck bringen zu können. Aber Mozart selbst sagt ja genug!

Vierzehn Tage lang wurde Clara von ihren zahlreichen Freunden völlig mit Beschlag belegt: Sie sah die Desmarais wieder, Hilda Gélis, Simone Petit, Dr. Hamburger, Dr. David und viele andere. Dann kehrte sie in die Schweiz zurück, wo sie zwischen dem 24. Oktober und dem 23. November in Neuchâtel, Baden, Vevey, Zürich, Aarau und Ascona spielen sollte. Konzerte und Klavierabende folgten aufeinander:

Ich kann kaum noch einen klaren Gedanken fassen, so viel Arbeit lastet auf mir: Konzerte; zwei Reisen nach Berg; fünfundzwanzig Scarlatti-Sonaten und manches mehr für London.

Am 30. November kam sie in London an, nachdem sie die Reise in Paris für achtundvierzig Stunden unterbrochen hatte. Am 1. Dezember schrieb sie bereits an Michel:

Ich bin sehr bedrückt und zugleich aufgeregt, wenn ich an die Aufnahmen bei der BBC denke!

Am 16., nach der fünften und damit vorletzten Aufnahmearbeit bei der BBC, schrieb sie erneut:

Die BBC, meine Arbeit, die Vorbereitung meines Klavierabends und meine Nervosität halten mich in Atem.

Der Gedanke an den Klavierabend, der am 22. Dezember in der Wigmor Hall stattfinden sollte, machte sie ganz krank, und die Plakate, die dafür warben, konnte sie schon nicht mehr sehen: «The world-famous pianist on her first public appearance in England» stand überall zu lesen.

Ich werde jetzt Herrn Grindea von der Konzertagentur die Leviten lesen wegen dieser idiotischen Werbung, die mich geradezu lächerlich macht. Wenn ich das vorher gewußt hätte . . .

Clara hatte schließlich sehr großen Erfolg. Dennoch schrieb sie am nächsten Tag:

So aufgeregt und nervös war ich überhaupt noch nie. Der Bösendorfer (zum Teufel mit ihm) ging so leicht, daß mir die Tasten sozusagen entglitten. Der rumänische Botschafter, der Presseattaché und noch ein paar Leute hatten sich herbeibemüht, um mich menschenscheuen Zweibeiner und gefährlichen Narren aus der Nähe zu betrachten. Angeblich soll ich mich höchst ungnädig verhalten haben, der Kritiker der «Times» hat sich über mich beklagt, ich ließe dem Publikum ja nicht einmal Zeit, Atem zu holen, ich grüßte nicht, ich verstünde mich überhaupt nur darauf, am Klaviersessel herumzudrehen usw., usf. Wir werden ja sehen, was die Kritiker sonst noch zu sagen haben! Aber es wäre doch schade, wenn dieses letzte Konzert den ausgezeichneten Eindruck zunichte machen sollte, den die Aufnahmen bei der BBC entstehen ließen.

Am 26. Dezember kehrte Clara nach Paris zurück. Sie verbrachte den zweiten Weihnachtsfeiertag und Silvester mit Freunden bei Jeanne, die einen kleinen Christbaum aufgeputzt hatte: Clara brach darüber vor Rührung in Tränen aus.

Doch dann mußte sie wieder in die Schweiz. Das Konzert mit dem Orchester Lamoureux hatte leider zu keinen weiteren Engagements in Paris geführt, 1947 spielte Clara nur ein einziges Mal in Frankreich, am 1. Dezember. Am 6. Januar jedoch wurde sie in Basel erwartet, wo sie das 2. Klavierkonzert von Chopin spielte, dann zog sie sich nach Winterthur zurück, um in Ruhe das Konzert in d-Moll von Bach vorzubereiten, das sie zusammen mit dem 4. Klavierkonzert von Beethoven unter der Leitung von Luc Balmer am 10. März in Bern zu Gehör bringen sollte. Zugleich probte sie das G-Dur-Konzert von Ravel, das sie am 30. März in Vevey mit dem Orchestre de la Suisse romande unter Pierre Colombo spielen sollte, wobei auch das Konzert in A-Dur Nr. 23 von Mozart vorgesehen war. An Michel Rossier schrieb sie:

Ich kann der Versuchung nicht widerstehen, Ihnen die Kritik aus Basel zu schicken, denn ich weiß, daß sie Ihnen viel Freude machen wird. Ich habe mich also nicht getäuscht, wenn ich behauptete, ich hätte an jenem Abend gut gespielt und sei während des Konzerts recht glücklich gewesen – die Kritiker bestätigen meine Worte.

Ich kenne Ravel jetzt besser und auch das d-Moll-Konzert von Bach, mit beiden Stücken will ich mich selbst übertreffen! Ich fühle mich gut, und wenn ich wieder Vertrauen zu mir selber gefaßt habe und gern konzertiere, dann verdanke ich das Ihnen allein! Ich weiß, wieviel Güte, Nachsicht und Freundschaft von Ihrer Seite nötig war, um mich nicht einfach fortzuschicken, wenn ich alle Widerstände und Ängste aufzählte, die ich bei dem Gedanken an ein Konzert empfand, anstatt mich zu freuen, daß ich überhaupt spielen durfte. Ohne Ihr so liebevolles Drängen hätte ich mich zu keinem Konzert mehr verpflichtet – oder doch immer seltener und seltener; Sie haben einen Schiffbrüchigen gerettet, und nie werde ich Ihnen genug dafür danken können!

Ich bin gerade bei Herrn Reinhart und schreibe Ihnen nach fünfstündiger Arbeit am Klavier. Ich verbringe jetzt beinahe alle Nachmittage hier, selbst wenn Herr Reinhart nicht da ist. Zum Abendessen serviert man mir eine Kleinigkeit, und dann werde ich im Wagen nach Hause gebracht, damit ich nicht etwa im Dunkeln stürze. Was für ein Glück, daß mir Herr R. soviel Wohlwollen entgegenbringt! Der einzige wunde Punkt sind – die Konzerte!

Am 4. Februar sollte Clara einen Klavierabend in Freiburg geben. Kurz zuvor erfuhr sie, daß die Musiker der Gruppe Ars Rediviva bei einem Flugzeugunglück am 1. Februar 1947 in Lissabon ums Leben gekommen waren. Diese Nachricht traf sie so schwer, daß sie das Konzert absagen wollte. Sie hatte Claude Crussard und sein Werk zutiefst bewundert, am meisten aber berührte sie der Tod von Dominique Blot, die sie nicht nur als Musikerin geschätzt hatte, sondern der sie auch in enger Freundschaft verbunden gewesen war. Dennoch hielt Clara diesmal ihren Vertrag ein, und in den nächsten drei Monaten gab sie in der Schweiz zwölf Konzerte, alle mit beachtlichem Erfolg.

Am 26. Februar wurde sie in Winterthur, wo sie das Klavierkonzert von Schumann unter der Leitung von Scherchen spielte, besonders stürmisch gefeiert. An Michel Rossier schrieb sie:

Ich werde Ihnen zwei Kritiken schicken, die reinsten Lobeshymnen, ich kenne mich gar nicht mehr aus. Dabei habe ich einmal zu Casals gesagt, wenn ich noch lange höre, daß ich Talent habe, werde ich es schließlich selbst glauben.

Unter Scherchen spielte sie noch einmal im April desselben Jahres in Bern:

Der Chopin mit Scherchen am Ostersonntag hat ganz großen Eindruck gemacht. Ich freue mich!

Doch als Scherchen ihr ein neues Angebot machte, jammerte sie schon wieder:

Scherchen hat Humor! Da schlägt er mir doch vor, für einen Monat nach Ankara und nach Konstantinopel zu kommen und dort an einem «Meisterkurs» teilzunehmen, bei dem er die Werke kommentieren würde, die ich spiele, d. h. die Konzerte von Beethoven, Brahms, Mozart usw., einen richtigen Zyklus, so wie Busoni das früher einmal in Zürich gemacht hat. Das Lustige an der Sache ist, daß ich das wirklich machen könnte, bis auf ein oder zwei Konzerte, aber es gibt eben zu viele «aber». Dabei soll es – wenn man mich richtig informiert hat – recht gut bezahlt sein!

Inzwischen war das Orchestre National in die Schweiz gekommen und hatte dort sechs Konzerte gegeben. Jeanne riet ihrer Schwester, an den Leiter des Orchestre National zu schreiben. Claras Antwort:

Mir scheint das ziemlich sinnlos. Ich müßte ihm schmeicheln und ihm Dinge sagen, die ich nicht meine.

Clara wollte nicht um jeden Preis spielen, und schon gar nicht mit jedem beliebigen:

P. (Bratsche) möchte mit mir einen Sonatenabend in Brüssel geben, und L. B. (Violine) will mit mir in der Schweiz auftreten – alle beide würde ich mir nur zu Feinden machen. Aber warum schließlich nicht? Die Heifetz, Grumiaux & Co. wollen ja doch nicht mit mir spielen! Also . . .

Lipatti sah sie, sooft es nur ging:

Wundervoller Abend mit Lipatti. Ein hinreißender Pianist (wie gestern der Violonist Grumiaux). Morgen werde ich den Ravel ein bißchen mit ihm durchgehen.

Von der BBC erhielt Clara ein neues Angebot: Am 19., 21. und 23. Juni wollte man in London wieder eine Reihe von Scarlatti-Sonaten aufnehmen. Während ihres England-Aufenthaltes trat die Firma Decca mit der Bitte um eine Schallplattenaufnahme des 4. Klavierkonzerts von Beethoven an sie heran. «Arbeit in Aussicht, herrlich!», schrieb Clara am 22. Juni.

Die Aufnahme für Decca fand schon am 1. und 2. Juli statt, und zwar mit den Londoner Philharmonikern unter Carlo Zecchi: Für Clara war dies nicht nur die erste Aufnahme mit Orchester, sondern auch die erste Platte, die sich gut verkaufte – dabei war sie nun immerhin schon zweiundfünfzig Jahre alt. Leider waren die Aufnahmebedingungen nicht einmal die besten, und sie hatte sich besonders wegen des Klaviers lange mit Decca herumstreiten müssen:

Ich muß einfach einen guten Flügel haben, einen Steinway oder einen Bechstein, und die Transportkosten dürfen dabei keine Rolle spielen!

Offenbar brachte man ihr nicht die Aufmerksamkeit entgegen, die eine Künstlerin mit ihrem Ruf erwarten durfte. Der Produktionsleiter bei Decca aber schien zufrieden, denn Clara schrieb am 8. Juli an Michel Rossier:

Bevor ich London verließ, habe ich mit Decca einen Zweijahresvertrag abgeschlossen, der noch um ein weiteres Jahr verlängert werden kann: Mozartkonzerte mit Ansermet im Oktober, später Chopin und pro Jahr acht Stücke für Klavier!

Tatsächlich aber blieb es bei der Aufnahme des 4. Klavierkonzerts von Beethoven, die anderen Platten kamen nicht zustande. Aus unerfindlichen Gründen wurde der Vertrag nicht eingehalten. Im Laufe der nächsten Zeit brachte Clara eine Platte mit Scarlatti-Sonaten heraus, aber sie mußte noch ganze vier Jahre warten, bevor sie ihren ersten Vertrag mit Philips unterzeichnen konnte und sich auch durch ihre Schallplatten einen großen Namen machte.

Reinhart ermöglichte es Clara, im August ein paar Ferientage in Pontresina zu verbringen, wo sich auch Strauss und Erica Morini aufhielten, die aber beide «unsichtbar» blieben.

Ich bin in einem Luxushotel untergebracht und fühle mich nicht recht in meinem Element. Wenn ich in den Speisesaal gehe, halte ich mich immer ganz dicht an der Wand, was freilich eine ganz unnötige Vorsichtsmaßregel ist, denn es achtet sowieso niemand auf mich.

Von Pontresina fuhr Clara nach Sils, «wo sich alle Künstler der Welt trafen, Schnabel, Szigeti, Magaloff, Menuhin, Lipatti, Furtwängler, Fournier, Klemperer, Sacher . . .», dann blieb sie kurze Zeit in Luzern und kehrte von dort nach Vevey zurück. Am 10. September brach sie nach Marseille auf: Lili

Pastré hatte sie eingeladen. Da war sie also wieder in Montredon, das sie seit fünf Jahren nicht mehr gesehen hatte. Sie traf Youra Güller und zahlreiche andere Gäste. Aber sie wollte nicht bleiben: «Vielleicht fahre ich in die Pyrenäen, um Casals zu besuchen.» Am 15. September schrieb sie an Michel Rossier:

Sie sollten sich diese Gegend hier einmal ansehen: Das Meer ist von einem unglaublichen Blau, ständig wechselnd, aber immer wunderschön. Von dem Leben hier kann ich leider nicht dasselbe sagen, es würde mich auf die Dauer ganz verrückt machen, aber für einige Tage lohnt es sich.

Schon am übernächsten Tag berichtete sie aus Prades:

Nach elfstündiger Autofahrt (mit einer dreistündigen Unterbrechung zu Mittag) sind wir gestern abend gut hier angekommen und haben Casals einen kleinen Überraschungsbesuch gemacht. Er war natürlich gar nicht darauf gefaßt, Madame Pastré, Youra Güller und mich wiederzusehen, aber er schien sehr gerührt.

Ich bin glücklich, daß ich ein paar Stunden mit Casals und seiner Freundin verbringen durfte. Sie können sich gar nicht vorstellen, wie Casals hier lebt. Man kann es einfach nicht glauben, selbst wenn man es mit eigenen Augen gesehen hat, und Madame P. war wirklich ganz bestürzt: Er bewohnt ein Zimmer, das so groß ist wie meines im «Touring», nur viereckig; es ist ganz vollgestopft, ein schäbiger, kleiner Schreibtisch steht darin, auf dem tausend Papiere liegen, dann noch ein Tisch, der auch so beladen ist, daß kaum noch ein Notizblock darauf Platz findet, schließlich ein Bett, drei oder vier Stühle, kein einziger bequemer Sessel, ein kleines Klavier (das meine ist, von der Qualität her, geradezu ein Konzertflügel daneben!). Die Tapeten sind düster und häßlich, an den Wänden hängen Photos. Es ist tatsächlich unvorstellbar!

Ich kann Ihnen versichern, daß ich hier viel gelernt habe und daß ich mich nie wieder über mein Klavier oder über sonst etwas beklagen will. Dieses Leben führt Casals nun schon seit zehn Jahren, und dabei hat er in Spanien (in Katalonien, keine zwei Stunden von hier) einen fürstlichen Besitz. Ob er den jemals wiedersehen wird?

All das ist sehr traurig und drückt verständlicherweise auf meine Stimmung. Von öffentlichem Auftreten will Casals nichts hören: «Dies ist meine einzige Möglichkeit des Protestes», sagte er immer wieder, «wäre ich zwanzig Jahre jünger, dann wäre ich nach Amerika gegangen und hätte ganz allein den Franco gezwungen, wieder zu verschwinden . . .»

Obwohl es gestern abend schon recht spät war, spielte Casals doch noch einen Choral von Bach, und ich habe ihn begleitet. Aber ich fürchte, daß ich ihm nichts vorspielen kann, denn sein Klavier ist wirklich unmöglich, man kann überhaupt nur pianissimo darauf spielen!

Casals hat uns auch einige Teile aus seinem Oratorium vorgespielt und die Schallplatte aufgelegt, auf der ich sein Präludium spiele. Er hat uns verraten, daß er acht Streichquartette mit Klavier geschrieben hat, aber im Augenblick will er keines davon aus der Hand geben.

Clara bewunderte Casals so sehr und schätzte ihn als Mensch und Künstler so hoch, daß sie den «Meister» bei jeder Gelegenheit aufs nachdrücklichste verteidigte – denn wenn er auch auf musikalischem Gebiet unantastbar war, so wurde sein Verhalten doch oft recht scharf kritisiert. Einige Kollegen Claras, Kletzki zum Beispiel, waren mit Claras großzügigem Eintreten für Casals keineswegs einverstanden und machten aus ihrer Mißbilligung kein Hehl.

Nun war Casals in seinen Worten und Taten wirklich manchmal ganz unberechenbar und durchaus nicht immer klar durchschaubar. Es stimmt, daß ihm das Franco-Regime verhaßt war, auch trifft es zu, daß er nach dem Krieg nicht mit Cortot auftreten wollte, weil dieser angeblich mit den Deutschen kollaboriert hatte. Andererseits aber hatte er selbst sich in den Jahren 1940 bis 1944 recht nachsichtig gegenüber dem Vichy-Regime gezeigt. Und wie heftig er auch gegen Franco Partei ergriff, gegen den Nationalsozialismus scheint er niemals öffentlich Stellung genommen zu haben.

Aus dieser Sicht ist es vielleicht verständlich, wenn gegen Casals und, indirekt, auch gegen Clara mancherlei Vorwürfe erhoben wurden. Clara freilich kannte Casals eben nur als den genialen Künstler.

Die heftigen Diskussionen um Casals können indes nicht der Grund gewesen sein, daß Clara in Frankreich immer noch nicht recht Fuß fassen konnte. In London, wo man wieder nach ihr verlangte, spielte sie am 12. und am 21. Oktober zwei

Mozartkonzerte («Es ist gut gegangen, aber das Publikum war eisig»), bei der BBC spielte sie mit Szigeti («Er war sehr zufrieden») eine Reihe von Sonaten und, als Solistin, die «Waldszenen» von Schumann ein – Paris aber blieb abweisend. Zwar hätte sie dort am 1. Dezember ein Konzert geben sollen, doch mußte es wegen der Streikbewegung, die damals das ganze Land erfaßte, abgesagt werden. Clara spielte dreimal in der Schweiz, davon zweimal unter der Leitung von Karl Schuricht, mit dem sie einen ersten Kontakt aufnahm. Danach versuchte sie erneut, mit Paris wieder in Fühlung zu kommen. Am 18. Dezember schrieb sie an eine Freundin:

Da ich mir ein Visum für einen kurzfristigen Aufenthalt in Frankreich beschaffen konnte, bin ich für eine Woche nach Paris gefahren. Ich hatte gehofft, wenigstens ein paar kleine Sendungen im Radio zu bekommen, aber hier ist alles, was ich unternehme, verlorene Liebesmüh, und wenn ich nicht meine Konzerte in der Schweiz und in London hätte, so müßte ich wohl Köchin oder Putzfrau werden!

Und einen Tag später an Michel Rossier:

Heute war ich bei Herrn Leguillard, der mich sehr liebenswürdig empfing, aber trotz seines «meine liebe Clara, eine so herrliche Künstlerin» bin ich recht mutlos wieder von ihm fortgegangen. Wäre ich immer hier, so könnte er vielleicht etwas für mich tun, sagt er, so aber sei es schwierig, und das Orchestre National beschäftige sowieso fast keine Solisten mehr, außer wenn man ein ganz neues Werk präsentieren wolle wie etwa Bartók (den übrigens Monique Haas spielen wird), und alles, was er mir anbieten könne, sei eine Radiosendung mit dem Symphonieorchester und einem viertklassigen Dirigenten am 26. April – mit anderen Worten nichts Interessantes.

Wenn ich nicht das große Glück hätte, in der Schweiz konzertieren zu dürfen und dort ein Publikum zu haben, das mich schätzt . . . In Frankreich kann man bei zwei oder drei Radiosendungen zu 4000 Franken schlichtweg verhungern, und dazu braucht man auch noch eine Aufenthaltsgenehmigung . . .»

Hilda Gélis, die jetzt in einer prachtvollen Wohnung am Boulevard Malesherbes lebte, sprach davon, einen Klavierabend in einem Salon zu veranstalten, damit Clara endlich bekannt würde. Zunächst führte sie Clara bei Marie-Blanche de Polignac ein, in deren Haus auch Youra, Poulenc, Bernac,

Sauguet und viele andere verkehrten. Man schmiedete allerlei Pläne – aber welche davon ließen sich in die Tat umsetzen?

Am 23. Dezember durfte Clara endlich eine Viertelstunde im Radio spielen, danach fuhr sie, niedergeschlagen, müde und enttäuscht, nach Montredon zu Lili Pastré, wo sie Youra Güller traf. Sie blieb über Weihnachten und schrieb an Michel Rossier:

Am liebsten hätte ich diese Einladung abgelehnt, denn mich strengt das Leben hier sehr an; aber weil meine Schwester mir zuredete und weil ich auch das unbestimmte Gefühl hatte, Sie hätten mir ebenfalls dazu geraten, habe ich schließlich angenommen.

Am 1. Januar 1948 war Clara wieder in Zürich. Sie hatte Aufnahmen für das Radio zu machen und spielte außerdem am 4. das Mozart-Klavierkonzert in c-Moll (KV 491) unter der Leitung von Scherchen («mit großer Nervosität», wie sie kommentierte). Sie fühlte sich seelisch und körperlich nicht auf der Höhe und schrieb an Anne Grandjean:

Schade, daß Sie mich gestern bei Frau B. nicht angerufen haben! Ich habe dort einen etwas merkwürdigen Besuch gemacht, denn ich war ausnehmend schlechter Laune und habe infolgedessen kein einziges Wort gesprochen, jedenfalls kein einziges nettes Wort; so habe ich für eine höchst angenehme Stimmung gesorgt und bin denn auch den ganzen Nachmittag geblieben. Zum Glück habe ich derartig charmante Anwandlungen nicht alle Tage ...

Gleichzeitig schrieb sie an Michel Rossier:

Ich habe weder Energie noch Ausdauer. Ich sollte acht Stunden pro Tag arbeiten und nicht fünf. Woher aber die Kraft dazu nehmen? Überdies schlafe ich wenig und schlecht ... Vorletzte Nacht habe ich im Traum fünfzigmal den Boléro von Chopin gespielt, und jedesmal ist mir beim Ritornell ein Fehler unterlaufen – es war zum Wahnsinnigwerden. Als ich aufwachte, war ich erschöpfter, als wenn ich die ganze Nacht nicht geschlafen hätte.

Am 20. Januar schließlich, einige Stunden vor einem Konzert in Bern, schrieb Clara an Hélène Stricker: «Es wird immer und überall eine Katastrophe sein!»

Diese Art von geradezu permanenter Antiwerbung, deren Folgen ihre Freunde vielleicht im Moment gar nicht richtig ermessen konnten, war wohl, so seltsam das auch klingen mag, an den unbegreiflichen Schwierigkeiten mit schuld, denen Clara im Laufe ihrer dreißigjährigen Karriere immer wieder begegnete: Indem sie sich selbst ständig herabsetzte, beeinflußte sie mehr oder weniger alle, die mit ihr in Berührung kamen und die von anderen Künstlern mehr Selbstgefälligkeit oder mehr falsche Bescheidenheit gewöhnt waren ...

Aber Clara hatte noch andere Gründe, um nicht gerade bester Laune zu sein: Sie hatte schon lange nichts mehr von Lipatti gehört und sein Schweigen zuerst, wie immer in solchen Fällen, als Gleichgültigkeit gedeutet. Aber Lipattis Gesundheitszustand hatte sich ernstlich verschlechtert. Am 17. Januar erhielt sie von ihm folgenden Brief aus Genf:

Meine liebe und so überaus empfindliche Clarinette,

meine letzte Nachricht müssen Sie doch mit einigen Gewissensbissen gelesen haben, weil Sie daraus ersehen konnten, wie schuldlos ich an meinem Schweigen war, während Sie mich ganz böswillig angeklagt haben! Ich bin eben ein Engel und Sie ein Teufel, basta!! Aber ich will Sie trotzdem recht bald wiedersehen, ich glaube, daß Sie schon drei Jahre nicht mehr bei uns waren.

In St. Gallen war das Publikum ausgezeichnet, der Pianist dagegen farblos und mittelmäßig. In Biel war das Publikum ebenfalls ausgezeichnet und der Pianist etwas besser, wenn auch mit seinen Gedanken woanders (beinahe hätte er einmal einen Einsatz verpaßt, weil er wie ein Kalb auf den Dirigenten starrte).

Und jetzt: Bettruhe, auf höheren Befehl. Korrespondenz mit närrischen Freundinnen, die einem, wenn sie hier wären, mit ihren Worten und ihrem Spiel sehr viel Freude machen könnten! Auf wann, mein Fräulein? Bestimmen Sie und lassen Sie uns den Tag Ihres Kommens wissen.

Allerherzlichste Grüße von uns
Ihr alter und recht zittriger Dinu

Was nun geschah, war für Claras Laufbahn von höchster Bedeutung: Der Impresario Koning, der die Konzertagentur Kiesgen in Holland vertrat, hatte Clara für den 7. Februar eine Aufnahme mit Orchester in Hilversum verschafft, und da sie ohnehin am 5. in Den Haag sein wollte, hatte er für diesen Abend auch ein Konzert mit dem Röntgen-Quartett vorgesehen. «In Holland war es wunderbar», schrieb Clara, «ein großer, sehr großer Erfolg!» Koning war von ihrem Spiel so beeindruckt, daß er ihr von sich aus ein Engagement für die kommende Konzertsaison in Holland vorschlug. Dies war das erste und einzige Mal, daß der Vertreter einer Konzertagentur auf Claras Talent setzte, die weiß Gott nicht mehr in dem Alter war, in dem man eine Karriere zu beginnen pflegt. Clara war dankbar für diesen Vertrauensbeweis, dankbarer, als sie es vielleicht merken ließ. Und sie vergaß es Koning nie!

Clara kehrte wieder in die Schweiz zurück, wo sie eine Reihe von Verpflichtungen zu erfüllen hatte: Klavierabende und Konzerte, fünf davon zwischen dem 12. und 26. Februar. Sie war zwar völlig ausgelaugt, sonst aber in Hochstimmung:

Das Konzert in Lausanne fand ich nicht so besonders, auch die Atmosphäre ließ zu wünschen übrig. Der gestrige Abend jedoch in Schaffhausen mit dem Orchester von Winterthur und Desarzens (Mozart und Chopin) war ein regelrechter Triumph! Der Flügel war wunderbar – alles war wunderbar, ein Konzert, wie es selten gelingt und das im Gedächtnis haftet!

Nach einem Konzertabend in Leysin besuchte sie den kranken Vlado Perlemuter, dann spielte sie wieder in Lausanne und am 8. März in Mailand. Am 12. fuhr sie nach Perpignan, «um Casals zu sehen und ganz privat mit ihm zu musizieren».

Am 12. April trat Clara das erste und einzige Mal während des ganzen Jahres 1948 in Paris auf. Sie spielte das 2. Klavierkonzert von Chopin mit dem Radio-Symphonieorchester – von diesem Abend sind keine Kritiken erhalten. Fräulein Gélis lud Clara ein, sie spielte in privatem Kreis («großer Erfolg, alle waren bezaubert»), aber das war wieder einmal alles.

Für Mai und Juni hatte Clara keine Engagements. So fuhr sie nach Winterthur, arbeitete dort eine Zeitlang für sich und wirkte dann am Konservatorium von Lausanne in der Prüfungskommission mit – «eine Ehre, auf die ich auch hätte verzichten können». Am 6. Mai schrieb sie an Hélène:

Ich habe Milstein im Radio gehört. Wenn bei so etwas nicht alle Künstler – oder sagen wir wenigstens: die meisten – Selbstmordgedanken hegen . . . Was sind wir alle denn neben Milstein – arme Verirrte!

Und es war ihr ernst mit dem, was sie schrieb. Immer noch gab es jene depressiven Perioden, wo Verzweiflung und Mutlosigkeit sie überwältigten und ihre Freunde auf eine harte Probe gestellt wurden. Die geringste Bagatelle in einem Konzert konnte dann für sie die Ausmaße einer Katastrophe annehmen. Der Zustand der Spannung und Nervosität zwischen zwei Konzerten – und die Konzerte folgten einander ja immer noch nicht so rasch, daß Clara in einen richtigen «Konzertrhythmus» hineingeraten wäre – steigerte ihre Reizbarkeit nur noch mehr.

Und dennoch blieb sie stets sie selbst, was immer sie sagen mochte. Sobald ihre Hände die Tasten berührten, «geschah» etwas. Ihr Spiel war und blieb bis zum Schluß von unvergleichlicher Meisterschaft, nichts konnte ihm etwas anhaben, schon gar nicht der Erfolg. Woran das lag? Natürlich war da zunächst diese «Gabe», die «man nicht erklären kann», wie ein Schweizer Kritiker es einmal ausdrückte. Aber da war auch jenes schöpferische Musizieren, das die Musik erklingen ließ, als wäre sie gerade geschrieben worden; da war jener natürliche, unerschöpfliche Atem, der selbst die schnellsten Stellen noch klar und durchsichtig machte, da war vor allem jenes innere Vibrieren, das dem Lebensrhythmus gleichzukommen schien und eine Phrase erst dann vollendete, wenn sie schon die nächste ankündigte ... Jeder Ton war bedeutsam, jeder Ton wurde geboren, wenn Clara ihn spielte, jeder Ton bereitete den kommenden vor, führte ihn notwendig und doch wie absichtslos herbei, Kristallperlen reihten sich aneinander und waren durch ein fast unmerkliches Legato miteinander verbunden bis zum Schlußakkord, der über sich selbst hinaus weiterklang, um dann in holden Harmonien zu verströmen.

Im Frühsommer 1948 mußte Clara einer Bronchitis wegen drei Wochen lang das Bett hüten. Vor dem Konzert am 14. Juli in Genf (mit dem Klavierkonzert Nr. 20 in d-Moll von Mozart, welches das Orchestre de la Suisse romande unter Pierre Colombo begleitete) hatte sie «nicht eine Taste anrühren können». Am 23. spielte sie in Glarus das Klavierkonzert Nr. 23 in A-Dur (KV 488) von Mozart mit dem Orchester des Salzburger Mozarteums unter der Leitung von Bernhard Paumgartner, am 24. fuhr sie nach Aix-en-Provence, wo sie dank Vermittlung der Gräfin Pastré bei den Festspielen mitwirken konnte und das d-Moll-Klavierkonzert von Mozart unter der Leitung von Ernest Bour zu Gehör brachte:

Am 25. morgens Probe, abends das Konzert – wenn alles gut geht, will ich an Wunder glauben!

Das Wunder geschah tatsächlich, aber am nächsten Tag hatte wieder ein heftiges Fieber Clara niedergeworfen. Sie hütete bis zum 29. das Bett und schleppte sich dann nach Montredon, wo sie noch am selben Abend zu spielen hatte:

Ein zauberhafter Ort, ein nicht ganz ungefährliches Podium, viele Photographen, tausend unaufrichtige Komplimente . . .

Nach dem Konzert machten ihr die Veranstalter während eines Empfangs im Schloßpark «Versprechungen über Versprechungen», aber am nächsten Tag erwiesen sich diese als «viel zu vage, als daß man überhaupt noch darauf zurückgekommen» wäre!

Dabei waren die Konzerte «gut verlaufen», aber «die Woche da unten war wirklich mörderisch». Wieder einmal wartete überdies eine Enttäuschung auf Clara: Sie war erschöpft, immer noch nicht ganz gesund, sie hatte ihr Programm für das Konzert, das nur wenige Tage später in Arosa stattfinden sollte, nicht vorbereiten können und bat um Aufschub – aber man hatte bereits einen Ersatz gefunden.

Clara verwand solche Enttäuschungen nur schwer, so wie sie ja auch nur schlecht mit den Schwierigkeiten des täglichen Lebens fertig wurde – sie konnte keinen Koffer tragen, da es aber in der Nachkriegszeit Gepäckträger kaum gab, stand Clara auf ihren Reisen immer wieder vor «unlösbaren Problemen». Oft bat sie eine Freundin, sie doch zu begleiten, und Hélène Stricker reiste gelegentlich mit ihr. Außerdem mußte sich Clara wegen ihrer rumänischen Staatsangehörigkeit ständig um Visa und Aufenthaltsgenehmigungen kümmern, in bestimmte Länder, wie zum Beispiel Österreich, durfte sie überhaupt nicht reisen, und so konnte sie nicht einmal an den Salzburger Festspielen teilnehmen, zu denen das Mozarteum sie eingeladen hatte. Ihre Schweizer Freunde drängten nun darauf, daß sie die Schweizer Staatsbürgerschaft annehmen solle, und setzten sich für sie bei den eidgenössischen Behörden ein. Einmal könnte sie sich mit einem Schweizer Paß tatsächlich leichter in Europa bewegen, zum andern würde sie mit dieser Geste einem Land ihre Dankbarkeit beweisen, das sie aufgenommen hatte, als sie in Not war, das ihr stets die Treue hielt und wachsende Bewunderung entgegenbrachte.

Aber die administrativen Schwierigkeiten waren nicht so schnell zu überwinden, und Clara verbrachte den August 1948 bei Frau Langenhan in Berg, wo sie wieder einmal Trost und Zuspruch suchte: Ihre unbestritten brillanten Konzerte in London hatten ihr kein einziges neues Engagement eingebracht.

Die Engländer haben mich allesamt fallenlassen, schade. Ihre Treue war nur von kurzer Dauer und mein Erfolg – ein Strohfeuer!

Frau Langenhan redete ihr unaufhörlich ins Gewissen: «Sie dürfen nicht an sich selber zweifeln!» Aber Clara überließ sich nicht zu Unrecht ihren Zweifeln, denn nicht nur in England stand es nicht gerade glänzend für sie: Für September sah ihr Terminkalender lediglich das 2. Klavierkonzert von Chopin in Groningen, Holland, vor, für Oktober war nur ein Sonatenabend (Mozart, Beethoven, Brahms) mit Enesco in Vevey geplant – der freilich zu einem großen Erfolg wurde und allen, die ihn miterlebten, unvergeßlich blieb. Clara selbst fand das Konzert «sehr ergreifend». Enesco, wenngleich sehr gealtert, bestach durch sein Feingefühl und holte aus seinem Instrument eine solche Klangfülle heraus, daß das Publikum tief beeindruckt war.

Im November gab Clara zwei Klavierabende in der Schweiz und einen in Italien. Am 19. spielte sie Mozarts Klavierkonzert Nr. 19 in F-Dur (KV 459) in Zürich, am 21. das Es-Dur-Konzert Nr. 9 in Mailand (beide Male unter der Leitung von Paul Sacher) und am 28. das 4. Klavierkonzert von Beethoven in Aarau, worüber sich die Kritik ganz besonders lobend ausließ. Über den Mozart-Abend in Zürich schrieb Clara:

Das Konzert hatte sehr großen Erfolg, der Saal war überfüllt, ich selbst aber war nicht recht zufrieden. Es ist nichts wirklich Schlimmes vorgefallen, ich war nur am Anfang etwas nervös und griff ein paarmal daneben, aber das Finale war glänzend. Das Andante allerdings viel zu langsam, doch das war nicht mein Fehler. Sacher behauptet, er sei hochzufrieden. Ich habe mich natürlich wieder ganz unmöglich benommen, indem ich einer Dame, die mich fragte, ob ich mit der Begleitung zufrieden gewesen sei, antwortete, ich hätte keine rechte Übereinstimmung gefühlt, und das hätte mich etwas durcheinandergebracht. Hinterher erfuhr ich, daß Sacher und diese Dame auf du und du miteinander stehen ... Selbst ein Genie könnte sich bei soviel Dummheit nicht durchsetzen!

Und schon stand Clara eine neue Enttäuschung bevor: Der Sonatenabend in Paris mit Szigeti mußte abgesagt werden, weil ein Generalstreik angekündigt war.

Im Dezember gab Clara nur ein einziges Konzert: Sie spielte am 6. in Glarus mit dem Streichquartett Winterthur, dessen Erster Geiger, Peter Rybar, ihr persönlicher Freund war. Auf dem Programm standen Brahms und Dvořák. Am 8. Dezember schrieb Clara aus Zürich an Michel Rossier folgenden Kommentar:

Das Konzert ist ohne weiteren Zwischenfall verlaufen, und Dvořák hat mir gut gefallen, obwohl es sehr anstrengend war. Ich war ja schon vor dem Konzert übermüdet, und es ist ein Glück, daß für die nächsten Tage keine Konzerte vorgesehen sind; ich wüßte nicht, wie ich es schaffen sollte.

Gewiß war Clara physisch sehr erschöpft, mehr noch aber belasteten sie die Enttäuschungen und falschen Hoffnungen der letzten Zeit, und im Grunde brauchte sie nur eines, um wieder ganz obenauf zu sein: Konzerte geben. Nichts ertrug sie schwerer als lange Perioden der Untätigkeit. Man erinnere sich nur, wie das Jahr 1949 für sie verlief. Sie war häufig krank, hatte oftmals Fieber, litt an Depressionen, aber sie überwand alles, wenn sie beruflichen Verpflichtungen nachkommen mußte. Am 5. Januar gab sie den ersten von Koning veranstalteten Klavierabend im Diligentia-Saal in Den Haag. Diese «Prüfung» bestand sie glänzend, der Erfolg war groß, die Kritik ausgezeichnet – aber das Publikum war nur spärlich erschienen, wie immer in Holland, wenn eine «Unbekannte» spielte. Das Defizit wog schwer für Koning, aber er ließ den Mut nicht sinken, während Clara sofort notierte: «So etwas erlebt man natürlich nicht gern ein zweites Mal ...»

Am 8. fuhr Clara zu Aufnahmen nach Hilversum, dann ging es über Paris zurück in die Schweiz, wo sie am 22. in Burgdorf und am 26. in Basel spielte. Am 5. Februar war sie schon wieder in Hilversum, gab am 6., 12., und 16. Konzerte in Den Haag, war am 23., 24. und 25. erneut in der Schweiz, trat dort unter der Leitung von Carl Schuricht auf. Im März schrieb sie:

Sechs Konzerte, alle ganz unvorhergesehen: am 7. in Locle, am 14. und 15. in Bern (das A-Dur-Klavierkonzert von Mozart), am 17. in Luzern (Konzert von Schumann), am 20. ein Klavierabend in Zürich (den ich eigentlich nicht geben möchte) und am 31. ein Klavierabend in Chur.

Das Konzert in Zürich wurde auf den 1. April verschoben, und Clara schrieb am 28. März:

Ich glaube, das Konzert am Donnerstag in Zürich wird ein richtiges Fiasko, ich verbringe schlaflose Nächte, wenn ich nur daran denke. Das war so eine fixe Idee von Herrn Schultheß, es war natürlich sehr gut gemeint, aber . . .

Schließlich brachte ihr auch dieses Konzert – wie alle vorangegangenen – ausgezeichnete Kritiken ein. Aber in Paris war immer noch nichts zu machen! Sie fuhr für einige Tage hin und fragte Michel Rossier an, ob sie bei Lamoureux noch einmal ohne Honorar spielen solle. Immerhin unterzeichnete sie einen Vertrag für die Festspiele in Salzburg im Juni, fuhr wieder in die Schweiz zurück, spielte am 26. April in Baden, am 29. in Neuchâtel, am 1. Mai in Thun, am 4. in Winterthur (Quartett), am 6. in Baden (Trio), darauf am 12. in Lausanne und am 20. in Zürich.

Sie hatte nun kaum noch Zeit zum Verschnaufen und schrieb am 5. Juni:

Ich spiele am 15. in Straßburg, am 16. in Mülhausen, und vom 17. bis 19. bin ich in Basel. Zu dem Konzert am 20. in Straßburg habe ich keine große Lust, denn da soll ich den «Carnaval» von Schumann spielen, und meine Stimmung hat seit Wochen nichts Karnevalmäßiges. Das Programm für Mülhausen habe ich auch nicht selbst zusammengestellt, aber es gefällt mir viel besser: Beethoven op. 31, Nr. 3; drei Scarlatti-Sonaten; Nocturne, Mazurkas, Boléro von Chopin und zum Schluß ein Klavierkonzert von Chopin. Das ist schon eine ganz originelle Programmgestaltung!

Am 26. sollte Clara in Scheveningen mit dem Röntgen-Quartett spielen und am 27. im Radio Hilversum. Sie fuhr also am 23. Juni nach Den Haag und schrieb von dort aus an Michel Rossier:

Die Konzerte in Straßburg (Brahms) und das in Mülhausen waren ein ganz großer Erfolg, nur war der Flügel, ein Gaveau, dort leider sehr schlecht. Aber ich spielte vor ausverkauftem Haus, und sowohl das Publikum wie auch das Orchester waren sehr sympathisch.

Das Schumann-Konzert dagegen war gräßlich und abscheulich. Den ganzen Anfang des «Carnaval» bis zur «Valse noble» hätte man eigentlich auspfeifen müssen – und den Rest übrigens auch. Niemals habe ich ein Werk so übel zugerichtet, und ich finde die Kritiken sehr wohlwollend und sehr nachsichtig. Herr Leguillard drückt sich folgendermaßen aus: «Der Anfang war mühsam, aber dann . . .» Ich begreife kaum, wie ich so tollkühn sein konnte, überhaupt weiterzuspielen.

Nach diesem unseligen Konzert habe ich etwas angestellt, was Sie vermutlich gar nicht billigen werden: Ich habe an die BBC geschrieben und darum gebeten, den «Carnaval» nicht zu senden; ich habe dafür verschiedene Gründe angeführt, so zum Beispiel, daß der Pleyel sehr schlecht war und daß das Werk deshalb nicht recht zur Geltung kommen konnte. Wenn London wider alles Erwarten meiner Bitte stattgeben sollte, so wäre es schon ein großes Glück, denn dann würde man mich wenigstens nicht auch noch in der Schweiz und in Holland hören . . .

Frau Brown riet mir in einem Schreiben aus Paris, mich mit Bigot in Verbindung zu setzen und ihn zu fragen, ob ich nicht bei Lamoureux spielen könnte. Nach meinem fabelhaften Start in Frankreich werde ich das natürlich tunlichst unterlassen! Und im übrigen kann ich derartige Briefe sowieso nicht schreiben.

Obwohl die Kritiken in Straßburg sowohl wie in Mülhausen tatsächlich von einem «etwas unsicheren Anfang» beim «Carnaval» sprachen, waren sie doch des Lobes voll: «Madame Clara Haskil erinnert an jene andere Clara, die Schumann so sehr liebte . . .»

Im Juli machte sie zwei Wochen Ferien in Paris und suchte ihre alten Freunde auf – Hilda Gélis, die Desmarais, Dr. Hamburger, Youra:

Vorgestern war ich mit Mme. Pastré und Youra in Enescos Villa in Meudon. Ich saß neben der Königin von Belgien und habe mich mit ihr unterhalten, ohne zu wissen, mit wem ich sprach! Trotzdem war sie äußerst liebenswürdig und fragte mich, warum ich nicht in Brüssel spiele . . .

Als wir aufbrachen, waren mehr Leute da, als Autos zur Verfügung standen, und die Königin bot mir einen Platz an ihrer Seite an. Kommentar einer besonders wohlwollenden Person: «Sie hat es so gedreht, daß sie im Wagen der Königin mitfahren kann; sie hätte ja auch neben dem Chauffeur sitzen können.»

Clara fuhr nach Vevey zurück. Die böse Erinnerung an Straßburg wurde sie nicht los. Am 17. notierte sie:

Gestern aus Frankreich zurückgekehrt, heute depressiv verstimmt . . . Ich weiß, daß ich eigentlich nur existiere, wenn ich Musik mache, und ich leide darunter, daß mir das nötige Maß an Bildung und Intelligenz abgeht, das den Menschen über den Durchschnitt erhebt . . . Am 25. fahre ich für etwa vierzehn Tage nach Tarasp; Lust dazu habe ich keine.

Gewiß waren solche Äußerungen der Ausdruck ihrer üblichen latenten Niedergeschlagenheit, aber es gab auch triftige Gründe für ihr seelisches Tief: wenn sie auch mehr spielte als früher, so hatte sie doch noch immer kein Zuhause und war in jedem Sinne des Wortes dauernd «unterwegs». Außerdem hatte sich einer ihrer besten Freunde scheiden lassen, und Lipatti war sehr krank. Unter all dem litt sie tief.

Lipatti hatte zwei Konzerte in Holland absagen müssen, und Clara hatte an seiner Stelle gespielt. «So bekommen die Leute wenigstens wahre Kunst zu hören», schrieb er ihr, «und ich habe keine Gewissensbisse.» Doch Lipatti mußte nun lange Monate liegen, und am 20. Februar schrieb er an Clara:

Ich muß immer noch das Bett hüten – mit derselben Krankheit wie im letzten Jahr. Vorgestern hat man eine Punktur gemacht und 500 Gramm Flüssigkeit entnommen, morgen wahrscheinlich dieselbe Prozedur. Auf diese Behandlung setze ich meine ganze Hoffnung . . .

Wollen Sie nicht mit Balmer in Bern spielen? Sie würden mir damit nicht nur einen großen Dienst erweisen, sondern auch eine große Freude machen – ich selber darf bis Oktober 1949 keine Konzerte geben . . .

Am 4. März erhielt Clara folgenden Brief von Lipatti:

Wenn ich Sie nach dem Konzert in Genf nicht angerufen habe, so liegt das daran, daß ich 1) nicht aufstehen konnte, daß ich 2) überhaupt nicht atmen konnte und daß ich 3) am nächsten Tag wieder solch eine unangenehme Punktion über mich ergehen lassen mußte. Jetzt geht es mir besser, und da will ich Ihnen gleich sagen, wie herrlich Sie gespielt haben und was für eine große Künstlerin Sie sind (aber das brauche ich Ihnen ja gar nicht mehr zu sagen). Es tut mir so leid, daß ich Sie nicht habe sehen können! Mehr als einen Monat bin ich nun schon bettlägerig. Seit einer Woche fühle ich mich besser, die Temperatur geht zurück, ich kann wieder normal atmen . . . Ich arbeite nur im Kopf, ohne Klavier, und liege gähnend in der Sonne . . . Geben Sie mir doch eine Idee für einen schönen und eindrucksvollen Bach.

Eine neue Behandlungsmethode brachte schließlich eine merkliche Besserung (am 13. August schrieb Lipatti: «Gesundheitlich geht es mir gut»), aber die Sorgen blieben, denn jeder ahnte, ohne es auszusprechen, daß Lipatti an einer unheilbaren Krankheit litt. Rückfälle stellten sich ein:

Seit einer Woche bin ich wieder sehr krank, heftiges Fieber, Angstzustände usw. Ich bin es leid! Und ich sehne mich so sehr nach meiner Arbeit!

Jede Verschlechterung seines Zustandes war für Clara ein Schock. Zum Glück konnte sie Michel Rossier ihr Herz ausschütten, dem treuen, zuverlässigen Freund, der ihr Trost und Stütze war. Am 1. Mai schrieb sie ihm:

Sie wissen, was Ihre Freundschaft mir bedeutet. Sie ist für mich eine Quelle der Freude und der Ermutigung, ja sie gibt meinem Leben einen Sinn. Dank Ihrer Freundschaft habe ich in den letzten Jahren bei Ihnen arbeiten können, mit dem Gefühl, ein Heim zu haben, zu Hause zu sein. Bei Ihnen bin ich immer herzlich aufgenommen worden.

Ihnen und Ihnen allein verdanke ich es, daß ich in der Schweiz so viel spielen konnte, denn ohne Sie, ohne Ihren liebevollen Zuspruch, ohne Ihre Unterstützung hätte ich meine Konzerte niemals vorbereiten und öffentlich auftreten können.

Im Juni 1949 konnte ihr Michel Rossier endlich die gute Nachricht übermitteln, daß sie nun die Schweizer Staatsbürgerschaft erhalten würde. Sie war in Holland, als sie Michels Brief erhielt, und schrieb sofort an eine Freundin:

Ich brauche Ihnen nicht zu sagen, wie glücklich ich bin. Aber ich kann noch gar nicht daran glauben. Am liebsten möchte ich den Paß schon in den Händen halten und ständig darin blättern, um auch ganz gewiß zu sein, daß ich nun wirklich ein Schweizer Papier besitze. Hoffen wir, daß es noch vor Jahresende klappt!

Im Juli fuhr Clara zu einer Kur nach Schuls-Tarasp, wo sie sich «wie immer ein wenig einsam, fremd und . . . schwermütig!» fühlte. Doch hatte sie Pläne über Pläne:

Am 11. August werde ich mit dem Quartett von Winterthur in Davos spielen, dann, allein, zwei Stücke von Schumann (glück-

licherweise nicht den «Carnaval»!). Am 6. bin ich bei Radio Zürich verpflichtet (mit dem A-Dur-Klavierkonzert von Mozart), und vom 20. September bis 25. November gebe ich zwanzig Konzerte in Holland und in der Schweiz.

In dieser Zeit begegnete sie Bruno Walter in Luzern und verbrachte den Abend des 14. August mit ihm. Am 24. August schrieb sie aus Zürich an Hélène Stricker:

Sie können sich von meinem Tagesablauf seit unserer Rückkehr nach Zürich keine Vorstellung machen. Ich war in Luzern, in Winterthur, in Chur, ich sehe Freunde, verbringe fast den ganzen Tag mit Casals, der besser spielt als je zuvor und um zehn Jahre jünger zu sein scheint: Gestern war ich bei einem privaten Musikabend, der bis drei Uhr früh dauerte, ich weiß überhaupt nicht, wie ich das noch aushalte. Ich arbeite keine fünf Minuten pro Tag, spiele aber mit Casals verschiedene besonders interessante Stücke.

Und meine Konzerte? Ich fahre morgen nachmittag mit Casals' Wagen nach ... Zermatt und werde vom 29. August bis zum 5. September in Vevey sein. Dort werde ich wohl an die zehn Stunden täglich arbeiten müssen ... Angeblich sind die schlaflosen, aber musikalisch so erfüllten Nächte meinem Aussehen gut bekommen!

In der Tat schien ihr diese Lebensweise in jeder Hinsicht gut zu tun, denn nach einer Radiosendung in Zürich schrieb ihr Lipatti am 8. September von Montana aus:

Liebe Clarinette,

Sie haben noch besser gespielt als gewöhnlich. Das war wahrhaft meisterlich! Ich habe Sie sehr gut hören können und habe nicht die kleinste Kritik anzubringen. Vielleicht war das Tempo des Orchesters im Finale ein wenig zu rasch. Dar ce s'a întâmplat la început (tema doua, mi major)?[1] *Sie sind eine große, eine sehr große Musikerin und Künstlerin und eine ganz vorzügliche Pianistin! Wenn ich eines Tages noch andere Konzerte von Mozart zu arbeiten hätte, würde ich mich bei Ihnen als Schüler anmelden. Ich meine das vollkommen ernst.*

Seit vier Tagen leiste ich mir allabendlich beinahe 39° Fieber. Mein Kopf ist schwer wie Blei, und ich darf das Bett nicht verlassen. Backhaus war da, fröhlich, charmant, gütig wie immer. Er

[1] Aber was ist am Anfang passiert (zweites Thema, E-Dur)?

würde Sie gerne wiedersehen. Wenn Sie kommen sollten, werde ich eine Kadenz für Sie schreiben, und wir werden Pläne machen für künftige Klavierabende!

Ich umarme Sie herzlich und in tiefer Bewunderung

Ihr alter Grégoire

Im November war Clara wieder in Holland. Diesmal strömte das Publikum nur so herbei: Koning hatte sich durchgesetzt – und Clara auch. Dennoch schrieb sie am 14. aus Den Haag:

Ich bin nicht recht in Form und in jeder Hinsicht niedergeschlagen und hilflos. Ich glaube, das ist der Anfang vom Ende ... Ich hoffe, daß Sie die Rundfunkübertragung des Mozartkonzerts nicht gehört haben und daß Sie den Chopin nicht hören werden ...

Aber im «Haagsh Dagblad» vom 21. November konnte man unter der Überschrift «Eine ideale Solistin» folgendes lesen:

Das gibt es also noch: eine Künstlerin, die ganz und vollendet im Dienste der Kunst steht. Ihr Spiel ist von gleichsam übermenschlicher Meisterschaft, von lauterster, zauberhaftester Schönheit, wie sie nur aus jener tiefen, inneren Weisheit kommen kann, die den Menschen bescheiden und demütig macht. Diese große, herrliche, ergreifende, gelassen-heitere und doch menschlich-warme Botschaft – Clara Haskil übermittelt sie uns, und ihre Hände könnte man «inspirierte» Hände nennen ...

Am 3. Dezember, nach einem großartigen Abend mit dem 2. Klavierkonzert von Chopin in Lausanne, schrieb Clara an Hélène Stricker:

Casals schrieb mir, wie «schön» der Chopin mit Desarzens gewesen sei, und er scheint ganz begeistert ... Wie nachsichtig er doch ist! Was er da sagt, ist zuviel, man kann nicht glauben, daß er es wirklich meint.

Für alle ihre Konzerte erntete sie nun nur noch uneingeschränktes Lob, und doch fand kaum ein Abend vor ihr selber Gnade – sie war eben unverbesserlich! Am 1. Dezember 1949 gab sie in Lugano das letzte Konzert dieses Jahres. Auch Lipatti trat an diesem Abend wieder in einem Konzert auf – es war das erstemal seit seiner Erkrankung. Am 19. Dezember schrieb er an Clara:

Sehr liebe Clarinette,

herzlichen Dank für Ihr freundliches Telegramm, das mir zwei Minuten, bevor ich aufs Podium stieg, ausgehändigt wurde. Ich stellte mit Freuden fest, daß ich doch noch irgend etwas in meinem Leben tun kann. Das Publikum war rührend, und ich hatte nicht das geringste Lampenfieber, so daß ich Madeleine fragte, ob wirklich ich es sei, der spielen sollte, oder ein anderer.

Mein Gesundheitszustand ist normal, dieses Konzert war wie dazu geschaffen, mich endgültig wieder auf die Beine zu bringen. Nein, sprechen wir lieber nichts «Endgültiges» aus, warten wir ab – und denken wir nicht mehr daran ...

Als Clara endlich die Schweizer Staatsbürgerschaft erhielt, schickte Lipatti ihr ein langes, lustiges Gedicht mit folgender Widmung:

Für Clara Haskil
Schweizer Staatsbürgerin
Eingebürgert in Vevey
Prinzessin der Musik

Clara schrieb inzwischen an Anne Grandjean:

Verzeihen Sie mir, daß ich mich erst so spät melde, um Ihnen von ganzem Herzen zu danken für die wundervollen Tage, die ich bei Ihnen verbringen durfte, für den schönen Spaziergang in Bern und vor allem für die warme Freundschaft, die Sie mir entgegenbringen – ich fühle, daß sie aufrichtig ist, und kann Ihnen nie dankbar genug dafür sein. Sie akzeptieren mich, wie ich bin, und bewahren mir Ihre Sympathie – und das ist nicht wenig, denn während des Aufenthaltes im Aargau habe ich wieder gemerkt, daß meine Verschrobenheiten und meine Fehler viel zahlreicher sind, als ich dachte, und dabei hatte ich doch sowieso schon so viele!

Vielleicht haben Sie gelesen oder gehört, daß ich die Schweizer Staatsbürgerschaft bekommen habe, und ich empfinde für alle, die sie mir zuerkannt haben und die mich als eine der Ihren betrachten wollen, unendliche Dankbarkeit.

Das Ende dieses Monats verläuft wie vorgesehen: Nach drei- oder viermaligem Ortswechsel werde ich nach Vevey zurückkehren, und das fürchte ich mehr, als ich sagen kann. Meine

Freunde fahren am 1. weg, mein Zimmer ist weder möbliert noch in Ordnung gebracht, es ist ganz unpersönlich, und man wird darin regelrecht trübsinnig. Aber der Trübsinn ist ja überhaupt mein treuester Gefährte! Doch ich habe nicht das Recht, mich zu beklagen, bitte vergeben Sie mir . . .

Clara verbrachte die letzten Dezemberwochen «bei diesen und bei jenen, überall störe ich, das ist natürlich lästig». Doch als sie die Bilanz dieses Jahres zog, konnte sie nicht leugnen, daß sie mehr gearbeitet hatte als je zuvor und daß sie zum erstenmal ein wenig Geld verdient hatte: Am 7. Januar 1950 feierte sie ihren fünfundfünfzigsten Geburtstag, und zum ersten Male in ihrem Leben war sie materiell nicht mehr von andern abhängig! Natürlich war die Lage immer noch recht prekär, natürlich verdiente sie immer noch sehr wenig, und sie war weit davon entfernt, ein Gefühl der Sicherheit zu empfinden, aber sie war doch selbständig, und diese Selbständigkeit war ein verheißungsvolles Zeichen. Wie lange hatte sie darauf gewartet, ohne jemals so recht daran glauben zu können! Bis ans Ende ihrer Tage hatte ihr Erfolg für sie etwas Unwirkliches, Irreales.

III Auf der Höhe des Erfolgs

Der Ruhm

(1950–1957)

Am 12. Februar 1950 schrieb Clara an Anna Grandjean:

Heute in Amsterdam herrschte eine beinahe ergreifende Spannung und Stille im Saal. Ich habe «Ihre» Fuge in a-Moll sehr gut gespielt (übrigens noch niemals so gut), dann op. 111 und den Brahms. Abegg und die übrigen Stücke klangen etwas weniger überzeugend als gestern. Ich war bereits müde, und das Klavier war für die leichten und geschwinden Passagen viel zu hart. Vorausgesetzt, daß mein Erfolg anhält, sind Holland und die Schweiz doch die einzigen Länder, die mich als Pianistin schätzen – aber wie lange wohl noch?

Man darf Claras Unsicherheit und Bedenken nicht mißverstehen: Nach den großen Erfolgen im vergangenen Jahr in London wurde sie dort nicht wieder engagiert. Italien bot ihr ebenfalls kaum eine Möglichkeit zu spielen, und Frankreich ignorierte sie weiterhin vollkommen. Zweifelsohne schlug sie sich nicht mit den richtigen Waffen, und Claras Naivität zeigt sich in einem Brief aus Hilversum an Michel Rossier:

Gestern habe ich mit den Schurichts zu Abend gegessen ... Was ich von dem ganzen Gespräch behalten habe und was mich recht bestürzt hat, ist, wie schlecht die Künstler übereinander sprechen. Das ist unglaublich und auch ziemlich enttäuschend.

Obwohl sich Clara dessen noch nicht ganz bewußt war, bedeutete das Jahr 1950 tatsächlich den Wendepunkt in ihrer Karriere. Konings Beharrlichkeit zeitigte Erfolge. In dem kleinen Holland organisierte er für sie drei Gastspielreisen (im Februar, April und Dezember), in denen sie nicht weniger als zweiundzwanzigmal, mit oder ohne Orchester, auftrat. Diese Konzerte waren für Clara ein Triumph, und es mehrten sich die Kritiken, in denen man etwa lesen konnte: «Nur schade, daß man auf ihr unglaubliches Talent nicht früher aufmerksam geworden ist.»

Es ist unmöglich, hier über die vielen und ausführlichen Kritiken zu berichten, die das Spiel, die Interpretation und das Genie Claras rühmten. Ebenso begeistert waren die Stimmen über die Konzerte, die sie in der Zwischenzeit in der Schweiz gab, wo man ihr Talent schon lange würdigte.

Am 5. April gab sie in Bergamo ein besonders brillantes Konzert, und Clara notierte: «Franco Rossi war eigens aus Venedig gekommen, um mein Konzert zu hören. Noch niemals so etwas erlebt!»

Nach der Rückkehr von ihrer zweiten Hollandtournee verbrachte sie die erste Maihälfte in Paris, wo sie ihre Freunde aufsuchte und sich vergeblich um Konzerte bemühte. Dort mußte sie sich auch wegen einer Entzündung des linken Handgelenks in ärztliche Behandlung begeben. Bereits in Holland hatte sie aus dem gleichen Grund des öfteren das Programm ändern müssen, ohne daß ihr Spiel jemals darunter gelitten hätte. Sogar von Operation war einmal die Rede, der Pariser Arzt aber ging mit Injektionen, die sich als ziemlich schmerzhaft erwiesen, gegen das Übel an.

Auch sonst fühlte sich Clara nicht sonderlich wohl, ihre Skoliose verschlimmerte sich und führte zu schmerzhaften Nebenerscheinungen, die sich auf Claras Gemütszustand auswirkten. Trotzdem spielte sie weiter – nicht selten mit Fieber oder Schmerzen –, und in ihrem Notizbuch findet man immer wieder die Eintragung «krank» oder «miserables Konzert» . . .

Am 1. Juni fuhr Clara nach Prades, wohin Casals sie zu seinem Festival eingeladen hatte. Sie spielte das 5. Konzert in f-Moll von Bach (das unlängst neu auf Schallplatte herausgebracht wurde).

In Prades sah Clara den ehemaligen Robert-Schüler Serkin wieder und traf mit Arthur Grumiaux zusammen: Casals hatte ein Beethovenkonzert vorgesehen, auf dessen Programm eine Cellosonate, eine Violinsonate und ein Trio standen. Clara übernahm den Klavierpart.

Von dem Augenblick an, als Clara mit Grumiaux die 10. Sonate von Beethoven zu proben begann, bestand völliger Einklang zwischen ihnen, und ihr Spiel war in idealer Weise aufeinander abgestimmt. Merkwürdigerweise hatte Grumiaux ein Jahr zuvor etwas ganz Ähnliches erlebt – eine sofortige und vollkommene musikalische Übereinstimmung –, und zwar

Mit Georges Enesco in Straßburg, Juni 1952.

In der Mailänder Scala, 1951, mit Bernhard Paumgartner.

Ein Moment der Entspannung, Mai 1953.

bei der Zusammenarbeit mit Lipatti. Er hatte sich davon außerordentlich beeindruckt gezeigt, aber Lipatti war bald darauf erkrankt, und so mußte es bei diesem einen und einzigen Versuch bleiben.

In Prades faßten Grumiaux und Clara den Plan, ein Duo zu gründen – ein Gedanke, der aber erst einige Jahre später verwirklicht werden konnte.

Nach Vevey zurückgekehrt, schrieb Clara am 28. Juni:

Die Wochen in Prades mit all ihren Aufregungen haben mich beinahe krank gemacht. Es war eine unvorstellbar schöne Zeit, und man muß so etwas erlebt haben, um die einmalige Atmosphäre zu begreifen, in der sich ein solches Festival abspielt. Aber meine unbequeme Unterkunft, die tropische Hitze, die schlechte Verpflegung und mein krankes Handgelenk sind schuld daran, daß ich niemandem geschrieben habe, außer meiner Schwester, die mich fast schon für verrückt hielt, so aufgeregt war ich, wenn ich nur daran dachte, daß ich an diesem Festival teilnehmen sollte. Ich war noch niemals in einem derartigen Zustand, aber wie durch ein Wunder ist alles gut gegangen, und ich hatte einen Erfolg, wie ich selbst ihn nie erwartet hätte . . . Da ich mich nun schon einmal quälen muß, ist es doch am besten, wenn ich es für meine Programme tue.

Am nächsten Tag schrieb ihr Lipatti:

Liebe Clarinette!

Wie schade, daß ich Sie telefonisch nicht erreicht habe! Ich brenne darauf, Sie wiederzusehen, Sie zu hören. Man sagt, Casals spiele Bach noch inniger. Wir müßten uns tausend Dinge erzählen.

Seitdem ich Cortison bekommen habe, bin ich ein anderer Mensch: kein Fieber, keine Schmerzen, neue Kräfte, drei Stunden Klavier, eine Stunde Spaziergang, Riesenappetit. In zwei Tagen werde ich in Genf mit Legge und seinen Technikern aus London neue Schallplatten aufnehmen. Zwei wunderbare neue Steinway-Konzertflügel erwarten mich dort. Zwölf Abende hintereinander Plattenaufnahmen, eine enorme Arbeit. – Wie geht es dem Handgelenk? Bitten Sie S., daß er Ihnen ein Fläschchen Cortison verabreicht (drei Tage lang), und Sie sind auf der Stelle geheilt . . .

Ich umarme Sie herzlichst *Ihr Dinu*

Im Juli verbrachte Clara zunächst einige Tage mit Michel Rossier und seiner Frau (Rossier hatte kurz zuvor geheiratet), fuhr dann nach Braunwald, wo sie innerhalb einer Woche vier Konzerte gab, und nach einem kurzen Aufenthalt in Paris, wo sie ihren Arzt konsultierte, reiste sie für acht Tage zur Erholung nach Montana. Von dort aus schrieb sie am 6. August:

Der Pariser Arzt wollte wieder mit den Injektionen beginnen – aber ich lehnte ab . . . Ich habe die Sonate in B-Dur von Schubert (endlos, und ich kann noch nicht einmal die erste Seite) auf mein Programm gesetzt. Haben Sie Freitag abend Lipatti gehört? Seine Genesung ist wirklich ein Wunder, ich glaube, sie ist auf ein amerikanisches Medikament zurückzuführen. Welches Glück für ihn und die ganze Musikwelt!

Am 10. August reiste Clara nach Salzburg, wo sie dank ihrer neuerlangten Staatsbürgerschaft endlich am Mozarteum gastierte. Sie spielte das Konzert in Es-Dur von Mozart:

Eine anziehende Stadt, reich an Erinnerungen, ergreifend – vermutlich habe ich deshalb gerade hier so schlecht wie nur möglich gespielt. Ich bin traurig und habe vollkommen den Mut verloren. Ist das für mich bereits der Anfang vom Ende?

Auf ihrer Rückreise verbrachte sie vierundzwanzig Stunden bei Frau Langenhan und danach einige Tage bei Werner Reinhart, bevor sie wieder nach Vevey zurückkehrte. Dort fand sie eine Transkription der Pastorale in F-Dur von Bach vor, die ihr Lipatti am 13. August in Genf gewidmet hatte.

Anfang September besuchte Jeanne ihre Schwester. Sie war Zeuge von Claras außerordentlicher Arbeit an der Sonate in B-Dur op. posth. von Schubert und der Fertigstellung des Programmes, das sie kurz nach einem Konzert in Locarno für die Firma Westminster in Winterthur einspielen sollte.

Am 16. September gab Dinu Lipatti bei einem Festival in Besançon vermutlich das schönste und sicherlich ergreifendste Konzert seiner ganzen Karriere. Es sollte zugleich sein letzter öffentlicher Auftritt sein. Am nächsten Tag wurde er bettlägrig und ließ Segovia, der ihn aufsuchen wollte, um für ihn zu spielen, ausrichten: «Nicht jetzt – ich bin nicht würdig, ihn zu hören.»

Samstag, den 23., und Sonntag, den 24. September spielte Clara mit dem Symphonieorchester Winterthur unter der Leitung von Henry Swoboda für die Firma Westminster Mozarts

Klavierkonzerte Nr. 19 (F-Dur, KV 459) und Nr. 20 (d-Moll, KV 466) ein. Eine Woche später, nachdem sie noch in Zofingen mit demselben Orchester gastiert hatte (Konzert in Es-Dur von Mozart und 3. Konzert von Beethoven), spielte sie beinahe ohne Unterbrechung von 9 Uhr bis 20 Uhr elf Scarlatti-Sonaten für Schallplatten.

Es folgten noch drei Klavierabende in Spanien («großer Erfolg – sympathisches Publikum») und einige Konzerte in der Schweiz. Dann unternahm Clara ihre dritte Hollandtournee mit dreizehn Konzerten zwischen dem 25. November und dem 14. Dezember. In Holland erfuhr sie, als sie «gerade die Zeitung aufschlug», vom Tode Lipattis am 2. Dezember 1950; er war mit 33 Jahren gestorben. «Diese Nachricht war ein schrecklicher Schlag. Ich habe ihn unendlich bewundert, und er war ein treuer Freund.» Aber Clara zeigte ihren Schmerz über diesen Verlust nach außen hin kaum und schrieb nur an Hélène Stricker:

Ich bin müde, ich arbeite wenig, und das bekommt mir nicht. Der Tod Lipattis ist mir furchtbar nahegegangen. Ich bin untröstlich, wie soll ich da noch Konzerte geben ...

Am 18. Dezember fuhr Clara nach Paris, wo sie einige geruhsame Tage mit Jeanne und Hélène verbrachte. Die Stimmung war nicht gerade heiter, aber mit Hilfe von Hélène schmückte Jeanne einen «winzigen Weihnachtsbaum», der ein leichtes Lächeln in Claras Augen weckte. Über ihre berufliche Zukunft in Frankreich schrieb sie:

Von hier ist wenig Interessantes zu berichten. Gerade heute hat der Dirigent Bigot, der mich kennt und mit dem ich gespielt habe, am Telephon zu mir gesagt: «Hier muß man entweder eine Menge Geld haben oder Kompromisse eingehen.» Das ist richtig, wenn auch nur mit Einschränkung, weil die Großen weder mit Tricks noch mit Geld arbeiten, um spielen zu dürfen. Aber es ist schon merkwürdig, daß ich in Paris niemals Glück hatte. Vielleicht weil ich keinen Pelz habe oder keinen Lippenstift benutze.

Von Paris kam sie enttäuscht und traurig in die Schweiz zurück, um am 31. Dezember das Jahr mit einer «brillanten» Aufnahme für Radio Zürich mit dem Collegium Musicum dieser Stadt zu beschließen. Den 1. Januar verbrachte sie bei Frau Langenhan, anschließend war sie einige Tage bei dem treuen Werner Reinhart zu Gast.

Clara begann also das neue Jahr in Gesellschaft zweier Menschen, die ihr besonders nahestanden, die sie verstanden, sie liebten und ihr, wenn nötig, halfen. Daß beide innerhalb weniger Monate des Jahres 1951 dahingerafft wurden, war für Clara ein besonders harter Schlag. Beide waren in den düstersten Stunden, wenn es gar keine Hoffnung mehr zu geben schien, stets für Clara dagewesen, und gerade jetzt, wo Clara endlich Würdigung erfuhr, der Erfolg ihr ein wenig Selbstsicherheit gab und sie zum erstenmal in ihrem Leben materielle Sicherheit kannte, waren sie für immer von ihr gegangen. Es war, als hätten sie mit dem Abschied nur gewartet, bis Clara ihrer nicht mehr gar so sehr bedurfte . . .

Denn Engagements und Pläne gab es nun die Menge. Man feierte sie plötzlich, als wäre ihr Können ein längst bekanntes Faktum. Niemand wollte zurückstehen. Es war ein Sieg ihres Genies, das dreißig lange Jahre verkannt worden war, und zwar am meisten von jenen, die jetzt zu schreiben wagten: «Über das perfekte Spiel und den Stil einer Clara Haskil wurde bereits alles gesagt» oder, wie es einige Zeit später in einer geradezu zynisch anmutenden Pariser Kritik hieß: «Die Musikliebhaber warteten mit Ungeduld auf das Wiederauftreten Clara Haskils. Alle ihre Erwartungen wurden übertroffen.»

Doch Claras Sieg war auch das Ergebnis der außerordentlichen Energie und Ausdauer einer Frau, die durch ihren Gesundheitszustand und durch ihr Aussehen eher benachteiligt war, die in geradezu krankhafter Weise fortwährend an sich selbst zweifelte, die sich jedoch trotz alledem ihres Wertes vollkommen bewußt war und an die Musik glaubte. Schließlich aber, und das muß immer wieder gesagt werden, verdankte Clara ihren Durchbruch auch der psychischen Stärkung und der praktischen Unterstützung durch Michel Rossier – und dem Vertrauen, das der holländische Impresario Koning in ihr Können gesetzt hatte.

Denn in Holland wollte man Clara nun immer wieder hören, man sprach in den höchsten Tönen von ihr, und die Nachricht von ihren Triumphen drang weit über Holland hinaus. Am 2. Januar schrieb sie:

Am 17. Januar bin ich in Mailand, den ganzen Februar bis einschließlich 6. März in Holland, am 8. März in La Chaux-de-

Fonds, am 3. April in Aarau, am 5. in Ascona, am 10. in Lausanne, am 19. in St. Gallen, am 25. in Thun, Anfang Mai wieder in Holland, am 11. Mai in Zürich (Collegium Musicum), am 20. in Baden-Baden, im Juni in Perpignan (Casals-Festival: Bach, Mozart, Beethoven). Die Angelegenheit mit den Platten ist noch nicht geregelt und macht mir ziemliche Sorgen.

Tatsächlich bemühte sich die Firma Philips sehr um sie, und Clara unterzeichnete am 7. April einen Vertrag, der Philips die Alleinrechte sicherte, dessen Abschluß sie aber bitter bereute, weil sie die Aufnahmen nicht mit den von ihr vorgeschlagenen Partnern realisieren konnte.

Zu ihren Konzerten sei noch erwähnt, daß sie im August im Salzburger Mozarteum spielte, im November in der Mailänder Scala (vier Konzerte) und in Neapel (zwei Konzerte), ferner natürlich in der Schweiz und in Italien. Die Angebote häuften sich, ihr Handgelenk war wieder in Ordnung: «Es geht besser, ohne daß ich etwas unternehme.» Am 11. November 1951 schrieb sie aus Neapel an Hélène:

Die vier Konzerte in der Scala waren ein Bombenerfolg. Am 25. November ein unvorhergesehenes Konzert in Basel, und dabei habe ich noch bis zum 18. in Neapel zu tun.

Dank den Bemühungen Carl Schurichts und seiner Freunde vom «National» spielte sie am 23. April mit diesem von ihm geleiteten Orchester zum erstenmal seit zwei Jahren wieder in Paris. «Wunderbare Probe, aber im Konzert schlecht gespielt – krank», notierte sie. Auch diesmal erschienen fast keine Kritiken ...

In Holland hingegen fand man sie hinreißend, und jede Kritik war ein wahres Loblied auf ihr hohes künstlerisches Können, Clara aber bemerkte:

Meine Art, mich dem Publikum zu zeigen, es zu grüßen, meine Haltung am Klavier, all das wirkt so entsetzlich, daß sogar die Kritiken davon berichten.

In Holland lernte sie den Dirigenten Rafaël Kubelik kennen, mit dem sie am 1. Juni erstmals in Den Haag konzertierte und mit dem sie bald eine besondere Freundschaft verbinden sollte. Kubelik über dieses erste Konzert: «Als wir hintereinander die lange Treppe zum Podium hinuntersteigen wollten, blieb Clara plötzlich stehen und zögerte, wie ein Pferd, das vor einem Hindernis scheut. Schließlich mußte ich sie mit einem kräftigen Stoß hinunterschubsen, und lachend kamen wir miteinander auf die Bühne.»

Für ihre künftige gemeinsame Arbeit hatte diese Episode gleichsam Symbolkraft: Kubelik wußte, daß Clara alle Hindernisse überwinden würde, und Clara wiederum konnte sich auf Kubelik verlassen, der ihr half, indem er sie «schob», «nicht zu heftig und nicht zu sanft». Wie viele seiner Kollegen notierte Kubelik, daß sie durch ihr nuanciertes Spiel, das sie so ausgewogen und bewundernswert darzubieten verstand, das ganze Orchester zwang, ihr genauestens zuzuhören und auf jede ihrer Absichten einzugehen. Und er fügte hinzu:

Ich verdanke Clara Haskil eine meiner bedeutsamsten Freundschaften nicht nur im künstlerischen, sondern ganz besonders auch im menschlichen Bereich.

Er nannte sie – gewissermaßen allegorisch – immer nur «Clarissima». Aber auch für Clara wurde diese Freundschaft, die sie vom ersten Augenblick an empfand, zu etwas «Notwendigem», wie das in ähnlicher Weise ein Jahr später auch bei dem berühmten Dirigenten Ferenc Fricsay der Fall war, mit dem sie ebenfalls völlige musikalische Übereinstimmung verband. Clara schrieb aus Perpignan an Anne Grandjean:

Die Konzerte mit Kubelik waren für mich ein einmaliges Ereignis. Besonders jenes in Amsterdam hat mir einen unauslöschlichen Eindruck gemacht. Da ist endlich ein ganz außergewöhnlicher Dirigent und Musiker, und dazu noch von einer Einfachheit und Liebenswürdigkeit, die seinem großen Talent ganz und gar entsprechen. Neben einer solchen Persönlichkeit empfinde ich erst recht meine eigene Winzigkeit; aber jeder müht sich eben, so gut er kann. Ich habe kein Recht, mich zu beklagen, und wenn ich so spreche, dann deshalb, weil ich mit meinen angeborenen Fähigkeiten Besseres hätte leisten können. Das lastet schwer auf mir.

Ich spiele hier am 21. und fahre am 2. August für vier Wochen nach Zermatt.

Wann immer sich eine Möglichkeit ergab, konzertierten Clara und Kubelik zusammen; aber niemals war es ihnen vergönnt, gemeinsam eine Schallplatte aufzunehmen, was Clara tief bedauerte. Beide waren vertraglich gebunden, und trotz gemeinsamer Bemühungen war es ihnen verwehrt, sich ihren Verpflichtungen bei den jeweiligen Plattenfirmen zu entziehen.

Heute noch ist es aus leidigen finanziellen Gründen nicht möglich, so wunderbare Konzertaufnahmen wie die des 2. Klavierkonzertes von Chopin der Öffentlichkeit zugänglich zu machen. Hat diese Tatsache nicht etwas Schockierendes, und wird die Kunst nicht wieder einmal das Opfer von Engstirnigkeit und Krämergeist?

Claras Wunsch wäre es gewesen, mit Kubelik zusammenzuarbeiten, und hätten sie sich früher kennengelernt, so wäre der Vertrag mit Philips sicherlich nicht abgeschlossen worden, zumindest nicht so langfristig. Aber der Vertrag war nun einmal unterschrieben und mußte eingehalten werden: Im holländischen Baarn begann Clara am 4. Juni mit den Aufnahmen. Sie spielte zunächst die Abegg-Variationen von Schumann und am 8., von 7 Uhr abends bis 4 Uhr morgens, die Sonate in B-Dur op. posth. von Schubert.

Die Herren waren außerordentlich tapfer, ebenso die arme H., der es um zwei Uhr morgens gelang, ein Schinkenbrot und Kaffee aufzutreiben, ich weiß allerdings nicht wo. Die Morgendämmerung, der Sonnenaufgang waren ein Erlebnis für sich.

Auf ihrer nächsten Hollandtournee im Herbst desselben Jahres spielte sie am 8. September drei Sonaten von Scarlatti und am darauffolgenden Tag die Sonatine von Ravel ein. Am 12. stand das Klavierkonzert von Schumann mit den Den Haagschen Philharmonikern unter Wilhelm van Otterloo auf dem Programm; aber sie war krank und verließ das Bett erst kurz vor der Aufnahme: «Noch nie war ich so erschöpft ...»

Tatsächlich war sie so eingespannt, daß sie kaum jemals abschalten konnte. Selbst in Zermatt, wo sie einen Teil des Monats August in Begleitung von Hélène Stricker verbrachte, gab sie einen Klavierabend, den ihre Freunde Seiler organisiert hatten und an dessen Termin man unbeugsam festhielt, obwohl Clara einen Abend zuvor in Salzburg für den plötzlich erkrankten Claudio Arrau einspringen mußte. Clara ärgerte sich über soviel Unnachgiebigkeit, Salzburg aber wollte sie sich dennoch nicht entgehen lassen.

An Jeanne schrieb sie:

Während Cl. Arrau einen Klavierabend hätte geben sollen, organisierte man für mich ein Konzert mit dem Mozarteum-Orchester. Es abzulehnen wäre mehr als unklug und ungeschickt gewesen, denn man hat in Salzburg das von Schultheß verlangte Honorar akzeptiert und übernimmt die Kosten für die Hin- und Rückfahrt im Schlafwagen erster Klasse. Weil es ganz amüsant ist, möchte ich Dir einige Details über die Reise berichten, auch um Dich davon zu überzeugen, daß ich ganz schön «widerstandsfähig» bin, denn ich habe sehr gut gespielt (zwei Klavierkonzerte von Mozart) und einen wahren Triumph gefeiert. Nach dem Konzert mußte ich sechs- oder achtmal aufs Podium.

Am Freitag, 14 Uhr, bin ich hier abgefahren, war um 21 Uhr in Zürich, fuhr um 23 Uhr 30 weiter und war Samstag um 10 Uhr 30 in Salzburg, Probe bis 12 Uhr 30, ohne daß ich auch nur für eine Tasse Kaffee Zeit gehabt hätte, da man schon eine Stunde auf mich gewartet hatte (der Zug hatte Verspätung), um 20 Uhr dann das Konzert, um 1 Uhr 30 morgens wieder den Schlafwagen nach Zürich bestiegen und am Sonntag abend um 20 Uhr hier angekommen; frisch wie eine Rose ...

Jeanne besuchte Clara in Zermatt, und dort erreichte sie die Nachricht von der glücklichen Ankunft ihrer Schwester Lili in Israel: Seit Jahren schon hatte Jeanne ihre Schwester gedrängt, sich in Frankreich niederzulassen, aber Lili war mit ihrem Land sehr verbunden und wollte Bukarest nicht verlassen. Schließlich aber entschloß sie sich doch, zu ihren Schwestern zu fahren – die schlechten Lebensbedingungen mochten letztlich den Ausschlag gegeben haben.

Um die gleiche Zeit, als Lili ihre Heimat verlor, fand Clara eine Wohnung: Ihre materialle Situation hatte sich gebessert, und Michel Rossier bestand darauf, daß sie endlich eine Bleibe habe, wo sie ihre Sachen unterbringen und sich wohl fühlen könne. Er fand für sie im obersten Stock des alten Hotel Angleterre am Quai Perdonnet in Vevey «ein winziges Appartement, in dem nicht mehr als drei hübsche Möbel stehen, sonst aber alles Notwendige vorhanden ist – der Diwan freilich ist zu kurz für mich! Aber das macht das Ganze noch reizvoller!»

Clara unterschrieb am 10. Juli 1951 den Mietvertrag, aber sie wohnte in diesem Jahr kaum dort: Konzerte, Tournees, Aufnahmen in rascher Folge, was ihrer zarten Gesundheit nicht gerade zuträglich war. Am 19. November erkrankte sie in Lugano und mußte fünf Tage in einer Klinik in Zürich verbringen, bevor sie wieder mit frischer Energie in neue Städte, zu neuem Publikum aufbrach.

Mit der finanziellen Unterstützung von Fräulein Gélis wurde am 18. Dezember in Paris, Salle Gaveau, ein Klavierabend organisiert. Auf dem Programm standen folgende Werke:

Präludium und Fuge in a-Moll von J. S. Bach
Sonate in Es-Dur op. 31, Nr. 3, von L. van Beethoven
Sonate in B-Dur op. posth. von Fr. Schubert
«Waldszenen» op. 82 von R. Schumann

Ein aufwendiger Reklamefeldzug (Plakate, Photos in den Zeitungen usw.) ging dem Konzert dank der Bemühungen von Fräulein Gélis voran, die auch die Kritiker benachrichtigte und sie am Tag nach dem Konzert zu einem Empfang zu sich bat. Trotz des Rufes, den Clara nun im Ausland genoß und auf den man in Frankreich allmählich aufmerksam wurde, war der Kartenvorverkauf gleich Null.

Clara kam am Vorabend des Konzertes in Paris an. Sie war pessimistisch: «Es wird bestimmt auch diesmal niemand kommen» – und es schien, als würde sie mit ihrer Prophezeiung recht behalten. Der Saal war eine Viertelstunde vor Konzertbeginn noch fast leer. Plötzlich aber kamen die Leute in Scharen, und als Clara um 9 Uhr 20 das Podium betrat, ängstlich und von Lampenfieber geplagt, waren beinahe alle Plätze besetzt.

Zwei Stunden später wurde sie stürmisch gefeiert: Das Publikum hatte sie entdeckt und jubelte ihr begeistert zu. Am nächsten Tag beim Empfang bei Fräulein Gélis, in den Salons am Boulevard Malesherbes, stand sie im Mittelpunkt, wurde bewundert, angehimmelt – doch all das war ihr eher lästig: Gewisse Dinge «nach dem Konzert» gehörten für sie zu den «unangenehmsten Momenten» ihres Lebens, schrieb sie einmal ... Aber sie war natürlich auch glücklich über die Anerkennung. Am 24. Dezember schrieb Clarendon im «Figaro» unter der Überschrift «Clara Haskil wieder in Paris» folgenden Artikel:

Ein rührend graziler Körper und eine glühende Seele. Den Kopf tief über die Tasten gebeugt, lauscht Clara Haskil auf die Töne, denen sie Leben einhaucht, wacht über ihr Entstehen, ihre

Entfaltung, ihren Widerklang. Ein subtiles Spiel, das die Kontraste richtig dosiert und so den Eindruck vielfältiger Nuancen erweckt. Es gibt Pianisten, welche die Skala vom lärmenden Fortissimo bis zum kaum mehr vernehmbaren Pianissimo durchlaufen: C. H. beschränkt sich auf das Forte und das Piano, aber was erfindet sie nicht alles, um an die Stelle einer Ästhetik kräftig-heftiger Farben ein poetisches Ideal zu setzen! Ich höre in frommer Andacht ihre Botschaft und denke: «So muß Chopin gespielt haben, zauberhaft und unwirklich, geheimnisvoll und fremdartig.» Was sie aus einer Schubertsonate macht, die für ihre Längen und Wiederholungen bekannt ist, grenzt ans Wunderbare. Ohne viel Pedal- oder Armeffekte nimmt sie uns gefangen, allein durch das Spiel ihrer Finger und Handgelenke, die von schlangenhafter Geschmeidigkeit sind. Nicht der kraftvolle Anschlag ist ihre Stärke, sondern der unverwechselbar persönliche. Von Clara Haskil geht kein blendender Glanz aus, sondern eine innige Strahlkraft. Sie erfühlt die Anmut in der Musik, und in zwei Stunden bringt sie es fertig, uns das ganze Heer brillanter Virtuosen vollkommen vergessen zu lassen. Worauf warten unsere zuständigen Stellen denn noch, um Clara Haskil unter Vertrag zu nehmen?

Sie hatten offenbar nur darauf gewartet, aber es genügte immer noch nicht! Zwar erhielt Clara von überall so zahlreiche Angebote, daß sie nicht mehr alle annehmen konnte – aus Paris aber kam noch immer nichts. Am 28. Dezember schrieb sie von dort:

Wenn auch das Konzert in künstlerischer Hinsicht ein großer und unverhoffter Erfolg für mich war, so läßt doch meine Gesundheit diesmal sehr zu wünschen übrig. Tägliche Kopfschmerzen zwingen mich, oft zwei Tabletten auf einmal zu nehmen, und verderben mir auf jeden Fall den Vormittag. Es gelingt mir einfach nicht zu arbeiten.

Sie hatte keine Zeit mehr, sich auszuruhen! Der Erfolg hielt sie nun gefangen, und sie war dazu verurteilt, Verträge zu erfüllen, auf die sie so lange hatte warten müssen. Allein im Jahre 1952 gab Clara siebzig Konzerte.

Ich lerne jetzt aus- und einpacken, wenn ich auch sonst nichts gelernt habe!

Aus Den Haag schrieb sie am 15. Februar an Anne Grandjean:

Sie haben vom Tod der Frau Langenhan erfahren, ich fühle eine große Leere. Sie war eine der wenigen Seelen, die alles verstehen, vieles verzeihen und die Gabe haben, zu trösten, Mut zuzusprechen und dem anderen Selbstvertrauen einzuflößen . . .

Von den dreizehn Konzerten in Holland haben mich nur drei wirklich befriedigt, und das nur dank Kubelik, der ein genialer Dirigent ist und zu den wenigen Menschen gehört, die man einfach bewundern und lieben muß. In diesen letzten Tagen war ich völlig erschöpft und mit meinen Kräften am Ende – daher spielte ich das 4. Konzert von Beethoven einfach skandalös (glücklicherweise nicht mit Kubelik und nicht in Amsterdam, sondern in Utrecht, was vielleicht weniger ins Gewicht fällt).

Ich fahre am Montag nach Paris und danach über Basel nach Italien, wo ich bis Ende Februar bleiben muß. Das Konzert in London unter Adrian Boult (Schumann) war übrigens ebenfalls ein großer Erfolg. Ich hätte für ein Festival in England engagiert werden können, aber man wollte das Konzert von Grieg, das ich nicht mag und für das ich auch nicht die entsprechenden Fähigkeiten (diese prunkvoll-brillante Virtuosität) besitze. Lipatti, der eine tiefsinnige Natur war und das Publikum mitreißen konnte, besaß alles, um dieses Konzert zu spielen. Seine Platte, ein Meisterwerk, zeugt davon.

Ich werde immer krummer, der Kopf ist beinahe vom Hals getrennt, so sehr fällt er vornüber, ich kann ihn nicht mehr aufrecht halten. Außerdem bin ich fast kahl – und so weiter . . .

Trotz der physischen Belastung («mein Kopf ist wie ein Bleigewicht», schrieb sie am 5. Mai von einer Nordafrikatournee aus Rabat), trotz ihres sich mehr und mehr verschlechternden Gesundheitszustandes war ihr Spiel von immer gleichbleibender Qualität. Zwar wurden da und dort Stimmen laut, die sich über ihren wenig kraftvollen Anschlag beklagten, doch verstand sie es, dieses Manko durch ein bewußt nuanciertes Spiel auszugleichen. Sie fühlte selbst, wie ihr Brief zeigt, das Schwinden der Kräfte und mußte denn auch manche Stücke ihres Repertoires streichen.

Am 17. Mai schrieb sie an Jeanne:

Rosbaud hat Dir vielleicht schon gesagt, daß das Konzert mit ihm in Zürich (das 3. von Beethoven) ein außergewöhnlicher Erfolg war. Kein Dirigent außer Kubelik hat mich jemals so begleitet wie er – und Rosbaud ist sehr freundlich und macht keine Faxen, was ebenfalls sehr angenehm ist ... Schultheß hat mir drei zusätzliche Konzerte für Juni angekündigt (zwei Klavierabende in Italien und ein Konzert am 16. bei den Festspielen in Straßburg, wo ich für den erkrankten Fischer einspringen soll).

Aber auch neue Länder warteten auf Clara: zuerst die Vereinigten Staaten («Serkin hat sich persönlich dort für meine Engagements eingesetzt» – eine für Januar 1953 vorgesehene Tournee fand dann aber doch nicht statt), sodann die skandinavischen Länder und schließlich Deutschland. Seit einiger Zeit schon bat man sie, dort zu spielen, aber Clara schob es immer wieder auf ... Alle ihre Freunde redeten ihr zu, ihre Bedenken und Skrupel zurückzustellen – «Sie kannte keinen Haß», schreibt Zenta Maurina. Und dennoch quälten sie Zweifel, und sie fragte sich, ob sie wohl richtig gehandelt habe, als sie schließlich nachgab und eine Aufnahme für Radio München akzeptierte, die zwischen einem Konzert in Stuttgart mit Schuricht am 21. und einem anderen in Köln am 30. mit Ferenc Fricsay stattfinden sollte.

Der Empfang in Köln war ausgesprochen herzlich, und die Zusammenarbeit mit Fricsay war so harmonisch, daß Clara diese ersten Kontakte mit Deutschland in bester Erinnerung behielt. Im «Münchner Merkur» konnte man unter dem Titel «Auf die Erde gesandt, um Mozart zu spielen» folgendes lesen:

Mozart ein einziges Mal so zu hören ist ein künstlerisches Ereignis, das ein ganzes Leben prägt.

Clara schrieb ihrerseits aus Stuttgart:

Das Konzert war großartig. Zum Glück habe ich gut gespielt, zumindest gebe ich mich dieser Illusion hin.

Sie wurde sofort wieder verpflichtet, und sie freute sich, erneut dort zu spielen, aber sie mußte sich doch immer wieder die Frage stellen: «Wie ist es nur möglich, daß sich dieses Publikum, das so sensibel ist und so ausgezeichnet Mozart versteht, aus den gleichen Menschen besteht, die sich vor kurzem zu so furchtbaren Grausamkeiten hinreißen ließen ...»

Der künftigen Konzerte wegen kam es zu Spannungen zwischen dem Schweizer und dem holländischen Impresario, die beide das Recht für sich in Anspruch nehmen wollten, Clara in Deutschland vertreten zu dürfen. Dies zeugt zwar von Claras Erfolg, aber es gab über diesen Punkt auch Meinungsverschiedenheiten zwischen Clara und Michel Rossier. Die kleine Verstimmung, die deshalb zwischen den beiden entstand, nahm für Clara gleich riesige Ausmaße an. Sie schrieb an Jeanne:

Die Auseinandersetzungen mit Rossier haben mich seelisch ganz krank gemacht, ich habe in einem Konzert so schrecklich schlecht gespielt, daß Publikum und Orchester sich gefragt haben müssen, was eigentlich mit mir los sei.

Aber nichts konnte ihrer Bescheidenheit und ihrem Humor etwas anhaben. Aus Köln schrieb sie an Hélène Stricker:

Ich bin in einem Palast untergebracht – eine merkwürdige Situation: Man hat den Eindruck, daß selbst das Öffnen einer Türe schon zwanzig Mark kostet. Ich fühle mich nicht so recht wohl.

Aus Zermatt, wo sie sich mit Hélène Ferien gönnte und in Ruhe arbeiten wollte, schrieb sie am 11. Juli:

Ich bin sehr froh, daß es mit den Konzerten in Straßburg in jeder Hinsicht so gut geklappt hat und daß ich den ungünstigen Eindruck wettmachen konnte, den ich vor drei oder vier Jahren in dieser Stadt hinterlassen habe. Ich hatte nicht geglaubt, daß ich noch einmal hierher kommen würde, und war über den herzlichen Empfang, den mir das Publikum bereitete, sehr erstaunt.

Um den 25. erwarte ich Jeanne, und ich werde nach Aix und nach Luzern fahren, wo ich an zwei Festspielen teilnehmen muß; sie werden am 31. bzw. am 9. August übertragen.

Und am nächsten Tag an Jeanne:

Vier Stunden habe ich gearbeitet – und sechs wären nötig gewesen, um mein ganzes Programm in Ordnung zu bringen. Seit Wochen habe ich Schmerzen im linken Handgelenk, die zeitweise fast unerträglich sind.

Zermatts Höhenlage bekam ihr diesmal gar nicht, und so mußte sie sehr bald abreisen. André de Ribaupierre stellte ihr sein Haus in Clarens zur Verfügung, und dort verbrachte sie das Ende ihrer arbeitsreichen Ferien, die mit Hélène und Jeanne so schlecht begonnen hatten. Am 17. August schrieb sie:

Die Konzerte in Aix und in Luzern haben mir viel Freude gemacht. Die Begegnung mit Barbirolli war ein großes Ereignis: Kein Dirigent – Kubelik ausgenommen – hat mich jemals so gut begleitet wie er in Luzern (2. Klavierkonzert von Chopin).

Dann begann die neue Spielzeit mit einer Reihe von Konzerten und neuen Dirigenten, darunter Thomas Beecham («Sehr kühl, distanziert und abweisend. Die Proben verlaufen wortlos, man beginnt ganz einfach wieder von vorn»). Danach spielte sie am 25., 26. und 27. Oktober in Wien mit Herbert von Karajan das 4. Klavierkonzert von Beethoven. Kurz zuvor hatte sie in Salzburg («wo Musiker und Presse in mir so etwas wie eine Vertreterin Mozarts auf Erden sahen») konzertiert und einen «unglaublichen Erfolg» verzeichnet. An Jeanne schrieb sie am 29. Oktober:

Der Erfolg in Wien war triumphal. Nach dem ersten Satz hat der ganze Saal (2000 Personen) drei bis vier Minuten lang applaudiert. Karajan (einer der Größten und außerordentlich liebenswürdig) sagte zu Schultheß am Telephon, daß er niemals mit einem Solisten in Wien einen derartigen Erfolg verzeichnet habe. Man hat mich für die nächste Saison gleich wieder verpflichtet, auch für Juni, aber da handelt es sich um einen Klavierabend und um die Teilnahme als Mitglied der Jury beim internationalen Musikwettbewerb in Wien . . .

Eine einflußreiche Persönlichkeit von «Columbia» hat mich gehört und angeblich den Wunsch geäußert, eine Schallplattenaufnahme mit mir zu machen – Lipatti hatte viele Jahre eine derartige Zusammenarbeit für mich erhofft . . .

Clara konnte kaum die Zeit erübrigen, um ein paar Tage in Vevey zu verbringen und sich dort endgültig einzurichten: Michel Rossier hatte endlich eine hübsche, bequeme Zweizimmerwohnung für sie gefunden mit Blick auf den Genfer See und die Alpen. Sie konnte sogar einen Flügel darin unterbringen: «Heute morgen», schrieb sie am 29. Oktober 1952, «habe ich einen ganz neuen Steinway gekauft, der in den nächsten Tagen geliefert wird.» Mehr als siebenundfünfzig Jahre hatte sie alt werden müssen, bevor sie in den Besitz eines Instrumentes kam, das ihrer würdig war – wenn man von dem Pleyel absieht, den sie einmal bei einem Wettbewerb gewonnen hatte und den sie damals in Berck, während des Ersten Weltkrieges, hatte verkaufen müssen. Von nun an schwanden die materiellen Probleme, die sie ihr ganzes Leben lang bedrängt hatten.

Am 29. September 1952 starb Hilda Gélis in Paris. Clara verdankte ihr viel, noch den letzten Klavierabend in der Salle Gaveau im vergangenen Jahre hatte sie organisiert, und auch der Abend im Théâtre des Champs-Elysées zu Beginn des Jahres 1953 war von ihr geplant worden. So starb die alte Garde dahin, die stets an Clara geglaubt und die bösesten Stunden ihres Lebens mit ihr geteilt hatte. Aber andere, womöglich gefühlsbetontere Freundschaften begannen sich anzubahnen, vor allem jene mit Michel Rossier, der ihr nun ständig wachsendes Einkommen verwaltete und auf den sie sich völlig verlassen konnte. Indes: Sie hatte so lange Zeit mit jedem Pfennig rechnen müssen und war immer nur von anderen abhängig gewesen, daß sie an die sich nun abzeichnende materielle Sicherheit kaum glauben konnte. Schrittweise und zögernd begann sie sie aber auszukosten. So fand sie etwa Freude daran, sich endlich nach ihrem Geschmack zu kleiden, und sie war glücklich, wenn man ihr Komplimente machte. Um diese Zeit kaufte sie sich auch sehr froh gelaunt ihren ersten Pelzmantel ... Clara liebte schöne Dinge und suchte sich, wenn sie Zeit hatte, gern etwas Ausgefallenes aus.

Leider erstreckte sich diese um einen hohen Preis erworbene Unabhängigkeit nicht auf alle Gebiete. Clara schrieb Jeanne mit der schon sprichwörtlich gewordenen Selbstkritik:

Die Platten sind, wie vorauszusehen war, ganz fürchterlich geworden, und kein kompetenter Musiker kann für die Publikation des Schumannkonzertes plädieren, das besonders schlecht gelungen ist ... Die Soli sind kaum besser, aber um nicht alles abzulehnen, sind Michel und Schultheß einverstanden, sie herauszugeben. Für mich ist das eher ein Nachteil. Wenn Philips das Konzert gegen unseren Willen herausbringt, so behalte ich mir das Recht vor, den Vertrag zu lösen ...

Schließlich (und zum Glück für das Publikum) kam das Schumannkonzert zu Claras großem Bedauern und trotz ihres heftigen Widerstandes doch heraus. Die materiellen Gründe, die dabei ins Treffen geführt wurden, verstießen gegen Claras Auffassung von Musik. Man bat sie, die Goldberg-Variationen von Bach in ihr Programm aufzunehmen, aber sie lehnte kategorisch ab. «Man muß dieses Werk zehn Jahre lang gearbeitet haben, um sich auf ein solches Abenteuer einzulassen ...»

Dagegen gab es Werke, die sie einspielen wollte, bestimmte Sonaten von Beethoven zum Beispiel (vermutlich op. 111):

Ich wollte sie bei Philips aufnehmen lassen, aber dort will man nichts davon wissen. Die Leute kennen sich natürlich nicht aus, aber dennoch . . . Woher kommt überhaupt mein Erfolg – und es gibt Länder, wo ich einen ganz außerordentlichen habe, sogar nur mit Mozart . . . Was rührt manche Leute zu Tränen? Es ist weder meine Brillanz noch meine Persönlichkeit, nichts von alledem . . .

Claras Fragen sind nicht unbegründet: Sie zeugen davon, daß ihrem Spiel etwas Undefinierbares eigen war, etwas, das sie nicht bewußt lenken konnte. Die einen fühlten das sehr intensiv, andere wiederum gar nicht, wie etwa das Publikum in Paris! Überall feierte sie Triumphe, aber in Paris konnte sie sich noch immer nicht durchsetzen – trotz des Konzertes im vergangenen Jahr, trotz des Riesenerfolges in Straßburg und in Aix-en-Provence, ja selbst in der Hauptstadt, wo sie am 16. November mit Carl Schuricht das Klavierkonzert Nr. 20 in d-Moll von Mozart spielte. Wie immer bei den Sonntagskonzerten (sowie auch bei den öffentlichen Generalproben am Vortag) war der Saal ausverkauft und der Erfolg dementsprechend. Aber war das Publikum nicht eher wegen des Dirigenten oder wegen des Orchesters gekommen? Man konnte sich immerhin die Frage stellen, denn von Clara hatte man keine besondere Notiz genommen, und es scheint, daß man nicht sehr darauf aus war, sie wieder zu hören, denn Clara schrieb an Jeanne:

Kiesgen ist bereit, für mich einen Klavierabend zu organisieren, allerdings ohne Honorar und unter der Bedingung, daß er die Alleinvertretung (für Frankreich, denke ich) habe. Michel riet mir abzulehnen, was auch meine Meinung ist, und ich bin sehr froh darüber.

Natürlich war das nur so gesagt, denn in Wirklichkeit war sie über die Gleichgültigkeit des Pariser Publikums sehr traurig. Als Ende 1953 die «Société de Musique» in Avignon für sie ein Konzert organisierte, das zu einem Triumph wurde, wiederholte sie gegenüber der Veranstalterin Simone Girard sehr betrübt, was sie schon fünfzehn, ja zwanzig Jahre zuvor gesagt hatte: «In Paris liebt man mich nicht.»

Und doch verbrachte sie das Jahresende 1952 mit ihren Schwestern Jeanne und Lili in Paris. Lili war knapp drei Monate zuvor aus Israel gekommen. Clara, die ihre «rumänische Schwester» fast vierzehn Jahre nicht mehr gesehen hatte, fragte sich besorgt: «Was wird sie in Paris machen? Wir ken-

Clara Haskil wird von Pablo Casals beglückwünscht, Juni 1953.

Mit Géza Anda und Herbert von Karajan, Luzern 1955.

Fröhliches Beisammensein mit Ferenc Fricsay nach dem Konzert, 14. August 1955.

nen uns kaum noch!» Aber sie fanden unschwer wieder zueinander, und bald sollte Lili ihre Schwester auf einigen ihrer Konzertreisen begleiten: so auch nach Straßburg, wo Clara am 12. Dezember einen neuen Triumph feierte. Bei ihrer Rückkehr fanden sie ein verschneites Paris vor. Weihnachten 1952 schrieb Clara an Anne:

Ich weiß nicht, ob Sie den Schnee auch so mögen wie ich. Für mich ist der Anblick dieses makellosen Weiß und der verschneiten Bäume etwas Einmaliges, das meine Lebensfreude steigert. Vielleicht wäre das eine ganz neue Heilmethode, die man einmal an der medizinischen Fakultät erörtern könnte. Am 3. fahre ich nach Vevey, am 14. nach Berlin und dann nach Holland.

In Paris wohnte Clara von nun an im Hôtel Cayré, wo Fräulein Gélis sie zwei Jahre zuvor einquartiert hatte: eine etwas merkwürdige Wahl, wenn man bedenkt, daß dieses Gebäude, das zum Hôtel Lutetia gehörte, noch vor zehn Jahren Sitz der Gestapo gewesen war. Clara spürte noch den «Dunstkreis». Was sie aber niemals erfuhr, war der Umstand, daß das Zimmer 88, in der fünften Etage zur Rue du Bac hin, für das Clara eine besondere Vorliebe hegte, vier Jahre hindurch als Folterkammer gedient hatte – hier waren viele Männer und Frauen, besonders Juden, sogenannten «Verhören» unterzogen worden. Immer reservierte man ihr dieses Zimmer, und wenn sie längere Zeit in Paris blieb, gestattete man ihr sogar, ein Klavier hineinzustellen.

Im «Cayré» fühlte sie sich wie zu Hause, wenn nicht noch besser als zu Hause, da sie sich hier um die Probleme des Alltags, wie Haushalt, Mahlzeiten usw., nicht zu kümmern brauchte. Außerdem entsprach ihr die Atmosphäre des Hauses, das eine Art Familienpension war und das ganze Jahr über alle möglichen Berühmtheiten, Aristokraten, Emigranten, Musiker und Schriftsteller, beherbergte: Julien Benda, Annette Kolb, Cortot und viele andere. Ihre Mahlzeiten nahm sie fast immer in ihrem Zimmer ein, wo sie auch gern ihre zahlreichen Freunde empfing.

«Cayré» in Paris und das Appartement in Vevey waren von nun an die beiden Pole ihres Wanderlebens, denn die Tournees häuften sich. 1953 konzertierte sie in Holland (17 Konzerte zwischen dem 22. Januar und dem 20. Februar), dann in der Schweiz, aber auch in Berlin, Deutschland, Italien, Österreich, Belgien und schließlich doch noch in bescheidenem Ausmaß in Frankreich. Im ganzen waren es mehr als achtzig Konzerte! Am 17. Januar schrieb sie aus Berlin, wo sie tags zuvor mit dem Flugzeug angekommen war (eine Art zu reisen, die ihr eigentlich nicht zusagte, auf die sie aber immer wieder zurückgreifen mußte), an Anne Grandjean:

Am 26. Februar ein Konzert mit Orchester in Luzern. Am 1. März Abfahrt nach Frankfurt und Baden-Baden; dann am 10. März Paris (Klavierabend im «Champs-Elysées»). Ich habe die Platte mit Schubert und Schumann – Bunte Blätter: dieses Werk macht mir riesige Freude. Das Konzert hier wird am Montag übertragen werden: Fricsay ist ein ganz außergewöhnlicher Dirigent, ich spiele unglaublich gern mit ihm und dem RIAS-Symphonieorchester. In acht Tagen werde ich in Amsterdam mit Kubelik den Schumann, den ich noch nicht angerührt habe, spielen. Es ist mir nicht möglich, alles bereit zu haben, und es gibt immer einen Grund zur Aufregung. Bis zum 20. Februar in Den Haag.

Von dort aus schrieb Clara acht Tage später an Hélène:

Die Konzerte in Berlin und in Amsterdam mit Kubelik sind wunderbar verlaufen und hatten einen unerhörten Erfolg. Projekte für eine Aufnahme mit Fricsay für Schallplatten und ein Konzert bei Radio Köln. Mit Kubelik werde ich im nächsten Winter wieder spielen. Er ist ein außergewöhnlich feiner Mensch, eine der seltenen Naturen, von denen man sich immer wieder angezogen fühlt und denen man ähnlich sein möchte. Leider bin ich weit davon entfernt . . .

Jeanne ist mit dem «National» am 17. und 18. Februar in Den Haag und wird dann bis zum 22. in Brüssel sein.

So kreuzten sich manchmal die Wege der beiden Schwestern, und sie gastierten in denselben Städten. Am 8. März waren sie mit Lili in Paris, nachdem Clara am 2. in Frankfurt das 4. Klavierkonzert von Beethoven unter Georg Solti, den sie damals kennenlernte, gespielt hatte. Am 10. war für Clara ein Klavierabend im «Champs-Elysées» angesetzt, den sie noch Hilda Gélis zu verdanken hatte, da Kiesgen die Verantwortung nicht hatte übernehmen wollen. Claras Gönnerin war zwar nicht mehr da, aber eine ihrer Vertrauenspersonen, Fräulein Elvire Choureau, sprang in die Bresche und scheute keine Mühe, um Clara organisatorisch die größtmöglichen Chancen zu sichern. Doch war die Partie noch lange nicht gewonnen. Am selben Morgen noch las man eine Notiz in «Comœdia», wo Gavoty das Konzert folgendermaßen ankündigte:

Wenn das Publikum vernünftig ist – aber ist es das? –, so wird es heute abend das «Champs-Elysées» stürmen, wo Clara Haskil einen Klavierabend gibt. Er ist vier großen Klassikern und Romantikern gewidmet, die sie wie kaum jemand sonst zu spielen versteht: Bach, Schubert, Beethoven und Schumann.

Man «stürmte» den Saal zwar nicht, aber er war «beinahe voll besetzt», schrieb Clara, und sie fügte hinzu: «Viel Erfolg.» Die Kritiker waren dieses Mal in großer Zahl erschienen und waren allesamt «begeistert» – als müßte dies so sein und als wäre es immer schon so gewesen. Man erklärte, Clara sei über jede Kritik erhaben, sie sei «unvergleichlich», «ein Engel», «ein Wunder» usw.

Am 7. April veröffentlichte die Presse eine Liste von Schallplatten, die von der Académie Charles Cros ausgezeichnet worden waren: Clara hatte den ersten Grand Prix für die Einspielung der Sonate in B-Dur op. posth. von Schubert erhalten. Sie schrieb sofort an ihre Schwestern: «Was sagt Ihr dazu? Man kann kaum verblüffter sein als ich selber!!! . . .»

Aus Stuttgart schrieb Clara am 11. April:

Heute nachmittag sollte ich drei Aufnahmen für das Radio spielen, aber innerhalb von zwei Stunden habe ich es nur auf zwei gebracht, und nur der Bach ist mir beim ersten Mal gelungen. Beethoven (op. 111) mußte ich neu anfangen, und es ging trotzdem nicht gut. In diesem Lande macht man alles gründlich: eine Note daneben oder eine, die man nicht genau hört, und man muß wieder von vorn beginnen – Du kannst Dir vorstellen, was das für jemanden wie mich bedeutet! Zu der ganzen Aufregung kam noch hinzu, daß mein Kopf heute hundert Kilo wog und die Finger angeschwollen waren, was entweder auf eine Störung des Kreislaufs oder auf meine Müdigkeit zurückzuführen ist. Schade, denn alle waren in guter Form, und musikalisch hätte es keine Schwierigkeiten gegeben. Um gute Aufnahmen zu machen, muß man technisch einwandfrei spielen können, und deswegen habe ich bislang auch nichts Wesentliches zustande gebracht.

Ich habe lange mit dem Impresario gesprochen, der sehr seriös ist und mich gern zu haben scheint. Er hat mir die Situation klar dargelegt – kurz gesagt, zu der Tatsache, daß ich dem Publikum unbekannt sei und die Massen nicht anziehe, komme noch hinzu, daß ich nur Werke spiele, die man von Fischer oder Gieseking oder anderen vortrefflichen Pianisten hören möchte. Géza Anda habe hier alle mit dem Klavierkonzert von Bartók erobert. Man hat mich schon mehrmals gebeten, dieses Konzert oder andere moderne Werke zu spielen. Ravels «Zweihändiges» ist nicht sehr beliebt, und der Falla ist, wie auch Hindemith, ein Orchesterwerk mit obligatem Klavier – und kein Konzert . . .

Einige Tage später erkrankte sie in Rom und schrieb an Hélène:

Ich mußte gestern eine Aufnahme fürs Radio wegen einer plötzlich aufgetretenen Unpäßlichkeit absagen. Ich hoffe aber, wenigstens beim Konzert in Acquila am Sonntag dabeisein zu können. Bitte zu meinen Schwestern kein Wort über meinen Zustand.

Damit begann eine Zeit der Heimlichtuerei zwischen den drei Schwestern über ihr jeweiliges Befinden: Jede machte sich Sorgen um die beiden anderen, die kleinste «Unpäßlichkeit» rief bereits Beunruhigung hervor, und Clara, die am meisten betroffen war, litt sehr unter dieser Situation.

Am 18. Juni fuhr Clara nach Prades und mußte vier Tage später wegen einer neuerlichen Erkrankung (das Klima, vor allem die Hitze, bekam ihr nicht) abreisen, nachdem sie ein Konzert mit Orchester und einen Kammermusikabend mit Casals und Grumiaux gegeben hatte.

Im August fuhr sie mit ihren beiden Schwestern und Hélène zur Erholung nach Monts-de-Corsier bei Vevey. Sie war sehr erschöpft und ihr Gesundheitszustand nicht gerade glänzend; außerdem machte sie eine «Periode der Verstimmung» durch. Nichts konnte sie aufheitern, nicht einmal die von Magaloff für sie geschriebenen Kadenzen zum ersten und dritten Satz des Konzertes für Klavier und Orchester in c-Moll von Mozart (KV 491), die sie damals erhielt und später besonders liebgewinnen sollte. An ihre Freundin Anne schrieb sie:

Ich bin hier in einem Landhaus untergebracht, habe ein Klavier und drei Personen, die mich bedienen und einander die «Ehre» streitig machen, mir gefällig zu sein! So gelingt es mir einigermaßen, meine Programme für die nächste Saison vorzubereiten.

Am 30. August feierte sie abermals einen Triumph in Salzburg. Orchestermitglieder sandten ihr Gedichte zu, worin sie ihre Mozart-Interpretation priesen! Am 4. September schrieb sie:

Die Saison 53/54 verspricht besonders arbeitsreich zu werden und macht mir Sorgen: Ich habe ziemlich viele neue Werke vorzubereiten und frage mich, ob sie rechtzeitig fertig sein werden. Ich beginne die Saison mit einem Klavierabend in Sion, wo ich mich auf einen Teil dieser Werke «einspielen» werde: die «Feux follets» von Liszt, Etüden und Mazurken von Chopin und op. 31 Nr. 2 in d-Moll von Beethoven. In Baden werde ich (mit dem schrecklichen S.) zum erstenmal das 2. von Beethoven spielen. Im Oktober trete ich in Le Locle auf, in Mailand, in Genua, in St. Gallen und in Thun. Dann Deutschland, Holland, Italien usw.

Sie hatte kaum noch Zeit, sich auszuruhen, und führte das aufreibende Leben eines «Stars», an das sie nicht gewöhnt war. Ihrem Landsmann Goléa vertraute sie mit einer Mischung von Stolz, Verwunderung und Resignation an: «Siehst du, jetzt hat meine Karriere begonnen – und ich muß reisen, als wäre ich zwanzig Jahre alt!» Und sie schrieb:

Im großen und ganzen kann man sagen, daß alle, die als Künstler Karriere machen wollen, selbst bei sehr großer Begabung auf die größten Schwierigkeiten stoßen. Man muß unerhört viel arbeiten, man muß auch Glück haben, die Persönlichkeit allein genügt nicht immer – man muß früh beginnen . . .

Manchmal findet man in ihrem Notizbuch neben einem Konzerttermin die Bemerkung «gräßlich» oder «sehr schlecht gespielt», aber die Kritik fuhr fort, sie zu rühmen, was ihr auch sicherlich viel Freude bereitete – obwohl sie es oft genug höchst erstaunlich fand.

Aus Mailand schrieb sie am 27. Oktober 1953 an Hélène:

Diese Zeilen nur, um Ihnen zu sagen, daß das Konzert ganz so schlecht nicht war. Der Mozart war ein Triumph. Das übrige weniger gut, aber es gab überall auch Schönes. Ich begnüge mich eben mit wenigem . . . Sie können sich nicht vorstellen, was die Scala mit 3000 Personen bedeutet! Und ich ganz allein auf dem Podium! Jetzt fahre ich nach Gent.

Man bot Clara ein Konzert – ein einziges! – in Amerika an:

Schultheß ist dagegen, Michel dafür. Mit einem einzigen Konzert habe ich nur ein Minimum an Chancen, aber wenn ich gar keines gebe, dann habe ich nicht einmal dieses Minimum. Und ob sich eine bessere Gelegenheit bieten wird?...

Nach einem Konzert im November machte Clara die Bekanntschaft Charlie Chaplins, der von ihrem Spiel fasziniert war und folgendes erzählte:

Ich bin Clara zum erstenmal bei einem Empfang begegnet, der zu Ehren des Ungarischen Streichquartettes von meinen treuen Freunden M. und Mme. Emile Rossier gegeben wurde.

Ich wußte nichts über Clara. Ich wurde einer zierlichen kleinen Dame vorgestellt, und nach dem Abendessen bat sie jemand, sich ans Klavier zu setzen. Mir schien das etwas überflüssig, denn wir hatten ja gerade ein sehr schönes Konzert gehört. Aber man bestand darauf, und Clara setzte sich ans Klavier und begann zu spielen.

Ich kann nur sagen, daß ich, als sie aufhörte, zu ihr ging und sehr naiv sagte: «Sie – Sie sind ja eine ganz große Künstlerin!» Sie lachte nur – das war der Beginn unserer Freundschaft.

Von dieser Zeit an sahen sie einander öfter, und es scheint, als hätte Clara Chaplin eine bestimmte Art von Musikverständnis übermittelt: Ihretwegen kaufte Chaplin einen Steinway, auf dem Clara sehr gern spielte, wenn sie ihn besuchte, während ihr sonst so quecksilbriger Gastgeber völlig reglos neben ihr saß und ihr wie verzaubert zuhörte. Meist wurden solche Musikabende mit einem vorzüglichen Essen eingeleitet, das stets in einer gemütlichen Atmosphäre verlief und für Clara ein wahres Fest bedeutete. Bald wurde es ihr zur lieben Gewohnheit, Weihnachten bei den Chaplins zu verbringen, die sie dann mit Geschenken überhäuften. Ihre Freundschaft bedurfte keiner Worte und zählte für Clara zu den wichtigsten in ihrem Leben.

Später einmal sagte der «große Mann» des Filmes: «In meinem Leben sind mir drei Genies begegnet: Clara Haskil, Einstein und Winston Churchill.»

So verstrichen Wochen, Monate und Jahre: 1954 hielt Clara sich im ganzen kaum drei Monate in Vevey auf. Die übrigen neun Monate verbrachte sie in der Eisenbahn, im Flugzeug, in Hotelzimmern, unterwegs von einem Land ins andere, vom Bahnhof zum Flughafen, von einer Hauptstadt in die andere, von einem Theater in einen Konzertsaal: verstaubte und verrauchte Kulissen, wenn sie mit Orchester spielte, verstaubte und öde Kulissen, wenn sie allein spielen mußte. Clara hetzte von einem Klavier zum anderen, wobei ihr böse Überraschungen nicht erspart blieben. Sie fuhr vom Radio zum Aufnahmestudio, mußte oft schlechtes Essen und unbequeme Unterkunft in Kauf nehmen und war vor jedem Auftritt von neuem in gespannter Erwartung – alles Dinge, von denen das Publikum kaum etwas wußte: Es sah nur den äußeren Glanz eines kurzen Abends.

Selbst als Clara Triumph um Triumph feierte, fühlte sie sich von dem Augenblick an, wo der Beifall verrauscht war, fast immer einsam, ausgelaugt, todmüde – ein Sklave ihrer Verpflichtungen. Aus Köln schrieb sie:

Ich kenne keinen Menschen, und abfahren kann ich erst morgen früh, was ich nur allzugern tun werde.

Dann wieder aus Rom:

Ich bin noch immer so begeistert von Rom . . ., von dem ich noch nichts gesehen habe und wahrscheinlich auch diesmal nichts sehen werde! Wären die Römer nur halb so begeistert von mir, dann hätte ich wenigstens Gelegenheit, wieder hierherzukommen.

Schließlich an eine Freundin in Vevey:

Ich komme Montag zurück, um gleich am nächsten Tag für mehrere Wochen wieder zu verreisen.

Am 31. Januar 1955 aus Manchester:

Ich vertue meine Zeit damit, auf ein Konzert zu warten, das erst in drei Tagen stattfinden wird, ich habe weder ein Klavier noch Bekannte in diesem düsteren, verschlossenen Land.

Das Reisen war für Clara ein Gegenstand ständiger Sorge, sie war stets auf der Suche nach einer passenden Begleitung. Trotzdem kam es oft vor, daß sie allein fuhr. Über eine Reise nach London erzählte sie folgendes:

Ich bin ohne Zwischenfall angekommen, habe mich aber über mancherlei ziemlich aufgeregt. Ein schrecklicher kleiner Bengel hat die ganze Zeit geplärrt, so daß ich die Überfahrt stehend absolvieren mußte, denn er saß auf dem Platz neben mir. Ich hätte ihn umbringen können! Ein Lob den Katzen! Übrigens saß der gräßliche Knirps auch im Autobus wieder in meiner Nähe . . .

In London habe ich gleich zehn Taxis auf einmal gefunden, aber beim Verlassen des Schiffs war ein derartiges Gedränge, daß ich meine Hände hätte verlieren können, oder meinen Paß, oder weiß Gott was. Manchmal benehmen sich die Menschen geradezu viehisch, es ist zum Verzweifeln.

Von nun an reiste Clara sehr oft in Lilis Begleitung. Lili hatte sich in Paris eingerichtet, wo sie ein paar Stunden gab. Aber eines Tages sandte ihr Michel Rossier einen SOS-Ruf. Jedesmal, wenn Clara allein in Vevey war, entstanden die größten Probleme. Niemals hatte sie sich mit dem Gedanken, einen Haushalt zu führen, befreunden können. Es langweilte sie, und obendrein fehlte ihr die Zeit. Clara hatte auch Angst, sich beim Kochen zu verletzen oder zu verbrennen, und das Resultat war natürlich eine unregelmäßige und völlig verkehrte Ernährungsweise. Auf Michels Nachricht hin kam Lili vierzehn Stunden später angereist, um die Dinge in die Hand zu nehmen: Von diesem Moment an blieben Clara während ihrer Aufenthalte in Vevey die Mühen des Alltags erspart.

Es würde zu weit führen, die achtzig Konzerte des Jahres 1954 und die fünfundachtzig Konzerte von 1955 aufzuzählen und über all die glänzenden Kritiken zu berichten, die Clara überall und in allen Sprachen zuteil wurden. Trotz ihrer anstrengenden Konzerttätigkeit fand Clara noch die Zeit, im Jahre 1954 mehrere Werke von Mozart einzuspielen: die Klavierkonzerte Nr. 9 in Es-Dur und Nr. 23 in A-Dur mit den Wiener Symphonikern unter Sacher, das Konzert Nr. 20 in d-Moll und das Rondo für Klavier und Orchester in A-Dur (KV 386) mit demselben Orchester, aber unter der Leitung von Paumgartner, schließlich noch die Klaviersonate in C-Dur (KV 330) und die Variationen über ein Menuett von Duport (KV 573), die teils bei Philips, teils bei Mercury herauskamen. Die Platte mit der Sonate und den Variationen brachte ihr erneut einen «großen Schallplattenpreis» ein, der ihr 1956 verliehen wurde – was sie nicht hinderte, zur selben Zeit zu schreiben:

Auf zwei oder drei meiner Platten gibt es gelegentlich eine Stelle, mit der ich wirklich zufrieden bin.

In ihren späten Jahren war Clara sich selber gegenüber kaum nachsichtiger geworden, sie schätzte lediglich die Platten, die sie mit Fricsay im Jahre 1957 aufgenommen hatte (ganz besonders das Konzert Nr. 27 in B-Dur von Mozart). An Joseph Morpain schrieb sie darüber:

Die einzig wirklich guten Aufnahmen von mir sind die Mozartplatten mit Violine, die Mozartsonate und die Variationen (aber nur teilweise!) und auf der Schumannplatte die «Bunten Blätter» und besonders die «Abegg-Variationen»!

Mehr als dreißig Jahre hatte man von Clara keine Notiz genommen, nun zählte sie – gleichsam über Nacht – in der Musikwelt zu den ganz Großen. Verwundert, ungläubig und dabei unverändert bescheiden nahm sie diese Tatsache zur Kenntnis.

Am 13. Januar 1954 schrieb sie an ihre Freundin Anne, die sich nur langsam von einer schweren Operation erholte:

Meine liebe Anne,
bevor ich Berlin verlasse, möchte ich Ihnen noch für ihren guten Brief danken und Ihnen sagen, wie sehr mich Ihre Anhänglichkeit gerührt hat.

Es tut mir so leid, daß sich Ihre Heimreise immer noch verzögert. Hätte ich drei freie Tage vor mir und befänden Sie sich an einem für mich leicht erreichbaren und vor allem höhenmäßig erträglichen Ort, so würde ich Sie besuchen kommen.

Zurzeit bin ich ganz besessen von meinen Konzerten in der französischen Schweiz, wo das c-Moll-Konzert von Mozart auf meinem Programm steht. Diesmal aber scheint mir Mozart gar nicht gut gesinnt zu sein, und diese Konzerte könnten ganz gut der Anfang vom Ende meiner künstlerischen Laufbahn sein . . .

Bin ich deshalb so deprimiert, oder ist die Müdigkeit oder die Übertragung eines Konzertes, das ich gestern hier gehört habe, schuld an meinem Trübsinn? Denn bis heute habe ich nur Enttäuschung um Enttäuschung erlebt, und doch könnte alles so herrlich sein. In manchen Augenblicken, in ganz seltenen, ist ja auch alles herrlich.

Das Publikum ging wie schon letztes Jahr begeistert mit, die Menschen hier sind gewiß sehr musikliebend. Fricsay, den ich hochschätze, begleitete mich einfach wunderbar. Meine Art zu spielen scheint ihm zu liegen – er hat es mich oft genug unmißverständlich und so aufrichtig merken lassen, daß ich kaum mehr daran zweifeln kann. Fricsay sprach mir von Plänen mit mir in Amerika oder Palästina, aber ich mache mir da keine allzu großen Hoffnungen. Meiner Ansicht nach muß man dazu entweder sehr jung und ein großes, vielversprechendes Talent sein oder ein Star ersten Ranges, der die Perfektion bereits erreicht hat – obwohl die Perfektion ja nicht von dieser Welt sein soll.

Nach dem Konzert in Ulm am 16. will ich nach Vevey zurückkehren und dann nach Deutschland fahren, wo ein Abend in Hagen vorgesehen ist. Von dort aus werde ich nach Holland reisen und bis zum 5. Januar bleiben.

Andererseits habe ich soeben eine so liebenswürdige Einladung von Herrn und Frau Fricsay nach Ermatingen erhalten – das ja viel näher bei Ulm liegt als Vevey –, daß ich einfach nicht abzusagen wage. Ihre Sympathie für mich berührt mich tief, und ich empfinde für beide ein aufrichtiges Gefühl der Zuneigung, aber dennoch fürchte ich mich vor dem Aufenthalt dort. Vielleicht wegen der Kinder? Oder vielleicht, weil mir immer noch die Worte eines Botschafters im Ohr klingen: «Meinen Sie, daß die Künstler bei näherer Bekanntschaft gewinnen?» Natürlich darf man nicht verallgemeinern, aber . . .

Am 13. Januar, nach dem Konzert in Hagen, schrieb Clara an Hélène:

Das Konzert gestern ist gut verlaufen, aber das Publikum war gänzlich uninteressant. Um vierzehn Uhr fahre ich weiter nach Den Haag.

Bei den Fricsays war es wunderbar. Sie sind ganz außergewöhnliche Menschen, von einer seltenen Herzensgüte und Feinfühligkeit! Ihr Haus ist ein richtiges Museum, in dem es nur schöne Dinge gibt. Sie haben Geschmack und die Gabe, außergewöhnliche Gegenstände aufzuspüren.

Das c-Moll-Konzert von Mozart verfolgt mich wie ein Alptraum.

Auch Ferenc Fricsay hegte für Clara tiefe Bewunderung und aufrichtige Zuneigung. Nach ihrem Tode sprach er mit größter Achtung von ihr. Für ihn war es eine ganz große Freude, Clara zu begleiten oder ihrem Spiel auch nur zuhören zu dürfen: «Sie vollbrachte das Wunder, das zu vollbringen nur ganz wenigen gegeben ist: Gesang aus einem Instrument hervorzuzaubern.» Aber was ihm besonders an ihr imponierte, waren die Mozartschen Merkmale ihrer Persönlichkeit, die traurig-tragischen Züge des Meisters, die Fähigkeit, andere selbst in tiefem Leid noch zu beglücken.

Sie war voller Komplexe und Angst, bevor sie auftrat, und danach hörte sie nicht auf, sich zu fragen, ob es ihr gelungen sei, ihren eigenen Ansprüchen gerecht zu werden! War sie mit ihrem Spiel nicht zufrieden, so war sie gleich untröstlich, meinte sie, alles habe geklappt, so strahlte sie vor Glückseligkeit. Sie mußte immer wieder ermutigt werden und brauchte nicht bloß Partner, sondern Freunde. Ihre Musikalität und ihre Güte zeigten sich nicht nur in ihrem Spiel, sondern auch in der Zusammenarbeit mit anderen. Für mich gab es keine aufmerksamere und angenehmere Partnerin als sie. Wie bescheiden sie jeden musikalischen Vorschlag entgegennahm, obwohl sie selbst immer die besten Ideen hatte! Es gibt wenige bekannte Orchester in Europa, mit denen wir nicht gemeinsam musiziert haben, und alle Musiker hatten Clara ins Herz geschlossen und sagten, daß es immer ein außerordentliches Fest für sie wäre, mit ihr zu musizieren, denn jede ihrer Interpretationen war ein einzigartiges Ereignis. Sie war in jeder Hinsicht eine große Künstlerin, und sie wird ein großes Vorbild bleiben.

Nur vor zwei Dingen habe Clara Haskil Angst gehabt, berichtet ebenfalls Fricsay: vor dem Klavierspiel und vor dem Tod. Sie habe viel mit ihm darüber meditiert, wie sie einmal sterben werden. «Ich hoffe, daß Gott mich zu sich nimmt, bevor ich nicht mehr spielen kann . . .»

Am 14. August 1954 spielte Clara unter der Leitung von Fricsay bei den Luzerner Festspielen das 2. Konzert von Beethoven; auf Claras Taschenpartitur war zu lesen: «Meiner Clara in inniger Zuneigung zur Erinnerung an Luzern 54 – Ferenc Fricsay.»

Zwei Monate zuvor schrieb sie an ihre Schwestern:

Meine lieben Schwesterlein, ich fühle mich wie Hans im Glück.

Ich habe es fertiggebracht, das Mozartkonzert in Es-Dur in weniger als drei Stunden (ohne Pause) aufzunehmen, und es ist fast perfekt! Dafür müßte eigentlich ein schöner Schallplattenpreis winken! Dieser Herr Ackermann ist ein hervorragender Dirigent. Selbstverständlich gilt die Aufnahme nur für das hiesige Radio, eine andere mache ich im Oktober mit Sacher für Philips in Wien.

Im Laufe des Jahres 1954 spielte sie noch mit Karajan, Kubelik, Monteux (dem sie nach fünfundzwanzig Jahren wiederbegegnet war), Ansermet, von Otterloo, dann zum erstenmal mit ihrem Landsmann Celibidache, mit André Cluytens, Eugène Jochum, Wolfgang Sawallisch, Alceo Galliera und Edouard von Remoortel, 1955 auch mit Joseph Keilberth, Ferdinand Leitner, Rudolf Kempe und Georges Szell. Noch im Jahre 1954 hatte sie durch Rolf Liebermann Géza Anda kennengelernt, mit dem sie nach der ersten Aufführung des Konzerts für zwei Klaviere von Mozart herzliche Freundschaft schloß.

Wenn Clara im großen und ganzen mit den berühmten Dirigenten, mit denen sie zusammenarbeitete, gut auskam, so geschah es doch manchmal, daß sie bissig, ja sogar wütend wurde. Man mußte sie eben zu behandeln wissen, wie etwa Carlo-Maria Giulini. Als er Clara im Jahre 1959 zum erstenmal traf, wollte er von ihr Näheres über ihre Auffassung von Chopins 2. Klavierkonzert wissen. Claras Antwort bestand darin, daß sie sich ans Klavier setzte und ihm das Konzert mit der Orchestertranskription *mezza voce* vorspielte. Giulini war von ihrer Interpretation hingerissen, und ihre – viel zu kurze – Zusammenarbeit war für beide angenehm und erfreulich.

Aber, wie gesagt, sie konnte auch andere Saiten aufziehen. So mußte sie einmal mit einem Dirigenten an zwei aufeinanderfolgenden Abenden konzertieren. Bei der Generalprobe patzte der Dirigent an einer bestimmten Stelle, und während des Konzertes selbst unterlief ihm an einer anderen ein Fehler. Am Abend des zweiten Konzertes fragte ihn Clara, bevor sie beide das Podium betraten: «Wo werden wir uns heute irren?»

Während eines Konzertes in London mit einem bekannten Dirigenten wartete Clara nach der Kadenz des ersten Satzes des A-Dur-Konzertes von Mozart ungeduldig auf den Einsatz des Orchesters. Einige endlose Sekunden lang starrte der Dirigent sie wie gebannt an, dann schien er endlich zu erwachen. Hinter den Kulissen stellte Clara ihn zur Rede: «Worauf haben Sie eigentlich gewartet?» – «Ich sah auf Ihre Hände ...» – «Es wäre besser gewesen, Sie hätten in die Partitur gesehen», gab sie trocken zurück und spielte nie wieder mit ihm ...

Trotz der Nachsicht, die sie ihren Kollegen gegenüber für gewöhnlich walten ließ, ist dieser Zug sehr charakteristisch für Clara und zeugt von dem Respekt, den sie der Musik und dem

Publikum nach wie vor zollte. Obwohl nun so berühmt, daß sie sich wie viele andere Virtuosen auf ihren Lorbeeren hätte ausruhen können, konnte sie, während sie etwa an Schumanns «Davidsbündlertänzen» arbeitete, folgendes an ihre Schwestern schreiben:

Ich habe vier Stunden damit verbracht, zwei kurze Oktavenstellen zu üben, die ich übrigens noch immer nicht so bringen kann, wie sie vorgeschrieben sind. Mir fehlt noch die Technik, die dafür erforderlich ist, ich käme damit, wenn man mich prüfen würde, nicht einmal in eine Vorbereitungsklasse.

Hätte sie solche Äußerungen in der Öffentlichkeit getan, so hätte sich das Publikum gewiß köstlich amüsiert. Tatsächlich hatte sie ja kaum jemals anders über sich selbst gesprochen, hatte seit ihrem fünfzehnten Lebensjahr böseste Selbstkritik geübt, nur lagen die Dinge eben jetzt so, daß sie sich angesichts ihres beruflichen Triumphes solche Äußerungen gefahrlos leisten konnte – man hielt sie schlimmstenfalls für eine Art Koketterie. Selbst wenn sie sich in ihrem Spiel etwas hätte gehenlassen – das breite Publikum hätte es kaum gemerkt... Aber Clara Haskil wäre nicht Clara Haskil gewesen, wenn sie nicht immer nach Perfektion gestrebt hätte.

Zu dieser Zeit war in der «Gazette de Lausanne» zu lesen:

Jedes ihrer Konzerte ist nicht nur ein Sieg, sondern ein wahrer Triumph ... Clara Haskil geht immer bis an den Rand ihrer physischen Kräfte, und diese Kräfte scheinen keine Grenzen zu kennen ...

Heutzutage wiegt ein solch universeller Erfolg, ein solch unerhörter Triumph einer Musik, die nichts anderes sein will als Musik, besonders schwer. Er trägt nicht nur zum Ruhme Clara Haskils bei, sondern gereicht auch all denen zur Ehre, die der Musik aus Überzeugung und nicht aus Snobismus huldigen.

Im September 1954 nahm Clara zum erstenmal an den Festspielen von Besançon teil. José Bruyr, der darüber berichtet, war, wie den meisten seiner Kollegen und wie vor allem Clara selbst, immer noch die Gestalt Lipattis gegenwärtig:

Wieder einmal stieg das Bild jenes anderen großen Poeten am Klavier vor uns auf, der hier in diesem Saal, an derselben Stelle, an der nun Clara Haskil Platz nehmen sollte, im Dämmerlicht eines Septembernachmittags vor drei Jahren von uns Abschied genommen hatte. Damals war der Saal nur spärlich besetzt, diesmal war er zum Brechen voll. Man strömte herbei, man drängte hinein, man saß auf den Stufen und auf dem Podium eng beieinander. Einige Zuhörer mußten aufstehen, damit sich die Künstlerin überhaupt einen Weg zum Flügel bahnen konnte.

Und nachdem er versucht hatte, was einer seiner Schweizer Kollegen für das «Schwierigste» hielt, nämlich «das Wunder Clara Haskil zu erklären», fuhr er fort:

Wir werden nicht so bald den Eindruck vergessen, den die schmerzerfüllten Züge ihres tief über die Tasten gebeugten Gesichts auf uns machten: Es ist ein schönes Gesicht, das wie von innen her leuchtet und das die edle Reinheit frommen Gebets ausstrahlt.

Ein anderer Kritiker zitierte eine Stelle aus André Suarès' «Beethoven»:

Wenn eine Frau die Sonate op. 111 oder das Adagio aus der Sonate op. 106 oder irgendeines der großen Orgelwerke von Johann Sebastian Bach spielen will, dann kann ich nur lachen ... Die Kompositionsweise des alternden Beethoven und die Bachs ist Virtuosen und Frauen nicht zugänglich. Dazu bedarf es eines Interpreten und eines Seelenverwandten. Zu den zehn Fingern muß ein elfter hinzukommen, der die Flamme des Lebens zu entzünden vermag, wie sie uns etwa aus dem Fresko Michelangelos entgegenleuchtet ...

Und er fügte diesem Zitat hinzu:

Suarès kannte Clara Haskil nicht, die stärkste Seelenverwandte und zugleich zarteste aller Frauen.

Am 14. Oktober gab Clara einen Klavierabend in Wien und schrieb am nächsten Tag an Jeanne:

Da ich noch in Wien bin, sende ich Dir ein paar Zeilen, um Dir zu sagen, daß das gestrige Konzert ein außergewöhnlicher Erfolg war. Nicht nur weil der Saal überfüllt war – man hatte noch ungefähr zweihundert Stühle aufgestellt, die überall herumstanden –, sondern weil man mir zujubelte, bevor ich überhaupt zu spielen anfing. Ich habe noch niemals ein solches Publikum erlebt – es vibrierte förmlich vor Musikliebe. Das Konzert mit Karajan und das 4. von Beethoven vor drei Jahren müssen tatsächlich einen tiefen und nachhaltigen Eindruck hinterlassen haben ...

Das ganze Programm war ein enormer Erfolg, und ich mußte vier Stücke zugeben. Ich hätte übrigens stundenlang so weiter-

machen können; die Menschen standen am Podium vor dem Klavier, als hätten sie noch niemals etwas Ähnliches gesehen.

Viele junge Leute waren da, und ihre Gesichter strahlten vor Begeisterung. Auch viele Kollegen waren gekommen, und Grumiaux applaudierte wie ein Verrückter.

Dieselbe Gesellschaft hat mich gebeten, 1955 oder 1956 alle Sonaten von Mozart zu spielen, aber das ist mir unmöglich, und ich habe es auch gleich gesagt; statt dessen schlug ich die Konzerte von Mozart vor, und man versprach, darüber nachzudenken. Man plant auch einen Klavierabend für Mai, was wegen des Programmes ebenfalls zu überlegen wäre . . .

Die Platten wurden unter den günstigsten Bedingungen aufgenommen, werden aber nicht perfekt sein und hätten es doch sein können. Es wäre gut, wenn ich bei der ganzen Flickerei anwesend sein könnte, um zu bestimmen, welche Teile da und dort einzufügen sind. Doch ich fahre morgen ab, und da werden die Herren selbst entscheiden müssen . . .

Einige Wochen später schrieb Antoine Goléa:

Mittwoch, den 1. Dezember. Clara Haskil spielte wieder im Champs-Elysées-Theater, ohne Orchester, denn diesmal handelte es sich um einen Klavierabend. Sie hätte also allein auf dem Podium sein müssen: In Wirklichkeit aber hatten dort schon zweihundert Mitglieder der «musikalischen Jugend», die in dem vollbesetzten Saal nicht mehr untergebracht werden konnten, Platz genommen . . .

Ja, Clara Haskil, so ist es eben: Der Ruhm hält Sie nun gefangen, und es genügt, daß Ihr Name an den Wänden steht, damit ein Sturm auf die Theaterkassen einsetzt. Ich bin sicher, daß Sie dennoch dieselbe bleiben werden, Ihr einzigartiges Spiel wird darunter nicht leiden wie bei so vielen Ihrer berühmten Kollegen, denn wer in der ganzen Musikwelt wäre bescheidener, demütiger und selbstkritischer als Sie? Ich kenne niemand. So wie Sie immer waren, so sind Sie auch heute noch, so wie ein kleiner Kreis Sie schon seit langem kennt, Musikliebhaber und Freunde, die Sie schon immer so schrankenlos bewundert haben, wie die Welt Sie heute bewundert.

Wo immer sie auch auftrat, was immer sie auch spielte, die Konzertsäle waren überfüllt, und stets mußten begeisterte Anhänger ihrer Kunst abgewiesen werden. So auch in Montreux, wo sie mit dem Orchestre National auftrat und zum erstenmal unter André Cluytens spielte: Nach dem 2. Klavierkonzert von Chopin erhoben sich die Orchestermitglieder von ihren Sitzen und brachten ihr Ovationen dar. Einer der Musiker weiß sich noch zwanzig Jahre später zu erinnern: «In Claras Spiel gab es etwas, das man nur bei Enesco wiederfand ... jenes undefinierbare Etwas, das das Genie ausmacht.»

Diese Worte eines Instrumentalisten, der lange Jahre die größten Interpreten begleitet hat, sind ohne Zweifel ein maßgebendes Urteil – aber Clara in ihrer brummigen Bescheidenheit legte wenig Wert auf solche Anerkennung. Denn Goléa hat recht: Sie hatte sich nicht geändert, und sie würde sich auch nicht ändern. Der Dirigent Joseph Keilberth, für den die Konzerte mit Clara «unvergeßlich» blieben, erinnert sich, daß Clara vor jedem Konzert Schreckliches durchmachte:

Die Arme litt furchtbar unter Lampenfieber, ich habe bei keinem Künstler dieses Ranges Ähnliches erlebt. Ihre Hände waren eiskalt, und sie wartete mit ängstlichem Gesichtsausdruck auf das Zeichen zum Konzertbeginn. Ich habe sie immer, soweit es mir möglich war, beruhigt, ihre Hände in meinen gewärmt und sie zum Podium geleitet. Sobald aber das erste Tutti des Orchesters verklang und sie mit dem Solopart einsetzte, verschwand wie durch ein Wunder jede Spur von Angst, und sie spielte voller Hingabe, mühelos, als wäre es die natürlichste Sache der Welt.

Dennoch konnten ihre Freunde erfreut feststellen, daß die anhaltenden Erfolge ihr eine gewisse Sicherheit verliehen und ihre chronische Ängstlichkeit etwas milderten – doch konnten sie nicht verhindern, daß Clara oft voller Zorn über sich selbst das Podium verließ.

Ausbrüche der Verzweiflung freilich gab es nach einem weniger gelungenen Konzert nicht mehr, auch keine Auftritte mit Tränen, an welche alle, die Clara nahestanden, sich nur zu gut erinnern konnten. Ohne innere Überzeugung schrieb ihr Jeanne Correvon am 12. Februar 1954: «Ich hoffe, Sie haben nicht mehr die Gewohnheit, Ihre Bewunderer mit den Bewegungen einer Wildkatze zurückzuweisen!»

Clara blieb allen treu, die sie mochten, gleichgültig ob es sich um Freunde aus düsteren Tagen oder um ihre ehemaligen Lehrer handelte: In Paris versäumte sie nie, Joseph Morpain einen Besuch abzustatten, ebenso gern sah sie Lazare-Lévy. Bezeichnenderweise blieb sie auch mit der Witwe Busonis in

Kontakt, die mit ihrer Schwester sehr zurückgezogen und hart am Rande der Armut in Stockholm lebte. Für eine Schweden-Tournee, die für Januar 1955 vorgesehen war, bat sie ihren Freund Peter Rybar, mit ihr privat die Sonate für Violine und Klavier von Busoni einzuspielen: Obwohl sie von früh bis spät beschäftigt war, nahm sie alles selbst in die Hand und benutzte einen kurzen Aufenthalt in Vevey, um mit ihrem Partner, der sie dort aufsuchte, die Sonate zu proben und aufzunehmen. Am 31. Dezember, noch am Abend der Aufnahme, bestieg sie den Zug nach Rom, wo ihre Italien-Tournee begann.

Am 7. Januar 1955, ihrem sechzigsten Geburtstag, spielte sie in Padua. Am nächsten Tag schrieb sie aus Florenz an Anne Grandjean:

Erfolgreiches Konzert in Rom, hier weniger gelungen, auch in Padua nicht. Ich bin zu müde, und an meinem Geburtstag habe ich ganz schön die Last der Jahre gespürt. Ich spiele heute abend in Perugia und werde morgen um ein Uhr den Zug nach Basel nehmen, wo ich am Dienstag spiele.

Zehn Tage später war sie in Malmö und am nächsten Tag in Stockholm. Sie suchte Frau Busoni auf und übergab ihr die zum Gedenken an ihren Mann aufgenommene Platte. Die betagte Dame hat sie wahrscheinlich niemals hören können, da sie keinen Plattenspieler besaß ...

Am 31. Januar schrieb Clara aus Manchester an Peter Rybar:

Besuch bei Frau Busoni und bei ihrer Schwester. Trotz ihrer neunundachtzig Jahre hat Frau Busoni noch viel Charme und ist geistig überaus rege. Aber wie traurig ist es doch, daß diese beiden alten Damen, von denen die eine blind ist und die einander stützen müssen, so einsam und armselig leben ... Wenn man bedenkt, was Busoni war, welch ein Ansehen er in der ganzen Welt genoß!

Vielleicht dachte Clara an die Nichtigkeit allen Erfolges – «er ist ja so vergänglich!» –, aber ihr eigener Erfolg ließ sie nun nicht mehr los, und sie mußte trotz ihrer Erschöpfung dem Rhythmus der ihr auferlegten Konzerttätigkeit folgen. Vom 29. Januar bis 10. Februar war sie in England. Aus London schrieb sie an Jeanne:

Seit einer Woche bin ich hier – und habe sechs Konzerte überstanden. Das erste mit Kubelik gelang ausgezeichnet und wurde ein außerordentlicher Erfolg. Die anderen haben mich überhaupt nicht befriedigt, ich habe nicht so gespielt, wie ich es mir gewünscht hätte . . .

Diesmal bin ich nicht besonders gut untergebracht: kein Badezimmer, keine freundlichen Menschen – aber das war natürlich nicht der Grund, daß ich schlecht gespielt habe.

Kubelik hat mir von Amerika abgeraten, es sei denn, ich könnte mit bedeutenden Orchestern spielen.

Er macht siebenundzwanzig Mozartkonzerte mit Myra Hess. Ich selber ziehe es vor, noch ein Jahr zu warten, um auch mit ihm zu spielen.

Diese Amerika-Tournee, von der jetzt schon seit zwei Jahren die Rede war und die Clara sich sehr wünschte, scheiterte stets an der Gleichgültigkeit der amerikanischen Organisatoren.

Auch Eugène Ormandys Versprechen, für Clara eine Reihe von Konzerten mit seinem Orchester zu organisieren, wurde zu ihrer großen Enttäuschung nicht eingehalten. Nicht anders erging es ihr mit Kubelik, dessen Konzertkalender mit dem ihren nicht zu vereinbaren war. Schließlich nahm Eugène Istomin, ein Schüler von Casals, den Clara in Prades kennengelernt hatte, sich ihrer an und versuchte, auch eine Südamerika-Tournee zu organisieren. Doch dann wurde lediglich eine Tournee durch Nordamerika vereinbart, und am 13. Juni 1955 schrieb E. W. Rossier an Istomin:

Clara beweist unglaubliche Widerstandskraft, sie ist ständig in Hochform, doch müssen die Veranstalter der Amerika-Tournee wissen, daß sie sich auf jeden Fall sehr schonen muß und daß sie zwischen zwei Konzerten Zeit zum Ausspannen braucht. Wie sie mir ausdrücklich sagte, kommt es für sie nicht in Frage, nach einem Konzert sofort das Flugzeug zu nehmen und die nächste Stadt anzusteuern.

Aber während ihre Freunde diese Tournee vorbereiteten, gingen die Konzertreisen weiter. Sie mußte eine Tournee mit der Camerata Academica des Mozarteums unternehmen, und aus Paris, wo sie einen Klavierabend gab, bevor sie in die Provinz fuhr, schrieb sie am 6. März 1955 an Anne:

Ich spiele das B-Dur-Konzert von Mozart am 28. d. M. und dann sieben Tage lang hintereinander. Im Augenblick fällt mir aber nicht einmal ein, wie das Konzert beginnt, und da ich neun-

mal an verschiedenen Orten auftreten werde, muß ich mich wohl wieder einmal auf die göttliche Eingebung und auf ein Wunder verlassen . . .

Wie nicht anders zu erwarten war, verlief alles bestens. Einen Monat später begann Clara eine Konzertreihe mit Arthur Grumiaux. In Mailand spielten sie zum erstenmal sämtliche Violinsonaten von Beethoven. Am 23. April schrieb sie:

Sonatenabende hier am 26., 28. und 29. Die Arbeit mit Grumiaux ist sehr angenehm, und ich könnte stundenlang mit ihm musizieren, aber ich bin leider todmüde und überhaupt nicht vorbereitet! Soll zehn Sonaten in drei bis vier Tagen vorbereiten . .

Leider kann das Programm nicht geändert werden, und das letzte Konzert besteht aus Sonaten, wie der 6., der 5. und leider auch der 9., die ich nicht so gern spiele. Die Organisatoren wollen aber unbedingt an der 9. festhalten, um die ganze Serie abzurunden und das Publikum zufriedenzustellen . . .

Für Grumiaux war Clara die ideale, die «unersetzliche» Partnerin. «Ihre Energie am Klavier war unglaublich», sagte er später und fügte hinzu: «Nach unseren Proben war ich immer ganz fertig.»

Clara vertraute einmal mit schelmischem Lächeln einer Freundin an: «Mit Grumiaux wiederholt man wohl den ersten Satz – aber niemals ein Andante . . .»

Am 4. Mai erhielt sie die Nachricht vom Tode Georges Enescos, die sie mit unsäglicher Trauer und Wehmut erfüllte . . .

Am 30. Juni schrieb sie aus München:

Ich freue mich auf meine Rückkehr und auf das Wiedersehen mit allen Freunden. Es bleiben mir zehn Tage, bevor ich wieder nach Holland zurückkehre – die letzte Auslandsreise bis August. Ich bin sehr glücklich, wieder einmal in Ruhe und ungestört arbeiten zu können.

Am nächsten Tag spielte sie «Die vier Temperamente» von Hindemith unter der Leitung des Komponisten: Die Übereinstimmung mit den Orchestermusikern war vollkommen, und Clara war von der Warmherzigkeit und dem Charme des Meisters sehr angetan. Sie schrieb:

Zur Feier von Hindemiths sechzigstem Geburtstag spielte ich in München seine Variationen unter seiner Stabführung – es gab

Beifallsstürme. Er ist ein überaus freundlicher Mensch, sehr schlicht und ungezwungen.

Am 14. und 15. Juli trat sie mit Georges Szell, dem einst so unerträglichen Partner in Wien, zum erstenmal in Amsterdam auf: «Besser spät als nie ... in Erinnerung an unsere erste Zusammenarbeit seit ... Jahren!» schrieb er auf ihre Taschenpartitur des Klavierkonzertes in F-Dur von Mozart. Clara ihrerseits notierte: «Hervorragender Dirigent, ganz große Klasse, wie mir scheint.»

In Epalinges ruhte sie sich in Begleitung ihrer Schwestern und der treuen Hélène ein wenig von den Strapazen aus. Wieder einmal war sie das Opfer des «Trübsinns», verlor aber dennoch nicht ganz ihren Humor:

Wir sind vier Frauen, und manchmal gibt es Reibereien im Harem. Aber wir sind noch alle am Leben ...

In Wirklichkeit war diese «Ruhepause» sehr arbeitsreich und von Konzerten unterbrochen: Am 10. August spielte sie mit Karajan und Géza Anda in Luzern, am 28. in Salzburg. Clara arbeitete an neuen Stücken, «einer wunderbaren Sonate von Schubert» (in a-Moll, op. 42), und bereitete sich auf die kommenden Konzerte vor. Sie wollte alle Klavierkonzerte von Mozart mit Kubelik einspielen, aber er war bei Decca und sie bei Philips verpflichtet, und ihre Verträge ließen eine Zusammenarbeit nicht zu. Kubelik schrieb ihr:

Ich glaube nicht, daß mich Decca freigibt, aber Sie wissen, wie gern ich mit Ihnen Schallplatten aufnehmen möchte ... Hoffen wir, daß es eines Tages möglich sein wird.

Es war *nicht* möglich, und Clara bedauerte es sehr. Auch Keilberth sagte später einmal:

Es tut mir von Herzen leid, daß es mir niemals möglich war, mit ihr Schallplattenaufnahmen zu machen. Jeder von uns war bei anderen Firmen verpflichtet, und daran scheiterte alles.

Glücklicherweise gab es diese Schwierigkeiten nicht mit Grumiaux, der ebenfalls bei Philips unter Vertrag stand. So konnten Clara und er ihre erste gemeinsame Schallplattenaufnahme machen: die Sonaten von Mozart (KV 454, KV 456), die ihnen im Jahre 1957 den großen Schallplattenpreis einbrachten – für Clara bereits den dritten!

Am 10. Januar 1956 schrieb sie zwischen zwei Konzerten aus Hannover an Anne, die sich um Claras Gesundheit sorgte:

Das Programm, das vor mir liegt, erschreckt mich, und trotzdem spiele ich gern, finde Freude am Reisen und schätze ein aktives Leben, aber ich war noch niemals so müde und stehe doch erst am Anfang meiner Konzerttätigkeit!

Am 31. fuhr ich mit dem Zug nach Amsterdam, um dort die zwei Mozartsonaten mit Grumiaux zu proben, die wir dann am 2. und 3. Januar aufgenommen haben. Man kann sich auf musikalischer Basis nicht besser verstehen als wir beide, aber ich bin nicht sicher, ob die Aufnahmen klanglich ideal sind . . .

Zwei von meinen Platten (Es-Dur und d-Moll von Mozart), die ich gerade angehört habe, enttäuschen mich wieder einmal sehr. Ich werde sicher sterben, bevor es mir gelingt, eine Platte aufzunehmen, die mich vollständig zufriedenstellt . . .

In Hannover hatte sie mit dem letzten Klavierkonzert von Mozart, das sie zweimal hintereinander spielte, einen ganz besonderen Erfolg. «Niemals hat mein Orchester so gut gespielt», erklärte der Dirigent Johannes Schüller, der für Clara besondere Bewunderung empfand. Am Ende des ersten Konzertes klopfte es an Claras Garderobentür. Draußen stand Doreen von B., eine hübsche blonde junge Dame, deren Eltern Clara in der Schweiz kennengelernt hatten – ein Umstand, der freilich nicht ausreicht, um die sofort spürbare gegenseitige Sympathie zwischen den beiden zu erklären. Wieder einmal ging von Clara jene Faszination aus, der man nicht widerstehen konnte, wieder einmal zeigte Clara jene Herzlichkeit, mit der sie all denen begegnete, die ihr einfach und spontan entgegenkamen. Als Doreen von B. sah, daß Clara allein war und ein wenig kränkelte (sie hatte sich erkältet), beschloß sie sogleich, Mann und Kinder für einige Tage sich selbst zu überlassen und Clara bis Lüttich zu begleiten, wo sie Mozart und Beethoven spielen sollte.

Bei den Proben in Lüttich stolperte Clara, als sie aufs Podium stieg, und zog sich eine leichte Verletzung an der Stirn zu, dicht neben der Narbe, die noch von der Trepanation herrührte. Am Abend hatte sie Fieber, spielte aber trotzdem großartig. Doreen wich nicht von ihrer Seite. Am nächsten Morgen mußte Doreen um sechs Uhr früh nach Hannover zurückfahren: Clara war rechtzeitig auf, um sich von ihr zu verabschieden, und drei Tage später schrieb sie ihr einen Brief, der eine umfangreiche Korrespondenz einleiten sollte:

Unsere Begegnung hat für mich etwas Traumhaftes ... Meine Freunde segnen Sie geradezu für alles, was Sie für mich getan haben. Sie waren wie ein Himmelsbote bei mir erschienen! Ich kann nur hoffen, daß Ihr unerwartetes Ausbleiben für Ihre Familie keine allzu großen Probleme mit sich gebracht hat und daß Sie gut heimgekommen sind ... Ich bin jetzt in Vevey und liege im Bett, weil ich immer noch sehr erkältet bin, ich habe Husten, ein wenig Fieber, und der Arzt hat mir Hausarrest auferlegt ...

Meine nächsten Konzerte fallen dadurch ins Wasser, auch das mit Klemperer in London. Ich möchte wenigstens die Tournee mit Karajan retten – sonst endet das alles noch mit einem richtigen Nervenzusammenbruch!

Die von Clara erwähnte Tournee sollte zum 200. Geburtstag Mozarts stattfinden, unter der Leitung Karajans, der Clara gebeten hatte, den Klavierpart zu übernehmen. Vom 25. Januar bis zum 6. Februar, also innerhalb von dreizehn Tagen, waren zwölf Konzerte mit den Londoner Philharmonikern vorgesehen. Am 22. Januar schrieb Clara:

Ich leide immer noch unter den Nachwehen von Lüttich: Meine Erkältung ist zwar vorbei, und Fieber habe ich auch nicht mehr, aber ich fühle mich wie gerädert. Ich kann kaum arbeiten und denke mit größter Unruhe an den Augenblick, wo ich mit Karajan und dem Orchester vor einem ausverkauften Saal stehen werde ...

Die Tournee wurde zu einem wahren Triumphzug. «Clara Haskil ist auf die Erde gekommen, um Mozart zu spielen», schrieb ein Wiener Kritiker. Am 25., 26. und 27. Januar spielte Clara in Wien, am 28. in Salzburg, am 29. in München, am 30. in Freiburg im Breisgau, am 31. in Bern, am 1. Februar in Zürich, am 2. in Straßburg, am 3. und 4. mit zwei verschiedenen Programmen in Paris, am 6. in London. Clara zeigte sich allen Anstrengungen und allen Anforderungen gewachsen: Die Begeisterung des Publikums, das freundliche Entgegenkommen der Musiker, die beständigen Aufmerksamkeiten eines Karajan, von dem mehrere Kritiker behaupteten, daß er «an Menschlichkeit gewonnen» habe, waren für sie ein Lebenselixier. Zwei Wochen verbrachten der große Dirigent und die große Pianistin in denselben Zügen, denselben Flugzeugen, denselben Hotels und denselben Restaurants, zwei

Wochen lang probten und konzertierten sie täglich zusammen. Charakterlich äußerst verschieden, verband sie doch seit ihrer ersten Begegnung vor vier Jahren eine innige Freundschaft. Jeden Abend einte sie ihre gemeinsame Liebe zur Musik, um derentwillen sie sich selbst höchste Leistungen abverlangten. Sie schrieb:

Die Tournee mit Karajan war einmalig und unvergeßlich. Wien, Salzburg, München und Paris waren für mich die Höhepunkte. In London habe ich leider weniger gut gespielt, bei diesem zwölften und letzten Konzert war ich – wie auch schon vorher – sehr niedergeschlagen.

Sicher machte sie am Ende der Tournee eine Art seelisches Tief durch – eine Reaktion auf die Euphorie der vergangenen vierzehn Tage, die zu den schönsten ihres Lebens gehörten. Als sie sich in London betrübt von Karajan verabschiedete, wußte sie nicht, daß sie sich nie wieder begegnen würden . . .

Glücklicherweise war sie zu beschäftigt, um sich ihrem Kummer hingeben zu können. Sie verbrachte einige Tage in Vevey, gab am 14. Februar einen Klavierabend in Biel und fuhr dann nach Holland: Zwischen 17. und 25. Februar standen fünf Konzerte in Den Haag und in Amsterdam auf dem Programm. Am 29. spielte sie in Basel mit dem Orchester des Mozarteums, am Nachmittag und Abend des 7. März in Poitiers, am 10. und 11. in Paris.

Am 14. wurde sie in Mailand erwartet, aber sie hatte sich abermals erkältet und mußte das Bett hüten. «Vier Klavierabende habe ich in Italien absagen müssen . . .» Doch sie erholte sich rasch, fuhr für zwei Tage nach Vevey und schrieb von dort aus am 18. März:

Morgen geht es nach Italien: Am 20. bin ich in Venedig, am 21. in Treviso, am 23. in Rom mit Grumiaux, am 24. in Florenz, am 25. in Pesaro, am 26. in Bologna mit Grumiaux, am 28. wieder in Rom mit Orchester (Chopin). Am 22. April spiele ich in Wien mit Kubelik, dann in England und dann, leider, leider, in Stockholm, wo ich nur zwei Konzerte gebe – das ist zu dumm, weil ich die Flugreisen nicht mag. Aber machen Sie sich bloß keine Sorgen um mich: Für die nächste Saison sind viele Pausen zwischen den einzelnen Konzerten vorgesehen.

Zu ihrem großen Leidwesen konnte sie an den Festspielen in Prades nicht teilnehmen. Sie fühlte sich gesundheitlich nicht wohl genug, um die Hitze auszuhalten und die ungünstigen Hotelverhältnisse in Kauf nehmen zu können. Außerdem mußte sie eine Reihe von ärztlichen Untersuchungen über sich ergehen lassen – «aber es ist nichts Ernstes», schrieb sie am 11. Juli aus Paris.

Den August verbrachte Clara in La Rosiaz bei Lausanne, um für die nächste Konzertsaison, die wieder recht anstrengend zu werden versprach, in Form zu sein: «Wann soll ich nur all die Programme schaffen?» stöhnte sie. Die Zeit in La Rosiaz diente nicht nur der Erholung, sondern auch der Arbeit, so daß die Müdigkeit blieb und sich auf Claras psychischen Zustand auswirkte. An Röntgen schrieb sie:

Leider muß ich nach Amerika fahren. Ich sage «leider», weil ich nicht recht einsehe, welche Vorteile eine solche Reise bietet. Was soll's? Es gibt drüben genug Pianisten, ganz große sind darunter ... einer mehr oder einer weniger ... Aber da es nun schon einmal beschlossen ist – sei's drum!

Außerdem soll ich nach Israel fahren und, vorher und nachher wie jedes Jahr, nach Deutschland, Italien, England usw. Und doch bin ich froh, daß ich noch so viel zu tun habe. Ich frage mich ja immer: wie lange noch?

Je näher die Amerika-Tournee rückte – die im Grunde auf New York und Boston beschränkt war –, desto mehr wuchs Claras Aufregung. Sie verhielt sich wie immer in solchen Fällen: Sie hatte sich diese Tournee innigst gewünscht, sie wäre untröstlich gewesen, wenn nichts daraus geworden wäre, und nun, da alles bereit war, wurde sie von ihrem unausbleiblichen Lampenfieber befallen und hätte viel darum gegeben, wenn sie hätte absagen können ...

Vorher erlebte sie noch die große Freude eines Sonatenabends mit Isaac Stern am 29. September in Vicenza: Sie spielten Mozart, Beethoven und Brahms. Ihr Erfolg war so überwältigend, daß sie beide auf der Stelle für die kommende Saison an die Scala verpflichtet wurden. Doch Clara lehnte schließlich ab: Arthur Grumiaux, dem sie nicht gewagt hatte, ihre «Untreue» zu gestehen, war sehr erbost, hatte Clara «Verrat» vorgeworfen, und Clara wollte ihr gutes Verhältnis zu Grumiaux nicht wegen eines Abends mit Stern aufs Spiel setzen. Stern verstand dies vollkommen und empfing sie denn auch sehr herzlich, als sie einige Wochen später in New York

Clara Haskil mit Géza Anda und Herbert von Karajan während eines Konzerts in der Tonhalle, Zürich, Oktober 1955.

Mit Arthur Grumiaux nach einem Konzert im Théâtre des Champs-Elisées, Paris.

Mit E. W. Rossier (links) und Isaac Stern beim Festival de Montreux, 1956.

Nach einem Abend im Heim von Charlie und Oona Chaplin in Vevey, Weihnachten 1956.

1956 in Vevey. Von links nach rechts: Alexandre Zakin, Michel Rossier, Clara Haskil, Isaac Stern.

Mit Alfred Cortot.

Mit Rafaël Kubelik und seiner Frau, Luzern, 2. September 1957.

landete. Inzwischen hatte sie von Eugène Istomin folgende Zeilen erhalten:

Liebe Clara,

verzeihen Sie, daß ich Ihren lieben Brief erst so spät beantworte. Ich bin im letzten Sommer wie ein Verrückter um die ganze Welt gefahren und schließlich in Australien vor Übermüdung zusammengebrochen. Daraufhin verlangte der Arzt, daß ich meine Tournee abbreche ... Gott sei Dank! So bin ich den ganzen Herbst über bis Ende November frei wie ein Vogel und kann Sie gleich bei Ihrer Ankunft in Amerika in Empfang nehmen. Ich freue mich ganz enorm auf Ihren Besuch!

Sie können in meinem Apartment wohnen, das ich mit meinen Eltern teile. Sie wären da sehr gut untergebracht, und ich verspreche Ihnen, daß man Ihnen jeden Wunsch von den Augen ablesen wird. Ich habe einen guten Flügel, der Ihnen zur Verfügung steht – ich selbst kann bei Freunden arbeiten oder bei Steinway.

Kurzum, machen Sie sich nur keine Sorgen. Ich bin sicher, daß Ihnen Boston gefallen wird, und in New York können Sie keinen besseren Partner finden als Paray.

Und nun verscheuchen Sie alle trüben Gedanken! Wir holen Sie am Schiff ab!

Am 6. und 7. September eröffnete Clara die Festspiele in Besançon. «Konzert und Klavierabend: miserabel», notierte sie, während ein Kritiker schrieb: «Der Galaabend war hinreißend ...» Am 14. Oktober spielte sie mit Paul Klecki in Florenz, am 18., kurz vor ihrer Abreise aus Frankreich, schrieb sie:

Ich fahre ohne ein Fünkchen Freude nach Amerika, diese Tournee ist für mich eine wahre Pein, nein, schlimmer als eine Pein! Aber nun ist ja nichts mehr daran zu ändern!

Jeanne war in Prag mit dem Orchestre National, aber Lili und einige Freunde begleiteten Clara nach Le Havre, wo sie sich auf der «Flandre» einschiffte. Sie war niedergedrückt und sah der einsamen Überfahrt mit Grauen entgegen. Gewiß weckte diese Reise in ihr Erinnerungen an Dinge, die nun zwar schon dreißig Jahre zurücklagen, mit denen sie aber noch immer nicht fertiggeworden war. Doch wer von ihren Freunden, die winkend am Kai standen, ahnte schon etwas von dieser geheimen Wunde? Vom Schiff aus schrieb Clara am 26. Oktober an Hélène:

Der Augenblick, wo alle, die nicht mitfahren, von Bord gehen, ist wirklich schrecklich. Die Tage auf hoher See sind lang, man wird schwermütig, tausend Gedanken kommen, und man fühlt sich müde, so absurd das auch klingen mag.

Das Schlingern des Schiffes bei hohem Seegang, die ungenügend belüfteten Kabinen (dabei liegt die meine noch sehr günstig und hat ein großes Fenster), all das ist sehr strapaziös. Außerdem hat man keinen rechten Appetit, dabei ist das Essen reichlich und gut. Morgen früh um sieben Uhr kommen wir endlich an – bei Euch ist es da schon Mittag.

Ob ich eine solche Reise noch einmal mache? Ich glaube nicht. Allein auf keinen Fall. Aber warten wir erst ab, ob ich überhaupt darum gebeten werde . . .

Am Mittwoch habe ich auf Wunsch des Kapitäns vierzig Minuten lang auf dem Schiff gespielt – große Begeisterung. Aber für mich war es anstrengend!

Die sprichwörtliche amerikanische Gastfreundlichkeit vertrieb bald ihre trübe Stimmung. Eugène Istomin, aber auch Isaac Stern und seine Frau Vera («Beide sind ganz entzükkend») kümmerten sich um sie, zeigten ihr die Stadt, die sich, seit sie sie das letzte Mal gesehen, sehr verändert hatte. Sie verbrachte sogar «einige Stunden im Gebäude der Vereinten Nationen und hörte dort, in unmittelbarer Nähe der Abgeordneten sitzend, eine Diskussion über die Lage in Ägypten und in Ungarn», was sie «hochinteressant, aber recht unerfreulich» fand. An einem besonders klaren Abend führten Istomin und Vera Stern sie auf das Empire State Building, das sie seinerzeit in der ersten Bauphase gesehen hatte. Nun sah sie die glitzernde Weltstadt zu ihren Füßen, aber mehr noch faszinierte sie der Anblick des gestirnten Himmels. Einen Moment lang herrschte Schweigen, dann flüsterte sie überraschenderweise: «Ganz wie in Vevey . . .»

Am 2. November gab sie in Boston das erste ihrer vier Konzerte mit dem dortigen Symphonieorchester unter der Leitung von Charles Münch. Als sie das Podium betrat, schien das Publikum zunächst perplex: In Europa war Claras schmale Gestalt allen Musikliebhabern vertraut, aber die Amerikaner wußten nichts von ihr, sie hatten lediglich von ihrem großen Ruhm gehört. Da die Zeit und die Krankheit auf Claras Gesicht tiefe Spuren hinterlassen hatten und da sie sich nicht wie andere Virtuosen mit besonderer Eleganz zu kleiden verstand, verkörperte sie genau das Gegenteil dessen, was die Amerikaner zu sehen erwartet hatten – und so gaben sie denn auch ihrer Überraschung mit jener Offenherzigkeit Ausdruck, die ihren Konformismus so wohltuend kompensiert. Im «Boston Herald» vom 3. November stand zu lesen:

Wenn gestern die sechzigjährige Witwe Schumanns mit dem Bostoner Symphonieorchester vor dem Publikum erschienen wäre, so hätte das kaum mehr Überraschung ausgelöst als das Auftreten jener anderen Clara, die vermutlich auch auf die Sechzig geht. Ich spreche von Clara Haskil. Wenn ich sage, daß sie ihre Zuhörer im Sturm erobert hat, so bleibe ich noch weit hinter der Wahrheit: Seit Jahren sind niemandem solche Ovationen dargebracht worden wie gestern dieser kleinen, schmächtigen Frau – aber niemand hat sie auch mehr verdient.

Sie nahm das Publikum vom Augenblick ihres Erscheinens an gefangen, denn Clara Haskil entsprach überhaupt nicht den Vorstellungen, die man sich von ihr gemacht haben könnte. Sie trug ein langes Kleid aus dunkelblauem Taft mit einem weißen Kragen, den Clara Schumann genausogut hätte anlegen können. Dazu Schuhe mit flachen Absätzen. Ihr Haar hat sie straff aus der Stirn gekämmt und zu einem formlosen Knoten zusammengesteckt, so daß man meinen konnte, sie hätte keinen Blick in den Spiegel geworfen. Ihre Arme sind mager und knochig, ihr Gesicht gleicht einer schmerzlichen Maske. Sie geht etwas mühsam zum Flügel, setzt sich, ohne das Publikum auch nur anzuschauen, und wartet mit tief über die Tasten gebeugtem Kopf auf ihren Einsatz. Mein Gott, denkt man, was wird nun passieren?

Was passiert, wenn diese ungewöhnliche alte Frau endlich die Tasten anschlägt, ist etwas Unfaßbares, ist ein Wunder, das im Reich der Musik jede Generation nur einmal erlebt. Unter der hervorragenden Leitung von Charles Münch hat Clara Haskil das 3. Klavierkonzert von Beethoven so vollkommen gespielt, wie ich es noch nie gehört habe und wie ich es wohl niemals wieder hören werde . . .

Darauf folgte noch eine lange Lobeshymne, wie man sie in ähnlicher Form in allen Kritiken der vier Bostoner Konzerte fand. Auf Münchs Wunsch hatte Clara dreimal das 3. Klavierkonzert von Beethoven gespielt und am letzten Abend das d-Moll-Konzert von Mozart, immer war der Saal ausverkauft gewesen, und immer war diese puritanische und reservierte Stadt hellauf begeistert. Die Orchestermitglieder schnitten alle Kritiken aus und übergaben sie Clara zum Schluß mit folgender Widmung, die einer Kritik entnommen war:

Die Zuhörer in Boston bringen einem Künstler eine Ovation nur dann stehend dar, wenn sie guten Grund dazu haben. Bei Fräulein Haskil erhoben sich fast alle, um ihrer Dankbarkeit gebührenden Ausdruck zu verleihen.

Charles Münch schrieb auf Claras Taschenpartitur des Beethovenkonzertes:

Boston, am 2., 3. und 4. November 1956. Zur Erinnerung an den ersten und so phantastischen Triumph meiner lieben Freundin Clara Haskill (sic) in den Vereinigten Staaten. Ich bin glücklich und stolz, daß ihr «Debüt» in diesem großen Land in Boston und mit ihrem alten Charles stattfand. Hoffentlich kann ich noch recht oft mit ihr «musizieren» und mich von ihren Klängen und der Tiefe und Einfachheit ihres Gemütes bezaubern lassen. Gott schütze Sie, meine liebe, liebe Freundin.

Charles Münch

Pessimistisch wie immer hatte Clara vor den Konzerten mit Münch gewettet, daß sie keinerlei Erfolg haben würde. «Ich habe ihm eine Krawatte kaufen müssen», erzählte sie später. Durch diese Erfahrung klüger und vorsichtiger geworden, ließ sie sich mit Paray auf keine Wette mehr ein.

Am 8. November war sie wieder in New York. An Michel Rossier schrieb sie sogleich einen Brief, in dem deutlich jene Lebensfreude zum Ausdruck kommt, die damals aus allen ihren Briefen sprach:

Ich bin schrecklich müde, aber unendlich glücklich. Bis jetzt hat alles so gut geklappt, daß ich kaum wage, darüber zu sprechen. Wenn in N. Y. alles in ähnlicher Weise verläuft, dann wäre das ein großer Triumph für Istomin, der bei der Agentur Judson und auch sonst überall, wo er mich erwähnte, zunächst auf ziemlich hartnäckigen Widerstand stieß.

Die vier Konzerte in Boston waren wirklich ein Riesenerfolg, ein wahrer Triumph, schon bei den Proben war das Orchester ganz begeistert.

Beim letzten Konzert habe ich Mozart gespielt. Münch war damit einverstanden, er hat sich mir überhaupt immer höchst freundschaftlich gezeigt. Und die Kritiken waren überschwenglicher als alles, was je über mich geschrieben wurde.

Boston hat eigentlich nichts von einer typisch amerikanischen Stadt, und es hat mir sehr gefallen. Im Hotel hatte ich nicht nur ein schönes Zimmer, sondern gleich ein ganzes Appartement, d. h. zwei Schlafzimmer, einen Vorraum, einen Salon, ein Badezimmer und – einen Steinway, den mir die Firma Steinway in Boston zur Verfügung gestellt hatte. Der Konzertflügel kam aus N. Y. und wurde dann für mein dortiges Auftreten wieder zurücktransportiert. Istomin hat alles in die Hand genommen, die Auswahl des Flügels, die Reise (er ist mit mir hierhergefahren) usw. Ich war zutiefst gerührt, als ich sah, wie sehr er sich über meinen Erfolg freute. Er geht mit mir auch in die besten Restaurants, kurz, ich führe ein Leben, wie ich es mir nie hätte träumen lassen, und es fehlt nicht viel, daß ich sagen würde: ich finde Geschmack an einem solchen Leben . . .

Münch hat mir vorgeschlagen, zu den Sommerfestspielen im Juli nach Amerika zu kommen, aber ich glaube, es wäre doch besser, bis zum nächsten Winter damit zu warten. Judson erwartet mich morgen, um mit mir über meine künftige Konzerttätigkeit hier zu sprechen. Außerdem will ich doch erst die Konzerte in N. Y. abwarten und nicht zu früh optimistisch sein.

Einige Tage später jubelte man Clara in der ausverkauften Carnegie Hall zu, und die New Yorker Kritiken, die man eigentlich alle wiedergeben müßte, stimmten in Lob und Begeisterung überein. Alle betonten den auffallenden Gegensatz zwischen der schmächtigen, gebeugten Gestalt Claras und dem «Wunder» ihres Spiels. Selbst der gefürchtete Kritiker der «New York Herald Tribune» sprach von ihr in den höchsten Tönen: «Clara Haskil ist die Musik selbst – und was für eine Musik!» Überall stellte man dieselbe Frage: «Was machen eigentlich die Impresarios? Wozu sind sie denn da? Sind sie alle eingeschlafen?»

Ein Kritiker im «New York World Telegram» wies auf die Schwierigkeit hin, das Einmalige von Claras Spiel jenen begreiflich zu machen, die sie nicht selbst gehört hatten:

Da ich noch niemals in Europa war, habe ich Fräulein Haskil vor dem gestrigen Konzert nie gehört. Die Berichte über ihre Tri-

umphe waren zwar immer überschwenglich, aber zwischen dem geschriebenen Wort und der erlebten Wirklichkeit ist eben immer noch ein Riesenunterschied!

So war diese Amerika-Tournee, zu der sie so wenig Lust verspürte, daß sie noch vor ihrer Abreise den Tag ihrer Rückkehr «mit unbeschreiblicher Ungeduld» herbeigesehnt hatte, zu einem Höhepunkt in ihrer Karriere geworden, der ihr Selbstvertrauen stärkte. Von überall kamen Angebote («Jeder verlangt in diesem Land nach mir ... wer hätte das gedacht? Ich jedenfalls nicht!») Überall wurde sie gefeiert, während ihr «Schutzengel» Istomin darüber wachte, daß all die Empfänge und Interviews sie nicht ganz erledigten.

Ich bin außerordentlich zufrieden. Die Zeit verging wie im Fluge – ich konnte kaum alles aufnehmen ... Es ist schon ein seltsames Gefühl, wenn man im turbulenten New York an Städte wie Aarau, Vevey, ja selbst Lausanne oder Genf denkt!

Einmal war Clara bei Horowitz eingeladen («Milstein hat ihm von mir gesprochen, was ich sehr freundlich von ihm fand»), wo sie dann bis zwei Uhr morgens blieb:

Ich hätte am liebsten die ganze Nacht dort verbracht! Horowitz am Klavier ist der Teufel in Person, ganz außergewöhnlich und sehr sympathisch obendrein.

Nach einer kurzen Reise nach Philadelphia, wo sie Serkin und Ormandy besuchte, schrieb sie an ihre Schwestern:

Ist man hier beim Publikum «angekommen», so fließt das Geld in Strömen. Begreiflich, daß die hiesigen Stars nicht für ein lächerliches Honorar in Europa auftreten wollen ...

Aber es gab auch Unliebsames: Clara war schockiert, vielleicht sogar innerlich verletzt über diverse Kritiken, die ausdrücklich auf ihren physischen Zustand hinwiesen. Die leiseste Anspielung darauf hatte sie immer tief getroffen, und auch jetzt, auf dem Höhepunkt ihres Ruhmes, wo man ihr Genie allgemein erkannt hatte und sie überall von einer begeisterten Menge gefeiert wurde, litt sie unter derartigen Taktfehlern.

Trotz alledem «fühlte sie sich in Amerika wohl», wie Anka Bernstein bestätigte, die treue Assistentin von Professor Robert, die «große Schwester» aus Wien, die Clara in New York wiedertraf und die selbst in der Carnegie Hall auf unvergeßliche Weise mehrere Mozartkonzerte interpretierte. Clara schrieb übrigens ein wenig später an eine Freundin:

Vor meiner Amerikareise stand ich sehr unter Druck und war von ständiger Erregung und Ungewißheit geplagt. Daß die Konzerte so zufriedenstellend verliefen und ich bei Presse und Publikum eine so freundliche Aufnahme fand, grenzt für mich ans Wunderbare. Ich war noch niemals so glücklich, so ergriffen und werde – wider Erwarten – mit Freude hierher zurückkehren.

Am 28. November ging sie in Cherbourg an Land. Während des ganzen Amerika-Aufenthaltes hatte sie körperlich gut durchgehalten, doch nach ihrer Ankunft in Paris erkrankte sie plötzlich. Am 7. Dezember schrieb sie:

Seit acht Tagen im Bett: zwei Konzerte verschoben, und ich fürchte, daß es mit dem Klavierabend am 19. in Genf nicht gutgehen wird, denn ich habe seit drei Wochen kein Klavier mehr angerührt und werde nach dieser Magengeschichte bestimmt nicht besonders in Form sein. Nichtsdestoweniger spiele ich vermutlich schon am 12. in Winterthur – aber mit Orchester, das strengt weniger an.

Tatsächlich war sie bald wieder auf dem Posten und spielte schon am 17. Dezember in Frankfurt das letzte Mozartkonzert unter Georg Solti. Am 27. Dezember schrieb sie im Zug von Paris nach Amsterdam:

Ich beginne morgen mit den Aufnahmen in Amsterdam, die bis zum 30. vorgesehen sind, danach werde ich vom 30. bis zum 2. Januar in Brüssel sein, dann wieder in Amsterdam und am 5. in Paris, wo ich am 12. und am 13. mit Orchester spiele.

Während ihres Amsterdamer Aufenthaltes spielte sie mit Grumiaux Beethovensonaten ein: vom 28. bis zum 30. Dezember die 7. und die 10., vom 2. bis zum 5. Januar die Sonaten Nr. 1, 4 und 5. Zwischen den beiden Aufnahmeterminen erhielt sie von ihrem «alten Freund und Bewunderer» Nikita Magaloff als Weihnachtsgeschenk die Kadenzen für das 13. Klavierkonzert in C-Dur (KV 415) von Mozart, die er für sie geschrieben hatte.

Und weiter ging's ohne Rast und Ruh: Innerhalb von zehn Monaten gab Clara mehr als siebzig Konzerte. Am 1. Februar schrieb sie aus Deutschland an Anne:

Ende der Tournee – schlecht organisiert, Hotels nicht vorbestellt usw. 14 Konzerte am laufenden Band. In Hamburg mit Keilberth – einfach wunderbar. Das Publikum war überall begeistert.

Klavierabende und Konzerte mit Orchester (insbesondere eine Tournee von neun Konzerten im März/April mit der Camerata Academica des Mozarteums und Bernhard Paumgartner) wechselten einander ab, dann folgten Sonatenabende mit Grumiaux.

Anfang Mai schrieb sie aus München:

Die Zahl der Konzerte wächst und mit ihnen meine Müdigkeit; wie sich der Sommer gestaltet, ist noch nicht zu übersehen, aber ich weiß, daß ich unbedingt Ferien brauche.

Und einige Tage später aus Wien:

Es grenzt fast an ein Wunder, aber die beiden Konzerte hier und jenes in München sind großartig verlaufen. Ich sage «Wunder», denn ich bin hier noch erschöpfter, bin mit dem Schlafwagen gekommen und habe schon am gleichen Morgen gespielt, dann am Abend, gestern abend ebenfalls, heute abend nochmals und morgen wieder. Krips ist außerordentlich charmant und schien begeistert zu sein – was mich aufrichtig freute . . .

Dienstag morgen reise ich mit dem Zug nach Paris und werde dann mit Grumiaux im Auto nach Grenoble und Valence fahren. Das sind Städte, die ich nie wieder besuchen werde – auch nicht ähnliche dieser Art. Ich will mich schließlich nicht umbringen, und man kann nicht überall zugleich sein! Im Sommer muß etwas geschehen, damit ich mehr Urlaub habe.

Wie sie mehrfach betonte, wurden «die Probleme immer zahlreicher und schwieriger». Und: «Ich fürchte, daß eines Tages alles zusammenkrachen wird.» Große Schwierigkeiten gab es in erster Linie wegen ihrer Schallplatten und wegen einer neuerlichen Amerika-Tournee. Zwar beschäftigte sich Michel Rossier mit diesen Problemen, aber Clara blieb dennoch davon nicht unberührt.

Aus Amsterdam, wo sie sich, aus London kommend, mit Grumiaux treffen wollte, schrieb sie am 28. Juni an Anne:

Unangenehmer Aufenthalt, lautes und schlecht geführtes Hotel: Ich muß trotzdem bis zum 9. Juli hierbleiben (sechs Konzerte) . . .

Das Konzert in London war ein Erfolg, die Kritiken sehr gut. Den Haydn wollte ich aufnehmen, aber ich bin bei keiner Plattenfirma mehr.

Sie hatte tatsächlich Schwierigkeiten mit der Firma Philips, an die sie noch immer vertraglich gebunden war, während

Mit Arthur Grumiaux am Klavier.

Auftritt in Montreux mit Paul Hindemith und dem Orchestre National de Paris, September 1957.

Mit Joseph Keilberth in Luzern, 16. August 1958.

zugleich Columbia in London sich um sie bemühte: dieselbe Columbia, die keinerlei Interesse für Clara gezeigt hatte, als Lipatti im Jahre 1949 sie dort einzuführen versuchte.

Der Vorschlag der Columbia war für Clara sehr verlockend, sowohl was die einzuspielenden Werke als auch die Wahl der Orchester und Dirigenten betraf. Zwar war Kubelik nicht dabei – sie hätten sich beide sehr gewünscht, sich in einem Aufnahmestudio wiederzusehen, und Kubelik hatte ihr im gleichen Sinne auch geschrieben: «... Sie wissen, daß die Konzerte mit Ihnen zu den schönsten musikalischen Ereignissen meines Lebens zählten» –, doch sollte Clara mit André Cluytens, Alceo Galliera, Carlo Maria Giulini, Karajan, Klecki, Klemperer und Sawallisch spielen ... und mit noch anderen, «die vielleicht für Fräulein Haskil weniger interessant sind».

Obwohl Philips schließlich doch einverstanden war, Clara an Columbia «auszuleihen», konnte nach Lage der Dinge nichts von dem realisiert werden, was ursprünglich vorgesehen war – eine Ausnahme bildete eine Schallplatte mit Géza Anda, auf welcher die Konzerte für zwei Klaviere von Bach und Mozart aufgenommen wurden. Daß die Aufnahmen bei Columbia nicht zustande kamen, ist, angesichts des Programms, das die englische Firma ins Auge gefaßt hatte, besonders bedauerlich:

Brahms: Variationen über ein Thema von Haydn und Walzer (mit Géza Anda).

Nächte in spanischen Gärten von Falla und das 2. Konzert von Chopin mit André Cluytens.

Bach: Konzert in f-Moll.

Mozart: Klavierkonzerte in C-Dur (Nr. 13 KV 415) und in c-Moll (KV 491).

Chopin: nach Claras Wahl.

Beethoven: Sonaten op. 14, op. 90 und op. 111.

Liebeslieder-Walzer von Brahms, mit Géza Anda, Elisabeth Schwarzkopf, Nicolai Gedda, Christa Ludwig und Dietrich Fischer-Diskau oder Eberhard Wächter.

Ein Übereinkommen wurde allerdings für Aufnahmen mit der Deutschen Grammophon-Gesellschaft getroffen:

Zwei Konzerte von Mozart (Nr. 19 und Nr. 27) mit Ferenc Fricsay, das Konzert Nr. 13 mit Rudolf Baumgartner sowie die Sonate in F-Dur und die Variationen in C-Dur (KV 265) «Ah, vous dirai-je, maman», ebenfalls von Mozart.

Was die Amerika-Tournee betrifft, so hatte man die «Sommerpläne» bereits aufgeben müssen, und das Winterprojekt, das eine Abreise Claras am 28. Dezember erforderlich gemacht hätte, schien an der unerklärlichen Verständnislosigkeit des amerikanischen Konzertagenten zu scheitern, der Clara einen «ungeheuer impertinenten Brief» geschickt hatte. Aus Amsterdam schrieb sie einer Freundin über ihr «amerikanisches Vorhaben»:

Ich sehe heute immer noch nicht klar. Allerdings hat mein Pariser Arzt verfügt, daß fünf Konzerte von siebenundzwanzig gestrichen werden müssen, so daß, bis auf Chicago–Boston, die großen Entfernungen ganz wegfallen und ich außerdem nicht das Flugzeug nehmen muß. Ob der Konzertagent mit diesen Änderungen einverstanden ist, bleibt abzuwarten. Vermutlich wird es Schwierigkeiten geben, denn er hat bereits geschrieben: «Wir bitten Sie, beiliegende Liste Fräulein Haskil zukommen zu lassen und ihr mitzuteilen, sie möge sich unverzüglich mit uns in Verbindung setzen, wenn ihr das Programm oder die Route, für deren Bewältigung auch Flugreisen nötig sind, nicht zusagen sollte. In diesem Falle würden wir uns unverzüglich nach einem geeigneten Ersatz umsehen.»

Eugène Istomin brachte die Angelegenheit zwar wieder ins reine, aber dann fiel Claras Tournee schließlich doch ins Wasser. Sie selbst sagte nur resigniert: «Auch gut, ich kann ja nichts dafür – natürlich kann man leicht jemanden finden, der mich ersetzt.» Außerdem hatte sie allein in Europa so viele Verpflichtungen, daß sie kaum wußte, wie sie «mit allem fertig werden sollte».

In Wirklichkeit fühlte sie wohl auch, daß sie mit ihren Kräften Raubbau trieb. In Holland hatte sie schon im Juni die Aufnahmearbeiten für eine neue Schallplatte bei Philips absagen müssen:

Was ich bei der ersten Aufnahme zu hören bekam, war die reinste Karikatur, und zwar keine gute, sondern eine ganz abscheuliche ... Ich habe die Sache sofort fallenlassen. Nun muß ich allerdings im September noch einmal hierherkommen, was recht unangenehm ist: die Fahrt, der Zeitverlust, die Anstrengung ...

Anfang August schrieb sie aus Salzburg, wo sie am 4. das Konzert für zwei Klaviere von Mozart mit Géza Anda spielte:

Ich bin todmüde. Ich habe im ganzen nur zehn bis zwölf Tage Ferien gehabt, und nach meiner Rückkehr in die Schweiz habe ich noch einmal zehn freie Tage vor mir, aber am 20. muß ich wegen drei verdammter Konzerte nach Edinburgh. Ich werde fliegen, obwohl ich es nicht mag, aber es geht schneller. Jeder sagt mir, ich müsse bei diesen Festspielen unbedingt dabeisein, doch dann komme ich überhaupt nicht zu meinen Ferien, und das macht mir Sorgen, wenn ich mir auch sonst wenig den Kopf zerbreche. Ich fühle, daß ich im Moment von der Substanz zehre, und weiß, daß ich eines Tages dafür werde bezahlen müssen ...

Nach einem kurzen Erholungsaufenthalt in einem Landhaus bei Cornaux trat Clara mit ihren Schwestern und Hélène die Reise nach Edinburgh an: «Gedrückte Stimmung», notierte Jeanne. Am 22. August schrieb Clara aus Schottland:

Das Konzert gestern mit Barbirolli hat ausgezeichnet geklappt. Aber morgen ist ein Konzert schon für elf Uhr vormittags angesetzt. Wie soll ich am hellichten Tag eine Schubertsonate spielen?! ...

Alle drei Konzerte (das letzte mit Eugène Jochum) ernteten wahre Beifallsstürme, und wenn auch die begeisterten Kritiken Claras Stimmung hoben, so konnten sie doch nicht ihre Müdigkeit verscheuchen. Am 27. August kehrte sie in die Schweiz zurück, am 1. September mußte sie in Luzern auftreten, wo sie bei den Festspielen Grumiaux traf. Kurz darauf war sie in Besançon. Von dort schrieb sie:

Die Konzerte in Edinburgh, in Luzern und in Besançon waren wunderbar, die Atmosphäre war herzlich und sympathisch, manchmal geradezu erhebend.

Bei den Festspielen in Montreux am 22. September spielte sie «Die vier Temperamente» von Paul Hindemith, die der Komponist persönlich dirigierte, und anschließend das Klavierkonzert in d-Moll von Mozart mit dem Orchestre National. Sie schrieb:

Alle Leute sagen, das Konzert in Montreux sei sehr gut gewesen, selbst meine Schwester Jeanne ist dieser Meinung, und sie gehört nicht zu denen, die leicht Feuer fangen. Ich selber kann nicht viel dazu sagen, ich glaube, daß ich gut gespielt habe, aber hätte ich mich am Radio gehört, so würde ich wahrscheinlich anders sprechen. Den Hindemith würde ich gern aufnehmen – aber ob er sich verkaufen läßt?

Vom 25. bis 30. September war Clara in Amsterdam, um zwei Beethovensonaten (op. 30, Nr. 1, und op. 47) einzuspielen. Dann fuhr sie wieder in die Schweiz, wo sie mehrere Konzerte gab. Am 4. Oktober schrieb ihr Cortot aus Lausanne:

Für uns sind die Rundfunkübertragungen Ihrer Konzerte immer ein Fest: Sie sind der benedeite Herold des Götterreiches der Musik . . .

Am 11. Oktober feierte Joseph Morpain seinen vierundachtzigsten Geburtstag. Clara schrieb ihm:

Lieber Herr Morpain!

Daß ich Ihre Stimme heute morgen am Telefon hören durfte, hat mich ein wenig darüber hinweggetröstet, nicht bei Ihnen zu sein, Ihren Geburtstag nicht im Kreise der Ihren mitfeiern zu können! Hätte ich nicht gestern in Zürich ein Konzert geben müssen und wäre nicht ein anderes für kommenden Montag vorgesehen, so wäre ich nach Paris gekommen, um Ihnen persönlich zu gratulieren, aber so war es nicht möglich. Außerdem bin ich im Moment wieder einmal gar nicht auf der Höhe. Ich komme Sie nach dem Konzert am 27. bei «Colonne» besuchen: ich fahre schon am 26. nach Paris und werde bis zum 30. bleiben. Am 1. November spiele ich in Genf. Ich bin also ständig unterwegs . . .

Am 27. Oktober 1957 spielte Clara das 3. Klavierkonzert von Beethoven bei den «Concerts Colonne» unter der Leitung von Georges Tzipine. Wieder drängte sich das Publikum vor dem Saal, wieder wurde es ein Triumph ohnegleichen.

Sollte es der letzte sein?

Die letzte Frist

(1958–1960)

Clara fuhr nicht nach Genf. Seit einiger Zeit schon fühlte sie sich nicht wohl, tagsüber war sie tief deprimiert, abends hatte sie Fieber. Ihr Pariser Arzt schien sich dennoch nicht weiter zu beunruhigen. So schleppte sie sich ein paar Tage mühsam mit Atembeschwerden herum und erkrankte dann plötzlich an einer Lungenentzündung, die um so gefährlicher war, als Clara sich wegen ihrer Lebensweise in den letzten Monaten und Jahren in einem Zustand der Erschöpfung befand und ihr Organismus keine Abwehrkräfte mehr hatte.

Etwa vier Wochen später, am 28. November 1957, schrieb sie an ihre Freundin Anne:

Ihr Sohn hat Ihnen sicher berichtet, daß er mich im «Cayré» besuchen wollte und daß ich ihn bitten mußte, nicht zu kommen, weil es mir nicht gut ging. Aber natürlich hatte ich nicht vermutet, daß ich einige Tage später am Rande des Grabes stehen würde. Ich hatte eine herdförmige Lungenverdichtung, ein Lungenflügel war stark angegriffen, der andere funktionierte nur schlecht. Mit einem Schlage verwandelte sich das Hotel in ein Bienenhaus, in meinem Zimmer gingen ein Röntgenologe, ein Herzspezialist und drei weitere Kapazitäten der Medizin ein und aus und beratschlagten mehr als eine Stunde, bevor sie wieder mit einem Rezept zu mir kamen. Sie sahen nicht besonders optimistisch drein. Als dann noch zwei riesige «Dinger» Sauerstoff in mein Zimmer geschoben wurden und verschiedene Laboratorien bemüht werden mußten, verwandelte sich das «Cayré» geradezu in ein Spital. Zum Glück kennt man mich hier schon seit langem . . .

Meine armen Schwestern, selbst kaum von einer Krankheit genesen, waren ein paar Tage hier. Es muß für sie die reinste Hölle gewesen sein. Ich war mir der Gefahr, in der ich schwebte, durchaus bewußt und machte kein Hehl daraus. Meine Schwe-

stern wollten mir aber meine Befürchtungen unbedingt ausreden. Harry B. war mir in dieser kritischen Zeit eine von der Vorsehung geschickte moralische Stütze.

An die dreizehn Konzerte, die abgesagt werden mußten, mag ich gar nicht denken. Von Amerika wird nun wohl nie mehr die Rede sein, und an künftige Konzerte glaube ich nicht mehr so recht ...

Es wird nicht leicht sein, Konzerte im Ausland zu organisieren, denn um mich zu schonen, müßte ich zwischen zwei Konzerten jeweils geraume Zeit ausspannen können, was längere Aufenthalte in den einzelnen Ländern bedingen würde. Allein schon das Reisen wird zum Problem werden, da mir Fliegen streng untersagt ist. Es scheint jetzt alles so schwierig, daß mir beim bloßen Gedanken an all die erschwerenden Umstände der Mut sinkt ...

Denn sie hatte nie auch nur für einen Moment in Erwägung gezogen, daß sie vielleicht nicht mehr spielen würde ... Ihre Freunde waren liebevoll um sie besorgt (Michel Rossier und seine Frau waren aus Vevey herbeigeeilt), die Ärzte bemühten sich weit mehr um sie, als es ihr Berufsethos verlangte, und ihre Schwestern ließen sie keinen Moment aus den Augen, was ihr manchmal auf die Nerven ging. Clara warnte sie denn auch: «Sollte ich eines Tages nicht mehr spielen können, tut ihr mir leid!»

Sie staunte über die zahllosen Freundschaftsbeweise, die sie erhielt: «Denn ich habe doch eine schwarze Seele», schrieb sie an Doreen, «eine lieblose Seele, die Deiner und anderer Menschen Zuneigung nicht würdig ist.» Und abschließend bemerkte sie: «Warum sich wohl das Talent gerade bei mir eingenistet hat?»

Am 10. Dezember wurde im «Journal Officiel» ihre Ernennung zum «Chevalier» der Ehrenlegion bekanntgegeben, eine Auszeichnung, die ihr dank den Bemühungen ihrer Freunde zuteil wurde. Der Orden, den sie mit der ihr eigenen vollendeten Dezenz trug, wurde ihr allerdings erst zehn Monate später, am 26. September 1958, von Monsieur Blot, dem französischen Konsul in Lausanne, anläßlich eines Abendessens offiziell überreicht. Bei dieser Feier waren ihre engsten Freunde anwesend, allen voran natürlich die Rossiers, Casals und die Chaplins ...

Mit der Zeit erholte sie sich wieder. Am 17. Dezember gab sie selbst zu, daß sie sich besser fühle, fügte aber sogleich hinzu:

Leider habe ich weder Lust noch Kraft, um auch nur das Klavier zu öffnen – das Instrument steht in meinem Zimmer –, und doch müßte ich es versuchen, denn nun sind es schon sieben Wochen, ja fast zwei Monate her, seit ich in diesem Hotelzimmer liege, wo ich beinahe in eine bessere Welt eingegangen wäre.

Der Arzt rät mir, für einen Monat nach Südfrankreich zu fahren, und nicht in die Schweiz, wo es um diese Jahreszeit sehr kalt ist. Doch ein Hotel, in dem man strenge Diät bekommt und ein Klavier im Zimmer hat, findet sich in Frankreich nicht so leicht! Übrigens haben sich die Amerikaner, die hier neben mir wohnen, über mein Klavierspiel beschwert, dabei pflegen sie bis zwei Uhr früh mit Flaschen und Gläsern zu klirren und lautschallend zu lachen ...

Allmählich begann sie wieder auszugehen. Weihnachten feierte sie mit ihren Schwestern und Hélène Stricker, die von Vevey gekommen war, in ihrem Hotelzimmer im «Cayré». Am 29. Dezember schrieb sie an Doreen:

Es geht mir viel besser. Ich komme wieder zu Kräften und bin sogar wieder etwas zuversichtlicher geworden ...

Trotzdem unterzeichnete sie den Brief mit «Deine Urgroßmutter Clara».

Sie blieb noch bis Ende Januar in Paris und kehrte dann in die Schweiz zurück, wo sie in Lilis Gesellschaft den ganzen Februar in Sierre verbrachte. Dort lernte sie den österreichischen Philosophen und Mozart-Freund Kastner kennen, der sie mit Frau Bodmer, einer großen Kunstliebhaberin, bekannt machte. Frau Bodmer bot Clara für den Sommer ganz spontan ein kleines, auf ihrem Besitztum in Coligny bei Genf gelegenes Haus an, das sie stets für ihre Freunde bereithielt. Clara schrieb ihr am 25. Februar 1958:

Ihr großzügiges Angebot, den Sommer in Ihrem Häuschen zu verbringen, hat mich tief berührt. Ich bin sicher, daß dieses Haus ein Paradies auf Erden ist, und ich freue mich, ihm mit Ihnen anläßlich meines Konzertes vom 23. Mai in Genf schon einen kurzen Besuch abstatten zu können. Natürlich ist das alles im Moment nur ein schöner Traum, denn es wäre verfrüht, jetzt schon darüber zu entscheiden. Ich hoffe aber von ganzem Herzen, daß etwas daraus wird – es wäre einfach herrlich. Da ich am 19. März in Paris spiele, werde ich mich bei meinem Arzt erkundigen, ob er noch eine besondere Kur mit mir vorhat ...

Clara sollte in Paris einen Klavierabend geben zugunsten der «Recherche médicale», einer unter der Leitung von Dr. Hamburger stehenden Forschungsgruppe, die sich mit neuen Behandlungsmethoden für Nierenleiden befaßte. Sie hatte schon zwei Jahre früher bei einem solchen Wohltätigkeitskonzert mitgewirkt, wobei es sich allerdings um ein Konzert mit Orchester gehandelt hatte. Clara hatte damals unter der Stabführung von André Cluytens ein Mozartkonzert gespielt. Diesmal war ein Klavierabend vorgesehen, was für sie weit anstrengender war. Am 19. Februar schrieb sie darüber an Joseph Morpain:

In weniger als einem Monat bin ich in Paris, wo ich am 19. März einen Klavierabend gebe. Ich bedaure nun nachträglich, mich auf dieses Datum festgelegt zu haben. Nach sechsmonatiger Pause macht es mir Sorgen, gleich in Paris zu beginnen oder wiederzubeginnen. Ich fürchte, dies ist ein wenig gewagt, es wäre doch mehr als schade, mir die so schwer erkämpfte Gunst des Publikums wieder zu verscherzen!

Gesundheitlich geht es mir gut, ich beginne allmählich wieder ein normales Leben zu führen, und wenn ich besser schlafen könnte, wäre wohl alles bald wieder in Ordnung.

Dank ihrer ungewöhnlichen Energie erholte sich Clara relativ rasch, und die Ärzte erlaubten ihr, die Konzerttätigkeit wiederaufzunehmen, unter der Bedingung, daß sie gewisse Vorsichtsmaßregeln einhalten und sich schonen würde. Aber Vorsichtsmaßregeln und Schonung paßten nicht in das Konzept von Claras amerikanischem Konzertagenten:

Diese Herren können einfach nicht verstehen, daß auch ein Künstler einmal krank werden kann – das darf es einfach nicht geben. Also schrieb er mir, daß er sich zu seinem großen Bedauern (nett von ihm!) meiner nicht mehr annehmen könne. Ich sei nicht robust genug für eine Konzerttournee. So ist das nun einmal!

Clara wollte sich aber gar nicht schonen, denn nach dem Konzert vom 19. März in Paris beabsichtigte sie am 22. und 23. in Wuppertal, am 24. in Dortmund und am 28. in Köln zu spielen. Nach ihrer Wiederherstellung schrieb sie aus Sierre an Doreen:

Gesundheitlich geht es mir jetzt wirklich gut. Ich bin ausgezeichnet in Form und habe keinerlei Beschwerden.

Doch als sie am 5. März nach Vevey zurückkehrte und die Konzerte, auf die sie sich wahrscheinlich zu intensiv vorbereitete, immer näher rückten, war es mit ihrem Optimismus wieder einmal vorbei. Am 14. März sollte ein Klavierabend in Pully bei Lausanne stattfinden, eine Art Feuerprobe vor Paris. Am 9. März schrieb Clara an ihre Freundin Anne einen Brief, dessen Schriftzüge ihre «gräßliche Müdigkeit» verraten:

Diese beiden Konzerte, vor allem das am 19. in Paris, machen mich ganz nervös. Ich gerate wegen jeder Bagatelle in Zorn und bin überaus lärmempfindlich. Die Krankheit wirkt psychisch und künstlerisch nach.

Nicht einmal das Anhören ihrer beiden neuesten Schallplatten vermochte ihre Stimmung zu heben, obschon sie darüber an Röntgen schrieb:

Sollten Sie Gelegenheit haben, sich meine soeben bei der Deutschen Grammophon herausgekommenen Platten anzuhören – zwei Mozartkonzerte mit Fricsay –, würde mich das sehr freuen. Dies ist nun endlich eine – zumindest zu achtzig Prozent – gute Platte von mir.

Und an Joseph Morpain:

Soeben habe ich mir meine Platte – das Klavierkonzert in Es-Dur von Mozart, mit Fricsay – angehört, und ausnahmsweise hat sie mir gefallen. Abgesehen von einigen völlig belanglosen Kleinigkeiten möchte ich diese Platte als gelungen bezeichnen.

Obschon der Klavierabend in Pully ein voller Erfolg war (in der durchwegs begeisterten Kritik wurde allerdings festgehalten, daß die offenbar völlig erschöpfte Künstlerin trotz endloser Beifallsstürme nur eine einzige Zugabe gespielt habe), schrieb Clara, kaum in Paris angekommen, an Joseph Morpain: «Der Gedanke an Mittwoch macht mich jetzt schon ganz krank . . .»

Am 18. suchte Clara ihren Arzt auf, und am 19. spielte sie vor dem überfüllten Saal des Champs-Elysée-Theaters. Ihr Programm war anstrengend: zwei Beethoven-Sonaten (darunter op. 111), die Sonate B-Dur op. posth. von Schubert und die Abegg-Variationen von Schumann.

Als sie das Podium verließ, war sie totenblaß und völlig am Ende ihrer Kräfte. Sie konnte kaum noch atmen. «Ich fürchtete, ich würde es nicht überleben», gestand sie. «Wäre es nicht ein Konzert zugunsten der medizinischen Forschung gewesen», schrieb sie später, «hätte ich nach der Pause aufgegeben.»

Wenn das Publikum auch im großen und ganzen nichts von Claras dramatischem Kampf mit sich selbst bemerkt hatte (ihr Spiel blieb sich stets gleich), Dr. Hamburger war er nicht entgangen, und er hatte das Schlimmste befürchtet...

Am nächstfolgenden Tag sollte Clara sich völlige Ruhe gönnen, doch sie fühlte sich gar nicht wohl. Die eiligst herbeigerufenen Ärzte zeigten sich über den Zustand ihres Herzens besorgt. Es wurde ein Elektrokardiogramm erstellt, aufgrund dessen die Ärzte unverzüglich den Herzspezialisten Professor Lenègre zu Rate zogen. Bald standen vier prominente Vertreter der französischen Ärzteschaft an ihrem Krankenlager – sie war nur knapp dem Tode entronnen. Da im Moment in keiner entsprechenden Klinik ein Platz frei war, kam man überein, sie vorderhand wiederum im «Cayré» unter der Obhut von Dr. Hamburger und seines Assistenten Dr. Antoine unterzubringen, wo die beiden Ärzte sie täglich oder wenn nötig mehrmals am Tag aufsuchen würden. Am 27. März schrieb Clara an Anne:

Als ich wegen des Konzertes zugunsten der medizinischen Forschung nach Paris zurückkehrte, hätte ich mir nicht träumen lassen, daß ich mich hier erneut für zwei oder drei Wochen ins Bett legen müßte! Genau das ist aber leider passiert. Der Klavierabend ist sehr gut verlaufen, der Saal war zum Brechen voll, die Einnahmen bestens, auch der Erfolg, aber das Konzert hat mich entsetzlich angestrengt, und ich habe der Atemnot wegen einen schrecklichen Kampf durchgestanden. Ich bekam einfach keine Luft mehr, und da wird das Spielen zur Qual.

Eigentlich hätte ich Montag wieder in die Schweiz zurückfahren sollen. Der Arzt wollte vorher vorsichtshalber noch ein neues Elektrokardiogramm machen, worauf dann gleich ein Herzspezialist zugezogen wurde, ein ganz großes Tier. Eine von vier Ärzten unterzeichnete Verordnung verschreibt mir nun absolute Bettruhe und andere liebliche Dinge, wie Cortancyl, Penizillin, Diät usw.

Angeblich besteht Gefahr, daß sich in einer Arterie ein Pfropfen bilde, was – nach Ansicht des als erster zugezogenen Herz-

spezialisten – «ganz idiotisch» wäre. Dies bedeutet offenbar soviel wie: «Wenn Sie so weitermachen wollen, sind Sie ein Dummkopf.» So habe ich es jedenfalls verstanden.

Aber wie dem auch sei, ich habe die acht Konzerte bis Ende April abgesagt und werde wohl auch diejenigen im Mai annullieren müssen. Man geht ja hübsch dosiert vor. Auf keinen Fall wird man mir erlauben, die vier Konzerte in Wien und die weiteren vier Konzerte in der Schweiz (zwischen dem 13. und dem 23. Mai) zu geben. Außerdem werden die nach einem Konzert geplante Reise von Wien nach Basel (am 4.), die Proben und das Konzert in Basel ins Wasser fallen – das steht ein für allemal fest. Und danach . . . Liebe Anne, Sie, die so feinfühlig, so gebildet, so klug und künstlerisch begabt –, mit einem Wort: ein außergewöhnlicher Mensch sind, sagen Sie mir, was aus mir werden soll, wenn ich nur noch ein- bis zweimal jährlich öffentlich auftreten darf? Ich habe nichts anderes anzubieten, Klavierunterricht zu erteilen ist mir zuwider, und ich habe auch gar kein Talent dazu. Ich lese nur wenig, weil es meine Augen zu sehr anstrengt. Was bleibt mir also? Ich werde kaum den Mut aufbringen, bei mir zu Hause zu musizieren und für mich selbst zu arbeiten. Was soll ich denn mit meinem Leben anfangen? Etwa von einem Museum ins andere laufen, um die Zeit totzuschlagen?

Außer meiner Musik vermag ich den Menschen nichts zu geben. Selbstverständlich bin ich meinen Freunden von Herzen zugetan, aber sie haben alle ihre Familie, ihren Beruf und ihre Beschäftigungen, das ist ganz natürlich. Was soll ich also noch auf dieser Welt? . . . Und wozu das alles? . . .

Das Cortancyl scheint die Eigenschaft zu haben, apathische Menschen noch apathischer und nervöse Menschen (wie mich) noch nervöser zu machen! Und meine Nerven gehen schon ganz schön mit mir durch!

Am nächsten Tag kam Michel Rossier auf einen Sprung nach Paris. Er sprach ihr Mut zu, tröstete sie – sie machte sich auch Sorgen über ihre materielle Zukunft: Wovon sollte sie leben, wenn sie wiederum nichts mehr verdiente? Er beruhigte sie und versicherte ihr, daß genug Geld vorhanden sei, um der Zukunft unbesorgt entgegenzusehen . . . Hélène Stricker kam ebenfalls aus Vevey angereist, und auch andere Freunde besuchten Clara. Aber sie ermüdete sehr rasch, die Besuche strengten sie an. Doch ihre Stimmung war besser, als man befürchtet hatte. Am 16. April schrieb sie:

Ich muß immer noch das Bett hüten. Dazu mache ich meine ersten Gehversuche zwischen Bett und Stuhl. Das ist noch nicht sehr viel, aber alles zu seiner Zeit. Diese beiden Krankheiten haben mich wenigstens Geduld gelehrt. Mit Erstaunen stelle ich fest, daß die Zeit auch vergeht, wenn man seine Tage mit Nichtstun verbringt. Ich lese ein bißchen und bekomme hin und wieder Besuch. Das ist alles.

Einer ihrer treuen Freunde, der ihre Liebe zu Tieren, insbesondere zu Katzen kannte, brachte ihr eines Tages ein Kätzchen mit, das auf den Namen «Jérôme» getauft wurde. Jérôme nahm bald einen bedeutenden Platz in Claras Leben ein. Er wurde ihr steter Begleiter – er soll sehr «musikliebend» gewesen sein – und zog mit ihr nach Vevey, als sie wieder in die Schweiz zurückkehren konnte. In den langen Wochen ihres Krankenlagers bedeutete Jérôme für sie eine höchst willkommene Zerstreuung, er war ein drolliger Spielgefährte, voll ansteckender Lebensfreude und Unternehmungslust – für Clara eine wahre Wohltat.

Von Gérard Bauer, der sie von den Luzerner Musikfestwochen her kannte, erhielt sie eine Reihe aufmunternder Briefe:

Die Gesundheit und das Talent erfordern oft sehr viel Geduld. Wer das nie am eigenen Leibe erfahren hat, weiß nicht, mit welch hohem Preis wir manchmal unser Auftreten in der Öffentlichkeit, unsere scheinbar so mühelosen Darbietungen erkaufen müssen . . .

Clara bewies wirklich erstaunlich viel Langmut in ihrem Zimmer im «Cayré». Dabei hatte sie noch wenige Monate zuvor bekannt:

Ich reise viel umher und konstatiere immer häufiger, daß diese unruhige Lebensweise meiner innersten Natur weit besser entspricht als Ruhe und Beschaulichkeit. Sobald ich keine Konzerte oder Konzertpläne im Auge habe, weiß ich nichts mit mir anzufangen!

Daß Clara in dieser Zeit der Rekonvaleszenz keineswegs ihren Sinn für Humor verloren hatte, bezeugt eine kleine Geschichte, die sie damals in einem ihrer Briefe erzählte:

Da kriegt einer die Tollwut und läßt einen Arzt kommen. Der Arzt sagt betrübt: «Es ist leider zu spät!» Darauf bittet der

Kranke um ein Blatt Papier und beginnt zu schreiben. «Sie machen sicher Ihr Testament?» fragte man ihn. «O nein», erwiderte er, «ich stelle die Liste der Leute zusammen, die ich noch beißen will!» – Ist das nicht köstlich?

Clara unterhielt während dieser Zeit unfreiwilliger Muße mit Freunden und Bekannten einen regen Briefwechsel. Sie erhielt auch von allen Seiten immer wieder aufrichtige Beweise der Freundschaft und Anteilnahme. Cortot schrieb ihr:

Ich möchte Ihnen nur sagen, wie häufig wir Ihrer herzlich gedacht haben in all diesen Wochen, die für Sie eine erzwungene, aber notwendige Ruhepause bedeuteten, damit Sie mit Ihrer Konzerttätigkeit fortfahren können, in deren Verlauf Sie uns bei jedem Auftreten erneut den Beweis Ihrer genialen Begabung erbrachten.

Kolleginnen wie Youra oder Monique Haas kamen ins «Cayré», um Clara vorzuspielen, und selbst der hochbetagte Joseph Morpain ließ es sich nicht nehmen, Clara zu besuchen. Zweifellos hatte Clara stets einen Unterschied gemacht «zwischen denen, die uns bewundern und Blumen zuwerfen, und denen, die uns wirklich zugetan sind», doch fragte sie sich immer wieder, wodurch sie denn die Freundschaft solch außergewöhnlicher Menschen verdient hätte, denn «ich finde nichts an mir, was ihre Zuneigung rechtfertigen könnte».

Am 5. Mai schrieb Clara an Anne:

Ich muß Ihnen eiligst eine gute Nachricht übermitteln, auf die ich selbst bald nicht mehr zu hoffen wagte. Der von meinen Ärzten zugezogene Herzspezialist hat mir versichert, daß ich im September wieder Konzerte geben und in etwa zwei Wochen wieder in die Schweiz zurückkehren könne.

Obschon sie in diesem Zusammenhang selbst von einer ihr vergönnten «Gnadenfrist» sprach, schmiedete sie sofort wieder Pläne:

Am 16. August möchte ich mit Géza Anda in Luzern spielen, obschon dies nicht ganz der ärztlichen Vorschrift entspräche. Aber in meinen Augen stellt dies keinen wesentlichen Verstoß gegen das Machtwort des Arztes dar – es wäre ja nur zwei Wochen vor September. Man könnte sich keine bessere Gelegenheit wünschen, um ohne allzu große Ermüdung den Kontakt mit dem Publikum wiederaufzunehmen.

Und ein wenig später:

1959 werde ich hauptsächlich Klavierkonzerte spielen und keine Solistenabende geben – und alles in einem gemäßigten Rhythmus. Falls ich nachher noch am Leben bin, werden wir weitersehen. Ich will nicht vorgreifen . . .

Aber ihr Klavier hatte sie noch immer nicht angerührt. Am 25. Mai verließ sie zusammen mit Lili und Kater Jérôme Paris. Chaplin hatte ihr seinen Wagen geschickt. So fuhr sie nach Vevey zurück, nach ihrem Vevey, «wo Milch und Nestlé fließen», wie Gérard Bauer ironisch meinte. Sie hatte Mühe, sich wieder einzuleben. Am 18. Juni schrieb sie an Joseph Morpain:

Eine Art Nonchalance hat sich meiner bemächtigt, der ich mich nur schwer entziehen kann. Raffe ich mich aber endlich einmal auf, falle ich gleich ins andere Extrem und tyrannisiere meine arme und sanfte Schwester mit meinen Wutanfällen. Sie sehen also, was aus mir geworden ist! Am Klavier bin ich auch nicht mehr viel wert, nur daß ich es etwas nachsichtiger behandle. Sonst ist alles beim alten, jeder Wetterumschlag – und solche sind in der Schweiz recht häufig – macht mir zu schaffen, vor allem habe ich Atembeschwerden.

Und an Röntgen:

Das Konzert in Luzern müßte eigentlich stattfinden können, aber es fehlt mir an Selbstvertrauen, nachdem ich fünfzig Konzerte absagen mußte und mein Talent und meine Kunst sich in nichts aufgelöst zu haben scheinen. Seit Jahren habe ich dies befürchtet und mir gesagt, daß ich mein Leben dereinst als Putzfrau fristen müßte. Doch jetzt bin ich selbst dazu zu alt und zu schwach. Wie Sie sehen, werde ich von Tag zu Tag optimistischer . . .

Doch am 10. Juli schrieb sie an Morpain:

Gesundheitlich geht es mir bedeutend besser, ich hoffe nur, daß es anhält. Das Klavierspielen läßt allerdings immer noch sehr zu wünschen übrig, aber das Gegenteil wäre erstaunlich, denn ich arbeite nicht genug. Es fehlt mir immer noch an der nötigen Energie, ich fühle mich oft so schläfrig (so wie damals bei Fauré . . .).

Jérôme Haskil entwickelt sich prächtig, vor allem ist er sehr frech geworden. Er kann aber gleich wieder ungemein zutraulich sein, und dann sind wir ihm alle zu Diensten und können uns nicht genugtun, ihm unsere Ergebenheit zu beweisen.

Clara hielt lange Zeit vergeblich Ausschau nach einem ruhigen, schattigen, in mittlerer Höhe gelegenen Ort, wo sie den Sommer verbringen könnte. Schließlich kam sie auf Frau Bodmers Angebot zurück und fuhr Mitte Juli nach Cologny . . .

. . . in ein kleines Haus, inmitten eines Parks, der an Versailles erinnert (nur etwas kleiner), wo man ohne die geringste Ermüdung im Schatten lange Spaziergänge machen kann. Es ist geradezug märchenhaft, und daß auch meine Schwestern und eine Freundin da sind, grenzt fast an ein Wunder. Ich habe ein Klavier und bei Bodmers in einem riesigen, sehr kühlen Raum einen Flügel zur Verfügung, an dem ich meine Nachmittage verbringe. Wenn ich bedenke, daß ich vor sechs Monaten Frau Bodmer noch gar nicht kannte, scheint mir das ebenfalls eine wunderbare Fügung. Sollte dieser Sommer mir nicht gut bekommen, wird mir überhaupt nichts mehr guttun, denn schönere Ferien kann man sich nicht vorstellen. Für meine Schwestern, die den ganzen Tag in der Küche hantieren müssen, ist es nicht ganz das gleiche. Ich bedaure, keine Haushälterin engagiert zu haben. Es kommt mir manchmal vor, als ließe ich mich von Sklaven bedienen und spielte die Frau Baronin . . .

Im Grunde ging Clara das Übermaß an Pflege und Fürsorge seitens ihrer Schwestern manchmal etwas auf die Nerven und verdarb ihr die gute Laune. Am liebsten hatte sie nach wie vor junge Menschen um sich. Während ihres Aufenthaltes in Cologny waren die Kinder des Hauses oft bei ihr zu Gast, hörten ihr stundenlang beim Klavierspielen zu oder blieben zum Essen. Es kamen auch viele Freunde zu Besuch, die Krips, die Magaloffs, die Röntgens, die Rossiers und andere. Am 4. August meinte sie in einem ihrer Briefe:

Ich bin so schrecklich träge und nachlässig geworden, und nichts vermag mich aus meiner Apathie herauszulocken, nicht einmal das Konzert in Luzern, das von Tag zu Tag näherrückt! Falls ich in der gleichen schläfrigen Art spiele, werde ich einen «neuen Mozart-Stil» kreieren . . . Zum Glück scheinen meine Finger wieder etwas beweglicher zu werden, so daß – hoffe ich – doch alles gutgehen wird.

Sie spielte tatsächlich am 16. August mit Géza Anda unter der Leitung von Joseph Keilberth das Konzert für zwei Klaviere von Mozart und bemerkte, sichtlich erleichtert, einige Tage später dazu:

Das Konzert in Luzern war ein großer Erfolg. Ich fühlte mich nach meinem Auftreten nicht müder als vor dem Konzert. Das letzte Elektrokardiogramm war übrigens ausgezeichnet, hoffen wir, daß ich im Jahre 1959 weder Sauerstoffbomben noch Ärzte brauchen werde, um mir die Zeit zu vertreiben.

Mit Keilberth, den ich sehr gern mag und dem offenbar gefällt, was ich mache, ist für den 11. Mai 1959 in Hamburg ein Konzert (mit dem 2. Klavierkonzert von Beethoven) vereinbart worden.

Nach fünfmonatiger Pause begann sie also wieder, Pläne zu schmieden und Engagements für die nahe und ferne Zukunft zu unterzeichnen. Am 20. August war sie erneut in Cologny und schrieb von dort an Anne:

Für München ist ein Konzert mit dem Kammerorchester festgesetzt. Ich weiß noch nicht, welcher Dirigent es leiten wird. Mein Programm für die Saison 1958/59 scheint für eine so zarte Blume wie mich nicht allzu erdrückend:

1958:	*12. September*	*Brüssel – Grumiaux*
	30. September	*Vevey – Ungarisches Streichquartett*
	5. Oktober	*Vevey – Ungarisches Streichquartett*
	12. Oktober	*Paris – Lamoureux – Mozart KV 595*
	21. Oktober	*München – Mozart KV 459*
	10. bis 11. November	*Zürich – Mozart KV 595*
	3., 4. und 5. Dezember	*Wien (Galliera) – Mozart KV 595*
1959:	*11. Januar*	*Paris – Société des Concerts – Mozart KV 595*
	25. Januar	*Zürich (Rundfunk) – 4. Klavierkonzert von Beethoven*
	11. März	*Rom (Galliera)*
	3., 6. und 9. April	*London (Philharmonia, Klemperer) – Mozart KV 466, KV 595, KV 488.*

ROYAL FESTIVAL HALL
Philharmonia Concert Society Ltd.
Artistic Director: WALTER LEGGE
PHILHARMONIA ORCHESTRA
Leader: HUGH BEAN
Carlo Maria
SUNDAY 7th JUNE at 7.30pm
TCHAIKOVSKY:
Symphony No.6 in B minor, Pathétique
CHOPIN: Piano Concerto No.2 in F minor
STRAVINSKY: Suite: The Firebird
CLARA HASKIL
Tickets: 21/- 15/- 10/6 7/6 5/-

London, 1959.

Mit Isaac Stern, Mme. Michel Rossier, Henryk Szeryng und Michel Rossier (von links nach rechts).

Links: Mit Hélène Stricker in Vevey, September 1960.

Mit ihren Schwestern Lili und Jeanne, Vevey, September 1960.

Ich werde noch bis zum 10. September hierbleiben – es ist einfach wie im Paradies. Ich arbeite Brahms für eine eventuelle Plattenaufnahme. Die «Variationen über ein Thema von Händel» eignen sich zwar trotz ihrer Schönheit kaum für den Verkauf. Leider gilt dies für mein ganzes Repertoire, mit Ausnahme von Mozart. In Österreich wurde von einer meiner Platten (der Künstler wird nicht erwähnt) nur ein einziges Stück verkauft. Da kann man nur resignieren.

Ich hoffe, daß Sie sich nicht allzusehr mit den verwünschten Haushaltsorgen plagen. Mir macht Schmutz nichts aus, wenn ich selber sauber bin und mein Bett mit niemandem teilen muß!

Das Publikum war von ihr wieder hell begeistert, die Kritiken voll überschwenglichen Lobs, ihre pianistischen Fähigkeiten hatten nicht gelitten, sie spielte so hinreißend wie eh und je. Aber mit ihren Kräften mußte sie jetzt sehr haushälterisch umgehen, sie ermüdete rasch und blieb äußerst anfällig: «Nach einem Mozartkonzert kann ich leider keine Zugabe mehr spielen», gestand sie, «es ist einfach zu anstrengend für mich.» Und am 19. Oktober schrieb sie an Röntgen:

Ich fühle mich schon wieder nicht sonderlich wohl, ich bin erkältet und habe etwas Fieber. Ich mußte das Konzert von übermorgen in München absagen . . . Wenn das gleich so beginnt, nachdem ich das ganze Jahr über nichts getan habe, was läßt sich dann von der Zukunft erwarten? Stehe ich am Anfang des Endes? Ich möchte meine Tage nicht im Altersheim beschließen . . .

Philips hatte seine Aufnahmeleiter von Wien nach Zürich geschickt, wo ich mit Grumiaux Mozart spielen sollte. Zuerst hatte ich ein ganz unmögliches Klavier, dann waren wir in einem Saal, wo die Akustik nichts taugte. Schließlich haben die Herren alles wieder eingepackt und sind mit dem nächsten Flugzeug nach Wien zurückgekehrt.

Die erwähnte Erkältung hatte keine schlimmen Folgen, Clara erholte sich schnell. Sie fühlte sich zwar «alt und apathisch», legte aber überraschend viel Energie an den Tag.

Jeder ihrer Auftritte rief von nun an beim Publikum, das sie sehr bewunderte, Besorgnis hervor. Die beiden schweren Krankheiten, die sie durchgemacht hatte, waren nicht spurlos an ihr vorbeigegangen. Seit jeher von zarter Konstitution, ging sie nun ganz gebeugt, wie erdrückt von der Last der Leiden, mit denen sie zu kämpfen gehabt hatte. Mit ihrem blassen, von silbergrauen Haaren umrahmten Gesicht und ihrem unsicheren Gang erweckte sie den Eindruck, physisch und seelisch am Ende ihrer Kräfte zu sein. Sie bewegte sich nur mit kleinen Schritten vorwärts, und auf ihren feinen Zügen schien sich alle Traurigkeit der Welt zu spiegeln. Angesichts ihrer beängstigenden Zerbrechlichkeit hielt das frenetisch klatschende Publikum wie gebannt den Atem an, wenn sie auf der Bühne erschien. Würde sie es bis zum Flügel schaffen? Endlich setzte sie sich, den Kopf tief über die Tasten gebeugt, sie schien völlig abwesend, ganz in sich versunken. Und die Angst im Saal war in der unheimlichen Stille fast körperlich spürbar. Clara entging das nicht. Sie meinte einmal zu einem ihrer Ärzte: «Die Zuhörer sind so erleichtert, weil ich bis zum Schluß durchgehalten habe, daß sie mir stürmisch zujubeln!»

Doch sobald ihre Finger, die ihre ganze Jugendlichkeit bewahrt hatten, die Tasten berührten, war Clara wie verwandelt. Der schmerzerfüllte Ausdruck war aus ihrem Gesicht wie weggewischt, die Angst im Publikum verflogen. Lauter, sich über alles erhebend, fast übermenschlich vollzog sich nun das Wunder der Musik. Jeder im Saale – von der Interpretin bis zum Zuhörer in der hintersten Reihe – fühlte sich in eine andere Welt entrückt, in ein Reich jenseits von Raum und Zeit, von Leben und Tod. Claras Haltung am Klavier war beispielhaft: keine unnütze Gebärde, keine Mimik, keine effektvollen Kopfbewegungen, nur eine natürliche Würde, frei von jeglicher Pose ...

Hatte sie ihr Spiel beendet, brauchten die Zuhörer im Saal ein paar Sekunden, bis sie auf die Erde zurückfanden, um dann in tosende Beifallsstürme auszubrechen, voll Freude und Dankbarkeit für diese Entführung ins Land der reinen Schönheit, für die die zarte Frau am Flügel – wie jeder spürte – all ihre Kräfte hergegeben hatte. Nein, diese Ovationen galten nicht diesem «Durchhalten bis zum Schluß», von dem Clara gesprochen hatte, sondern der begnadeten Künstlerin, die, wie einst die Fee im Märchen unserer Kindheit, dem Zuhörer ein Zauberreich erschlossen hatte ...

Clara selbst benötigte ebenfalls Zeit, bis sie sich wieder ganz gefaßt hatte. Inmitten der Bravo-Rufe wandte sie sich langsam dem Publikum zu, mit einem erstaunten, ungläubigen Blick, in dem noch der Glanz ferner Bilder lag. Dann lächelte sie leise, stand auf, dankte linkisch und verschwand langsam hinter den Kulissen, noch schmächtiger, schien es, als sie gekommen war, während der Beifall weitertobte und lange nicht zur Ruhe kam ...

Je hinfälliger Clara wurde, desto demonstrativer bekundete das Publikum ihr seine Bewunderung. «Warum jetzt?» dachte sie, «ich spiele doch nicht besser als vor dreißig Jahren!» Aber die Atmosphäre der Freundschaft und Zuneigung, für die sie so empfänglich war, tat ihr wohl, und sie blühte auf. Jedes ihrer Konzerte wurde zu einem besonderen Ereignis, und je seltener sie spielte, desto größere Bedeutung maß man ihrem Auftreten zu. Da sie mit ihren Körperkräften sparsam umgehen mußte, verfeinerte sie ihr Spiel immer mehr, dosierte die Klangnuancen mit unnachahmlicher Meisterschaft, ging manchmal fast zu einem Flüsterton über, um danach den gewünschten Kontrast zu erzielen. Der Schweizer Kritiker und Musikwissenschaftler Aloys Moser faßte später einmal seine Eindrücke wie folgt zusammen:

Clara Haskils stark angegriffene Gesundheit zwang die Künstlerin, ihre Kräfte zu schonen und sich gewisser Kunstgriffe zu bedienen, um dieses Manko zu kompensieren. Da sie ihrem Spiel nicht die Klangfülle zu verleihen vermochte, die ein Pianist im Vollbesitz seiner physischen Kräfte dem Instrument mühelos entlockt, gestaltete sie die dynamischen Schattierungen so methodisch und virtuos, daß der unvoreingenommene Zuhörer vermeinte, die vom Komponisten gewollte Tonstärke tatsächlich vernommen zu haben.

Angesichts dieses Kräftemangels, den sie nicht vollends zu verbergen vermochte, wählte Clara Haskil Werke aus, in denen sie ihren außergewöhnlichen Sinn für Nuancen und die Differenziertheit ihres perlenden Anschlags besonders gut zur Geltung bringen konnte.

Clara hatte sich immer von andern Pianisten unterschieden, jetzt aber war sie ganz anders, einmalig – im wahrsten Sinne des Wortes –, eine inspirierte Inkarnation der Musik. «Niemand vermag dem Klavier so herrliche Töne zu entlocken wie sie», schrieb ein englischer Kritiker, und einer seiner belgischen Kollegen meinte: «Clara Haskil ist nur eine Erscheinung; sie schenkt uns sich selbst und entschwindet dann wieder. Was zurückbleibt, ist der Eindruck von etwas Leuchtendem, einem undurchdringlichen Geheimnis . . .» Solche Äußerungen waren nichts Neues – manche hatten dies schon seit vierzig Jahren über Clara gesagt oder geschrieben. Warum nur hatte das Publikum dies nicht früher begriffen, als Clara noch im «Vollbesitz ihrer körperlichen Kräfte» gewesen war? . . . Clara war sich selbst doch in allem stets gleichgeblieben, genial, schlicht und bescheiden, nur daß sie sich jetzt weniger aufregte und etwas gelassener und nachsichtiger mit sich selbst geworden war. Eine kleine Unebenheit bei einem Konzert nahm nun nicht mehr die Ausmaße einer Katastrophe an, wie dies früher oft der Fall gewesen war. Am 26. November schrieb sie aus Vevey:

Ich habe hier Anfang Oktober zwei Konzerte mit dem Ungarischen Streichquartett gegeben, dann spielte ich in Paris Mozarts Konzert in Es-Dur, unter der Leitung von Markevitch, und am 10. und 11. November dasselbe Konzert unter Rosbaud in Zürich. Alles hat ausgezeichnet geklappt, der erste Abend in Zürich soll geradezu sensationell gewesen sein. Ich fand ihn selber hervorragend. Das für den 21. Oktober in München vorgesehene Konzert ist auf den 16. Dezember verschoben worden . . .

Während der letzten beiden Tage habe ich in Basel mit Grumiaux vier Sonaten von Mozart (KV 301, KV 304, KV 376 und KV 378) für Plattenaufnahmen gespielt, und Montag fahre ich nach Wien, wo ich für drei Klavierkonzerte zugesagt habe. Am 6. bin ich dann wieder für ein paar Tage in Zürich.

Das Jahresende verbrachte Clara in Vevey. Gesundheitlich ging es ihr nicht sehr gut, was auch ihre Stimmung trübte. Obwohl sie nicht ernstlich krank wurde, mußte sie doch das Konzert am 11. Januar in Paris absagen. Sie spielte nicht mehr so häufig wie früher, trat aber im Laufe des Jahres 1959 doch fast vierzigmal öffentlich auf, vor allem in Mozartkonzerten – unter Otto Klemperer, Charles Münch, Constantin Silvestri, Carlo-Maria Giulini, Colin Davis, Joseph Keilberth, Roberto Benzi und anderen. Außerdem gab sie eine Reihe von Sonatenabenden mit Grumiaux, nur die Klavierabende wurden immer seltener. Jedes Mal spielte sie vor ausverkauftem Haus.

Für ein Konzert in Cannes hatte Gérard Bauer ein Programm zusammengestellt, das ein Mozartkonzert mit Clara zum Mittelpunkt hatte.

Er schrieb ihr am 2. Februar 1959:

Das Konzert wird sehr schön sein, weil Sie hier sind; es gestaltet sich nun wie folgt:

Johann Christian Bach: Sinfonia
Mozart: Klavierkonzert in d-Moll
Mozart: Ouvertüre zur «Entführung aus dem Serail»
Vivaldi: Der Winter (Auszug aus den «Vier Jahreszeiten»)
Rossini: Ouvertüre zur «Gazza Ladra»

In meiner Einführung, die etwa eine Viertelstunde dauern wird, möchte ich zunächst den italienischen Einfluß auf die deutschen Komponisten und anschließend den sehr beachtlichen deutschen Einfluß auf einen Italiener aufzeigen, um zu guter Letzt einen hundertprozentigen Italiener, nämlich Rossini, vorzustellen.

Einige Tage vor dem Konzert, das am 12. Februar stattfinden sollte und Clara sehr zuzusagen schien, schrieb Bauer ihr erneut:

Da ich ein ungewöhnliches Programm zusammengestellt habe, ergeben sich einige Schwierigkeiten, besonders wegen der «Sinfonia» von Johann Christian Bach, die sonst kaum je gespielt wird und die ganz herrlich ist. Ich lege großen Wert auf dieses Werk, weil dieser jüngste Sohn Johann Sebastians den achtjährigen Mozart in London empfangen und mit ihm zusammen viel improvisiert hat. Es tauchen immer Probleme auf, wenn man einmal aus der Routine ausbrechen will und bei der getroffenen Auswahl eine gewisse, wenn auch noch so bescheidene Eigenwilligkeit an den Tag legt . . .

Aber ich gebe die Hoffnung nicht auf, daß dieses Konzert schließlich doch so gestaltet werden kann, wie wir beide uns das wünschen. Leider ist der Flügel ein Gaveau. Als ich darauf hinwies, daß Sie im allgemeinen nicht auf einem Gaveau spielen und daß auch ich dafür keine Vorliebe habe, machte man geltend, Kempff, Samson François und alle großen Solisten hätten immer auf diesem Gaveau gespielt. Bazire, der Dirigent, ist jung, hochmusikalisch, sehr sorgfältig und hell begeistert, mit Ihnen spielen zu dürfen. Ich habe ihm gesagt, daß das ganz große Talent immer mit Einfachheit gepaart ist – was sich bei Ihnen voll bewahrheitet. Sie verlangen stets Vollkommenheit, aber sie tun es mit Wohlwollen.

Dies wäre also das Bild unseres gemeinsamen Abends. Ich freue mich darauf und werde versuchen, den Leuten im Saal, ob jung oder alt, in einer Viertelstunde klarzumachen, warum ich mich darauf freue.

Bis Dienstag, liebe Freundin. Ich umarme Sie herzlich.

Einige Tage später spielte Clara anläßlich des 25. Gründungstages des Orchestre National das Klavierkonzert in F-Dur von Mozart unter der Leitung von Constantin Silvestri. Im «Figaro» schloß Clarendon seine Kritik mit den Worten:

Clara Haskil übermittelt uns eine Botschaft, deren tiefen Sinn sie selbst nicht erfaßt. Wenn sie nach zehn- oder elfmaligem Erscheinen endlich die Bühne verläßt, glücklich und nachdenklich, nie ganz zufrieden, so wendet sie sich sofort an ihre Freunde, die hinter den Kulissen auf sie warten: «Findet ihr, daß es geklappt hat?» Sie ist sich dessen, was sich soeben ereignet hat, gar nicht bewußt.

Im März wurde sie in Italien gefeiert:

Ich komme gerade von Rom und Mailand zurück, wo ich mit Orchester gespielt habe. Ein enormer Erfolg! Es war sehr sympathisch, aber leider habe ich von Rom selbst nichts zu sehen bekommen!

Im April war sie in London. Obwohl sie – nach der Aussage ihrer englischen Freunde – mit der Landessprache ganz gut zurechtkam, wollte sie unbedingt, daß jemand sie begleite, «denn ich kann kein Essen bestellen und mich auch sonst nicht verständlich machen. In England muß man die Sprache können, es ist eine Weltsprache, die jedem geläufig sein sollte, sonst . . .»

Sonst konnte es passieren, daß Clara in einem Hotel auf dem Lande ein weiches Ei zum Frühstück haben wollte, aber nicht in der Lage war, dies dem Burschen vom «room-service» begreiflich zu machen, so daß sie ganz außer sich ihre Freunde in London anrief und sie bat, das Ei für sie zu bestellen!

Während ihres Londoner Aufenthaltes im April hatte sie nun diesmal Jerry Epstein, ein Freund von Chaplin, unter seine Fittiche genommen. «Ich sehe ihn oft – bei den Mahlzeiten und zwischen den Mahlzeiten –, wir fahren in seinem Auto kreuz und quer durch die Stadt.» Und an drei Abenden spielte sie hinreißend.

Am 5. April schrieb sie an Hélène:

Hier ist alles in Ordnung. Das erste Konzert war ein Riesenerfolg, die Kritiken des Lobes voll, der Saal ausverkauft, die Begleitung großartig. Wenn alle drei Konzerte so verlaufen, bin ich unendlich glücklich. Außerdem habe ich Magaloff hier getroffen!

Ein Triumph folgte auf den andern, sowohl während der Tournee mit dem Kammerorchester des Mozarteums (wie einst in Straßburg mußte Clara manchmal auf Verlangen des Publikums das ganze Finale ihres Konzerts wiederholen) wie auch bei den Konzertabenden im Mai in Hamburg und kurz darauf in London, wo sie am 7. Juni das 2. Klavierkonzert von Chopin unter der Leitung von Giulini spielte. Damals berichtete sie Michel Rossier noch um ein Uhr morgens:

Wären Sie doch heute abend hier gewesen! Es war einmalig, denn Giulini, der Kubelik aufs Haar gleicht und großartig dirigiert, hat mich in ganz wunderbar ergreifender Weise begleitet. Jede Phrasierung, jeder Takt klang wie gesungen, und wäre ich allein aufgetreten, ich hätte mich nicht freier fühlen können in meinem Spiel.

Ich glaube, ich habe gut gespielt, zum Teil sogar sehr, sehr gut. Wäre mir vor diesem Konzert, das ich seit drei oder vier Jahren nicht mehr gespielt habe, nicht so bange gewesen, hätte ich auch mehr Kraft aufwenden können. Aber ich fürchtete, dann nicht bis zum Schluß durchhalten zu können. Der Erfolg war immens, der Saal überfüllt. Chopin und de Falla werde ich mit Giulini bei Walter Legge für Plattenaufnahmen spielen – ist das nicht eine großartige Neuigkeit?

Das Hotel Hyde Park kann ich nur empfehlen, es sagt mir in jeder Hinsicht vollkommen zu. Schließlich steigt auch Churchill hier ab . . .

Die geplanten Aufnahmen mit Giulini kamen nicht zustande. Selbst auf dem Gipfel ihres Ruhms ergaben sich für Clara immer wieder Schwierigkeiten. Manchmal trat man auch mit recht merkwürdigen Anliegen an sie heran: So erhielt sie einmal ein Schreiben vom Symphonie-Orchester in Seattle mit der Bitte um zwei ihrer beliebtesten Kochrezepte; sie sollten in einem Buch mit dem Titel «Rezepte berühmter Musiker» erscheinen, dessen Einnahmen für die Orchesterkasse bestimmt waren. Ein anderes Mal wurde sie von zwei Journalisten in Vevey aufgesucht. Über diese Episode berichtete sie:

Zwei Herren von der Zeitschrift «Réalités» sind extra aus Paris auf ein paar Stunden hierhergekommen. Sie haben Photos von mir gemacht und befragten mich über meine Auffassung vom 3. Klavierkonzert von Beethoven, ob sich darin verwandte Züge mit den Konzerten von Mozart nachweisen ließen, und andere tiefschürfende Dinge. Gott mag wissen, welcher Text dabei herauskam! Einer der beiden Herren meinte zum Schluß, ich sei «ein großer Spaßvogel». Ich finde es allerdings sehr ulkig, wenn einem so etwas direkt ins Gesicht gesagt wird!

Sie hatte allen Grund, sich über die Wiedergabe ihrer Äußerungen Gedanken zu machen. Ein anderer Journalist hatte soeben ein Buch herausgegeben, in dem er ihr ein ganzes Kapitel widmete. Sie war empört über das Bild, das er darin von ihr skizzierte, und beklagte sich bei ihren Freunden darüber:

Alles ist falsch. Aber vollends unerträglich wird die Sache dort, wo sich der Verfasser über meine angebliche Einsamkeit verbreitet... habe ich doch ganz im Gegenteil immer Freunde gehabt, die mir zutiefst verbunden waren und mich stets in jeder Weise unterstützt haben.

Am eingehendsten brachte sie das leidige Problem in einem Brief an ihren alten Lehrer und Freund Joseph Morpain zur Sprache. Der Autor habe ihr, so berichtete sie ihm, den in Frage stehenden Text, der «voller Ungereimtheiten und alberner Märchen» sei, zur Einsichtnahme zugesandt, und sie habe sich alle Mühe gegeben, in stundenlanger Arbeit ganze Sätze durch Neufassungen zu ersetzen, um die Publikation derartiger Albernheiten zu vermeiden.

Mündlich und schriftlich habe ich dem Manne klarzumachen versucht, daß ich alles, was ich gelernt habe, Ihnen verdanke, und nicht Cortot, daß ich für Sie seit meiner frühesten Kindheit die größte Anhänglichkeit und Dankbarkeit empfinde und daß dies unbedingt erwähnt werden müsse, falls je ein Buch über mich erscheinen sollte. Er schien es begriffen zu haben und gab mir sein Wort, sich daran zu halten. Doch was gilt heutzutage ein Versprechen?

Und was soll ich erst zu dem Abschnitt sagen, in dem von meiner «Einsamkeit» die Rede ist. Alle, die mir seelisch und materiell immer wieder beigestanden haben, müssen mich ja ungeheuer undankbar finden. Die Gräfin Pastré hat mich 1942 ken-

Mit Ernest Ansermet, Montreux 1959.

Während einer Probe beim Festival de Montreux, September 1960.

Mit Charles Münch.

Mit Irène und Nikita Magaloff und ihrer Tochter Wanda (links) in Divonne, Frankreich, 29. Juni 1959.

Beim Abhören einer Aufnahme mit den «Festival Strings Luzern» und ihrem Leiter Rudolf Baumgartner (neben Clara Haskil) im Mai 1960.
November 1960: Ihre letzte Schallplattenaufnahme (Klavierkonzert in d-Moll von Mozart), mit den Technikern von Philips, Igor Markevitch (links) und Vittorio Negri (rechts). Hintere Reihe, zweiter von rechts: René Klopfenstein.

nengelernt, die Desmarais haben mich seit meiner Rückkehr aus Berck, d. h. seit dem Jahre 1920, laufend unterstützt! Und die Prinzessin de Polignac, mit der ich um dieselbe Zeit bekannt wurde, hat so viel für mich getan! Kein Wort der Dankbarkeit für Dr. Hamburger, den ich ausdrücklich in meinem Text erwähnt habe!

Alle ihre Freunde bemühten sich, sie zu beruhigen:

Glauben Sie mir, Clara, dieses Kapitel wird – falls es überhaupt gelesen wird – die Meinung Ihrer Freunde über Sie in keiner Weise ändern. Zwischen der Clara Haskil, die wir kennen und lieben, und der Clara Haskil aus der Perspektive von Herrn X liegt eine Welt. Es wird Herrn X nie vergönnt sein, die Abgründe, die ihn von dieser Welt trennen, zu überbrücken. Also grämen Sie sich nicht länger. Die Sache ist es nicht wert . . .

Von Joseph Morpain erhielt sie einen besonders schönen Brief, der von der Gelassenheit dieses Weisen zeugt:

Meine liebe Clara,

Ich verstehe Ihre Enttäuschung und Ihren Zorn darüber, daß Sie auf diesen Seiten nicht das wiederfinden, was Sie dem Autor selbst gesagt haben. Aber Sie wissen doch, daß jeder «seine eigene Wahrheit» hat, wie Pirandello sich ausdrückt. Und vor allem bei Schriftstellern verändert sich diese Wahrheit manchmal bis zur Unkenntlichkeit.

Ich kenne da ein paar berühmte Beispiele.

Worum geht es denn eigentlich? Da ich den von Ihnen beanstandeten Text nicht gelesen habe, bin ich nicht im Bilde. Sollte es sich um meine Person handeln, nehmen Sie es nicht tragisch, liebe Clara, ich bitte Sie kniefällig darum! Ich habe ein dickes Fell, das schon manch anderes aushalten mußte.

Und wenn von Cortot die Rede ist, dürfen Sie nicht vergessen, daß Sie, gleichgültig, was Sie auch sagen oder tun mögen, als seine Schülerin einen ersten Preis bekommen haben! Das ist allgemein bekannt, und Sie werden bis zum Ende aller Zeiten seine Schülerin bleiben. Cortot selbst wurde immer als Schüler von Diémer bezeichnet, der zwar eine ausgezeichnete Klasse geleitet, nie aber auch nur einen einzigen Rat erteilt, eine einzige Anweisung für dies oder jenes gegeben hat.

Wie Sie, verdankt auch Cortot alles Wesentliche nur sich selbst, ferner seiner Schwester Léa und dem klugen Rat unseres

Freundes Edouard Risler. Cortot hat mir dies selbst gesagt. Er wird Risler stets die größte Dankbarkeit bewahren. Aber kommt denn letzten Endes all dieser Ruhm nicht unserem lieben alten Konservatorium zugute, und hat es ihn nicht verdient?

Was habe ich Ihnen denn geben können? Das vermag ich selbst nicht zu beurteilen, ich glaube nur, daß ich Ihre Natur, Ihren musikalischen Sinn, Ihren Stil nicht nachhaltig verändert habe. Und dafür bin ich reichlich belohnt worden – durch Ihre Erfolge und Ihre große Zuneigung, die ich, wie Sie wissen, stets herzlich erwidert habe. Sie dürfen bei all dem nicht vergessen, daß Herr X Ihnen große Bewunderung entgegenbringt. Also grämen Sie sich nicht allzusehr, es lohnt sich nicht. Und seien Sie nicht zu kratzbürstig gegenüber Herrn X . . .

Ich umarme Sie herzlich, liebe Clara.

Nach einem letzten Mozartkonzert mit ihrem alten Freund Pierre Colombo am 29. Juni bei den Festspielen von Divonne fuhr Clara auf den Bürgenstock, wo sie zwei Monate lang ausspannen wollte. Doch der Ferienaufenthalt schien ihr nicht sehr gut zu bekommen: sie war oft niedergeschlagen, schlief schlecht und litt unter der Muße fern den Konzertsälen . . . Zudem ertrug sie es nicht, stets so umsorgt zu werden. Während ihre Schwestern darauf drangen, daß sie sich schonte, dachte sie besorgt an den Beginn der Herbstsaison, an die bevorstehenden Konzerte und das Publikum, ihr eigentliches Lebenselement:

Es will mir nicht gelingen, auch nur ein kurzes Programm für einen Klavierabend zusammenzustellen oder ein paar neue Stücke auszuwählen, die ich einstudieren möchte nebst denen, die ich bereits in allen Ländern gespielt habe und deren ich im Moment etwas überdrüssig bin.

Im September reiste sie mit großer Erleichterung vom Bürgenstock ab, um in Ascona mit Grumiaux und anschließend mit Klemperer bei den Musikfestwochen in Luzern und mit Münch zu spielen. Am Vorabend des Konzertes in Luzern, wo sie das Klavierkonzert Nr. 20 in D-Dur von Mozart spielte, notierte sie:

Ich bin nicht optimistisch und fürchte, daß dies das Ende meiner künstlerischen Tätigkeit ist. Mein Spiel klingt dilettantisch, ich täte besser daran, gleich aufzuhören.

Doch nach dem Konzert klang es anders. Sie schrieb an Röntgen:

Das Konzert mit Klemperer in Luzern wird unvergeßlich bleiben. In Montreux habe ich mit Charles Münch gespielt und in London mit Giulini. Ende Januar trete ich mit Kubelik in Paris auf. Ich bin also immer noch tätig, wenn auch nicht halb soviel wie früher.

Bis zum Jahresende gab sie noch etwa zehn Konzerte, die von der Kritik alle als «Wunder» bezeichnet wurden. Am 14. November schrieb sie:

Der Erfolg in Basel war geradezu phantastisch, auch für das Orchester. Und der Klavierabend in Florenz hat fabelhaft geklappt, ohne Zwischenfall, ohne Müdigkeitserscheinungen, das ist sehr ermutigend. Gestern erhielt ich einen Vertrag für neun Konzerte (vom 15. 9. bis 22. 10.) in Israel: 4500 Dollar netto, Hin- und Rückflug erster Klasse für zwei Personen. Wenn Giulini mitkommt, wie es vorgesehen ist, dann wäre das wunderbar. Edinburgh habe ich für 1960 abgesagt, vielleicht geht es ein Jahr später. Aber das Konzert mit Ansermet am 31. August in Montreux möchte ich beibehalten, auch Salzburg, falls ich dort nicht mehr als ein Konzert geben muß. Von Portugal (drei Konzerte mit dem National Ende Juni) habe ich noch nichts Näheres gehört.

Am 29. November spielte Clara mit dem Orchester Lamoureux unter der Leitung von Igor Markevitch in Paris das 3. Klavierkonzert von Beethoven, das ein paar Tage später mit der gleichen Besetzung von Philips auf Schallplatten aufgenommen wurde. Als Clara wieder nach Vevey zurückkehrte, erwartete sie dort eine Überraschung – eine sehr schöne Zeichnung, die ein englischer Maler, der sie sehr bewunderte und in jedem ihrer Konzerte anwesend war, von ihr angefertigt hatte. Er hatte die Zeichnung, die Clara im Profil zeigt*, nach verschiedenen Skizzen ausgearbeitet und ihr als Zeichen seiner Verehrung zugeschickt, Clara schrieb ihm am 30. Dezember.

Ich möchte Ihnen endlich für Ihre schöne Zeichnung, die mir große Freude bereitet hat, herzlich danken. Ich habe damit zum ersten Male ein Bild in Händen, das mir ähnlich sieht, das Charakter hat und das man gerne betrachtet. Im allgemeinen

* Es handelt sich um das Bild auf dem Buchumschlag. Veröffentlichung mit freundlicher Genehmigung des Künstlers.

scheue ich Photographen und Maler, als wären sie Ungeheuer – und man tut auch gut daran, sich vor ihnen in acht zu nehmen. Dieses Mal kann ich mich nun aber aufrichtig bedanken. Ich werde die Zeichnung einrahmen lassen . . .

Am Weihnachtsabend war Clara bei den Chaplins zum Essen eingeladen, und den Silvester verbrachte sie mit ihren Schwestern in Vevey, wo sie am 7. Januar 1960 auch ihren 65. Geburtstag feierte. Sie wurde ständig von ihren Ärzten überwacht: In der Schweiz behandelten sie der junge Dr. René Lehmann, der sie sehr bewunderte und verehrte, sowie der Augenarzt Professor Dufour, der sie kurz vor ihrem Geburtstag wegen der Schmerzen beruhigen mußte, die an der Stelle der Trepanation aufgetreten waren und sie in große Angst versetzt hatten. In Paris kümmerten sich Professor Hamburger und Dr. Antoine, der sie gebeten hatte, die Patenschaft für seinen Sohn zu übernehmen, regelmäßig um sie.

Der plötzliche Tod Albert Camus' am 4. Januar, dessen Frau und Freunde sie gut gekannt hatte, ging ihr sehr nahe. Beim Lesen der Nachrufe in den Zeitungen bemerkte sie seltsamerweise in nachdenklichem Ton: «So wird es auch mit mir zu Ende gehen . . .»

Das Jahr 1960 fing auf beruflicher Ebene vielversprechend an: Clara konnte alle vorgesehenen Konzerte in der Schweiz, in Paris, in Deutschland, in Wien, in Brüssel, in Italien geben, alle mit dem gleichen überragenden Erfolg. Wo immer sie spielte, strömten die Menschen in Scharen herbei und waren von ihr begeistert. Nach den Konzerten applaudierte man stehend, manchmal «bis zu zwölf Minuten», wie ein Pariser Kritiker registriert hatte. Clara, die im allgemeinen allzu demonstrative Beifallskundgebungen nicht mochte und einmal in Mailand einem leidenschaftlichen Bewunderer, der vor ihr auf die Knie gefallen war, um ihren Fuß zu küssen, eine Ohrfeige verpaßt hatte, fühlte sich durch den Applaus, der sie überall empfing, in ihrem Selbstvertrauen gestärkt, was sich auch auf ihr Spiel übertrug. Sie machte nun häufig Plattenaufnahmen, und die neuen Techniker bei Philips, allen voran Vittorio Negri, verstanden sich gut mit ihr und lasen ihr alle Wünsche von den Augen ab. Dennoch fühlte sie sich vor dem Mikrophon nie so inspiriert wie vor dem Publikum, das mit angehaltenem Atem den ersten Ton erwartete.

Aber die «Grande Dame der Musik», wie man sie jetzt oft nannte, war noch immer nicht gegen Überraschungen und Enttäuschungen gefeit. Ein Brief, den sie am 11. Februar aus München, wo sie eine Reihe von Konzerten mit Grumiaux und mit Orchester zu geben hatte, an ihre Schwester Jeanne richtete, verrät die beinahe kindliche Naivität, jene Hellsichtigkeit und jene Hypersensibilität, welche ihre hervorstechendsten Charakterzüge ausmachten:

Hier geht alles gut, doch muß man manchmal allerhand an Lügen, Hinterhältigkeit und Taktlosigkeit erleben. In diesen Dingen lernt man offenbar nie aus. Aber es würde viel zu lange dauern, Dir dies alles im Detail zu schildern ...

Wie es heute abend gehen wird, weiß ich noch nicht, denn ich habe die Sonaten vorher nicht durchspielen können, und mit dem schönen Arthur habe ich heute früh ganze zehn Minuten gearbeitet. Er liest einfach vom Blatt, und ich mach's ihm nach. Das ist freilich ein wenig ... gewagt – dabei ist alles ausverkauft. Und zudem soll Kubelik ins Konzert kommen!

Die Kritiken sind voll begeisterten Lobs. In einer stand zu lesen: «Die jetzt fünfundsechzigjährige, von der Krankheit gezeichnete Pianistin C. H. hat, wie schon Klemperer und Fournier, bewiesen, in welchem Maße der Geist über den Körper den Sieg davontragen kann ...» Ein hübsches Geschwätz, nicht, voller Feingefühl auch Fournier gegenüber, den man in Gedanken gleich aufs Podium hinken sieht. Ein Haufen Dummköpfe!

Ich freue mich unendlich, Dich bald wiederzusehen und Dir das Programm meines Klavierabends vorspielen zu können. Die Sonate in B-Dur op. posth. von Schubert muß ich von Anfang bis Ende wieder vornehmen, ich habe sie nicht mehr im Kopf und nicht mehr in den Fingern.

Im März gab Clara mit Giulini in Wien vier unvergeßliche Konzerte. Am 18. schrieb sie in ihr Notizbuch: «Das letzte Konzert mit Giulini war geradezu märchenhaft.»

Am 1. April brach sie mit Lili über Basel nach Brüssel auf. An der französischen Grenze wurde Lili zurückgewiesen: Der sowjetische Regierungschef Chruschtschow befand sich gerade zu einem Staatsbesuch in Frankreich, und Angehörige der Staaten jenseits des Eisernen Vorhangs durften die Grenze nicht überschreiten. Clara fuhr allein weiter. Lili nahm einen Zug über Deutschland und kam erst am nächsten Tag in Brüssel an. Das Konzert in Brüssel lag beiden sehr am Herzen: Kubelik hätte es dirigieren sollen, war aber erkrankt und mußte ersetzt werden. Clara weigerte sich, mit dem Dirigenten zu spielen, den man ihr an Kubeliks Stelle vorgeschlagen hatte. Sie setzte durch, daß ein junger Rumäne, Edgar Cosma, engagiert wurde, den Lili in Bukarest gekannt hatte und der in den Westen geflüchtet war. Diesmal war es an Clara, die aufgeregte Lili zu beruhigen, die fürchtete, eine allzu große Verantwortung übernommen zu haben, und sie mußte auch Cosma zureden, dem sie mit diesem Auftreten eine nicht alltägliche Chance bot. Publikum und Kritiker, die der Pianistin Verehrung entgegenbrachten, adoptierten auch den Dirigenten. Für Cosma war dieser Abend das Debüt seiner großen Karriere in den westlichen Ländern, und Clara war die erste, die sich von ganzem Herzen darüber freute.

Trotzdem sie ihre Konzerttätigkeit etwas eingeschränkt hatte, spielte Clara immer noch erstaunlich häufig, und obwohl sie zahlreiche Engagements ablehnen mußte (was für sie immer einen inneren Konflikt bedeutete, denn sie vergaß nie, daß sie jahrelang vergeblich auf ein einziges Engagement gewartet hatte), gab sie doch durchschnittlich fünf Konzerte im Monat. Nach einer Tournee in der Schweiz mit der Camerata Academica des Salzburger Mozarteums unter der Leitung von Bernhard Paumgartner erkrankte sie an einer schweren Bronchitis und mußte ihre Konzerte in Holland, mit dem Concertgebouw von Amsterdam, absagen. Aus Vevey schrieb sie am 25. März:

Ich habe überhaupt keine Energie mehr, außer um zu spielen oder meinen schlechten Charakter zur Schau zu stellen. Schon seit langem bin ich derart müde, daß ich den Tag nicht vor elf Uhr beginne, und obschon ich kaum einen Schritt aus dem Haus tue, kann ich mir nur mit Müh und Not drei Stunden am Klavier abringen. Gott allein mag wissen, wie ich es fertigbringe, so viele Stunden am Tag einfach zu vertun, kostbare, unwiederbringlich verlorene Zeit! Ist dies der Anfang einer völligen Erschlaffung? Will andererseits meine Schwester Lili mir verbieten, auch nur ein Blatt Papier herumzutragen, verspüre ich mit einemmal Lust, einen ganzen Kessel Kohle zu schleppen, um mich an ihr zu rächen und sie zu ärgern . . . ich scheine wahrhaft zum Streiten geboren . . .

Lili und Jeanne wachten streng darüber, daß Clara keine Unvorsichtigkeit beging, sich nicht überanstrengte, nicht zu viel Klavier spielte, nicht zu viele Leute empfing, ihre Diät einhielt, und manchmal kam es darob zu heftigen Wortwechseln. Aber es traf durchaus zu, daß Clara, sich selbst überlassen, dazu neigte, die gebotene Vorsicht zu vergessen und ihre Kräfte zu überschätzen. Manchmal tat sie es auch absichtlich, mit dem Hintergedanken: «Wenn Lili mich jetzt sehen könnte!...»

Doch im Juni begann Lili ihrerseits den Schwestern Sorgen zu machen. Mit ihrem Herzen schien etwas nicht in Ordnung zu sein. Eigentlich war geplant gewesen, daß sie Clara auf deren Konzert-Tournee in Israel begleiten würde, die am 9. September beginnen und vier Wochen dauern sollte. Clara pflegte nicht mehr allein zu reisen, sondern stets in Begleitung ihrer Schwester oder von Freunden. Es kam gar nicht in Frage, daß sie allein nach Israel fuhr. Ein in Lausanne konsultierter Herzspezialist riet Lili dringend von der Reise ab, was für Clara eine Katastrophe bedeutete. Sie war tagelang völlig verzweifelt, und nicht einmal die Proben mit Pierre Fournier für ein Konzert in Genf am 22. Juni vermochten sie aufzuheitern. Das Konzert war ein großer Erfolg und Clara höchst zufrieden, doch nach Vevey zurückgekehrt, mußte sie sich unverzüglich ins Bett legen. Sie litt an Atemnot, war entsetzlich niedergeschlagen und befand sich ganz allgemein in einem äußersten Schwächezustand. Dr. Lehmann besuchte sie täglich, und Lili und Jeanne, die aus Paris herbeigeeilt war, teilten sich unermüdlich in die Krankenpflege...

Und wieder einmal erholte sich Clara. Sie hatte einen überaus liebevollen Brief von Giulini erhalten, der an ihrem Zustand innigen Anteil nahm, und ein langes Schreiben von Alexis Weißenberg, dessen herzlicher Ton ihr wieder neuen Lebensmut einflößte:

Liebe Freundin,

ich beantworte Ihren Brief so spät, weil ich mir zuerst Ihre Aufnahme des 3. Klavierkonzertes von Beethoven anhören wollte, und zwar nicht nur ein-, sondern mehrmals! Bevor ich aber näher darauf eingehe, möchte ich Ihnen sagen, wie sehr ich mich über Ihren Brief gefreut habe. Sie schreiben, daß Sie alles tun wollen, um unsere Freundschaft zu festigen, ohne daß diese je zu einer Belastung für einen von uns werde.

Eine echte Freundschaft darf aber schwer wiegen, schon gar, wenn es sich um eine Freundschaft wie die Ihre handelt! Lassen Sie sie also zur Last werden und haben Sie Dank dafür.

Sie können nicht ermessen, wie enttäuscht und betrübt ich war, Sie in Paris nicht angetroffen zu haben und zu erfahren, daß Sie erst nach dem Sommer wiederkommen würden. Fühlen Sie sich besser? Ich finde, Ihr Arzt hat vollkommen recht gehabt, Ihnen von den Konzerten in Amsterdam abzuraten. Dabei fällt mir ein, was mir einst ein kluger Mann zu bedenken gab, als ich in blinder Arbeitswut meine erste Junggesellenwohnung einrichtete: «Das ist ja alles schön und gut, mein Lieber, aber vergessen Sie dabei nicht, daß Sie selbst das wichtigste Möbelstück im Hause sind!» Und so muß auch Ihnen Ihre Gesundheit über alles gehen.

Und jetzt zu der Platte. Was soll ich Ihnen sagen? Wenn die Dinge einfach sind, werden sie natürlich und gleichzeitig ganz folgerichtig. André Gide hat in einem Vorwort zu einer Montaigne-Anthologie etwas sehr Schönes gesagt: «In der Kunst hat ‹Ernsthaftigkeit› keinen Platz.» Wie recht er damit hat! Sie ist doch vielfach nur eine Pose. Im Gegensatz zu den meisten Künstlern, die besten nicht ausgenommen, sind Sie niemals «ernsthaft», und schon gar nicht bei Beethoven. Sie sind unfähig dazu. Sie sind traurig, heiter, nachdenklich oder fröhlich, tragisch oder leichtsinnig. Und immer genau an der richtigen Stelle. Außerdem sind Sie nüchtern, und weil Sie es instinktiv sind, wird diese Nüchternheit niemals zu Steifheit oder Kälte. Ihre Auffassung von der Musik ist klassisch, aber diese klassische Form ist das genaue Gegenteil von pedantischer Gelehrsamkeit.

Es gefällt mir, daß Ihre Sforzandi *eher musikalische und verinnerlichte Akzente denn Ausdruck physischer Kraft sind. Auch ihre* Tempi *sind wundervoll. Das* Recitativo *des ersten Themas habe ich in der Durchführung (in g- und f-Moll) überhaupt noch nie so schön gehört. Die* Cadenza *des ersten Satzes ist problematisch, und viele Interpreten wissen damit nicht viel anzufangen. Technisch ist sie undankbar und musikalisch – meiner Meinung nach – nicht ganz gelungen, und Sie machen ein kleines Meisterwerk daraus! Wahrhaftig, sie wird vollkommen unter ihren Händen! Was Sie aus dem letzten großen Arpeggio machen, das Sie zum Schluß* staccato *spielen, ohne Pedal – das ist einfach genial. Desgleichen die Idee, das Tempo in der Coda ganz langsam zu nehmen, mit einem allmählichen* Accelerando! *Dadurch bekommt das Ganze Farbe und eine ungeheure Spannung. Im zweiten Satz dämpfen Sie die Klangfülle, dadurch bringen Sie das Sehnsüchtige des Themas besonders gut zum Ausdruck, und man wird diese Stelle nach dem Konzert gar nicht mehr los. Außerdem mag ich im zweiten Satz besonders die Coda der aufsteigenden Tonleitern, die Sie mehr* portamento *als* staccato *spielen. Das absteigende* Crescendo *nach der Wiederaufnahme des ersten Themas ist ebenfalls großartig. Und haben Sie Dank dafür, daß Sie, obwohl Sie das* Rallentando *einhalten, nach den drei Akkorden keine Pause machen, bevor Sie* pianissimo *zum Thema in E-Dur übergehen. Alle andern zögern hier ein wenig, und das ist von aufdringlicher Geschmacklosigkeit.*

Das Tempo des dritten Satzes gefällt mir. Die Kadenzen sind alle sehr schön. Ich habe mit Ungeduld auf das Ende gewartet und aufmerksam die Ohren gespitzt, weil Sie mir so bescheiden von einigen Aufnahmeschwierigkeiten gesprochen haben, aber ich habe absolut nichts hören können. Sprechen Sie also zu niemandem mehr darüber.

Ich mag auch, daß Sie die Doppelschläge langsamer spielen, als man es gewöhnlich tut. Das verleiht ihnen einen musikalischen und melodischen Sinn, sonst blieben sie immer reines Ornament.

Schade, daß die Tonaufnahme nicht immer ganz einwandfrei ist. Das Mikrophon ist etwas Gräßliches, doch vermag es, geschickt aufgestellt, den Klang des Klaviers relativ unverfälscht wiederzugeben. In Ihrer Aufnahme ist der Ton manchmal etwas dumpf. Aber das ist ja nur eine unwesentliche Kleinigkeit.

So, das wäre alles. Verzeihen Sie die Länge meiner Ausführungen, ich erlaubte mir nur deshalb etwas weitschweifig zu werden, weil Sie mir so freundlich geschrieben haben: «Warum sind Sie nicht da, um mir Ihre Meinung über das Dritte zu sagen.»

Ich möchte übrigens mit Ihnen einmal einen ganzen Tag lang zusammensein, nur um mit Ihnen zu sprechen und nochmals zu sprechen, zu spielen und nochmals zu spielen . . .

Auch Vevey würde ich gerne kennenlernen. Es muß ein reizvoller Ort sein. Ich liebe die Schweiz immer mehr, und dabei kenne ich sie noch so wenig.

Sollten Sie einmal einen Augenblick Zeit finden, um mir zwei Zeilen zu schreiben, wäre ich natürlich überglücklich. Ich würde es aber auch verstehen, wenn Sie nicht dazu kommen. Ich bitte Sie nur um eines: Geben Sie mir am Vorabend Ihrer Abreise nach Paris kurz Bescheid, damit ich im Bilde bin und Sie, falls ich hier bin, ein paar Minuten bei mir sehen kann.

Ich grüße Sie sehr herzlich.

Dieser Brief ist ein weiterer Beweis für Claras Gabe, beinahe blitzartig Freundschaften zu schließen: Clara und Weißenberg waren einander zufällig ein paar Monate vorher auf einem Bahnsteig begegnet und von einem Impresario miteinander bekannt gemacht worden . . .

Wiederhergestellt, fuhr Clara in Begleitung ihrer Schwestern und Hélène Strickers ein zweites Mal zu einem vierwöchigen Erholungsurlaub auf den Bürgenstock. Leider hatten die vielen Antibiotika, die sie zusammen mit andern Medikamenten hatte einnehmen müssen, eine schädliche Wirkung auf ihre Augen. «Ich muß meine Korrespondenz einschränken, um meine Augen zu schonen», schrieb sie einem jungen Bewunderer, dem sie vor einem Jahr in Wien begegnet war und von dem sie Jeanne erzählte:

Der Junge ist achtzehn Jahre alt, studiert Jura, möchte aber umsatteln. Im Moment studiert er Partituren, weil er Dirigent werden will. Er besitzt alles, was es überhaupt in der Musik gibt, Partituren, Bücher, Wörterbücher usw., er hat alle meine Platten, alle Kritiken von meinen Konzerten, kurzum, er ist ein Musikbesessener! Er hat eine überraschende und rührende Freundschaft zu mir gefaßt. Zwischen den Partituren in seiner Bibliothek hat Lili einen süßen kleinen Plüschesel entdeckt, der schon fast ganz zerdrückt ist und traurig ausschaut. Der junge Mann hat ihn mir ins Konzert gebracht. Er stammt aus Sizilien, also habe ich ihn Angelo getauft! Wie Du siehst, bin ich den Kinderschuhen nie ganz entwachsen und werde es wohl auch nie sein.

Clara erholte sich nicht richtig. Das Wetter war grau in grau, häufig neblig, sie fühlte sich bedrückt, und ihr schlechter Allgemeinzustand sprach auch aus ihren Briefen, deren Ton und Schrift große Müdigkeit verrieten. Nur manchmal sprühte ein Funke von Begeisterung und Energie auf:

Gestern abend habe ich das 2. Beethovenkonzert von Schnabel gehört, der das Finale in rasendem Tempo spielte. Das Ganze hatte so viel Leben und Schwung, daß ich Lust bekam, mich wachzurütteln und etwas feuriger zu spielen. Es wäre für alle nur ein Gewinn!

Ende August nahm Clara ihre Konzerttätigkeit wieder auf, spielte mit Grumiaux oder mit Orchester und machte zwischen dem 14. und 20. September Schallplattenaufnahmen von zwei Beethovensonaten.

Um ihr unnötige Anstrengungen zu ersparen, schickte René Klopfenstein, der verständnisvolle Produktionsleiter von Philips, seine Techniker samt allem Aufnahmematerial nach Vevey. Die Aufnahmen wurden im Theatersaal gemacht. Um die erforderliche Ruhe zu gewährleisten, ließ die Stadtverwaltung den Verkehr für einige Stunden umleiten. Clara war pianistisch großartig in Form, einige Stellen konnten auf Anhieb aufgenommen werden – zur Verblüffung des Aufnahmeleiters, dem eine solche Arbeitsweise fremd war.

Am 2. Oktober fuhr Clara nach Paris, wo sie zusammen mit Igor Markevitch das Werk «Nächte in spanischen Gärten» von de Falla und das 2. Klavierkonzert von Chopin auf Schallplatten einspielte. Michel Rossier und seine Frau waren eigens von Vevey gekommen, um Clara zu hören und ihr nötigenfalls behilflich zu sein. In drei Tagen «war alles im Kasten», wie die Techniker sagten, und Clara konnte die restliche Zeit ihres Aufenthaltes ihren Freunden widmen. Sie besuchte die Desmarais, Madeleine Lipatti (die ebenfalls bei einem Teil der Aufnahmen dabeigewesen war), Professor Hamburger, Casals, Alexis Weißenberg, Szeryng, Stern und andere gute alte Bekannte.

Bevor sie am 16. Oktober mit Lili wieder nach Vevey zurückkehrte, hörte sie sich mit Markevitch die Aufnahmen von de Falla und Chopin an: mit dem de Falla war sie nicht ganz zufrieden, ließ es aber dabei bewenden ... Für das Chopinkonzert hatte Markevitch eine Orchestrierung Cortots verwendet, die dieser ihm zur Verfügung gestellt hatte. Kurz darauf schrieb Cortot an Clara:

Ich kann nur hoffen, daß meine Fassung des f-Moll-Konzertes von Chopin Ihrer eigenen Auffassung bei den Aufnahmen mit Igor nicht allzu sehr widersprach.

Clara antwortete ihm:

Ich habe mich sehr gefreut, daß Sie uns Ihre Orchestrierung für die Aufnahmen überlassen haben. Diese Orchestrierung ist wunderbar, sie verändert die Begleitung vollkommen, die sonst eher ein wenig dürftig ist. Ich danke Ihnen von ganzem Herzen!

Drei Wochen lang arbeitete Clara in Vevey die Werke ihrer künftigen Konzerte. Die Eintragungen in ihrem Notizbuch lauteten:

1. Dezember: Paris – Champs-Elysées (Grumiaux).
7. Dezember: Brüssel (Grumiaux).
12., 13. und 14. Dezember: München (Mozarteum mit Géza Anda).
21. Dezember: Genf (Lipatti – Orchestre de la Suisse romande).
8. Januar 1961: Bern (Grumiaux); 10. Januar: Zürich (Grumiaux); 22. und 24. Januar: Zürich (4. Konzert von Beethoven).
5. und 6. Februar: Berlin (2. und 4. Beethovenkonzert mit Fricsay); 27. und 28. Februar: Köln (Mozart, KV 595).
6. und 7. März: Basel und Genf (Grumiaux); 12. März: Paris (Société des Concerts – KV 466); 17. März: Zürich (Festival Strings – KV 415); 19. März: Bern (Festival Strings – KV 415; f-Moll von Bach).
8. April: Florenz – Klavierabend; 23. und 24. April: Brüssel (Orchester – Solti).
2. bis 5. Mai: Wien (mit Cluytens – Schumann).
12. bis 20. Mai: Luzern (Festival Strings – Aufnahmen).
29. Mai: München (Fricsay).
7. Juni: Sonaten mit Pierre Fournier.

Ein reichhaltiges Programm also, das allen Sorgen bereitete, die so oft erfahren hatten, wie schnell sie am Ende ihrer Kräfte war. Am 28. Oktober schrieb Clara nach einer Konsultation bei ihrem Schweizer Arzt an Jeanne:

Ich habe heute nachmittag Lehmann gesehen. Blutdruck, Herz und Lungen sind vollkommen in Ordnung, die Müdigkeit kommt vom Wetter, das hat man mir auch von Zürich aus bestätigt. Trotzdem wurde eine Blutprobe gemacht, und morgen abend bekomme ich das Ergebnis. Ich habe ganz gut gearbeitet, aber die letzten drei Tage habe ich es nicht über ein bis zwei Stunden gebracht. Das Wetter mag mit schuld daran gewesen sein. Heute abend fühle ich mich wieder so wohl wie in Paris – ich könnte für Plattenaufnahmen alles spielen, was man von mir verlangt, oder besser gesagt, alles, was ich kann . . .

Am 10. November war Clara wieder in Paris. Mit Markevitch spielte sie in der «Salle Pleyel» am 13. das letzte Klavierkonzert von Mozart in Es-Dur. Am nächsten Morgen begann sie mit den Aufnahmen von Mozarts Klavierkonzerten in d-Moll (Nr. 20, KV 466) und in c-Moll (Nr. 24, KV 491). Nach jeder Aufnahme brachte ihr das Lamoureux-Orchester stehend eine Ovation dar. Vom Dirigenten bis zum letzten Instrumentalisten wetteiferte jeder mit jedem in seinen Freundschaftsbezeigungen für Clara. So erschöpft Clara auch war, und sie war es in erschreckendem Grad, so glücklich fühlte sie sich doch in diesem Kreis, und sie hatte gerade noch Kraft genug, allen mit einem Lächeln zu danken. «Das schönste Lächeln, das ich je gesehen habe», behauptete später Markevitch. Er sagte auch, Clara habe alle bezaubert, diese grauhaarige und gebrochene Frau sei von einer seltsam-verführerischen Weiblichkeit gewesen, die um so wirkungsvoller war, als Clara stets ihre Natürlichkeit bewahrte.

Markevitch empfand im Grunde für Clara mehr als Bewunderung, mehr als Zuneigung. Sie neckten sich oft, und wenn er ihr vorwarf, ihn mit anderen Dirigenten zu «betrügen», so parierte sie prompt: «Schweigen Sie, Igor, Sie schwärmen ja ganze Nächte herum!»

Sie verstanden sich ausgezeichnet. Clara akzeptierte mit erstaunlicher Nachgiebigkeit seine Meinungen und Ratschläge, wenn sie ihr brauchbar schienen, konnte aber auch widerspenstig sein, wenn ihr etwas nicht paßte. So kam es während der Aufnahme eines Mozartkonzertes einmal zu einem Zwischenfall. Markevitch beharrte auf einer üblicherweise von Clara nicht gespielten Kadenz, womit Clara keineswegs einverstanden war. Um den Diskussionen ein Ende zu machen, spielte sie schließlich beide Kadenzen. Doch beim Abhören des fertigen Bandes gab sie dem Techniker mit einem Zeichen zu verstehen, daß er *ihrer* Kadenz den Vorzug geben sollte – und so kam die Platte schließlich auch heraus.

Manchmal war Clara jedoch nicht ganz so kategorisch. Aus dem jungen Wiener Studenten, der ihr einmal seinen Plüschesel geschenkt hatte, war der Dirigent Ronald Schneider geworden, der Clara fragte, was sie davon hielte, daß Paumgartner, im Gegensatz zu Fricsay, das Tempo vor den Kadenzen in den Mozartkonzerten etwas verlangsame. «Ich habe den Übergang ohne Tempoverschiebung lieber», antwortete sie, «aber Fricsay ist ein ganz großer Meister! Das Es-Dur-Konzert mit ihm ist etwas ganz Unbeschreibliches!»

Am 17. November waren die Aufnahmen für das d-Moll-Konzert von Mozart beendet, und kurz darauf kehrte Clara wieder nach Vevey zurück. Sie machte sich Gedanken wegen des Berliner Aufenthaltes Anfang Februar 1961 und schrieb am 21. November darüber an Doreen:

Am 3. Februar muß ich für ein oder zwei Konzerte sowie Schallplattenaufnahmen von zwei Beethovenkonzerten nach Berlin reisen. Ich werde einen Tag in Hamburg verbringen und von dort mit dem Auto weiterfahren. Es ist natürlich ganz ausgeschlossen, daß ich diese paar Tage, sagen wir eine Woche, in Berlin völlig allein bin. Es wäre wunderbar, wenn Du Dich so lange freimachen könntest. Ich würde Dich einladen und selbstverständlich für die Reise- und Hotelkosten aufkommen, doch fürchte ich, daß alle meine Fürsprache umsonst ist. In diesem Fall muß ich sehen, wie ich mich arrangieren kann ...

Meine Schwester Lili ist mit mir nach Vevey gekommen. Ich habe in Paris ein Konzert mit Markevitch gegeben und auch Aufnahmen mit ihm gemacht. Nächsten Montag kehren wir wieder nach Paris zurück und fahren dann nach Brüssel. Anschließend bin ich zwei Tage in München. Im Dezember habe ich ein Konzert in Genf.

Nach einem Abendessen bei den Chaplins reiste sie am 30. November nach Paris zu den Proben mit Grumiaux für das Konzert am 1. Dezember. Als sie am Abend hinter den Kulissen des Théâtre des Champs-Elysées mit Grumiaux im Halbdunkel darauf wartete, daß im Saal die Lichter ausgingen, empfand sie zum tausendsten Mal jene gräßliche Angst, die ihr immer noch im Nacken saß, wenn sie dem Publikum gegenübertreten mußte. Der Saal war überfüllt, nicht nur jeder Sessel, sondern jede Stufe war besetzt, und auch auf dem Podium standen mehrere Stuhlreihen. Die Tür zur Bühne öffnete sich, und blitzartig trat im Saal völlige Stille ein. «Paris liebt Clara Haskil», hatte einige Tage zuvor Clarendon im «Figaro» geschrieben, «es ist eine spätsommerliche, fast andächtige Liebe.» Im Saal herrschte eine Art von freudiger, mit Angst gemischter Erwartung wie vor einem Rendezvous ... Als Clara endlich, nach kurzem Zögern, zerbrechlich und totenblaß, am Arme ihres jungen, von Gesundheit strotzenden Partners erschien, brach im Saal lauter Jubel aus, der sie bis zu dem im Schein der tausend Lichter schimmernden Flügel begleitete.

Wieder senkte sich vollkommene Stille über den Saal: Clara und Grumiaux spielten die Sonate opus 12 Nr. 3 von Beethoven. Und wieder geschah das unfaßbare Wunder der Inspiration. Clara entführte ihren Partner in unbekannte Höhen, und das Publikum lauschte mit angehaltenem Atem, ganz im Banne ihres Spiels, das den wundervollen Klang der Geige fast in den Hintergrund drängte. Und Clara fühlte sich diesem Publikum näher als je zuvor.

Ging diese Emotion, die sich ihrer bemächtigt hatte und die sich auf alle übertrug, über ihre Kraft? Kaum hatte sie die Bühne unter tosenden Beifallsstürmen verlassen, brach sie zusammen. Jeanne rief im «Cayré» an und bat, daß man unverzüglich die Medikamente herbeibringe, die Clara dort vergessen hatte. Aber schon hatte Clara die Krise wieder überwunden. Sie betrat erneut die Bühne, um mit Grumiaux das Duo in A-Dur von Schubert zu spielen, und nach der Pause folgten noch die Sonate in e-Moll von Mozart (Nr. 24) und die Sonate opus 96 in G-Dur von Beethoven.

Der Abend gipfelte in einer Apotheose: das Publikum raste, verlangte immer wieder nach Clara, überschüttete sie mit Beifall ... Als sie sich endlich zurückziehen konnte, sagte sie, erschöpft, aber glücklich, zu Gérard Bauer: «Noch nie habe ich die Stille so intensiv empfunden, und ich glaube, es wird wohl auch nie mehr so sein ...»

Die nächsten Tage vor ihrer Abreise nach Brüssel waren ausgefüllt mit Einladungen und Besuchen, die sie sehr anstrengten. Außerdem war sie im Begriff, das Konzert Dinu Lipattis einzustudieren, das sie auf Ersuchen Madeleines am 21. Dezember in Genf an einer Konzertveranstaltung zur Erinnerung an den zehnten Todestag des großen Pianisten spielen sollte. Sie fühlte sich unsicher und quälte sich mit Zweifeln. Bei diesem Konzert hätte sie sich nicht den geringsten Fehler verziehen.

Am Montag abend hörte sie sich im «Maison de la Chimie» die letzten Aufnahmen der Mozartkonzerte an. Gewisse Stellen, vor allem einige Tempi, befriedigten sie nicht ganz, doch war sie derart erschöpft, daß sie nach ihrer Rückkehr ins Hotel – selbst überrascht über soviel Resignation – zu Lili nur sagte: «Ach, es mag hingehen ...»

Am Morgen des 6. Dezember kam Jeanne vor der Probe mit dem Orchestre National noch einmal ins «Cayré», um sich von Clara zu verabschieden, die am späteren Vormittag mit Lili im TEE nach Brüssel fahren sollte. Zwar schien Clara so schwach und übermüdet, daß Lili die Abreise verschieben wollte – doch das Konzert mit Grumiaux war für den folgenden Tag fest vereinbart.

In Brüssel wurden sie von Frau Grumiaux an der «Gare du Midi» abgeholt – ihr Mann hatte sich bei einem Autounfall einen Finger verstaucht. Clara wollte nicht, daß man ihr beim Aussteigen half. Zu dritt gingen sie dann zu der breiten Treppe, welche zur Bahnhofshalle hinunterführt. Clara fröstelte, ihre Hände steckten in Wollhandschuhen, das Gehen machte ihr Mühe. An der Treppe wies sie wieder energisch jede Hilfe zurück. Da stolperte sie auf der ersten Stufe, versuchte vergeblich, sich am Geländer festzuhalten, und fiel kopfüber auf den Stein. Sie verletzte sich heftig an der linken Schläfe, die zu bluten begann ... Man eilte herbei, hob sie auf. Nach einem Moment völliger Betäubung sagte sie nur: «Zum Glück ist meinen Händen nichts geschehen ...»

Sie vermochte nicht aufzustehen. Auf den Stufen sitzend, wartete sie auf eine Tragbahre. «Bist du ausgeglitten?», fragte Lili, «ist dir schlecht geworden?» – «Ich weiß es nicht ...»

Frau Grumiaux hatte um einen Rettungswagen telefoniert. Inzwischen bat Clara um eine Kopfschmerztablette, und als Lili sie in der Aufregung nicht finden konnte, sagte sie: «In der kleinen Silberschachtel!» Und ein wenig später: «Was wird bloß aus dem morgigen Konzert?» «Ihr gebt es im April», antwortete Lili. Bald darauf stieß Clara fast einen Seufzer der Erleichterung aus: «Und das Konzert in München kann nicht stattfinden ...» Diesem Konzert hatte sie aus unerfindlichen Gründen mit besonderer Angst entgegengesehen.
Schließlich brachte man Clara in rasendem Tempo und mit heulender Sirene in das Saint-Gilles-Krankenhaus, das eine

Unfallstation hatte. Clara verbrachte zwei Stunden in einem eiskalten Raum, man machte Röntgenaufnahmen, nähte die Wunde an der Schläfe zu, behauptete aber, man könne sie aus Platzmangel nicht dabehalten. Clara wurde hin und her geschoben. Sie war bei vollem Bewußtsein, empfand aber immer größere Schmerzen. Bei Einbruch der Nacht brachte sie endlich ein anderer Rettungswagen in die Klinik Longchamp. Frau Grumiaux und ihr Mann hatten zu dieser Klinik geraten, wo Dr. Ectors operierte, ein in ganz Belgien berühmter Chirurg. Arthur Grumiaux hatte außerdem noch einige befreundete Ärzte herbeigerufen.

Als man Clara hereintrug, hatte sich ihr Zustand bereits ernstlich verschlechtert. Mehrere Ärzte untersuchten sie. Sie hatte einen Schädelbruch erlitten und vermutlich auch eine Gehirnblutung – als Ursache oder als Folgeerscheinung ihres Sturzes. Während ein Arzt ihr einige Fragen stellte, schloß sie plötzlich die Augen und antwortete nicht mehr. Als Lili sich über sie beugte, murmelte sie noch etwas Unverständliches, dann verstummte sie ganz.

Alle anwesenden Ärzte hielten eine sofortige Operation für unumgänglich. Lili widersetzte sich, sie glaubte, ihre Schwester würde die Operation nicht überleben, und sie wollte wenigstens vorher den Rat von Professor David in Paris einholen – er bestätigte ihr am Telefon die Diagnose seiner belgischen Kollegen und riet zur Operation.

Clara lag bereits im Operationssaal. Sie war bewußtlos und stöhnte nur leise. Noch bevor Lili wieder zurück war, hatte man bereits unter Lokalanästhesie operiert – es war die letzte Chance gewesen. Das war um sieben Uhr abends.

Um neun Uhr brachte man Clara in ihr Zimmer zurück. Ihr Kopf war bandagiert, sie atmete, aber sie war nicht bei Bewußtsein.

Um Mitternacht kam Jeanne aus Paris. Claras Züge waren angespannt, der Atem ging schwach ... Ihre Hände lagen reglos auf dem weißen Laken.

Am 7. Dezember, kurz vor ein Uhr morgens, setzte das Herz aus.

Einen Moment lang schien die Zeit stillzustehen ...

Dann richtete sich die Krankenschwester langsam auf und sagte leise: «Es ist zu Ende.»

Es war an einem Winterabend . . . Clara Haskil war seit langem schon so zart und zerbrechlich, daß man sie gegen alles gefeit glaubte. Man sagte sich: Sie hat so vieles durchgestanden – – nichts kann ihr mehr etwas anhaben. Und nun genügte ein Sturz, und das Herz, das so viele Geheimnisse barg, hörte auf zu schlagen. Für uns ist mit ihr eine Quelle der Freude dahin, wie es auf dieser Welt nur ganz wenige gibt. (Antoine Goléa)

Am Tage nach ihrem Tod brachten alle Zeitungen Nachrufe. Der belgische Bildhauer Moeschal fertigte einen Gipsabdruck von ihren Händen an. Dann nahm die Königin von Belgien ein letztes Mal Abschied von ihr.

Clara Haskil wurde nach Paris übergeführt. Ihre Schwestern und Michel Rossier, der sogleich von Vevey herbeigeeilt war, begleiteten sie durch die kalte, verregnete Ebene des Nordens, durch die sie vor zwei Tagen nach Brüssel gekommen war.

Eine kleine Gruppe von Freunden und etwa zwei- bis dreihundert Verehrer ihrer Kunst gaben Clara das letzte Geleit auf dem Friedhof Montparnasse, wo Gérard Bauer ein paar Worte des Abschieds sprach. Ein schlichter breiter Stein aus blauem Granit bedeckt ihr Grab:

CLARA HASKIL
Bukarest, 7. Januar 1895 –
Brüssel, 7. Dezember 1960

Bald darauf wurde von ihren Freunden in Vevey die «Association Clara Haskil» gegründet, die einen internationalen Klavierwettbewerb betreut, von dem schon zu Claras Lebzeiten die Rede war. Er findet jeweils im Rahmen der Musikfestspiele von Montreux alle zwei Jahre in Vevey statt. Der erste Preisträger war 1965 der junge Pianist Christoph Eschenbach. Seither kommen junge Künstler aus aller Welt und spielen eines jener Werke, die Clara in so unnachahmlicher Weise zu interpretieren verstand.

Am 6. Oktober 1962 wurde in dem friedlichen kleinen Vevey die «Clara-Haskil-Straße» eingeweiht. Auf ihr steht auch das Haus, das die Künstlerin seit 1951 bewohnt hatte. So bleibt der Name dieser genialen Musikerin, die viel zu späte Anerkennung gefunden hat, der Nachwelt stets lebendig.

Anhang

Schallplattenverzeichnis

Die meisten Platten von Clara Haskil sind bereits bei verschiedenen Schallplattenfirmen in Neueditionen herausgekommen und werden sicher auch in Zukunft immer wieder reproduziert werden: Jeder Aufnahme müßten demnach im Grunde mehrere Hinweise beigegeben werden, die unter Umständen später wieder durch andere zu ersetzen wären. Deshalb haben wir hier absichtlich jeweils nur einen Hinweis angeführt, dem natürlich nur ein ganz zeitbedingter Wert zukommt. Bei jeder Platte haben wir jedoch das Aufnahmejahr erwähnt.

J. S. BACH

Klavierkonzert in f-Moll (BWV 1056). Festival-Orchester Prades. Dirigent: Pablo Casals. 1950

Konzert für zwei Klaviere und Orchester in C-Dur (BWV 1061). Mit Géza Anda. Philharmonia Orchestra London. Dirigent: Alceo Galliera. 1956

LUDWIG VAN BEETHOVEN

Klavierkonzert Nr. 3 in c-Moll op. 37

1. Symphonie-Orchester Winterthur. Dirigent: Henry Swoboda. 1950
2. Orchestre des Concerts Lamoureux. Dirigent: Igor Markevitch. 1959

Klavierkonzert Nr. 4 in G-Dur. Philharmonia Orchestra London. Dirigent: Carlo Zecchi. 1947

Sämtliche Sonaten für Klavier und Violine. Mit Arthur Grumiaux. 1957 (Deutscher Schallplattenpreis 1971)

Klaviersonate Nr. 17 in d-Moll op. 31 Nr. 2. 1960

Klaviersonate Nr. 18 in Es-Dur op. 31 Nr. 3, 1960

JOHANNES BRAHMS

Klavierquintett in f-Moll. Mit dem Streichquartett Winterthur. 1950

FRÉDÉRIC CHOPIN

Klavierkonzert Nr. 2 in f-Moll. Orchestre des Concerts Lamoureux. Dirigent: Igor Markevitch. 1960

MANUEL DE FALLA

Nächte in spanischen Gärten. Orchestre des Concerts Lamoureux. Dirigent: Igor Markevitch. 1960

JOSEPH HAYDN

Variationen f-Moll. 1934

W. A. MOZART

Klavierkonzert Nr. 9 in Es-Dur (KV 271). Wiener Symphoniker. Dirigent: Paul Sacher. 1954

Klavierkonzert Nr. 13 C-Dur (KV 415). Mit den Festival

Strings Lucerne. Dirigent: Rudolf Baumgartner. 1960

Klavierkonzert Nr. 19 F-Dur (KV 459):

1. Symphonie-Orchester Winterthur. Dirigent: Henry Swoboda. 1950
2. Berliner Philharmoniker. Dirigent: Ferenc Fricsay. 1957

Klavierkonzert Nr. 20 d-Moll (KV 466):

1. Symphonie-Orchester Winterthur. Dirigent: Henry Swoboda. 1950
2. Wiener Symphoniker. Dirigent: Bernhard Paumgartner. 1954
3. Orchestre des Concerts Lamoureux. Dirigent: Igor Markevitch. 1960

Klavierkonzert Nr. 23 A-Dur (KV 488). Wiener Symphoniker. Dirigent: Paul Sacher. 1954

Klavierkonzert Nr. 24 c-Moll (KV 491). Orchestre des Concerts Lamoureux. Dirigent: Igor Markevitch. 1960

Klavierkonzert Nr. 27 B-Dur (KV 595). Berliner Philharmoniker. Dirigent: Ferenc Fricsay. 1957

Konzert für zwei Klaviere und Orchester C-Dur (KV 365). Mit Géza Anda. Philharmonia Orchestra London. Dirigent: Alceo Galliera. 1956

Rondo für Klavier und Orchester A-Dur (KV 368). Wiener Symphoniker. Dirigent: Bernhard Paumgartner. 1954

Sonaten für Klavier und Violine, mit Arthur Grumiaux:

a) Nr. 18 G-Dur (KV 301); Nr. 21 e-Moll (KV 304); Nr. 24 F-Dur (KV 376); Nr. 26 B-Dur (KV 378). 1958
b) Nr. 40 B-Dur (KV 454); Nr. 42 A-Dur (KV 456). 1956 (Grand Prix du Disque 1957)

Klaviersonate F-Dur (KV 280). 1960

Klaviersonate C-Dur (KV 330). 1954 (Grand Prix du Disque 1956)

Variationen über ein Menuett von Duport (KV 573). 1954 (Grand Prix du Disque 1956)

Variationen über «Ah, vous dirai-je, maman» (KV 265). 1960

G. B. PESCETTI

Klaviersonate c-Moll. 1934

MAURICE RAVEL

Sonatine für Klavier fis-Moll. 1951

DOMENICO SCARLATTI

Sonaten h-Moll (L 33), Es-Dur (L 142), f-Moll (L 171), C-Dur (L 255), cis-Moll (L 256), F-Dur (L 278), g-Moll (L 483). 1947

Sonaten h-Moll (L 33), Es-Dur (L 142), f-Moll (L 171). 1951

FRANZ SCHUBERT

Klaviersonate B-Dur op. posth. 1951 (Grand Prix du Disque 1953)

ROBERT SCHUMANN

Klavierkonzert a-Moll. Philharmonisches Orchester Den Haag. Dirigent: Willem v. Otterloo. 1951

Abegg-Variationen, op. 1. 1951

Bunte Blätter, op. 99. 1952

Waldszenen, op. 82. 1954

Kinderszenen, op. 15. 1955

PADRE ANTONIO SOLER

Sonate D-Dur. 1934

Repertoire

Für manche Musiker, besonders für Pianisten, ist es vielleicht von Interesse zu erfahren, welche Werke Clara Haskil in ihren Konzerten gespielt hat. Wir geben deshalb nachstehend eine Übersicht über ihr Repertoire. Um ihre musikalische Entwicklung zu illustrieren, haben wir eine chronologische Reihenfolge gewählt, für welche uns die verschiedenen Konzertprogramme als Unterlage dienten. Wir haben im Verzeichnis auch diejenigen Werke aufgeführt, über die nur unvollständige Angaben in den Programmen vorliegen.

1909–1913

ALBENIZ
Triana

J. S. BACH
Chaconne (Bearbeitung Busoni)

BALAKIREV
Islamey

BEETHOVEN
Klavierkonzert Nr. 3 c-Moll
Sonate op. 57 (Appassionata)
Sonate A-Dur, op. 101
Sonate As-Dur, op. 110

BRAHMS
Variationen über ein Thema von Paganini

CHABRIER
Scherzo-valse

CHOPIN
Etüden (Nr. 1, 2, 13, 14)
Nocturnes (Nr. 18, op. 27; Nr. 2, op. 51; Nr. 1 in Des-Dur)
Ballade Nr. 1; Mazurka Nr. 45
Préludes (Nr. 13, 15, 16)
Berceuse

ENESCO
Pavane

FAURÉ
Nocturne Nr. 2; Barcarolle Nr. 2

LISZT
Rhapsodie Nr. 9
Mephisto-Walzer; Waldesrauschen
Le Rossignol; La Leggerezza
Variationen über «Weinen, Klagen»

PADEREWSKI
Fantaisie polonaise; Légende

RACHMANINOW
Prélude

SAINT-SAËNS
Konzerte Nr. 4 und 5; Toccata

SCHUMANN
Carnaval op. 9; Sonate op. 11
Arabeske; Nocturne; Papillons

ALBENIZ
Sevilla
El Albaicin
Malagueña
Asturias

ARRIEU
Konzert für zwei Klaviere

J. S. BACH
Konzert in d-Moll (nach Vivaldi)
Konzert in f-Moll
Brandenburgisches Konzert Nr. 5
Partita c-Moll
Fantasie und Fuge g-Moll (Liszt)
Toccata F-Dur (d'Albert)
Toccata und Fuge D-Dur
Toccata und Fuge C-Dur (Busoni)
Präludium und Fuge D-Dur (Busoni)
Chaconne (Busoni)
Fantasie und Fuge D-Dur
Englische Suite g-Moll
Capriccio «auf die Abreise seines geliebten Bruders»
Sonate für Violine und Klavier E-Dur
Sonate für Cello und Klavier C-Dur
Suite für Cello und Klavier d-Moll

BALAKIREW
Islamey
Berceuse

J. BARTHOLONI
Toccata

BEETHOVEN
Klavierkonzerte Nr. 3 und 4
«Tripelkonzert» für Klavier, Violine, Cello und Orchester
Sonaten (op. 2, Nr. 3; op. 10, Nr. 2 und 3; op. 31, Nr. 3; op. 57; op. 109; op. 111)
Sämtliche Sonaten für Violine und Klavier
Variationen für Cello und Klavier über ein Thema von Händel
Variationen für Cello und Klavier über «Die Zauberflöte» von Mozart
Sonate für Cello und Klavier A-Dur

BLANCHET
Konzertstück
Ballade für zwei Klaviere
Scherzo fantastique für zwei Klaviere
Etüde in g-Moll
Saltarelle
Tarantelle
Serenade
Polonaise
Turquie
Matins du Bosphore
Au jardin du vieux sérail
Images enfantines

BLOCH
Poème de la mer

BOCCHERINI
Konzert in B-Dur für Cello

BRAHMS
Konzert Nr. 2

Intermezzi (e-Moll, Es-Dur, b-Moll)

Capriccio in h-Moll

Wiegenlied

Variationen über ein Thema von Haydn für zwei Klaviere

Alle Sonaten für Violine und Klavier

Alle Sonaten für Cello und Klavier

Quartette (c-Moll, A-Dur)

Quintett f-Moll

BRÉVAL
Sonate für Cello und Klavier

BYRD
My Lady Novels Book (Auszüge)

CHABRIER
Suite pastorale

CHAUSSON
Poème in D-Dur für Violine

CHOPIN
Konzert Nr. 2

Rondo op. 5

Etüden (f-Moll, les triolets, Ges-Dur)

Nocturnes (Des-Dur, F-Dur, cis-Moll)

Balladen (a-Moll, f-Moll)

Vier Mazurken

Scherzi (E-Dur, h-Moll)

Polonaise fis-Moll

Impromptu fis-Moll

Walzer cis-Moll

Chant polonais (Liszt)

COUPERIN
Tic-toc-choc

DEBUSSY
Études (pour les cinq doigts, sur les arpèges composés)

Hommage à Rameau

La Cathédrale engloutie

Soirée dans Granade

Sérénade interrompue

Feux d'artifice

Reflets dans l'eau

Ce qu'a vu le vent d'ouest

Poissons d'or

Dr Gradus ad Parnassum

Sérénade à la poupée

Toccata

Sonate für Violine und Klavier g-Moll

DUPRÉ
Cortège et Litanie

ENESCO
Sonate D-Dur

Suite für Klavier op. 10

Pavane

Toccata

Bourrée

Sarabande

Sonate für Violine und Klavier Nr. 3 a-Moll

DE FALLA
Nächte in spanischen Gärten

Tanz aus «La vida breve»

Serenata andaluza

FAURÉ
Ballade

Nocturne Nr. 4

Barcarolle Nr. 2

Impromptu f-Moll

Prélude cis-Moll

Sonate für Violine und Klavier A-Dur

Fileuse et Sicilienne (Cello und Klavier)

Quartett c-Moll

GRANADOS

La Maja et le rossignol

Los requiebros

HAYDN

Sonaten (D-Dur; c-Moll; e-Moll; Es-Dur)

Variationen (f-Moll; C-Dur)

HINDEMITH

Sonaten (Nr. 1 und 2)

HURÉ

Air für Cello und Klavier

JONGEN

Crépuscule au lac Ogwen

LIAPUNOW

Lesghinka

LIPATTI

Suite classique; Nocturne

Symphonie concertante für zwei Klaviere

LISZT

Rhapsodie Nr. 9

Mephisto-Walzer

Sonate h-Moll

Legende Nr. 2

La Leggierezza

Au bord d'une source

Der heilige Franziskus über die Wogen schreitend

Gnomenreigen

Variationen über ein Thema von Paganini

Variationen über «Weinen, Klagen»

LOCATELLI

Sonate für Cello und Klavier

LULLY

Courante

Gigue

MEDTNER

Zwei «Märchen»

MENDELSSOHN

Präludium und Fuge f-Moll

Charakterstücke op. 7

Variations sérieuses op. 54

MIHALOVICI

Zwei Capricci

MILHAUD

Sonate für Violine und Klavier Nr. 1

MUSSORGSKI

Das große Tor von Kiew

MOZART

Konzert Nr. 9 Es-Dur (KV 271); Nr. 25 C-Dur (KV 503); Es-Dur (für zwei Klaviere, KV 365)

Sonate a-Moll (KV 310)

Rondo a-Moll (KV 511)

Adagio, Menuett und Gigue

Sonaten für Violine und Klavier D-Dur, A-Dur, B-Dur (KV 454)

Quartette g-Moll (KV 478), Es-Dur (KV 493)

PARADIES

Toccata

PESCETTI

Sonate c-Moll

POULENC
Mouvement perpétuel
Nocturne
Presto
Toccata
Eloge des gamins

PROKOFJEW
Ouvertüre über jüdische Themen für Klavier, Klarinette und Streichquartett op. 34

RACHMANINOW
Konzert Nr. 2 in c-Moll

RAMEAU
Sonatine (?)
Tambourin
Rigaudon et Musette

RAVEL
Sonatine
Tombeau de Couperin
Toccata
Jeux d'eau
Ondine
Le Gibet

RIMSKI-KORSAKOW
Berceuse
«Hummelflug», für Cello und Klavier

MIKLOS ROZSA
Variationen op. 9
Bagatellen op. 12
Sonate für Cello und Klavier
Klavierquintett

RUTINI
Menuett
Gigue

SAINT-SAËNS
Konzert Nr. 4
Allegro appassionato, für Cello und Klavier

SAUGUET
Konzert Nr. 1

SCARLATTI
Sonaten (D-Dur, a-Moll, G-Dur, A-Dur, C-Dur)
Pastorale
Capriccio

SCHUBERT
Impromptus (G-Dur, g-Moll, f-Moll)
Ballade op. 52
Moments musicals
Allegro für zwei Klaviere a-Moll
Sonatine für Violine und Klavier D-Dur
Fantasie für Klavier und Violine c-Moll
Duo für Violine und Klavier op. 162
Forellenquintett

SCHUMANN
Klavierkonzert a-Moll
Introduction und Allegro appassionato
Abegg-Variationen; Bunte Blätter
Carnaval op. 9
Romanzen op. 28
Papillons
Symphonische Etüden
Kinderszenen
Arabeske op. 18
Sonaten für Violine und Klavier (d-Moll, a-Moll)

Trio d-Moll

Quintett op. 44

SENAILLÉ
Allegro spiritoso für Cello und Klavier

SOLER
Sonate D-Dur

STRAWINSKY
Italienische Suite für Cello und Klavier

TURINA
Sonate

WEBER
Sonate E-Dur

1942–1957

ALBENIZ
El Albaicin; El Puerto

BACH
Konzerte (d-Moll, f-Moll und C-Dur für zwei Klaviere)

Französische Suite G-Dur

Englische Suiten (g-Moll, c-Moll)

Präludium und Fuge (a-Moll, Cis-Dur, d-Moll)

Toccata und Fuge e-Moll

Fantasie c-Moll

Adagio C-Dur (Busoni)

Aria aus dem Orgelbüchlein

Choral «Nun komm' der Heiden Heiland» (Busoni)

Pastorale F-Dur (Lipatti)

Sonate für Violine und Klavier E-Dur

BARTÓK
Sonate für zwei Klaviere und Schlagzeug

BEETHOVEN
Klavierkonzerte (Nr. 1, Nr. 2, Nr. 3, Nr. 4)

Sonaten (op. 10 Nr. 2 und Nr. 3; op. 13 [Pathétique]; op. 14 Nr. 2; op. 31 Nr. 2 und Nr. 3; op. 78; op. 90; op. 109; op. 111)

Variationen in Es-Dur über ein Thema von Mozart

Sämtliche Sonaten für Violine und Klavier

Sonaten für Cello und Klavier (g-Moll; e-Moll)

BRAHMS
Sonate f-Moll

Fantasien

Variationen op. 21

Variationen und Fuge über ein Thema von Händel

Intermezzi (op. 116; op. 118; op. 119)

Capricci und Intermezzi op. 76

Sämtliche Sonaten für Violine und Klavier

Sonate für Cello und Klavier e-Moll

Quartette (A-Dur op. 26, Nr. 3; op. 60)

Klavierquintett f-Moll

BUSONI
Sonate für Violine und Klavier Nr. 2

CHOPIN
Konzert Nr. 2
Boléro op. 19
Scherzo b-Moll op. 31 Nr. 3
Ballade f-Moll op. 52 Nr. 4
Nocturnes (cis-Moll; E-Dur)
Mazurken

DEBUSSY
Études (sonorités opposées, chromatiques)
Toccata
Voile
Danseuses de Delphes
Les sons et les parfums dans l'air du soir

DVOŘÁK
Klavierquintett A-Dur op. 81

HÄNDEL
Sonate H-Dur mit zwei Violinen

HAYDN
Sonaten (D-Dur; c-Moll; Es-Dur)
Variationen f-Moll
Trios

HINDEMITH
Die vier Temperamente

LISZT
La Leggierezza
Au bord d'une source
Variationen über «Weinen, Klagen»

MENDELSSOHN
Präludium und Fuge f-Moll
Trio d-Moll op. 49

MOZART
Klavierkonzerte:
Nr. 9 Es-Dur (KV 271);
Nr. 13 C-Dur (KV 415);
Nr. 19 F-Dur (KV 459);
Nr. 20 d-Moll (KV 466);
Nr. 23 A-Dur (KV 488);
Nr. 24 c-Moll (KV 491);
Nr. 27 B-Dur (KV 595);
Es-Dur (für zwei Klaviere, KV 365)
Rondo für Klavier und Orchester A-Dur (KV 386)
Adagio und Rondo für Klavier und Orchester (KV 617)
Sonate C-Dur (KV 330)
Adagio, Menuett und Gigue
Variationen über ein Menuett von Duport
Sonaten für Violine und Klavier:
G-Dur (KV 301);
e-Moll (KV 304);
F-Dur (KV 376); B-Dur (KV 378); B-Dur (KV 454);
A-Dur (KV 526)
Trio Es-Dur (KV 498) mit Klarinette und Bratsche
Quartett g-Moll (KV 478)

RAVEL
Klavierkonzert G-Dur
Sonatine
Menuet
Jeux d'eau

SCARLATTI
Sonaten

SCHUBERT
Sonaten (a-Moll op. 42; a-Moll op. 143; B-Dur op. posthum)
Moment musical (cis-Moll, f-Moll op. 94)
Impromptus op. 90

SCHUMANN
Klavierkonzert a-Moll

Abegg-Variationen

Bunte Blätter

Albumblatt

Waldszenen

Kinderszenen

Arabeske

Drei Etüden op. 56

Märchenbilder op. 113, für Klavier und Bratsche oder Violine op. 102, für Cello und Klavier

Stücke im Volkston

1958–1960

BACH
Choral «Nun komm' der Heiden Heiland»

BEETHOVEN
Klavierkonzerte (Nr. 2, Nr. 3, Nr. 4)

Sonaten (op. 10 Nr. 3 D-Dur; op. 14 Nr. 2 G-Dur; op. 111 c-Moll)

Sonaten für Violine und Klavier (op. 12 Nr. 2 A-Dur; op. 12 Nr. 3 Es-Dur; op. 23 a-Moll; op. 30 Nr. 2 c-Moll; op. 96 Nr. 10 G-Dur)

Sonaten für Cello und Klavier (op. 5 Nr. 2; op. 69)

12 Variationen über ein Thema von Händel für Cello und Klavier

7 Variationen über ein Thema von Mozart für Cello und Klavier

BRAHMS
Drei Intermezzi op. 76

CHOPIN
Klavierkonzert Nr. 2

Nocturne E-Dur

MOZART
Klavierkonzerte:
Nr. 19 F-Dur (KV 459);
Nr. 20 d-Moll (KV 466);
Nr. 23 A-Dur (KV 488);
Nr. 27 B-Dur (KV 595); Es-Dur (für zwei Klaviere, KV 365)

Rondo für Klavier und Orchester A-Dur (KV 386)

Sonaten: f-Moll (KV 280); F-Dur (KV 332)

Sonaten für Violine und Klavier: e-Moll (KV 304); B-Dur (KV 378); B-Dur (KV 454)

Quartett g-Moll (KV 478)

SCHUBERT
Sonate a-Moll op. 42

Sonatine für Violine und Klavier g-Moll op. 137

Duo für Violine und Klavier A-Dur op. 162

SCHUMANN
Abegg-Variationen

Quellennachweis

Archiv des Conservatoire National Supérieur de Musique

Archives Nationales

Archiv der SNCF

Les grands interprètes: Clara Haskil, B. Gavoty, R. Hauert, Editions Kister, Genf 1962

Dinu Lipatti, la douleur de ma vie, Anna Lipatti, Editions Perret-Gentil, Genf 1967

Les allongés, Jeanne Galzy. Editions La Fenêtre Ouverte, Paris 1965

Verfremdung und Freundschaft, Zenta Maurina, Maximilian Dietrich Verlag, Memmingen/Allgäu 1966

Die Zitate von Ferenc Fricsay, Rafaël Kubelik und Joseph Keilberth sind den von diesen Musikern verfaßten und im Buch von Rita Wolfensberger, Scherz Verlag, Bern 1961, publizierten Widmungen entnommen.

Ich möchte hier auch allen Freunden Clara Haskils danken, die in Form von Gesprächen, schriftlichen Zeugnissen, Briefmaterial und andern Dokumenten freundlicherweise mitgeholfen haben, ihr Porträt zu vervollständigen. Dies gilt insbesondere für:

M. und Mme. Marc Arsène-Henry
Mme. Yvonne Astruc
Mme. D. von Bennigsen
Mlle. M. Berr de Turique
Mme. Martin Bodmer
Mme. Albert Camus
Mlle. Elvire Choureau
M. Marcel Ciampi
M. Pierre Colombo
M. Hugues Cuénod
Prof. Marcel David
Mme. Andrée Denham
Prof. Paul Demiéville
M. und Mme. Stefan Desmarais
M. Peter Feuchtwanger
M. Jacques Février
M. Michael Garady
M. Antoine Goléa
M. Samuel Grandjean
M. Arthur Grumiaux
Mme. Youra Guller
Mlle. Alice Hinderer
M. Ernest Kahane
Docteur René Lehmann
M. Jacques Lenoir
M. Armand Lévy
M. Gérard Lion
Mme. Madeleine Lipatti
M. Nikita Magaloff
Mme. Alice Metehen
Mme. Colette Meyer
M. Marcel Mihalovici

M. und Mme. Claude Morpain
M. Vittorio Negri
Mme. la Comtesse Lili Pastré
Mlle. Simone Petit
M. Emile W. Rossier
M. und Mme. Michel Rossier
M. Henri Sauguet
M. Ronald Schneider
M. Isaac Stern
Mlle. Hélène Stricker
Mme. Henri Vago
Mme. Betty Whipp

Bildnachweis

BCU, Lausanne/
de Jongh (3)
Germaine Martin (2)
H. Berssenbrugge, Den Haag
E. Matter, Gstaad (2)
E. Piccagliani, Mailand
E. Klein, Strassburg
H. Jeanbrau, Paris
E. Baur, Zürich (2)
G. Zust, Luzern
H. Guilbaud, Paris
F. Gonet
R. Hauert
P. Huf, Amsterdam
J. Waldis, Montreux (3)
ATP Zürich
F. Müller, Vevey
D. Lefebvre, Paris
H. Maeder, St. Gallen
L. Meitner-Graf, London